History of Money and Financial Systems in Korea

한국통화금융사 I

개항~광복 이전

배영목 지음

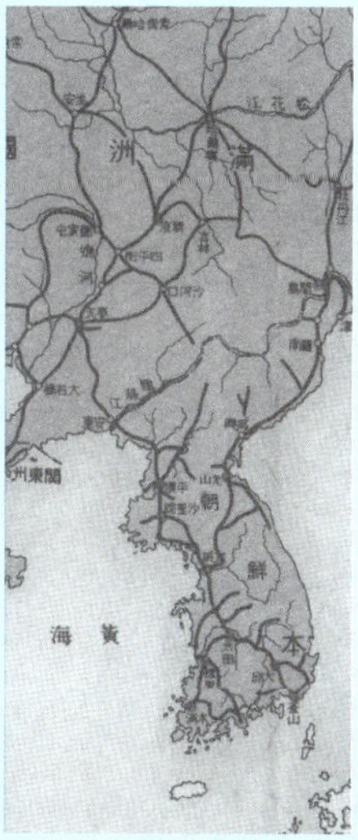

도서출판 해남

배영목

서울대학교 자연과학대학 물리학과 졸업,
동 대학원 경제학과 졸업, 경제학 박사
충북대학교 사회과학대학 경제학과 교수 재직
현재 명예교수
경제사학회 회장, 한국경제발전학회 회장 역임
학현학술상 수상

주요 저·역서

『한국금융사, 1876~1959』(저서, 2002)
『현대금융입문』(역서, 1994)
『경제통계학』(공저, 1987)
『살아있는 경제학』(공저, 2002)
『한국의 은행 100년사』(공저, 2004)
『국제금융자본과 한국경제』(공저, 2007)
『경제불평등과 금융부채』(공저, 2016)
그 외 다수

한국통화금융사 I **개항~광복 이전**

초판1쇄 인쇄 2021년 9월 13일
초판1쇄 발행 2021년 9월 17일

저 자 배영목
발행인 노현철
발행처 도서출판 해남

출판등록 1995. 5. 10 제1-1885호
주 소 서울특별시 마포구 마포대로8길 9 영명빌딩 405호
전 화 739-4822 **팩스** 720-4823
이 메 일 haenamin30@naver.com
홈페이지 www.hpub.co.kr

ISBN 978-89-6238-157-3 93320
978-89-6238-156-6(세트)

서문

이 책은 한국의 근대적 통화와 금융제도가 등장한 개항기부터 최근인 2019년까지 각 시대별로 국가권력이 그 시대의 정책과제를 해결하기 위해 통화·금융제도를 어떻게 구축하고 활용하였으며, 이러한 과정에 한국의 통화·금융기관 및 금융시장이 어떻게 출현하고 확장·재편되거나 소멸되어 갔는가를 살펴봄으로써 한국의 통화와 금융의 발전의 구체적 모습과 시대적 여건을 제시해 보고자 쓴 것이다.

한국의 통화와 금융의 역사는 한국사 전체와 불가분의 관계에 있기 때문에 한국사 일반적인 시대구분에서 거의 벗어나지 않는다. 근현대적 통화와 금융의 발전은 자국 정부가 존재하는가 아니면 식민지 상태인가에 따라 크게 달라지기 때문에 대상 시기를 1단계로 개항기, 일제 강점기(식민지 시대), 광복 이후로 구분한다.

일제 강점기는 일제의 금융제도와 통화·금융정책의 변화를 고려하여 일제 초기(일제 강점부터 제1차 세계대전 이후까지), 일제 중기(전간기), 일제 말기(중일전쟁 이후) 세 시기로 나누어 서술한다.

광복 이후는 통화·금융제도와 통화·금융정책의 변화를 고려하여 네 시기로 나누어 서술한다. 첫 번째 시기는 광복 이후 장면 정부까지로 한국적 통화·금융제도의 형성기라 할 수 있다. 두 번째 시기는 박정희 정부 시대로 경제개발계획을 위한 국가 주도 개발금융기라고 할 수 있다. 세 번째 시기는 1980년부터 외환위기 직전까지로 전두환 정부에서 김영삼 정부까지 민간 주도 시장질서로 이행하는 금융자유화기라고 할 수 있다. 마지막 시기는 외환위기부터 최근까지로 통화·금융의 위기와 발전의 시기라고 할 수 있다.

이 책은 통화와 금융에 초점을 두고 서술하고 있지만 이에 큰 영향을 미친 국가정책은 물론 배경이나 결과에 대한 설명이 필요한 경우 재정, 산업 또는 기업, 무역, 물가 등을 먼저 또는 함께 서술할 것이다. 예를 들어, 1950년대까지는 재정에 대한 이해 없이는 통화와 금융에 관련된 문제를 이해하기가 어렵기 때문에 이 부문에 대한 설명이 적지 않을 것이다. 앞서 출간된 많은 금융사 책은 주로 금융기관에 편중되어 있고 그것도 주로 은행에 초점을 두고 있었다. 그런데 이 책은 최근의 금융 현상이나 금융 문제까지 다루고자 과거 한국 금융을 좌우하였던 은행뿐 아니라 현재 한층 중요해진 보험, 증권도 이 책의 서술 대상에 포함시켰다. 이에 따라 우리나라 보험과 증권의 역사도 탄생부터 현재까지 살펴볼 것이다. 그리고 이 책은 갈수록 그 비중이 높아지고 있는 증권시장을 포함한 금융시장도 살펴보고자 자본시장과 보험시장의 형성과 발전은 물론이고 단기 금융시장에 대한 서술도 있을 것이다.

이 책은 총 9부로 구성되어 있다. 제1부에서는 개항부터 일제 강점 직전까지로 우리나라에서 근대적 통화가 등장하고 근대적 금융기관이 설립되었지만 우리나라는 독자적 통화제도 구축에 성공하지 못하고 일본의 통화권으로 서서히 편입되는 과정을 서술할 것이다. 제2부에서는 일제 강점부터 1910년대까지로 식민지 특수금융기관이 정착되고 일반은행이 발흥하면서 식민지 통화·금융 체제가 정비되어 가는 과정을 서술할 것이다. 제3부에서는 식민지 금융의 재편·확장 이후부터 중일전쟁 이전까지 식민지 특수금융기관이 성장하고 여러 일반금융기관이 설립되어 다양하게 된 반면에 일반은행이 정체하고 한국인의 금융 상황이 악화되는 과정을 서술할 것이다. 제4부에서는 중일전쟁부터 일제 패망까지 일제가 전쟁을 위해 수행하였던 통화·금융제도의 재편, 통화·금융정책과 그 결과에 대해 서술할 것이다. 제5부에서 광복 이후의 금융·재정위기에 대한 대응, 한국전쟁 중의 통화·금융정책과 통화개혁, 전후의 재정·통화·금융정책과 함께 한국적 통화·금융제도가 형성되어 가는 과정을 서술할 것이다. 제6부에서는 박정희 정부가 경제개발계획을 적극적으로 추진하면서 이를 위해 통화·금융제도를 재편·확장하고 금융기관과 금융시장을 경제개발의 수단으로 적극적으로 활용하는 과정과 이로 인해 발생한 문제들을 서술할 것이다. 제7부에서는 민간주도의 시장경제 질서가 중시되면서 추진되는 금융자유화의 전개 과정과 이 시기에 변화하고 있는 금융기관과 금융시장에 대해 서술하고 이로 인해 발생한 문제들을 서술할 것이다. 제8부에서는 외환위기부터 최근까지, 즉 2019년까지로 우리나라의 통화·금융위기에 대한 대응과 이로 인한 기업과 금융의 구조조정, 금융기관 및 금융시장의 재편, 위기대응적 통화·금융정책 등에 대해 서술할 것이다. 제9부에서는 우리나라 통화와 금융의 장기적 추이를 보여주기 위해, 먼저 통화통계가 정비된 1905년부터 2019년까지 통화량과 통화 구성의 변화를 살펴보고, 이어서 우리나라 자금순환표 자료가 있는 1962년부터 2019년까지 금융의 양적인 성장과 구조 변화를 살펴보되 미국과 일본의 자료와 비교하여 한국 금융의 특징도 함께 살펴볼 것이다.

이 책은 통화·금융에 관한 다른 연구자의 많은 연구 결과를 바탕으로 저자의 그동안의 연구 결과를 보태어 우리나라의 통화·금융의 역사를 시기별·부문별로 정리하여 재구성한 것이다. 이 책은 가능한 한 일차 자료에 의거하여 주요 사항인 사건, 정책 및 제도를 정리하고 당시에 많은 사람들이 가지고 있었던 문제의식에 근거하여 통화·금융 문제를 서술하는 동시에 기존의 화폐사 또는 금융사 저술에서 분명히 하지 않았거나 간과하였던 점을 더 설명하고자 하였다. 이 책을 쓰면서 필자가 주목하고 있는 부분이나 특징을 제시해 보면 다음과 같다.

첫째, 한국의 금융기관이 왜 설립되었으며, 누구에 의해 설립되고 경영되고 있었는가를 구체적으로 밝히고자 한다. 광복 이전 한국의 근대적 통화·금융의 도입은 개항 이후 한국인에 의해서도 시도되었지만 광복 이전까지는 대부분 일본을 통하였거나 일본인에 의해 도입된 것이 주를 이루었다. 말하자면, 당시 일본은 근대적 문명 도입의 주요 통로이었다. 그러나 광복 이후에는 현대적 제도 도입의 중심 주체는 한국인이 되었고, 새로운 제도 도입의 주요 통로가 이제는 일본이 아니라 미국으로 바뀌었다. 예를 들어, 광복 이후 한국적 통화·금융제도의 중심이 되었던 「한국은행법」과 「은행법」은 사실상 미국인 블룸필드와 젠슨의 자문에 의해 결정된 것이나 다름없었다. 이 두 법은 결국 한국적 통화·금융제도의 새로운 출발점이 되었다. 그리고 우리나라의 기준통화가 개항 이후부터 광복 이전까지는 사실상 일본 엔(円)이었지만, 광복 이후에는 미국 달러가 되는 큰 변화도 있었다.

둘째, 한국의 금융발전은 금융시장의 탄생과 성장보다는 금융기관의 설립과 확장에 의해 주도되었기 때문에 어떤 금융기관이 설립되어 예금과 대출에서 어느 정도의 영향력을 행사하였는가에 대해 자세히 서술한다. 한국의 금융이 어떻게, 얼마나 발전하였는가는 금융기관의 업무와 경영성과를 통해 살펴보았다. 특히, 이 책에서는 금융기관의 자금운용과 자금조달을 가능한 구체적으로 분석하여 시기별 각 금융기관의 특징뿐 아니라 역할을 제시하고자 하였다.

셋째, 우리나라에서는 금융기관의 정책적 기능이나 역할에 대해 관심이 유난히 많기 때문에 이에 대해서 자세히 살펴본다. 어느 시대이든 민간의 자본축적이 낮은 단계에서는 금융기관과 정부의 역할이 매우 중요하다. 광복 이전에 일본인이 자국의 금융제도를 참고하여 많은 정책금융기관, 이른바 특수금융기관을 설립하여 일제가 부여한 정책 목표에 충실한 역할을 수행하도록 하였다. 광복 이후에도 우리나라 정부는 한편으로 정책 추진을 위해 여러 종류의 특수금융기관을 설립하면서, 다른 한편으로 민간금융기관까지도 정책 기능을 담당하도록 하여 정책의 추진력을 증대시켜 왔다. 아직도 많은 정책금융기관이 남아 있고 민간금융기관조차도 정부의 정책적 요구로부터 자유롭지 못하다.

넷째, 이 책은 아직은 많이 부족하지만 금융의 주요 부문인 은행, 증권, 보험 3부문 모두를 망라하였고 금융기관은 물론 금융시장을 포함하여 서술한다. 우리나라는 1950년대까지도 증권시장이나 보험시장이 이제 형성되기 시작한 초기 단계에 있었고, 이에 따라 증권과 보험이 금융에서 담당한 역할은 초기에는 매우 미미하였고, 1970년대 후반부터 부각되기 시작하였다. 1980년대부터 그 비중이 무시할 수 없을 정도로 커졌다. 외환위기 이후에는 은행의 비중은 크게 줄어든 반면에 증권과 보험을 빼고서는 금융을 설명할 수 없을 만큼 그 비중은 증대하였고 은행, 증권 및 보험 상호간의 경쟁도 치열해졌으며, 무엇보다도 증권시장의 역할이 증대하였다. 한국 금융의 역사에서 보험과 증권은 뒤늦게 그 중요성이 부각되었지만 현재적 관점에서 그 출현부터 다룬다.

다섯째, 이 책은 통화·금융에서 국가권력의 역할을 종합적으로 살펴보기 위해 각 시기별 주요 통화·금융정책에 대해서도 서술한다. 국가는 통화·금융제도의 도입이나 재편을 주도하였을 뿐 아니라 국가적 요구, 이른바 정책목표를 실현하기 위해 각 정부는 통화·금융수단을 적극적으로 활용하였고 그것은 통화·금융정책의 역사로 기록되었다. 이 정책에 대한 검토에서 시대적 과제를 쉽게 파악하고 통화·금융과 관련된 시기도 쉽게 알 수 있도록 필요한 경우 당시 정부명을 제시한다.

저자는 2002년에 『한국금융사, 1876~1959』라는 책을 이미 출판한 바 있다. 원래는 그 후속판으로 1960년대 이후의 한국 금융 발전에 관한 역사를 쓰기 위하여 준비하고 있었다. 그런데 이전에 출판한 책은 한문이 적지 않게 있어 한문에 익숙하지 않은 일반인이나 대학생들이 읽기 불편하고 서술의 범위가 은행에 집중되고 금융과 관련하여 중요한 부분인 통화, 보험, 금융시장에 관련된 부문이 없거나 부족한 점이 적지 않았다. 그 이후 많은 연구자들의 이와 관련된 연구 성과에다 저자의 노력을 보태면 부족한 부분을 보완할 수 있을 것으로 생각되어 이 시기에 관련된 부분도 수정·보완하여 출판 내용에 포함하였다.

이 책은 지금까지 연구한 것을 저자의 시각에서 정리해 담고 있지만, 이 분야에 익숙하지 않은 다른 연구자가 이 연구에 참여할 때 요구되는 많은 시간과 노력을 줄일 수 있도록 저자가 본 관련 자료를 정리하여 최대한 수록하고 가능한 한 상세한 설명을 하려고 노력하였다. 통화·금융에 대한 관심을 높이고자 주요 사건이나 주요 정책과 관련되는 일화도 간간히 넣어 보았다. 이 책의 독자, 특히 이 분야에 익숙하지 않은 독자들도 이 책을 통해 한국 통화·금융의 형성과 발전에 대한 윤곽을 잡고 나아가 각 시대의 상황 및 인식과 그와 관련된 구체적 사실을 알아가면서 이 뷰야에 대한 관심을 높이는 데에 조금이라도 도움이 되었으면 한다.

이 책의 출간에 즈음하여 통화·금융사 연구를 시작하도록 한 두 분의 은사님, 정운찬·안병직 선생님과 저자의 연구생활을 늘 격려해 주신 변형윤 선생님에게 먼저 감사를 드린다. 또한 저자의 연구를 지탱시켜 준 서울사회경제연구소와 그 회원들, 또한 근대사 연구 때 큰 도움을 준 낙성대연구소와 그 회원들, 특히 통화·금융 장기통계 작업 때 늘 함께 한 이명휘·이헌창 교수에게 감사드린다. 그리고 충북대학교 경제학과 류기철·이연호 교수를 비롯한 동료 교수들에게도 감사를 드린다. 필자의 연구에 많은 도움을 준 한국은행과 한국산업은행 관계자들, 자료 수집 과정에 도움을 준 한국은행 및 산업은행 도서관, 국립중앙도서관, 서울대학교 도서관, 충북대학교 도서관의 직원들에게 감사드린다. 국립중앙도서관, 한국은행, 국사편찬위원회, 동아일보, 각 연구소의 도서 및 자료의 디지털화는 코로나 19 대유행 시대에도 연구를 가능하게 하였을 뿐 아니라 연구기간을 줄이고 참고범위를 넓히는 데 큰 도움이 되었기 때문에 이에 대해 감사드리고 싶다. 마지막으로 이 책의 출간을 권유하고 기대 이상의 책으로 만들어 준 도서출판 해남의 노현철 사장과 직원들에게도 감사드린다.

2021년 8월

배 영 목

차례

제3부 전간기 식민지 특수금융기관의 성장과 금융구조의 변화

제4부 일제 말 전시 금융·통화정책의 전개와 그 귀결

제1부

개항기 근대적 통화와 금융제도의 출현

제1부

우리나라의 근대적 통화와 금융제도의 역사는 개항에서 시작되었다. 일본은 개항과 함께 일본 화폐를 유통시키고 연이어 일본인의 상업 활동을 확대할 목적으로 일반은행 지점을 조선에 설치하였다. 한국 정부는 갑오개혁 이후 조세 금납화를 계기로 재정 활동을 원활히 하고자 근대적 화폐제도를 도입하고 중앙은행을 설립하고자 하였지만 일본 등 외세의 저지와 여건의 미비로 성공하지는 못하였다. 그래도 한국 왕실인사, 관료 및 유력자들의 일반은행 설립 시도는 지속되었고 한국 정부의 후원하에 조선은행, 한성은행, 대한천일은행 등이 설립됨으로써 한국인의 은행 역사가 시작되었다.

특히, 일본은 1902년 제일은행권 발행을 시도하여 한국의 저항에도 불구하고 그 유통을 관철시켰다. 나아가 노일전쟁 승리를 계기로 한국의 배타적 지배권을 확보하고 재정고문을 파견하여 1905년부터 한국의 재정권을 박탈하면서 화폐권도 함께 박탈하려는 '화폐정리사업'을 감행하였다. 일본은 한국 정부의 재정·통화를 장악하는 과정에서 나타난 한국인의 화폐기근을 활용하여 일본인이 지배하는 금융기관을 설립하거나 운영하면서, 한국인도 참여시켰다. 이 금융기관을 통해 식민지 통화인 제일은행권으로 한국인에게 자금을 공급하면서 유통을 확산시켜 나갔다. 일본은 식민지 중앙은행인 구 '한국은행'을 설립하고 한국을 일본 통화권의 일부로 편입함으로써 한국인을 통화·금융적으로 지배할 수 있게 되었다.

개항기 근대적 통화와 금융제도의 출현

제1부에서는 우리나라에서 근대적 금융기관과 근대적 통화인 은행권이 어떤 역사적 조건에서 탄생하고 발선하였는가를 밝히기 위해 일본이 한국을 강점하기 이전, 다시 말해 한국 정부가 존재하였던 구한말에 일본 또는 일본인의 통화 및 금융 침탈과 한국 정부 또는 한국인의 대응이 어떻게 전개되었는가를 설명하고자 한다. 첫째, 개항과 함께 시작된 일제의 금융침탈이 어떻게 전개되었는가를 제시하고, 이어 한국 정부가 은행을 설립하지 못하고 사립은행만 설립되는 과정과 초기 한국인 사립은행의 업무와 역할을 살펴본다. 둘째, 일제가 노일전쟁 승리를 계기로 한국을 '보호국화'한 후에 한국의 통화·재정권을 침탈하는 화폐정리사업과 재정정리를 추진하는 과정과 그로 인해 한국인이 겪게 되는 전황에 대해 살펴본다. 셋째, 일제가 화폐·재정정리 사업을 계기로 한국 정부를 내세워 일본인의 식민지 정책을 수행하는 특수금융기관을 설립해 가는 배경과 과정을 살펴본다. 마지막으로, 일본이 한국을 일본의 통화권으로 편입하고자 제일은행권 유통을 어떻게 확장하고 식민지 중앙은행인 한국은행(구)을 왜, 어떻게 설립하였는가를 살펴본다.

제 *1* 장

일본인 은행의 진출과 한국인의 은행 설립

1. 외국 통화[1]의 유통

조선시대 숙종 이래 한국의 법정통화(법화)[2]는 상평통보이었다. 이 상평통보, 이른바 일문 엽전은 1678년(숙종 4년)부터 각 관청에서 중앙정부의 허락을 받아 발행하기 시작하였다. 당백전이 발행되기 이전까지의 총주전량은 누계치로 1,600만 냥 정도이었지만, 구리의 시세가 높을 때는 동전의 일부가 다시 동으로 변하였기 때문에 당시 동전의 유통량은 1,300만 냥에서 1,500만 냥 정도 될 것으로 추정되고 있다.[3]

18세기부터 논의가 활발해졌던 고액화 주조는 대원군 집정기에 와서야 실현되었다. 즉, 경복궁 재건과 군비증강에 필요한 대규모 재원을 조달하기 위해 일시적인 방편으로 주조된 당백전이 1866년 11월부터 1867년 5월까지 대략 반년 동안 액면상으로는 기존 동전 유통량을 넘어서는 1,600만 냥이 주조 유통되었다. 이 당백전의 소재가치는 엽전 1푼의 5~6배이나 그 액면가치로 100배에 이르러 당백전의 과다한 주조는 전체 화폐 유통량의 폭증을 초래하였다. 화폐에 대한 수요가 급증할 만한 사정이 없는 가운데 당백전의 과다 주조는 물가폭등이라는 부작용을 초래하였다. 이 문제로 인해 한국 정부는 1868년 10월에 당백전의 발행을 중단할 수밖에 없었다.

한국 정부는 1867년 5월 당백전 폐지에 따른 재정손실을 만회하는 방편으로 액면으로 일푼(文)이나 그 소재가치는 상평통보의 절반에 불과한 중국 동전(도광통보, 만력통보, 지대통보)[4]을 수입하여 법화로 사용하도록 하였다. 수입량은 알 수 없으나 1874년 1월 청전(淸錢, 중국 화폐) 통용을 금지하기 이전에 관청에 있던 청전이 공납으로 저장된 액수가 300만 냥 이상이었고, 상평전(상평통보)으로서 사용하는 액수는 1,000만 냥 이상

1 우리나라 통화(通貨)는 넓게는 money를 의미하기도 하지만 좁게는 은행권(지폐)과 주화를 포괄하는 currency를 의미하기도 한다. 이 책에서는 근대적 화폐인 은행권과 주화를 포함하는 화폐제도를 다루고 있기 때문에 통화는 currency라고 할 수 있다. 화폐 대신 통화라는 용어를 일반적으로 사용하여 왔기 때문에 통화는 화폐 대신 사용하는 표현이라고 보아도 별 문제가 없을 것이다.

2 법화(legal tender)란 국가가 법이나 명령으로 공인하는 화폐로 세금으로 납부되는 지급수단이 되는 동시에 채무를 청산하는 지급수단이 되는 화폐를 의미한다.

3 이헌창(1999), 「1678-1865년간 화폐량과 화폐가치의 추이」, 『경제사학』, 27, pp. 3~45.

4 당시에 수입한 도광통보(道光通寶)는 청나라 의종(1821~1825) 때 주조된 화폐이지만, 지대통보(支大通寶)는 원나라 14세기에 주조된 화폐이고, 만력통보(萬曆通寶)는 명나라 16세기 말부터 17세기 초에 주조된 화폐이었다.

인데 근래 많이 소모되었다는 기록이 있다.[5] 청전은 상평전(통보)에 비해 악화로서 널리 통용되었기 때문에 이의 유통 정지로 일시적이지만 전황까지 나타났다. 그러나 청전이 법화 자격을 잃은 다음에는 점차 유통화폐가 상평통보 중심으로 재편되었다.

> "청전(淸錢)을 못쓰게 한 것은 갑술년(1874년)인데, 이때 경향 각지의 교역은 오직 청전뿐이었다. 하루아침에 명령을 내려 못쓰게 하니 전국이 전황을 겪게 되고, 상품매매가 제대로 실행되지 못해서 실업자가 많아졌다. 상평전을 비축해 두었던 사람들은 농 속에 놓아두고 몇 배의 이득을 얻었다. (상평전이) 수개월 뒤에 가서 점차 유통되었다."[6]

일본은 1876년 2월에 한국과 「조일수호조규」, 이른바 강화도조약을 체결하여 조선(이하 한국으로 통일)의 개항을 관철시켰다. 일본은 1876년 7월에는 이어 「조일수호조규 부록」과 통상장정을 체결하면서 일본 화폐의 한국 내 유통을 허용받고 한국 화폐의 일본 반출도 가능하도록 하였다. 일본은 한국의 개항을 관철하면서 영사재판권, 무관세 조항, 일화 유통권 같은 불평등 조약을 포함시켜 한국의 상품, 화폐, 노동의 이동을 통제하는 국경을 허물기 시작하였다. 한국은 개항으로 새로운 문명에 대한 접근 통로가 다양해졌다. 그러나 개항 과정에서 일본 등 열강과 여러 가지의 불평등 조약을 맺게 됨으로써 일본 등 외세의 경제적 침투에 대해 대응하기가 점차 어렵게 되었다.

일본 화폐의 한국 내 유통은 「조일수호조규 부록」 제7관에 따라 처음으로 허용되었다. 일본인은 이 조항에 따라 한국에서 일본 은화, 일본 지폐[7]를 사용할 수 있게 되었다. 이에 따라 한국인도 일본 화폐를 무역(결제)통화로서 사용할 가능성이 높아졌다.

5 『일성록』, 고종 11년(1873) 1월 13일.
6 황현 저, 이장희 역(1983), 『매천야록』, p. 53.
7 개항 당시의 일본 지폐는 일본 정부가 발행한 지폐를 말하고 여기에는 일본은행권이 포함되지 않는다. 일본은행은 1882년 10월에 업무를 시작하였고 1885년 5월부터 은화로 태환이 될 수 있는 일본은행권을 발행하기 시작하였고 1897년부터 금화 또는 파운드화 같이 금준비를 갖춘 금환(gold exchange)으로 태환될 수 있는 일본은행권을 발행하였다. 1899년 12월부터 국립은행 및 정부의 지폐 통용이 금지되어 일본의 지폐는 일본은행권으로 통일되었다(일본은행금융연구소(1989), 『일본금융연표(명치원년~소화62年)』).

일본인도 한국 통화를 상품으로든 화폐로든 자유롭게 반출할 수 있게 되어 한국의 법화인 동화도 국제 시세가 국내 시세보다 높아지면 일본으로 구리로 취급되어 역수출되는 경우도 배제할 수 없었다.

> "일본국 인민은 본국의 현행 여러 화폐를 사용하여 조선국 인민이 가진 물건과 교환할 수 있다. 조선국 인민은 교환한 일본국의 여러 화폐를 사용하여 일본국에서 생산한 여러 화물을 구매할 수 있다. 이로써 조선국이 지정한 여러 항구에서 인민들은 서로 통용할 수 있다. 조선국 동화(銅貨)는 일본국 인민이 사용하고 운반할 수 있다. 양국 인민으로서 감히 사사로이 전화(錢貨)를 주조하는 자가 있으면 각각 국법을 적용한다."[8]

개항 이전 한국에 청전이 대량 유입되었지만 이 통화는 한국인의 지역통화[9]를 대체하는 것이었다. 중국인이나 일본인이나 한국인이나 개항장에서 주로 사용한 무역통화, 즉 국제 결제통화는 멕시코 은화이었다. 멕시코 은화는 스페인이 15세 중반부터 주조하여 수출한 경화이다. 이 화폐가 중국에서는 이미 무역통화로 보편적으로 사용되었고, 이것이 중국 상인을 통해 개항장으로 유입되어 관세로도 납부되었다. 청일전쟁 전후로는 중국의 '마제은'이라는 은화가 유입되어 개항장에서 사용되었으나 중요성은 크지 않았다. 개항 이후 일본 화폐의 유통이 허용됨에 따라 일차적으로 경화(硬貨, 금속화폐)인 1엔 일본 은화가 대량으로 유입되어 사용되었다. 일본 은화는 일본 상품의 수입이 확대됨에 따라 그 신용(교환성)을 인정받아 멕시코 은화와 함께 자주 사용되기 시작하였다. 일본 지폐도 일본 은화와 교환이 가능함으로써 일본 은화와 같이 무역통화로 통용되었다.

8 『일성록』, 고종 13년(1876) 7월 5일.
9 지역통화(local currency)란 그 나라에 국한되어 사용되는 통화를 말한다.

"지폐의 값은 날로 높아진다. 일본인으로서 우리나라와 통상하는 자는 혹 그들의 지폐로써 우리의 동전과 교환하고 우리나라 사람도 역시 동전으로써 지폐와 교환한다. 지난해 지폐 1엔이 동전 2냥 5전과 맞먹었다. 동전의 가치는 점점 떨어지고 지폐가치는 점점 올라가 처음에는 3냥과 맞먹더니 나중에는 8냥으로서 1엔과 맞먹게 되었다."[10]

멕시코 은화나 일본 통화의 유입은 있었지만 한국 화폐가 회수되는 1905년 직전까지도 상업거래를 지배하는 주요 통화는 물론 한국 화폐, 줄여서 한전(韓錢), 즉 동화인 엽전과 백동화 등이었다. 한국 화폐가 정리되기 이전인 1904년의 기록에서도 "한인 간의 거래에는 내지거래이든 거류지(개항장) 거래임을 묻지 않고 모두 한전 표준으로 매매함이 보통이다"[11]라고 하고 있다. "한인 간 및 한인 대 외국인의 매매는 주로 환화에 의존하고 일본인 간 및 일본인과 외국인(한국인은 제외) 및 구미인 간의 매매는 주로 일화로 한다"고 하고 있다. "원래 양국인의 거래 관습상 한인은 일본 수입품을 구매하는 데에는 대개 한전을 지불하고, 일본 상인도 역시 수출품, 즉 미곡 등의 매입에는 이 한전을 사용하지 않을 수 없다"[12]라고 하고 있다. 이와 같이 한국 정부의 법화인 동화(이른바 한전)가 화폐정리사업 직전까지도 한국인 간의 거래나 외국인과 거래에서 지배적인 통화이었던 것은 변함이 없었다.

개항으로 인해 외국인이 개항장에 거주할 수 있고, 외국 화폐, 멕시코 은화와 일본 화폐의 유통이 허용됨에 따라 일본인 간의 거래에서 일본 화폐가 사용되었고, 수출상품의 대전(代錢)으로 일본 화폐가 유입되기 시작하였다. 중국인은 개항 초기에는 수입상품의 결제통화로써 멕시코 은화를 주로 사용하였다. 그러나 일본으로부터 직접적인 수입이 확대된 이후에는 일본 화폐, 즉 일본 은화와 일본 지폐가 일본 상품의 수입대전으로 이용되면서 신용을 얻게 됨에 따라 유통이 확대되었다. 일본인을 포함한 외

10 『한성순보』, 14호, 1883. 2. 11.
11 『통상휘찬』, 제60호, 1904. 10. 11.
12 『통상휘찬』, 제70호, 1904. 11. 16.

국인 간의 거래에서는 일본 화폐가 멕시코 은화를 압도하였고 그 시기는 대략 1890년 경으로 보인다.

> "개항 당시에는 상호 거래는 전적으로 이른바 한전을 매개로 하였으며, 이어서 멕시코 은화가 수입되어 1889년경까지는 멕시코 은화의 신용이 점차 증가하고 일본 화폐의 신용은 이에 미치지 못하였다. 1890~1891년경에 이르러서는 재빨리 일본 은화 및 지폐의 신용이 멕시코 은화를 훨씬 능가하여 멕시코 은화는 점차 다른 데로 구축될 운명을 만났다. 이어서 1892년경에는 이 나라에서 유통되는 멕시코 은화가 극히 적어서 보이지 않는 경황에 이르렀다. 멕시고 은화의 신용이 점점 추락하여 유통액이 감소하게 된 것은 이 화폐에 위조가 많고, 게다가 진위 감식이 곤란한 것이 큰 원인이었다."[13]

일본 화폐가 무역통화로서 사용되기 시작하였지만 수출할 상품을 구입하기 위해서 한국 화폐가 필요하였고, 그것은 환전상을 통해 구입하거나 수입상을 통해 한전을 확보할 수밖에 없었다. 수입상은 판매할 수입품을 구매하기 위해서는 판매대전으로 받은 한국 화폐를 다시 일본 화폐로 환전하여야만 하였다. 그 결과로 [그림 1-1]에서 보듯이, 개항장에서 한국 화폐와 일본 화폐가 교환되는 외환시장이 자연스럽게 형성되었다. 여기에서 한전과 일화의 교환 비율, 이른바 한전비가(韓錢比價)라는 환율[14]이 결정되었다. 이 한전비가는 상품 수출입에 따른 한전의 수요와 공급에 의해 결정되었다. 이 개항장 외환시장에서 개항 초기에는 한전 공급자는 주로 수입업자인 청국(이하 중국으로 통일) 상인이었고 한전 수요자는 수출업자인 일본 상인이었다.

[그림 1-1]을 보면, 중국 상인은 한국 상인에게 수입한 상품의 대전으로 한국 화폐

13 일한통상협회, 『일한통상협회보고』, 1897년 9월, pp. 1~3.

14 환전비가는 할(割)로 표시되었는데, 상평통보, 즉 엽전 10냥이 일본 화폐 1.5엔(1엔 50전)으로 교환되면 15할이고, 일본 화폐 2.0엔으로 교환되면 20할이 된다. 이 환율은 한국 화폐를 기준으로 일본 화폐의 교환량을 표시한 것이다.

[그림 1-1] 1890년경 개항장(인천)의 화폐의 주요 유통 경로

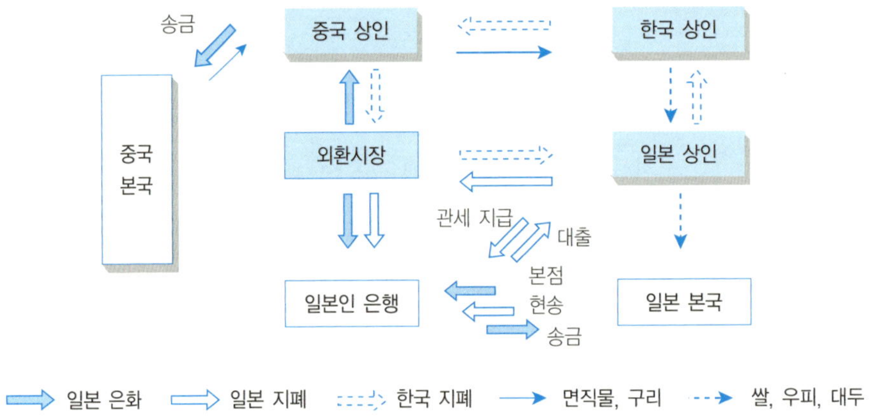

자료: 「본항(인천)에 있어서 일본 화폐 유통의 경황 보고의 건」, 『일본 외교문서』, 24권, p. 180.

를 받고 이것을 외환시장에서 일본 은화로 교환하여 중국에 수입대전으로 송금하였다. 이러한 면직물 등 수입에 일본 상인도 점차 참여하게 된다. 반면에 일본 상인은 개항장의 일본인 은행에서 지폐로 대출을 받아 일부는 관세로 납부하고 나머지는 외환시장에서 한국 화폐로 환전하여 이 돈으로 수출품을 매집하여 일본으로 보냈다. 일본과의 무역이 일본인 은행의 자금지원에 의해 진행되고 있었고 이 은행이 일본 자본을 유입하는 주요 경로가 되었다. 이 일본인 은행이 풍부한 자금을 바탕으로 개항장에서 환전 업무를 주도함으로써 외환시장의 중심에 서게 되었다. 그리고 일본 지폐가 한국인에게는 아직 수용되지 않는 단계에서도 일본 지폐는 금융기관을 통해 일본 은화로 교환 가능한 화폐로 개항장에서 유통되기 시작하였다.

2. 일본인 금융기관의 개항장 진출

개항과 함께 열강은 각종 이권을 차지하고 개항장에서의 경제 활동을 원활히 하

기 위해 다양한 진출을 시도하는 가운데 금융기관의 지점도 개항장에 설치하였다. 일본의 일반은행은 개항 이후 활발해진 개항장에서의 일본인의 무역을 기반으로 영업을 확대하고 일본인 상인을 금융적으로 지원하기 위해 개항장에 지점을 설치하였다. 이 시기에 진출한 일본 일반은행은 1878년 부산에 지점을 낸 제일은행(다이이치 깅코, 第一銀行),[15] 1889년 부산·원산에 지점을 설치한 제십팔은행(第十八銀行), 1989년에 인천에 지점을 설치한 제오십은행(第五十銀行) 등이 있었다. 일본계 외의 외국 은행으로는 1986년 인천에 Holm Ringer Co.를 통해 대리점을 개설한 영국의 香港上海銀行(Hong Kong Shanghai Bank), 1896년 서울 러시아 공관에 개설된 한로은행(韓露銀行) 등이 있었다.[16]

일본 금융기관의 해외 진출은 한국에서부터 시작되었다. 일본의 일반은행[17] 중에서, 제일은행은 한국에 가장 먼저 진출하여 일본에서도 첫 번째로 해외에 진출한 은행이 되었을 뿐 아니라 한국을 기반으로 근대적 은행으로서 가장 빠르게 성장하게 되었다.[18] 다른 일본의 일반은행은 청일전쟁이 발발한 1894년 이후에야 그 영업을 확대하고 있으나, 제일은행은 이에 앞서 한국을 선점하여 [표 1-1]에서 보듯이, 예금과 대출에서 다른 은행을 압도하고 있다.

일본인 은행의 지점은 개항장에서 다른 외국인이 지점을 개설하기 앞서 개항장 금융을 선점함으로써 일본인의 무역 활동을 금융적으로 지원하여 일본인 상인이 무역에서의 우위를 확보하는 데 큰 도움을 주었다. 일본인 은행 지점은 초기부터 다른 열강의 견제를 받지 않은 것은 물론이고 한국과도 별다른 충돌 없이 개항장의 중추 금융기관으로 성장하였다.

15 제일은행은 1873년 일본의 국립은행 조례에 의거 설립되었으나, 1886년에 사립은행으로 개편되었다(제일은행(1926), 『제일은행오십년소사』, p. 1). 제일은행을 설립한 시부사와 에이이치는 일본 메이지 시대의 대표적인 기업가로서 주식회사 개념을 도입하고 섬유공업, 제지업, 은행업 등에서 성공을 거두었다.

16 이석윤(1984), 『한국 화폐금융사연구』, pp. 274~275.

17 당시의 일반은행은 민간소유 은행이라는 점에서 사립은행이라고 하고 상업은행 업무를 주로 수행하였기 때문에 보통은행(普通銀行)이라고 하였다. 이 책에서는 소유 측면을 강조하거나 업무내용을 강조하지 않은 경우라면 지금의 용례에 준하여 일반은행이라고 한다.

18 村上勝彦(1973a), 「제일은행 조선 지점과 식민지금융」, 『토지제도사학』, 61.

[표 1-1] 일본 일반은행 조선 지점의 예금, 대출 및 하환송금액(1978~1906)

(단위: 천 엔(千圓))

	예금				대출				하환송금	
	합계	제일 은행	제십팔 은행	제오팔 은행	합계	제일 은행	제십팔 은행	제오팔 은행	대조선	대외국
1878	4	4			17	17			6	1
1882	21	21			43	43			120	296
1886	114	114			229	229			43	107
1890	212	211	1		421	367	53		667	1,127
1894	1,126	1,030	57	37	722	505	129	88	864	1,105
1898	2,513	2,252	164	95	1,567	804	554	208	1,846	3,195
1902	4,419	3,885	250	283	3,860	1,945	1,167	747	3,835	8,334
1906	13,318	10,182	1,533	1,603	12,036	4,383	3,807	3,846	8,786	9,269

자료: 1898년까지는 통감부(1908),『제이차금융사항참고서』; 1902년부터는 통감부(1906),『통감부통계연보』.

일본인 은행은 주로 거류지 무역을 기반으로 하여 성장하고 있던 일본인 상인이 벌어들인 자금을 예금으로 받는 동시에 일본의 본점으로부터 유입한 자금과 일본인 상인의 예금을 일본인 상인에게 대출하는 것은 물론이고, 한국의 개항장과 일본의 대외무역항 간의 송금도 담당하였다. 이러한 일본인 은행 지점의 활동은 청일전쟁과 노일전쟁에서 일본의 승리를 계기로 더욱 확대되었음은 [표 1-1]에 제시된 이 은행 지점들의 예금, 대출 및 송금액의 추이에서 알 수 있다.

이와 같이 일본의 일반은행 지점은 일본 상인의 이윤을 일본으로 송금하는 역할을 담당하면서 일본인 상권의 확장을 금융적으로 지원하는 역할도 담당하였다. 특히, 제일은행 조선 지점의 활동은 일본인 상인 및 은행의 해외 진출의 초석을 마련하였을 뿐 아니라 은행 경영에서도 매우 중요하였던 것으로 알려져 있다. 즉, 제일은행 조선 지점의 경우 순이익금이 은행 전체의 순이익금 중에서 1896년 이전에 10%에 근접하였고, 1896년 이후에는 10%를 계속 넘었고, 1905년 이후에는 30%를 넘어서게 되었다.[19]

일본 일반은행 지점은 일본인 상인이 개항장 무역에서 성공을 거둠에 따라 이들

19 村上勝彦(1973a).

[표 1-2] 일본 일반은행 조선 지점의 대출의 형태별·담보별 비율(1902~1905)

(단위: %, 천 엔)

	형태별 비율				담보별 비율		대출총액
	일반대출	하환어음	어음할인	당좌대월	상품	신용	
1902	47.6	30.5	6.6	15.2	48.4	33.4	3,860
1903	45.5	26.2	8.6	19.6	43.0	32.4	4,225
1904	37.3	26.4	14.9	21.3	47.2	26.5	5,060
1905	50.8	11.7	17.6	20.2	46.3	24.0	6,915

자료: [표 1-1].

의 이윤을 예금하거나 송금하는 업무를 확대하였다. 일본과 한국 간의 환거래와 일본의 대출과 예금을 주요 업무로 하던 일본 일반은행은 [표 1-1]에서 보듯이, 예금이 대출보다 훨씬 많아 예금초과 상태에 있었고, 하환(荷換) 송금도 조선, 외국 모두 지불초과를 기록하고 있었다. 이러한 점에서 보면, 일본인 은행 지점은 일본인이 개항장에서의 상업의 결과로 얻은 이윤을 집중하여 다시 일본인에게 제공하거나 일본 상인의 자금력을 강화하면서 개항장을 일본의 공산품 시장의 일부로 편입시키고, 금의 매집을 통해 일본의 금본위제 수립에 불가결한 금을 흡수하는 역할을 담당하여 일본의 경제적 침탈의 첨병 역할을 성공적으로 수행하고 있었다고 할 수 있다.[20]

일본 일반은행 지점은 개점 이래 일본과 한국의 무역이 증가함에 따라 증가하고 있는 하환을 인수하면서 대출을 하고, 일본인 상인으로부터 예금을 유치하는 것을 주요 업무로 하였다.[21] 그러나 1900년에 이르면, 일본인 일반은행은 이러한 영업 행태로부터 벗어나고 있었음을 알 수 있다. 일본인 은행의 지점은 1900년대 초에는 하환어음을 인수하는 형태로 대출을 하였지만, 그 비중을 줄이고 일반대출, 당좌대월, 어음할인 대출의 비중을 늘리고 있었음을 [표 1-2]의 대출 형태에서 확인할 수 있다. 당시 이 지점은 상품 담보를 위주로 대출하고 있었는데, 그것은 이 지점이 무역을 기반으로 금

20 村上勝彦(1973b), 「식민지산금흡수와 일본산업혁명」, 『경제학연구』, 16.
21 高嶋雅明(1978), 『조선에 있어서 식민지금융사의 연구』, pp. 244~245.

융 활동을 하고 있었고, 부동산등기제도가 갖추어지지 않았던 당시에 담보로 활용할 수 있었던 것은 상품밖에 없었기 때문으로 보인다.

일본인 은행 중에서 제일은행은 개항장에서 선도은행으로서 무역금융에서 더 나아가 한국 정부의 이권을 침탈하는 사업에 뛰어들기 시작하였다. 제일은행 조선 지점은 1884년 국고금의 일부인 해관세를 취급하고, 1885년에는 이를 담보로 한국 정부에 차관을 제공하고, 1902년에는 한국의 화폐발행권을 침해하는 것과 다름없는 은행권 발행까지 시도하였다. 그리고 제일은행은 일본인 상인의 이윤 송금 방안으로써 일본 화폐로 일본의 금본위제 이행에 필요한 금을 조선에서 매집하여 일본으로 수출하는 역할도 수행하였다.[22]

그런데 이 은행은 개항장에서 영업하고 있었지만, 한국인과는 거의 관계를 맺지 않고 일본인과 밀착하고 있었음은 당시 일본인의 기록에서도 잘 나타나고 있다.

> "조선에는 각 항구마다 은행 지점이 있다고 해도 그 업무는 전적으로 일본과 조선 간의 상업에 있고, 조선 국내 상업에까지 확장하고 있지 않다. 그 때문에 일본 상인을 위해서는 이익이 되는 바가 있더라도 조선 상인을 위해서는 조금도 편리함을 개발하지 않는다."[23]

이와 같이 일본으로서는 해외로 처음 진출한 일본 일반은행 지점은 조선 및 일본과의 무역과 개항장의 일본 상인의 활동을 금융적으로 지원하는 역할을 수행하면서 양호한 영업실적으로 거두었으나, 한국인의 상업이나 금융과는 무관하였기 때문에 일본 일반은행의 지점은 일본의 비지(飛地, enclave)에 지나지 않았다고 할 수 있다.

일본은 개항 이후 제일은행이 부산에 지점을 개설한 데 이어 1880년에 동경해상보험이 대리점을 부산에 처음 개설함으로써 보험회사의 조선 진출도 시도하였다. 이

22 村上勝彦(1973b).
23 鹽川一太郎(1886), 『조선통상사정』, p. 126.

시기에 영국계 보험회사도 대리점을 설치하였고 독일계 보험회사 대리점도 설치되어 1900년경에는 5개의 화재보험회사가 영업하고 있었다. 명치화재보험은 1894년 부산과 인천에 대리점을 개설하였다. 일본의 해상 또는 화재보험회사는 제일은행 등이 취급하는 수출입 화물의 보험과 연관된 업무를 주로 처리하였다. 부산과 인천에 일본의 해상 또는 화재보험회사들이 다수 진출하여 경쟁이 격화됨에 따라 1907년에는 부산에서는 동경화재, 명치화재, 일본화재, 요코하마화재, 공동화재 5대 보험회사가 협정요율까지 정하였다.[24] 그리고 한국에 최초로 진출한 일본 생명보험회사는 1891년 1월 부산에 대리점을 설치한 제국생명이다. 이어 공제생명은 1895년 7월, 진종신도생명은 1897년 7월 각각 부산에 대리점을 설치하였다.[25]

3. 개항기 한국인 은행의 설립

갑오개혁의 하나로 실시된 조세의 금납화(金納化)는 은행 설립을 전제로 실시되었기 때문에 한국의 은행 설립 필요성은 갑오개혁 이전부터 제기되었다고 할 수 있다. 당시의 재정개혁 중에서 가장 중요했던 금납화는 조세를 물품 대신 화폐로 징수하는 것이었다. 민간에서 화폐사용이 보편화되고, 징세로 정부에 집중된 자금이 다시 민간으로 환류되는 동시에 중앙에 집중된 자금이 지방으로 재환류되어야 한다. 그래야 제도가 정착되고 운반비용도 적은 지폐(은행권)와 같은 화폐제도가 확립되어야 성과를 거둘 수 있다. 따라서 정부가 금납화를 실시하기 위해서는 지폐를 발행하고 재정자금이 순환할 수 있는 통로를 마련해야 하는데, 은행이 그 역할을 잘 할 수 있다. 이 때문에 갑오개혁 이후 한국 정부는 금납화 실시와 동시에 은행 설립을 실제로 추진하려 하였다. 즉, 1894년 군국기무처가 올린 의안 각조에는 은행 설립 계획을 세우고 있었다.[26]

24 대한손해보험협회(1977), 『손해보험협회삼십년사』, pp. 57~58.
25 생명보험협회(2010), 『생명보험협회60년사』, p. 33.
26 "갑오 10월부터 각종 부세 군보 등 일체의 상납 대소 미태목포는 모두 대전으로 마련하고 은행을 설립, 공전을 획급하여

한국 정부는 이와 같이 금납화에 대응하여 은행을 설립하기로 하였으나, 미곡의 원활한 무역을 위해 미상회사(米商會社)를 설립하는 것으로 계획을 바꾸었다. 미상회사가 일단 설립되어 공전을 수납하고 미곡을 매입하여 별영창을 빌려 미곡을 예치하였다. 그런데 회사에서 공전을 취급하는 것은 재정문란의 요인이 되고 위조된 관문(關文)이 나도는 문제가 있어 미상회사가 세금환금을 맡는 금융기관이 되는 구상은 중단되었다.[27]

한국 정부는 은행의 설립을 전제로 금납화를 실시하였기 때문에 은행 설립 노력을 포기할 수는 없었다. 이러한 은행 설립이 구체화된 것은 1896년 심상훈, 안형수 등이 대한은행소(개항기 조선은행)를 설립하여 정부의 국고은행으로 삼고 탁지부의 자금을 이용하고자 하면서부터이다. 이 은행의 국립은행화 계획은 당시의 총세무사 브라운(J. M. Brown)의 완강한 반대로 거부되었다.

조선은행에 이어 1897년에 설립된 한성은행도 마찬가지로 한국 정부가 국립은행으로 전환하고 조세수납을 취급할 수 있도록 하려고 했다. 고종이 러시아 공사에게 차관도입을 제안하는 과정에 한성은행의 국립은행화 계획을 밝혔다.[28] 그리고 한국 정부는 연이어 설립된 대한천일은행도 중앙은행화하려고 했다. 대한천일은행의 설립자들이 한국 정부에 제출한 은행 정관을 보면, 한국 정부는 이 은행이 정부에 대한 대출, 국고금 취급, 은행권 발행까지 담당하는 중앙은행이 될 수 있도록 하고 있다.[29] 황실이 이 은행의 설립자금의 20%인 1만 원을 출자하였다.

이와 같이 한국 정부는 자주적 화폐제도와 금융제도를 수립하여 금납화를 순조롭

미곡을 무역케 함으로써 근본을 넉넉하게 하여 원전은 정기를 지켜 탁지아문으로 상환하되 대전을 다시 상세히 작량토록 할 것"(『고종실록』, 고종 31년, 고종시대사(3), p. 518).

27 오두환(1991), 『한국 화폐사』, p. 159.

28 "현재로는 (한성은행은) 빈약한 은행이지만 장래에는 한국의 중앙은행으로 삼을 작정이다. 정부의 재정도 이 은행에 맡길 예정이므로 일반의 신용도 커져 가고 민간의 예금도 들어올 것이고 500만 원의 차관도 불가능한 것은 아니라고 생각한다"(한익교 편(1941), 『한상룡군을 말한다』, p. 56).

29 4. 공채증서 및 정부가 발행하는 각종 증서를 담보로 하여 임시 급채하거나 또는 당좌대여를 행하면 수시로 임원회에 결의할 것. 17. 정부는 태환권 발행을 본 은행에 위임 집행하게 하여 상당한 규비(規費)를 지발(支撥)할 것. 19. 본 은행은 정부의 사항에 의하며, 각 항구 및 부군에 있는 공전을 담임 운수하되, 담임 시에는 다시 탁지부 대신의 인허를 받아 준행함(한국상업은행 행우회 편(이하 한국상업은행으로 통일)(1960), 『대한천일은행공첩존안해설』, pp. 9~10).

[표 1-3] 갑오개혁 이후의 한국인 은행의 설립 동향

은행명	설립인가 연월	회사 형태	자본금	주요 발기인	비고
조선은행 (대한은행소)[1]	1896. 6	주식	6만 원(元)	심상훈, 김종한, 이재정, 이채연, 안형수, 이근배	1899 한흥은행으로 개칭
한성은행[2]	1897. 6	주식	4.5만 원(元)	김종한, 이보응, 민영찬, 권석영, 한치조, 이성업, 김영모, 이규정, 김태진	1903. 2 공립한성은행으로 재출범
제국은행[3]	1897	주식			
대한은행[4]	1898. 9	합자	5만 원(元)	심상훈, 민영기, 유기환, 고영근 등 20명	
대한천일은행[5]	1899. 1	주식	5.6만 원(元)	민병석, 심상훈, 민영기, 유기환, 이근호, 조진태, 백완혁, 정영두, 송문섭, 김기영, 김두승	
대한제국특립 제일은행[6]	1900. 2	주식	250만 원(元)	민병한, 손붕구, 김명제, 김상필, 김석규 등	
공립한성은행[7]	1903. 2	합자	3.5만 엔	이재완, 이보응, 한상룡, 이 원	1905 주식회사

자료: 1) 『독립신문』, 건양 1년, 6. 18, 7. 4, 7. 21; 『황성신문』, 광무 3년, 10. 30, 11. 20.
2) 『독립신문』, 건양 2년, 3. 18.
3) 四方博(1929), 『조선에 있어서 근대자본주의의 성립과정(상)』, p. 77.
4) 『독립신문』, 광무 4년, 9. 24, 10. 10, 10. 26.
5) 한국상업은행(1960), 『대한천일은행공첩존안해설』.
6) 황명수(1975), 「대한제국특립제일은행에 관한 사적 연구」, 『단국대 상경논총』.
7) 조흥은행(1979), 『조흥은행팔십년지』, pp. 34~36.

게 하는 데 불가결한 국립중앙은행의 설립을 추진하였으나, 일본 등 열강들의 반대로 재정자금을 기반으로 하는 국립은행을 설립하지 못한 것은 물론이고, 이미 설립된 사립은행을 중앙은행화하는 데에도 실패하자, 일반은행을 보호·육성함으로써 신설된 일반은행을 국고금 운용에 활용하는 것에서 더 나아가지 못했다고 할 수 있다.

이 시기에 설립되거나 설립이 시도된 일반은행은 [표 1-3]에서 보는 바와 같이, 1896년 조선은행(구)(한흥은행), 1897년 한성은행, 1897년 제국은행, 1898년 대한은행, 1899년 대한천일은행, 1900년 특립제일은행 등이 있었다. 이 시기가 한국에서 사립은

[표 1-4] 한국인 은행 설립 추진자의 주요 경력

이름	설립 참여은행	주요 경력
심상훈	대한은행소, 대한은행, 대한천일은행	승정원 도승지, 궁내부 특진관, 탁지부 대신
김종한	대한은행소, 한성은행, 공립한성은행	관찰사, 궁내부 특진관, 장예원경, 승정원 승지, 예조 판서
민영기	대한은행, 대한천일은행	군부 협판, 군부 대신, 탁지부 대신
이보응	한성은행, 공립한성은행	유력자산가
이근호	대한천일은행	관찰사, 궁내부 특진관, 중추원 참의, 황실재정정리위원장
조진태	대한천일은행	유력자산가, 중추원 참의
백완혁	대한천일은행	유력자산가, 장위영 대관
민병석	대한천일은행	호조 참판, 이조 참판, 궁내부 특진관, 농공상부 대신, 궁내부 대신, 군부 대신
민병한	대한제국특립제일은행	궁내부 특진관
손붕구	대한제국특립제일은행	농공상부 광산국장, 내장사 수륜과 검사위원
이재완	공립한성은행	이조 참판, 호조 참판, 궁내부 특진관
이윤용	공립한성은행	중추원 참의, 관찰사, 궁내부 특진관, 궁내부 대신
한상룡	공립한성은행	외부 서관

자료: [표 1-3]의 자료 및 大垣丈夫 編(1912), 『조선신사대동보』.

행의 설립이 최초로 붐을 이루던 시기였지만, 이러한 은행 설립 붐은 한국 정부의 재정자금을 활용한 중앙은행 설립 시도는 물론 그 좌절과도 무관하지 않았다.

갑오개혁 이후 한국 정부의 중앙은행 설립은 좌절되었지만, [표 1-4]에서 보듯이, 한국 정부의 고관들이 이 시기에 사립은행의 설립에 활발히 참여하고 있었다. 조선은행(구)의 설립을 주도하고 대한은행과 대한천일은행의 설립에도 참여함으로써 당시의 은행 설립을 주도하였던 심상훈은 친로파로서 승정원 도승지, 궁내부 특진관을 거쳐 탁지부 대신이 되었던 한국 정부의 대표적인 재정관료였다. 한성은행 설립자로 알려진 김종한, 이보응 중에서 김종한은 예조 판서, 궁내부 대신 서리를 역임한 고관이었다. 대한은행의 설립에 참여한 심상훈, 민영기는 나중에 탁지부 대신까지 올랐던 재정관료였다. 대한천일은행의 설립에 참여하고 은행장까지 되었던 민병석은 고관 출신이었다. 당시에 한국 정부의 고위 관리가 은행 설립자로 대거 참여한 것은 한국 정부가 은행 설립을 적극적으로 지원하였고, 이 은행도 정부와의 관계를 강화하기 위해 고관을 필요로 하였기 때문이었다. 이와 같이 한국인의 은행 설립은 초기에는 한국 정부의 전현직 고위 관리들이 주도하였다고 할 수 있다.

그러나 은행 설립에는 한국 정부의 고관뿐 아니라 한국인 유력 실업인도 참여하고 있는데, 그들의 참여는 대한천일은행, 대한특립은행에서부터 확인되고 있다. 1899년 대한천일은행의 설립을 실질적으로 추진하였던 사람은 김두승·김기영·백완혁·조진태 등인데, 이들은 이조의 관리 출신이기는 하지만 유력 실업인이었다.[30] 그리고 1900년에 설립된 특립제일은행은 당시에 농공상부가 주도하였지만, 여기에 지방의 수령, 그리고 특권상인, 전상(廛商) 50~60명을 참여시켰다. 이와 같이 한국인의 은행 설립에는 고위 관리에서 상인으로 그 참여 폭이 확대되고 있었다.

4. 한국 정부와 한국인 은행

앞에서 설명한 대로 한국 정부는 갑오개혁의 주요 조치인 금납화를 전면적으로 실시하기 앞서 은행을 설립할 계획을 가지고 있었다. 즉, 탁지부 관제에도 은행국이 있었고, 금납화에 따른 세곡을 향원이 수봉하여 읍이나 은행에 수송하도록 규정하고 있었으며, 금고규칙, 출납관리규칙에도 은행, 회사 등이 금고사무의 일부를 담당하는 규정도 있었다.[31] 한국 정부가 미상회사의 설립으로 은행 설립을 포기한 것은 아니었다. 즉, 1895년 후반 탁지부 대신인 심상훈이 프랑스 공사의 제의를 받고 프랑스 회사로부터 국채로 300만 원을 차입하여 은행을 설립하려 하였으나 책임 문제로 안형수를 내세우고 진행하였다. 그러나 안형수는 한국 재정이 프랑스 회사에 종속되는 것을 우려하여 교섭을 중단하였다.[32]

30 한국상업은행(1960), p. 5.
31 오두환(1991), p. 160.
32 도면회(1997), 「갑오개혁 이후의 근대적 금융기관」, 『국사관논총』, 77, pp. 95~96.

한국 정부는 갑오개혁에서 중앙 각사가 별도의 재정수입을 가지고 별도로 지출을 하고 있는 것을 혁파하고 탁지부를 유일한 재정기관으로 하였다. 이 개혁으로 인해 전국의 모든 조세가 탁지부로 집중되었으며 탁지부 출납국이 재정지출의 유일한 출납 창구가 되었다. 이에 따라 탁지부는 전국에 걸쳐 행정 중심지에 국고를 취급하는 금고를 설치하거나 한국 정부의 감독을 받는 은행들을 설립하여 이들이 금고 업무를 대행하는 계획을 세웠지만 실현시키지 못하고 미상회사를 설립하여 은행을 대신하였으나 이것도 재정문란의 원인이 되었다. 한국 정부는 이 문제도 해결하고 본위화폐를 정착하려면 은행을 설립하지 않으면 안 되었기 때문에 은행의 설립 시도는 이어졌다.

1896년 6월에 탁지부 대신 심상훈, 탁지부 협판 이재정, 농상공부 협판 이채연·김종한·안형수·이근배·윤규섭·방한덕·최석조·우항선·오영열 등이 새로운 은행의 설립을 논의하고, 이 은행이 재정기관으로서 탁지부의 국고금 취급의 특권을 획득하게 하려고 했다. 그러나 당시 재정고문 브라운이 은행이 충분한 신용을 쌓기 전에는 국고금 취급을 허용하지 않겠다고 하여 앞서 설명한 것과 같은 한국의 최초 은행인 대한은행소(이하 조선은행)는 결국 반관반민의 사립은행으로 설립될 수밖에 없었다.[33]

조선은행(구)은 독립협회 설립을 주도한 고위 관료와 소수 상인이 주도한 은행으로 독립협회와 성쇠를 같이 해온 것으로 알려져 있다. 이 은행의 공칭자본금(이하 수권자본금으로 통일)은 20만 원(元)인데 납입한 자본금은 6만 원에 불과하였으나 1897년 한성은행과 함께 1896년 잉여금 교섭을 받고 국고금 95만 원을 예치하는 성과를 거두었다. 조선은행은 1899년 10월 한흥은행으로 개칭하고 주요 임원을 바꾸고 정부에 대한 대출과 황해도 조세금 수납의 일부를 담당하면서 영업의 호전을 도모하였으나 이 은행의 임원인 김영준이 사형 당한 이후 이 은행에 대한 정부의 후원이 줄어들고 손실이 발생하면서 1901년 1월 청산되고 말았다.[34]

한성은행은 김종한·민영찬·조제명·한치조·이승엽·김영모·이규정·김태진·권

33 도면회(1997), p. 96.
34 앞의 논문, pp. 98~99.

석영 등 상인과 고위 관료가 합작하여 설립한 은행이다. 이 은행의 수권자본금은 20만 원이었지만 납입자본은 4만 5,000원에 그쳤다. 이 은행은 은화를 본위로 하는 은행권(지폐)을 발행하고 상품무역, 대출, 예금, 국공채 매입을 하는 것으로 구상하고 있었던 것으로 보아 중앙은행으로 발전 가능성까지 염두에 두고 있었던 것으로 보인다.

한성은행은 한성의 대상인과 대금업자, 고위 관리가 합작하여 설립을 청원하였는데 당일로 인가를 받은 것에서 알 수 있듯이 한국 정부와 교감 속에서 설립된 은행으로 10일 후쯤 조세금 취급 특권까지 가지게 되었다. 이 은행은 조세금 취급에서 나아가 국고은행으로 발전하는 것을 목표로 설립된 것으로 보인다. 이 은행은 초기에는 정부 보조금과 조세금을 외획한 자금으로 어음을 할인하고 객주를 대상으로 대출하고 환전도 취급하였다. 한성은행은 앞서 설명한 조선은행과 함께 1987년 정부 잉여금을 예치하게 되고, 1988년에는 탁지부 국고대부도 받고 2년 후 상환하기도 하였다. 이 은행은 전라도, 경상도, 황해도 등에 은행원을 보내 조세금 상납을 담당하는 등 국고은행으로 발전 가능성을 보이기도 하였다.[35]

한성은행은 "정부에서 발행하는 은표와 환표, 기타 상업표를 내감대여(內減貸與)하여 매입하고 또한 공사화폐를 태환할 것(태환 시 도로 원근에 따라 운비를 받을 것)이라는 규정에 의거하여 조세수송 업무를 맡았다. 그러나 한성은행의 조세수송은 지방에 속하는 전라도, 경상도 등 일부 지역에 한정되어 있었기 때문에 이 은행은 전국적인 국고은행으로 삼기에는 한계가 있었고, 그나마 이 은행의 조세출납 업무는 1898년 전후로 퇴조하였다. 이러한 퇴조는 1898년 3월에 설립되어 1898년 4월에 폐쇄된 한로은행과 관련되어 있는 것으로 파악되고 있다.[36] 한성은행의 조세금 취급 특권이 한로은행에 넘어갔지만 한로은행이 폐쇄됨에 따라 이 특권이 1899년 신설된 대한천일은행으로 다시 넘어가고 이에 따라 한성은행은 영업에서 계속 부진을 면치 못하게 되었다.

35 도면회(1997), pp. 99~101.

36 아관파천 이후 러시아 알렉세예프를 재정고문으로 초빙하였는데, 알렉세예프는 1898년 2월 한성 새문안에 한로은행을 설립하였다. 이 은행은 일반은행 업무와 중앙은행을 겸하는 은행으로 출범하고자 하였다. 이 은행은 설립 직후 은화를 예치하고 국고금까지 취급하였으나, 알렉세예프 해임으로 1898년 4월 폐점되고 말았다(도면회(1997), pp. 114~115).

한성은행은 1903년 4월 일본 제일은행의 영향하에 공립한성은행으로 재창립하게 된다. 일본은 러시아 차관으로 중앙은행을 설립하려던 계획을 저지하기 위해 이재완에게 접촉하여 은행을 설립하고자 하였다. 결국 고종은 이재완의 보고를 받고 500만 원의 차관으로 중앙은행을 설립하는 안을 포기하고 이재완이 30만 원으로 은행을 설립하는 대신에 한성은행을 인수하도록 하였다. 이 공립은행은 1903년 1월부터 영업을 개시하였으나 제일은행 대출을 대리하는 것에 주력하였다. 대한천일은행은 한국 정부의 지원에 의존하여 성장하고 있었던 반면에, 일본 제일은행 지원에만 의존하고 있던 제일은행은 별다른 성과를 나타내지 못한 상태에 있었다.[37]

대한천일은행은 김두승·김기영·백완혁·조진태 등 경성의 대상인이거나 부호들이 주도하여 설립한 은행으로 중앙은행 설립을 염원하고 있던 고종의 내락을 받고 1899년 1월에 청원하고 곧바로 인가를 받았다. 이 은행의 설립에는 고위 관료보다는 중간 관료가 청원인으로 많이 참여하였으나 발기인으로 대한제국 정권의 핵심 인물들이 대부분 참여함으로써 출발이 순조로웠다.[38] 이 은행의 수권자본금은 5만 6,000원으로 하되 궁내부와 정부에서 자본금 1/2 또는 1/3을 지급하고 주주가 될 수 있도록 하였는데, 1889년 말까지 납입자본금은 1만 3,800원에 그쳤다. 하지만 이 은행은 창립 직전에 황실로부터 3만 원의 자본금을 받아 영업을 시작할 수 있었다. 이와 같이 대한천일은행도 다른 은행과 비슷하게 출범 시에 한국 정부의 적극적인 지원을 받았다고 할 수 있다.

대한천일은행은 정부 발행의 은표 및 환표, 기타 상업표의 할인 및 대부와 매입, 각종 물화의 무역과 화폐교환, 금·은 동산을 담보로 한 대부, 공채증서 및 정부가 발행하는 각종 증서를 담보로 한 임시대부와 당좌대월 등을 취급할 수 있었다. 특히, 이 은행은 앞서 제시된 상업은행 업무 이외에도 정부가 위임한 태환권을 발행할 수 있고, 탁지부 대신이 인허하는 각 항구 및 각 부군의 조세금(공전) 운송도 담당할 수 있었다.

37 도면회(1997), p. 105.
38 앞의 논문, pp. 106~108.

[표 1-5] 대한천일은행의 주주 수, 납입자본 및 영업실적(1899~1905)

(단위: 원(元))

연도	주주 수	납입자본	예금	대출	순익금	배당률(%)
1899	18	13,800				41
1900	18	23,500	95,111	81,970	6,736	58
1901	24	27,500	89,718	130,339	15,000	37
1902	38	44,000	418,581	421,911	15,242	37
1903	48	54,000	408,198	707,463	23,075	42
1904	51	56,000	370,212	981,334	14,731	26
1905	48	55,000	689,008	708,747	19,712	36

자료: 한국상업은행(1969), 『한국상업은행칠십년사』, p. 34; 한국상업은행(1960), 『대한천일은행공첩존안 해설』.

따라서 대한천일은행은 발권은행과 국고금고까지 겸할 수 있는, 말하자면 여건이 되면 대한제국의 중앙은행으로 발전 가능성까지 염두에 두고 출범한 은행이라고 할 수 있다.

이 은행은 출범과 함께 1899년 1월부터 상품을 담보로 대출을 실시하고 2월부터 부동산담보를 시작하여 성황을 이루었다. 그러나 이 은행은 부동산담보 대출이 한성판윤 민상호에 의해 금지되자 조세금 운송 업무 취급을 시도하여 4월에 각 부군의 조세금을 취급하게 되었다. 대한천일은행은 1899년 한 해 동안 58만 3,000원(290만 냥)의 조세금을 거두어 탁지부에 입금하고 탁지부 지출명령에 따라 지출하고 있었다. 이는 탁지부 1899년 예산의 14%에 해당할 정도 적지 않은 금액이었다.[39] [표 1-5]에서 보듯이 한국 정부의 지원 아래 자본금도 순조롭게 납입되고 예금과 대출이 계속 증가하고 순익도 적지 않아 높은 배당률을 유지할 수 있었다.

이 은행은 국고금 취급, 즉 조세금의 예치를 통해 단기 운영자금을 확보하고 이를 대출에 활용함으로써 예금과 대출은 물론이고 자본금, 주주 수 등이 계속 증가하였다. 그리고 탁지부가 조세금 체납액이 많은 지방관을 사법 처리하자 지방관들이 집문서

39 도면회(1997), p. 110.

를 저당하고 돈을 빌리는 일이 성행하였다. 이 은행도 이 시기에 전당포를 개설하고 영업을 시작하였다. 1902년 영친왕이 은행장으로 선임되고 이용익이 부행장으로 선임되자 조직도 확대되고 주주, 자본금도 급증하고 예금과 대출도 함께 증가하였다. 하지만 대출금이 예금액의 2배 이상 증가하는 문제들이 발생하기 시작하였다.

한성은행은 상인과 마찬가지로 외획한 조세금을 곧바로 은행의 운영자금으로 이용하였다. 그와 달리 대한천일은행은 정부에 대한 대출은 조세금을 담보로 하고, 정부로부터 차입에 대해서는 그에 대한 이자를 지급하였기 때문에 조세금 출납에서 은행의 여신 업무가 분리해 가기 시작했다고 할 수 있다. 은행들의 국고처리 업무가 국고은행 지위에서 전국을 대상으로 시작된 것이 아니라 일부 지역에 한정되었다. 더욱이 한국 정부의 국고금의 중요 부분인 관세는 일본 제일은행이 이미 독점하여 취급하고 있었다. 따라서 한국인 은행의 국고금 취급으로 인한 재정문란의 해소나 은행을 통한 국고금 수송 효과는 제한적일 수밖에 없었다.

5. 한국인 은행의 주요 업무와 역할

갑오개혁 이후 설립된 한국인 은행의 경영 기록은 많지 않다. 한국인 은행 중에서 가장 먼저 설립되었던 조선은행(구)과 한성은행에 관해 설명한 당시의 기록을 보면,

> "전 한국주재 러시아 대장성의 대리상 알렉세예프 보고에 의하면, 이곳에는 얼마 전에 한국 정부의 인가를 얻어 조선과 한성이라는 두 은행이 설립되었으며, 조선은행의 자본금은 6만 원, 한성은행의 자본금은 4만 5,000원이었다는 것이다. 그런데 이 설립자금은 은행의 설립자이자 경영자인 그들이 출자한 돈으로 마련되었다. 은행경영자인 그들이 출자한 돈으로 경영의 정확성을 보증하기 위해 각 설립자는 2명의 보증인을 세워 연대책임을 진다는 증서를 제출하

였다. 한국의 탁지부는 이들 은행에게 연리 6%로 대출하는 등 수시로 원조를 제공하였다. 그리고 1898년까지 국고에 진 채무는 조선은행이 1만 2,981원, 한성은행이 만 원이었다. 이들 은행의 경영은 상품을 담보로 하여 연리 12~13%로 단기 대출을 하는 것에 한정되었다."[40]

이 두 은행은 출자금과 정부 차입금에 의해 조달한 자금을 원천으로 하여 상품을 담보로 하는 단기 상업대출을 하는 단순한 은행 업무를 수행하였다. 물론 이러한 은행의 업무는 국고금을 취급하면서 재정자금의 융통을 담당하는 국립은행 계획과는 거리가 있는 것이었지만, 한국 정부가 이 은행을 육성하려는 의도는 정부의 저리자금 지원에서 나타나고 있다. 조선은행은 오래 가지 못하고 1900년 말에 소멸되었다.[41] 한성은행은 1903년 일본 제일은행의 지원하에 재편되어 공립한성은행으로 재출범한다. 이때 이 은행은 수권자본금이 100만 원으로 늘어났지만 납입자본금은 3만 5,000원에 불과하였다.

당시에 설립된 은행 중에서 한성은행과 대한천일은행이 탁지부로부터 인가를 받

[표 1-6] 한성은행과 대한천일은행의 업무내용

한성은행	대한천일은행
1. 각종 물건을 무역하며 화폐를 교환 2. 금·은, 기타 확실한 물건을 전당으로 하는 대출금 3. 화폐를 교환 4. 타인의 금액을 예금 5. 무전당일 경우 반드시 보증인을 요함	1. 정부 발행 은표, 환표, 기타 상업표를 할인 대출하고 매입 2. 각종 화물을 무역하여 화폐로 교환 3. 금·은 동산을 담보로 하여 대출 4. 정부가 발행하는 증서를 담보로 임시 급채 또는 당좌대여 5. 부동산에 대한 전당 대출(추가)

자료: 조흥은행(1977), 『조흥은행팔십년사』, pp. 32~33, 「한성은행규칙」; 한국상업은행(1960), 『대한천일은행공첩존안해설』, pp. 9~10, 「대한천일은행정관」.

40 러시아 대장성 편(1900), 『한국지』, 국역편(1984), p. 519.
41 한국상업은행(1960), pp. 172~173.

[표 1-7] 대한천일은행 대차대조표(1902년)

(단위: 원(元))

자산		부채 및 자본	
은지전주(銀紙錢株)	3,158	예금(任置金)	418,581
고방(庫房)	93,824	차입금	38,616
대여(대출금)	129,352	잡계정	26,338
할인어음	282,558	납입(拂入)자본금	44,000
타점 대출	1,580	수입이식 (당기순이익)	32,919
본지점 대출	30,032		
잡계정	10,961		

자료: 한국상업은행(1960), 『대한천일은행공첩존안해설』, p. 216.

은 업무내용은 [표 1-6]과 같다. 한국 정부는 두 은행을 정부의 은행으로 발전시킬 의도를 가지고 있었으나, 이 은행은 대출과 예금 업무를 취급하고 국고금의 일부를 취급하는 것에 그쳤다. 대한천일은행은 1889년 업무를 시작할 때 상품담보 대출과 함께 부동산담보 대출을 실시하고, 인천에 지점을 두고 경인지역 금고의 역할을 담당하였다.[42] 한국 정부는 대한천일은행에 대해서 부동산담보 대출을 예외적으로 허용하였을 뿐 아니라 이 은행에 대한 자금 원조를 하였다.[43]

대한천일은행의 업무내용은 1902년 대차대조표를 정리한 [표 1-7]에서 알 수 있다. 이 은행의 자금원천은 자본금, 예금, 차입금으로 구성되어 있는데, 주요 자금원천은 예금이고, 차입금도 납입자본금 수준에 이른다. 이 은행의 자금운용은 예금준비금을 위한 현금, 대출금, 할인어음인데, 할인어음이 다른 대출금보다 더 많다. 이와 같이 이 은행의 주요 대출 형태는 상품을 담보로 한 어음할인이었고 그 다음으로 일반대출이었다.

1900년 이후의 이 은행의 업무 동향의 변화를 [표 1-8]을 통해서 살펴보자. 이 은행은 예금, 차입금, 자본금에 의해 자금을 조달하고 있었는데, 예금과 차입금에 크게 의

42 한국상업은행행우회 편(1959), 『대한천일은행사』 연표를 보면, 이 은행은 부산·목포 지점의 설치 허가를 받았으나 결국 설치하지 못했다.

43 한국상업은행(1960), p. 127.

[표 1-8] 대한천일은행의 업무 동향(1900~1905)

(단위: 천 원(元), ( ): %)

연도	자금원천				대출		배당률
	소계	자본금	차입금	예금	소계	어음할인	
1900	168,551	23,500	50,000	95,011	81,970	n.a.	(20.3)
1901	n.a.	27,500	n.a.	98,718	130,339	n.a.	(23.2)
1902	501,699	44,500	38,618	417,582	421,911	(69.3)	(13.0)
1903	800,356	54,000	338,158	408,198	707,463	(79.0)	(18.2)
1904	863,735	55,000	119,727	689,008	709,747	(64.9)	(12.9)
1905	1,033,244	56,000	607,132	370,212	981,334	(55.8)	(6.8)

자료: 한국상업은행 편(1969), 『한국상업은행칠십년사』, p. 34; 한국상업은행(1960), 『대한천일은행공첩존안해설』, pp. 116~117, 264.

존하고 있었다. 이 은행은 전황이 오기 전인 1904년까지는 예금을 계속 증가시키고 있었다. 그리고 이 은행의 어음할인과 다른 대출도 함께 증가하고 있었다. 대한천일은행은 초기에는 상당히 높은 배당을 하고 있었으나, 차입금이 증가하면서 배당률이 낮아지고 있었다. 이와 같이 당시 대한천일은행은 어음할인에 의한 상업대출과 예금에 의존하여 영업을 신장하였지만, 1903년부터 과도한 차입으로 이 은행의 경영 기반은 악화되고 있었다. 그럼에도 불구하고 이 은행은 일제의 화폐정리사업 이전까지는 예금과 대출을 함께 확장시키면서 순조롭게 성장하고 있었다.

대한천일은행은 근대적 상업은행으로 출범하였지만, 아직은 일본 지점은행에 비교하면 상대적으로 영세한 은행이었다. 당시에 한화(백동화)의 가치는 일본 화폐의 가치에 비해 계속 하락하여 1902~1905년간에 1엔(圓)을 2원(元) 정도로 보면 된다.[44] [표 1-9]에서 보는 바와 같이 한국인 은행인 대한천일은행과 일본 지점은행 전체의 대출액을 비교해 보면, 대한천일은행의 대출액 비중(C/2A)은 1902년 5.4%, 1903년 8.04%, 1904년 7.0%, 1905년 5.6%가 된다. 그리고 한국인 은행의 대출은 가장 규모가 작은 일본인 지점은행의 대출에 비해 절반도 되지 않았다. 한국인 은행이 설립되었지만 한국인 상인이

44 高嶋雅明(1978), p. 94.

[표 1-9] 조선 내 각 은행의 대출액과 어음할인액(1902~1905)

(단위: 일본인 은행: 엔, 한국인 은행: 원(元))

연도	제일은행		십팔은행		오십팔은행		소계		대한천일은행		C/2A	D/2B
	대출	할인	대출	할인	대출	할인	대출A	할인B	대출C	할인D		
1902	1,945	116	1,167	70	747	70	3,860	256	421	292	(5.4)	(57.0)
1903	2,156	203	1,130	74	937	85	4,225	362	707	559	(8.4)	(78.3)
1904	2,512	466	1,450	156	1,170	137	5,070	759	708	460	(7.0)	(30.3)
1905	3,488	709	1,852	226	1,576	269	6,915	1,204	781	547	(5.6)	(22.7)

자료: 통감부통계연보(제1차); 한국상업은행(1960), 『대한천일은행공첩존안해설』, pp. 116~117, 264.

여전히 일본인 상인에 비해 은행의 대출에 접근하기가 훨씬 어려운 상태에 있었다고 할 수 있다.

그런데 대한천일은행은 일본 지점은행과는 달리 어음할인에 매우 적극적이어서 일본 지점은행 어음할인액의 20~80% 정도에 달할 만큼 그 비중이 큰 은행으로 성장하였다. 또한 [표 1-9]에서 보듯이 어음할인을 중심으로 자금을 운용한 결과 어음할인액이 특히 많았다. 이와 같이 대한천일은행은 어음할인을 통해 한국인 상인의 자금을 공급함으로써 한국인 상인의 활동을 금융적으로 지원하고 나아가 어음제도의 취약성을 보완하고 있었던 것이다.

제2장

한국의 화폐제도 개혁과 일제의 화폐정리사업

1. 전환국의 설치와 화폐제도 문란

한국 정부는 개항으로 인한 각종 지출의 증가로 재정수입을 확보해야 하였는데 증세보다 화폐 발행을 선택하였다. 특히, 당백전이라는 고액 주조화폐의 실패 경험이 있었음에도 불구하고 주조수입의 증대를 위해 한국 정부는 고액 주화인 당오전을 1883년부터 다시 주조하기 시작하였다. 당오전을 각지에 분산하여 주조하던 한국 정부가 본격적인 주조량의 증대를 위해 상시 주조를 할 수 있는 집중된 주조기관으로서 1883년 8월 전환국을 설립하였다.

전환국이 1883년 10월부터 당오전을 주조하고 다른 주조소를 일단 철폐하였으나 여러 이유로 분산하여 주조하는 것을 허용하였다. 그러다 한국 정부는 경성전환국을 1885년 12월 신축하고 새로운 주조기계를 수입하여 설치하고 소액 은화 적동화 일부를 주조하였다. 전환국은 이를 제대로 활용하지 못하고 전통적인 방식인 주성법으로 1880년대 말부터 당오전을 본격 주조하였다. 이와 같이 한국 정부가 전환국을 설립하여 1880년대 말까지도 분산하여 관리하던 화폐주조를 집중하여 관리하는 동시에 주조기술의 근대화를 도모하려 시도는 하였으나, 주조방법의 후진성과 대량 주조의 필요성 등으로 주조기술의 고도화로 나아가지는 못하였다.

한국 정부는 당오전이나 평양전을 대량 발행하여 재정 문제를 해결하였다. 당오전의 경우 관주(官鑄)뿐 아니라 사주(私鑄)까지 나타나 폐제문란이 가속되었다. 1891년 당오전 액면가치가 소재가치에 근접할 때까지, 바꾸어 말해 주조이익이 사라질 때까지 관주가 남발되었고 소재가치가 상평통보의 1/3도 안 되는 평양전까지 대량 주조·유통되었다. 그 이익은 관주자와 사주자에게 돌아가고, 피해는 그 화폐의 사용자인 일반 국민에게 돌아가고 일부는 조세로 상납되어 정부에게도 되돌아갔다. 일부 지방의 지방관은 당오전 수납을 거부하여 당오전 유통지역의 화폐자산 가치가 폭락하고 조세부담이 가중되는 폐단까지 나타났다. 이와 같이 한국 정부가 감행한 악화인 당오전과 평양전 남발은 한국 주조화폐에 대한 불신을 증대시킨 반면에, 경화인 멕시코 은화나 일본 은화에 대한 신뢰를 높이고 이와 교환되는 일본 지폐에 대한 신뢰까지 높여 한국 화폐는 외국 화폐와의 경쟁에서 뒤지면서 주조화폐의 명목화폐로의 전환이 더욱 어렵게 되고 있었다.

한국 정부는 갑오개혁 이후 재정개혁을 통해 중앙재정의 집중에는 성공하였지만 징세기구 개혁에는 실패하여 지방재정을 통합하지 못하였다. 한국 정부가 지방재정을 통합하지 못한 것은 지방관리의 이해관계와 반대되는 개혁이 성공하기 어렵다는 근본적인 한계도 있지만, 조세금의 현송비용을 줄일 화폐제도와 금융기관이 갖추어지지 않은 것도 주요 원인이었다. 당시 외획(外劃)의 확산이 그 중요한 증거이었다. 외획[1]은 당시에는 불가피한 것으로 조세금납화 이후 더욱 확산되었지만 재정집중을 저해하고 조세 상납의 연체와 미납을 통해 정부의 재정능력을 약화시키고 있었다. 갑오개혁은 재정집중을 시도하였지만 성공하지 못하고, 이로 인한 세입 부족은 차관으로 해결할 계획이었으나 그것도 성공하지 못하였다. 한국 정부의 재정위기는 이러한 상황에서 1898년부터 현실화하였다.

대한제국은 황실의 재정능력을 높였지만 한국 정부의 재정능력을 높이는 것에는 실패하여 한국 정부의 재정위기는 점차 심화되었다. 갑오개혁 이후 주력하였던 재정집중은 포기되고 결호전을 제외한 모든 국가 재원을 황실재정으로 집중하고 전환국도 1889년부터 황실직속기관으로 만듦으로써 정부의 재정능력은 오히려 빈약하게 되었다. 심지어 탁지부가 내장원으로부터 차입하고 지방조세금을 내장원이 외획하는 상황에까지 이르게 되었다.[2]

전환국은 일본의 금본위제 이행으로 일본 화폐가 유출되어 전체 통화량이 수축되던 시기인 1898년부터 한국 정부는 본위제도의 도입을 시도하면서 당장의 재정 문제를 해결하는 방편으로 예산상 주조액을 상회하는 거액의 백동화를 발행하기 시작하

1 외획이란 군수가 징수한 세금을 국고에 납부하기 앞서 직접 제3자에게 급부하도록 하는 탁지부 대신의 명령을 말한다. 이러한 명령이 있는 경우는 여러 가지가 있지만, 상인과 관련되는 경우를 보면, 상인이 세금을 선납하고 지방관청에 가서 훈령과 척문를 받아 해당 관청에 제시하고 공전을 요구하는 것이다.

2 김재호(2014), 「근대적 재정국가의 수립과 재정능력 1894-1901」, 『경제사학』, 56, p. 171.

[표 2-1] 전환국의 신식화폐 주조량(1896~1904)

(단위: 천 원(元))

연도	반원 은화	1냥 은화	백동화	백동 취화	적동화	황동화	합계
1896			34,642		284,354		318,996
1897			17,333		28,409		45,742
1898		35,789	348,995		248,306		633,090
1899		62,992	1,281,638		34,202		1,378,832
1900			2,030,463				2,030,463
1901	209,745		2,873,830				3,083,575
1902	705,593		2,885,904	87,298	14,752		3,693,547
1903			3,610,190	34,115	57,639		3,701,944
1904			3,447,888	4,548	10,203		3,462,639

자료: 甲賀宜政(1914), 「근세조선화폐 및 전환국의 연혁」, 『조선총독부월보』, 4-12, pp. 37~38.

였다. [표 2-1]에서 보듯이 전환국은 주조액이 많아짐에 따라 주조에 필요한 구리를 수입하기 위해 1899년에 영국 상인 홈링거상회와 약 100만 원 이상 동화를 제조할 수 있는 백동을 수입하는 특약을 맺고, 1901년에는 미국인 콜브란과 백동화 200만 원의 주조 원료를 수입하도록 하였다. 한국 정부는 일본 정부가 1902년 3월 열국사신사회의를 통해 백동화 주조 금지, 특주 금지, 백동지금 매입 금지, 백동화 위조 엄중 단속 등을 요구하자 일시 주조를 정지하거나 주조액을 줄였으나 다시 주조액을 늘려 평상시 주조력을 회복하였다.[3]

[표 2-1]에서 보듯이 1897년까지는 1매에 5분인 적동화가 1매에 2전 5분인 백동화보다 주조가 더 많았다. 그런데 백동화 주조는 당오전과 달리 타출법으로 백동화 주조에 필요한 지금을 수입하여 수입한 극인동철로 압인하는 방법으로 백동화를 제조하였다. 1900년 용산전환국 설립 이후에는 한국이 모든 공정을 할 수 있게 되어 주조에 따른 비용이 줄어들고 주조이익은 더욱 커졌다. 물론 그 주조이익은 백동화의 주조액이 증가하고 그 유통가치가 하락하면 줄어들 것이다. 어떻든 초기에는 백동화 1매를 주조하는 일본화 기준으로 최대 1전 미만의 비용이 드는데, 그 액면가격은 한화로는 2전

3 오두환(1991), 『한국 화폐사』, pp. 190~191.

[그림 2-1] 용산전환국 주조화폐

〈반원 은화, 1901〉

〈5전 백동화, 1902〉

자료: 한국은행(2015), 『우리나라의 화폐』, p. 225.

5분(일화로는 5전)으로 정해져 있어 10원의 비용으로 50원을 주조하여 주조이익이 80%에 달하였다.[4]

백동화, 적동화 등의 신화의 주조는 1897년까지 그렇게 많지 않았지만 1898년부터 백동화 주조가 본격적으로 늘어나기 시작하였다. 1898년부터 백동화 주조가 늘어난 것은 무엇보다도 재정 사정이 어려워졌기 때문이다. 1899년 2월 한국 정부는 그동안 재정난으로 지급하지 못한 각부 봉급을 1898년 주조한 수만 원의 적·백동화로 지급하였다. 브라운 후임으로 온 탁지부 고문 알렉세예프는 주조사업을 방치함으로써 주조 남발이 별다른 통제 없이 본격적으로 진행되기 시작하였다.

전환국은 1900년부터 황실 경비를 조달하는 주요 자금원이 되어 매년 200만 원 이상의 화폐를 주조하여 그중 150만 원은 황실용으로 별도로 금고에 보관하였을 뿐 아니라 궁내부로 납부한 백동화어음도 40만 원을 초과할 정도였다. 즉, 백동화 주조이익의 절반 이상이 황실로 들어갔다.

전환국이 화폐를 주조하는 것을 관주(官鑄)라고 한다면 앞서 설명한 높은 주조이익을 노리고 관주 이외에도 특주(特鑄), 묵주(默鑄), 사주(私鑄) 등 다양한 방식의 주조가 만연하여 폐제가 문란해지기 시작하였다.

백동화 증가의 주요 경로는 관주, 묵주, 사주 이외에도 밀수입이 있었다. 일본 경

4 오두환(1991), p. 180.

판지방의 제조업자는 동화를 위조하고 밀수출을 시작하였다. 일본 상인은 불경기를 보상하는 최상책으로 다투어 밀수하고 1901년 이래 상선회사 기선 편마다 2만~3만 원의 사주화를 오사카에서 들여오는 등[5] 일본으로부터 백동화 밀수입이 성행하였다. 전 기간에 걸친 위조화의 수입액은 정확히 파악할 수 없으나 위조화 중 약간은 한국에서 사주되고 대부분은 일본에서 수입된 것으로 생각되는 만큼 백동화 유통액 중 관주액을 제외한 큰 부문은 밀수입 위조화로 구성되어 있었던 것이다.[6]

일본 정부는 백동화의 가치 하락에 대처하기 위해 열국사신회의를 소집하여 한국 정부에 백동화 주조 정지, 사주 단속 등을 요구하면서 1902년 칙령으로 백동화 위조·변조, 백동화 위조용 기계 또는 원료의 제제 및 수출행위를 금지하였다. 일본 정부의 이러한 조치와 한국 정부의 단속으로 위조화의 반입이 줄어들었지만 중단되지 않아 1903년에는 칙령으로 백동화 위조·변조에 대한 금지령을 내리기까지 하였다.[7] 이와 같이 일본 정부가 일본에서 백동화 위조는 금지하였지만 백동화 사주 원료 수출 금지에 대해서 끝까지 응하지 않았다.

일본 상인들은 백동화의 밀수입을 통해 많은 이익을 취하였을 뿐 아니라 이것으로 한국의 수출품 대금으로 지급하거나 심지어 경부선, 경의선 인부의 임금으로 지급할 때 위조화를 활용함으로써 화폐 위조의 이익을 향유하고 있었다.[8] 엽전을 제외한 백동화, 적동화 등 보조동화가 1986년 6월 정도에 50만~60만 원 발행되었으나 경인지방에 한정하여 유통되어 한국 정부는 유통지역을 확대하기 위해 노력하지 않을 수 없었다. 원산지역의 일본인 상업회의소는 백동화 배척을 결의하고 부산 등 경남지방에서는 백동화를 기피하고 있었다. 경상도 관찰사가 훈유(訓諭)를 내려 유통을 확대하고자 했으나 별다른 효과가 없었다. 그러다 휴대의 편리함, 즉 낮은 운송비 등의 이점이

5 『대한매일신문』, 1902. 10. 12.
6 오두환(1991), p. 201.
7 제1조: 한국에서 통용하는 백동화는 위조 또는 변조할 수 없다. 제2조: 위조하거나 변조한 한국 통용 백동화를 제국(帝國)에서 수출하거나 한국에 수입하고 또는 이를 행사하거나 행사 목적으로 그것을 수득(收得)할 수 없다. 제3조: 제1조 및 제2조를 위반하는 자와 제1조의 위조 또는 변조의 목적으로 기계나 원료를 제조하고 또는 그것을 제국에서 수출하거나 한국에 수입하는 자는 1년 이하의 중금고(重禁錮) 또는 200엔(圓) 이내의 벌금에 처한다.
8 도면회(1989), 「갑오개혁 이후 화폐제도의 문란과 그 영향(1894-1905)」, 『한국사론』, 21, pp. 405~406.

인식되면서 1899년에 이르러 백동화 유통지역이 점차 확장되어 경기도, 충청도, 황해도 일부 지역까지 유통되었다. 1896년과 1902년의 보고를 비교해 보면, 백동화, 적동화 등 보조화폐의 유통범위가 전국적으로 확장되어 가고 있음을 알 수 있다.

> "보조화폐는 내외 상인에게 싫어하고 꺼려지는 일이 심하고, 특히 발행해 온 일수가 아직 짧고 그 제조 및 자질이 졸렬하기 때문에 내지 한인도 역시 일반적으로 그 수수를 즐기지 않습니다. 신식화폐의 유통구역은 경성·인천 및 그 부근의 협소한 범위에 한하며, 보조화폐는 지금 이 협소한 범위 내에 충만하고 유통이 매우 막혀 우리 상인과 같은 부류는 그 영향을 받는 일이 극히 큽니다. 그런데 이 나라 정부는 다만 보조화폐의 수익이 큰 것만 보고 경제의 이법(理法)을 조금도 돌보지 않고 근래 전환국 사무를 크게 정리하여 오로지 적동·백동 2종의 보조화폐를 남발합니다."[9]
>
> 백동화의 유통은 경성을 중심으로 하여 점차 사방으로 파급되어 이미 경기도, 충청남북도 및 황해도 전부, 강원도 및 평안도 일부에서 유통되기에 이르렀다. 그리고 당관(當館) 관할 구역 내, 즉 경기도의 대부분, 충청북도 전부 및 강원도 서부에서는 어떠한 벽지에 가더라도 유통되고 있는 것을 볼 수 있다(후략).[10]

한국 정부는 각 지방관청이 조세를 백동화로 수납하도록 하였으나 지방관리들이 납세자에게 엽전으로 징수하고 중앙정부에는 백동화로 상납하여 백동화와 엽전 간의 차익을 노리는 비리가 강고하게 남아 있었다. 백동화 지역이 점차 확대됨에 따라 이러한 문제는 희석되었지만 경상도, 전라도, 함경도 지역은 여전히 엽전전용 지역으로 남아 있었다. 보수적이고 완고하고 농민군의 본거지가 주로 엽전전용 지역이었지만 이

9 「보조화폐 남발의 폐해 구제에 관한 품의」, 『주한일본공사관기록』, 제10권, 1896년 7월 14일.
10 「경성삼십사년무역연보」, 『통상휘찬』, 제217호, 1902년 5월 12일, p. 31.

[표 2-2] 갑오개혁 이후의 한국 정부의 동화 주조량과 유통 화폐량(1895~1904)

(단위: 천 원(元))

연도	보조동화 관주액	백동화 관주액	백동화 관주 누계	보조동화 관주 누계	보조동화 유통 추정액	엽전 유통 추정액(만 엔)
1895	34	16	21	52		
1896	32	3	25	84	50~60(만 元)	
1897	5	2	26	89		
1898	60	35	61	148	100~200(만 엔)	500
1899	132	128	190	280	130(?)(만 엔)	700
1900	203	203	393	483		
1901	287	287	680	770	200(?)(만 엔)	
1902	299	297	977	1,069	1,400(만 元)	600
1903	370	364	1,342	1,439		
1904	346	345	1,687	1,786	2,300(만 元)	650

자료: 1) 甲賀宣政(1914), 「근세조선화폐 및 전환국의 연혁」, 『조선총독부월보』 4-12, pp. 37~38.
2) 추정액은 오두환(1991), 갑오개혁 이후의 화폐유통량 추정치, p. 203.

지역에서 일본의 지폐는 쉽게 허용되어 유통되었다. 엽전전용 지역은 악화에 대한 거부 움직임이 강했던 지역이고, 그러한 움직임은 이 지역의 한국인은 물론 일본인에서도 마찬가지이었다. 예를 들어, 원산과 부산에서 백동화 수수를 거부하는 움직임이 있었고 이것이 백동화 유통은 어렵게 하고 지폐, 즉 은행권의 유통은 쉽게 하였다고 할 수 있다. 일본이 부산에서 제일은행권 발행을 먼저 시도한 것은 이 지역의 특성을 활용한 것이라고 할 수 있다.

한국 정부가 이미 발행한 당일전이나 당오전 같은 엽전은 여전히 주요 통화로 유통되고 있었고 한국 정부가 주조하고 발행한 관주 동화가 있었고 한국 정부가 그 발행을 묵인한 묵주 동화가 있었다. 그 밖에도 각종 위조화가 주조되거나 수입되어 유통되고 있었고 그 위조화가 일등급 위조화, 중간의 위조화, 어두워야 통용되는 위조화 등의 다양한 유형의 위조화가 있었다. 당시 관주가 16종, 사주가 560종에 달할 정도로 주조의 난맥상이 나타났다.

주화의 질이나 양과 상관없이 총량은 주화 명목액으로만 집계가 가능하므로 이러한 기준으로 한국 화폐의 주조량과 유통 추정량을 제시한 것이 [표 2-2]이다. 이 표를 보면, 관주액은 1898년 급증한 뒤 점차 증가하여 1900년대는 매년 300만 원(元) 이상이 추가로 주조되었다. 여기에 사주 및 위조화 수입을 합친 보조통화(백동화를 비롯한 엽전 제외) 전체 추정량이 1896년에는 50만~60만 원(元)에 불과하였으나, 1898년에는 100만~200만 원(元), 1902년에는 1,400만 원(元), 1904년에는 2,300만 원(元)으로 추정될 정도로 백동화를 비롯한 보조동화의 남발이 이루어졌다. 여기에는 사주 주조액과 수입 위조화의 유통액 350만~500만 원 정도가 포함되어 있음을 유의해야 할 것이다.

2. 한국 정부의 화폐제도 개혁과 중앙은행의 설립계획

한국 정부가 자주적이고 근대적인 화폐제도를 수립하여 개항 이후 지속되고 있던 화폐제도의 혼란을 수습하려는 화폐제도 개혁(이하 폐제개혁) 시도는, 1891년 「신식화폐조례」로 나타난 이후 1894년 「신식화폐 발행장정」으로 이어지고 1901년에는 「화폐조례」를 제정하는 것으로 이어졌다.

1891년의 「신식화폐조례」는 본위화폐로서 5냥 은화와 1냥 은화를 제조하고 보조화폐로서 2전 5분의 백동화, 5분의 백동화, 1분의 황동화를 주조하고 이를 법화로 하여 은본위제를 도입하는 것을 주요 내용으로 하고 있다. 한국 정부는 이 화폐조례를 시행하기에는 재정 상태가 열악하여 일본의 대판제동회사 사장 마쓰다(增田信之)로부터 자금을 차입하여 전환국에서 신화를 발행하는 방안을 추진하였다. 다른 한편으로 한국 정부는 교환국을 설치하여 신화와 구화를 교환하되 그 책임자로 일본의 제오십팔은행 대표이사인 오미(大三輪長)를 초빙하여 교환국 회변으로 임명하고 그를 통해 일본 정부로부터 신기계 도입 자금을 지원받아 인천전환국을 기공하였다. 이와 같이 한국 정부의 폐제개혁은 두 일본인의 도움을 받아 진행되었지만 양자 간의 불협화음이 나타나면서 한국 정부의 주조사업도 차질을 빚으면서 중단되고 말았다.[11]

1894년의 「신식화폐 발행장정」은 「신식화폐조례」를 모델로 하여 제정되었고, 이 화폐법은 1984년 7월부터 1905년 화폐정리사업 이전까지 시행되었다. 그런데 이 화폐법 제정 과정에서 일본이 청일전쟁에 따라 급증한 화폐수요에 충당하고자 자국화폐를 직접 유통시키기 위해 삽입을 요구하여 한국 정부가 일본 화폐의 유통을 허용하였다.[12] 이러한 조항이 시행됨에 따라 일본 화폐의 유통이 급증하게 됨으로써 결과적으로 한국 정부는 일본의 전쟁을 지원하고 한국 정부의 화폐 발행권이 침탈되는 결과가 초래되었던 것이다.

일본이 1897년 금본위제를 채택하면서 한국에서 유통되었던 일본 화폐를 환류시키면서 개항장에서 화폐 부족 문제가 나타나 한국 정부는 새로이 본위화폐 제도를 수립하려고 하였다. 즉, 한국 정부는 1899년 일본 각인은화의 유통을 금시하고 「신식화폐 발행장정」에 규정된 본위화폐인 은화를 주조하고자 일본에 차관을 신청하였으나, 일본의 거절로 이 계획도 수포로 돌아갔다. 그해 일본의 각인은화 통용이 결정될 즈음에 한국 정부는 금본위를 채택하려다가 곧바로 은본위제로 변경하여 수립하고자 하였으나, 이것도 일본의 차관 거절로 실현되지 않았다. 한국 정부는 1901년 프랑스 차관 도입을 전제로 일본의 금본위제를 그대로 도입한 「화폐조례」를 공포하였고, 전환국에서 지폐 발행을 위한 준비를 하였으나, 프랑스 차관 도입은 일본의 방해공작으로 좌절되자 이 「화폐조례」도 실시될 수 없었다.

은화는 임진왜란 때부터 명에서 유입되고 17세기에 일본에서 유입되었다. 이 은화는 칭량화폐라고 부르는 상품화폐이었다. 당시 은화의 계산단위는 1냥(兩)=10전(錢)=37.3g이었다. 동(구리)으로 주조한 주화인 상평통보가 주요 통화가 되면서 한국은 금속주화 시대로 접어들었는데, 상평통보, 이른바 엽전 1개=1닢(葉)은 1푼(文)이고, 10푼이 1전(錢)이고, 10전(錢)=1냥(兩), 즉 1냥=10전=100푼이었다. 상평통보의 무게는 구리의 시세에 따라 달라졌지만 4.5~9.4g으로 진폭이 컸다. 개항 이후, 한국 정부는 1894년

11 오두환(1991), pp. 135~137; 이석윤(1984), pp. 235~244.

12 第7條 新式貨幣多額鑄造之先 得暫混用外國貨幣 但與本國貨幣同質同量同價者, 始許通行.

은을 본위로 하는 「신식화폐발행장정」을 실시하면서 중국에서 사용된 멕시코 은화의 계산단위인 원(元)을 차용하여 5냥(兩)=1원(元)이란 화폐단위로 환산하였다. 그런데 한국 정부가 1901년 금본위제도를 도입하면서 원(圓)을 화폐단위로 삼으면서 순금 2푼(0.75g) 금화를 1원(圓)=100전(錢)(=10냥)으로 정하였다. 이에 따라 2원(元)=1원(圓)이라는 계산식이 적용되었다. 한국 정부는 화폐정리사업 이후 1901년 「화폐조례」에 따라 한국 화폐단위 1원(圓)을 일본 화폐단위 1엔(圓)과 일치시키게 되어 화폐단위 환산은 구 2원(元)=신 1원(圓)=일본 1엔(圓)이라는 계산식이 적용되었다.

한국 정부는 1903년 제일은행이 은행권을 발행하여 유통시키는 것에 대항하여 한국 독자의 은행권을 발행하기 위해 「중앙은행조례」와 「태환금권조례」를 제정하여 반포하였다. 이 중에서 특히 중요한 것은 중앙은행의 설립인데, 이 은행의 주요 업무는 국고금 관리, 태환은행권 발행, 금은매매, 환전, 정부대출 등이었다.[13]

이 중앙은행 설립안은 지폐의 남발에 의한 인플레이션의 우려와 지금준비 및 지점의 부재라는 문제점도 있었지만, 일본의 식민지 화폐제도 안을 정면으로 부정하는 자주적 화폐제도의 틀을 제시하고 있었다는 점에서 역사적 의의를 가지고 있었다. 즉, 이 안의 실시는 일본의 제일은행이 가지고 있던 해관세 및 국고금 취급 업무를 부정하고 있고, 일본의 제일은행권 유통을 저지하는 효과를 가지고 있고, 나아가 일본 상품의 대금을 지폐로 결제하여 외화준비를 절약하고 일본의 수출 확대를 막는 효과도 노린 것이었다. 이 안도 일본의 강력한 반대와 사전준비의 부족으로 인해 결국 실현되지 못하였다.

13 제9조: 중앙은행 영업은 아래와 같다. 1. 국고금 출납과 해관세 및 기타 제반 세금의 수납 일체 사무를 담당하되 탁지부가 관장할 것. 2. 태환금권 발행하는 권리는 본 은행에 모두 맡길 것. 단 태환금권조례는 별도로 정할 것. 3. 정부가 발행하는 금은표, 환표, 기타 상업표를 매입 및 내감 대여할 것. 4. 금은을 매매하며 신구화폐를 교환할 것. 5. 제 임금(예금)을 회계하고 화폐 및 제 증권류 임진(예치) 보호도 할 것. 6. 공채증서와 정부가 발행하는 각종 증서를 전당하고 임시는 정기적으로 대여할 것.

3. 일본 주도의 화폐정리사업

1) 제일은행 조선 지점의 중앙은행화

제일은행 조선 지점은 우리나라에 최초로 진출한 일본인 일반은행이다. 이 은행은 개항장에서 상업금융만 담당한 것에 그친 것이 아니라 해관세 취급, 은행권 발행, 제일은행권 법화화, 국고금 집중관리 등 한국의 중앙은행의 업무를 단계적으로 장악하였다. 이와 같은 제일은행 조선 지점은 한국의 중앙은행으로 서서히 변질하여 마침내 일제의 통화·금융 침탈의 중추 기관이 되었던 것이다.

제일은행 조선 지점은 1883년부터 한국 정부의 해관세 업무를 취급하게 되었다. 이 은행은 1884년 해관세 취급 은행이라는 지위를 이용하여 제일은행이 발행한 어음을 해관세 수납화폐로 지정하려고 하였다.[14] 그리고 이 은행은 한국 정부의 해관세를 담보로 하되 일본은행권 공여를 조건으로 하는 25만 엔의 차관을 한국 정부에 제공하였다.[15]

일본은 앞서 설명한 바와 같이, 한국 정부가 1889년부터 중앙은행 설립을 구체화하려고 하자, 적극적인 방해공작을 시행하는 동시에 제일은행권 발행도 추진하기 시작하였다. 일본 정부는 1901년 4월경 한국 정부의 300만 엔 차관 제공을 빌미로 은행권 발행을 추진하였으나, 한국 정부에 의해 거절되자 제일은행이 1901년 일본 정부의 허가를 얻어 별도의 은행권 발행 계획을 본격적으로 추진하였다. 이 당시 일본 정부는 제일은행권의 통용을 확대하여 조선의 금·은을 흡수하는 것에 일차적인 목표를 두었고, 제일은행은 한국의 중앙은행 지위를 차지하는 것도 계획하고 있었다.[16]

제일은행은 일본 공사의 적극적 후원과 일본 정부의 승인에 힘입어 제일은행권을

14 金正明 編(1964), 『일본외교자료집성』, 제2권, 「해관세취급조약」.

15 일본 정부가 제일은행 조선 지점을 통해 차관을 지속적으로 전개한다. 일본은 1990년에 인삼을 담보로 하여 30만 엔, 1901년부터 1905년까지 조세를 담보로 한 120만 엔의 차관을 제공한다(第一銀行(1926), 『제일은행오십년소사』, pp. 83~87).

16 일본은행(1957), 「화폐법제정 및 실시보고」, 『일본금융사자료: 명치대정편』, 제17권, pp. 159~163.

[그림 2-2] 제일은행 조선 지점 발행 제일은행권(1902)

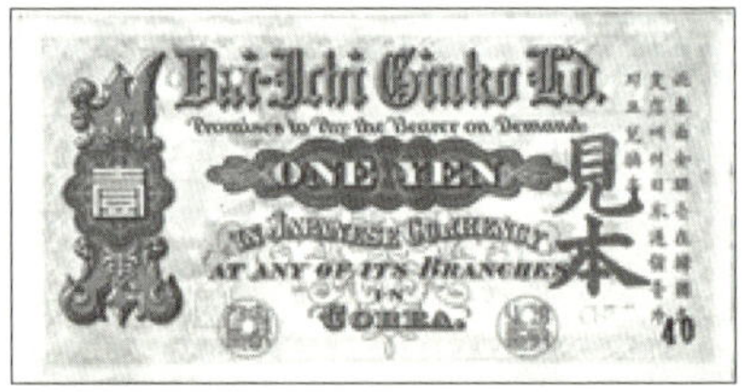

자료: 한국은행(2015), 『우리나라의 화폐』, p. 314.

한국 정부와는 상의조차 없이 발행하기로 하고 인쇄국이 1엔권부터 제조하였다. 1902년 5월 부산에서 은행권 발행을 감행하고 목포, 인천, 경성(한성)으로 확대하였고 8월에는 5엔권, 12월에는 10엔권을 발행하였다.

제일은행이 은행권을 한국 정부의 허락 없이 발행하는 것은 한국의 「화폐조례」에 직접 대립되는 것은 물론 한국의 화폐주권을 침탈하는 것이었다. 한국 정부는 제일은행권 수수자를 엄형 처단을 고시하는 등 강경하게 대응하였고, 민간 차원의 제일은행권 수수 거부 운동이 전개되었다. 그러나 한국 정부는 일본의 군사적 압박에 견디지 못하고 제일은행 수수 금지 조치를 철회하기에 이른다.[17] 이와 같이 제일은행권 수수 거부 운동이 확산되고 제일은행권 태환 청구가 쇄도함에 따라 일본 정부는 일본은행권을 급히 수송하고 제일은행권의 태환준비제도를 서둘러 정비하였다.

제일은행이 국고금 취급을 확대하고 한국 정부에 대한 차관을 확대시키고, 나아가 제일은행이 발행한 은행권을 유통시키는 것은 당장에는 무상으로 금·은을 수탈하고 제일은행의 발행이익을 확대하는 것이지만, 궁극적으로는 제일은행이 한국 정부의 중앙은행으로서 지위를 갖기 위한 것이었다. 이와 같이 제일은행이 한국의 중앙은행의 역할을 점진적으로 차지하게 된다는 것은 일제가 개항 이후 금융의 침탈과 동시

17 오두환(1991), pp. 241~247에 상세한 과정이 설명되어 있다.

에 통화의 침탈을 일관되게 추진하고 있었다는 것을 말해 준다. 이러한 침탈은 1905년부터 시작된 일제가 주도하는 화폐정리사업과 재정정리가 진행되면서 완결된다.

2) 화폐정리사업과 재정정리

제일은행 조선 지점은 일제가 노일전쟁 승리 이후 한국 정부의 화폐주권을 침탈하기 위해 전개한 화폐정리사업을 담당하였다. 제일은행 조선 지점은 한국의 화폐 발행권을 장악하고 전래의 구 한국 통화를 환수하면서 이를 새로이 발행한 통화, 즉 제일은행권과 신화로 교환해 주었다. 특히, 일제는 화폐정리사업에서 전래 한국 통화의 법화로서의 가치를 제한적으로 인정할 것을 예고함으로써 구 한국 화폐 중 백동화의 가치를 폭락시켜 백동화의 투매를 유발하고 한국인 상인의 파산과 화폐기근을 초래하였다.

이러한 화폐정리사업 과정에 한국인은 극심한 화폐기근, 다시 말해 전황(錢慌)에 직면하게 되었는데 그 이유는 다음과 같은 것으로 알려져 있다.

첫째, 이 과정에 전래 통화인 엽전과 백동화 중에서 백동화의 교환비가를 불분명하게 제시하고 또한 당시 화폐가치의 1/2정도만 인정된다고 고시하였다. 이로 인해 백동화의 화폐자산 가치는 폭락하였던 반면에 다른 실물자산은 폭등하였는데, 한국인 상인 대부분은 백동화를 다량 보유하였기 때문에 백동화를 투매하여 엄청난 손실을 보게 되었다.[18]

둘째, 제일은행이 새로이 공급한 화폐는 고액화인 제일은행권에 편중되어 한국인 상인은 소액 보조화폐 기근을 겪게 되면서 소액 화폐를 얻기 위해 다시 실물자산을 투매하여 이중으로 손실을 겪게 되었다. 더욱이 한국인이 이미 구입한 실물자산을 처분할 상황에 이르러서는 한국 전역에서 화폐기근이 발생하여 한국인 상인이 일본인 상

18 경성상업회의소(1905), 「한국폐제개혁에 관한 청원서」, pp. 7~8.

인이나 중국인 상인에 비해 더 극심한 전황을 겪게 되었다.[19]

셋째, 전래 통화에 근거하여 유통되던 한국인의 어음지급이 정지되면서 어음의 발행을 통한 자금 융통의 기회마저 차단되었다. 한국인 상인은 어음을 화폐대체물[20]로 이용하여 화폐수요를 절감하였으나, 이의 유통이 일부 한국인 상인의 파산으로 차단되자 대체화폐의 수요가 폭증함으로써 한국인의 전황은 더욱 극심하게 되었다.

이러한 한국인의 전황은 화폐정리사업에 이어 재정정리가 곧바로 시행되었기 때문에 경성(서울)뿐 아니라 전국에 파급되었다. 즉, 일제의 재정정리사업의 결과로 한국인 상인에 대한 재정자금 융통의 길이 차단되었기 때문에 재정자금에 의존하였던 지방의 한국인 상인은 더 심각한 전황을 겪게 되었던 것이다. 일제의 화폐권 침탈은 구한국 통화에 근거한 전래 어음 등과 같은 전통 금융제도의 손상을 초래하였다. 일제의 재정권 침탈은 한국인의 재정자금의 융통을 차단함으로써 이에 의존한 한국의 전래 금융기구가 붕괴에 이를 정도로 결정적인 타격을 주었던 것이다.

일제의 한국 정부의 재정권을 침탈하는 재정정리를 주도하였던 재정고문 메가타는 이 사업의 당면과제로 세수를 장악하기 위한 징수기구의 효율성을 강조하면서[21] 군수를 중심으로 한 징세기구를 폐지하고 일본인이 직접 통제할 수 있는 징세제도를 수립해 갔다.

1905년 6월 20일 탁지부령 제5호로 발포된 「세입세출처리순서」 제43조에서 "본령 시행 시부터 군수 및 부윤이 하던 것을 징수관으로 하여 별도로 수입관리를 두어 세입 사무는 경성에서는 탁지부 대신이 관리하고 지방에서는 각 도 관찰사가 관리한다"고 규정하였다. 또한 1906년 9월 24일에 발포된 칙령 제54호 「관세관관제」에서 이들의 인

---

19 전황인사(錢荒人死)(『황성신문』, 1905. 7. 31).

20 "상업계의 비밀계약에 의해 일종의 수형을 발행하는 것은 불문의 일 법률로 하였으며 그 유통이 극히 원활하여 화폐결핍에 대용해 오던 바에 …"(「한국폐제개혁에 관한 청원서」, pp. 7~8).

21 이에 관한 메가타의 회고를 보면, "한국 재정의 불비는 그 징세의 불통일에 있어서 최고로 심함을 볼 수 있고, 징세기관인 군수가 징수하는 것은 당연하고 군수 이외에는 궁내부 또는 중앙관청에서 특파된 징세원이 있어, 중복의 결과는 징세비가 증대하는 것만이 아니라 폐해를 자주 일으키는 고로 이러한 폐해를 제거하는 공히 새로운 제도를 세워 징세기관을 정비하는 것이 급무 중의 급무이다"(松井重威 編(1938), 『男爵目賀田種太郎』, p. 431). 메가타는 이와 같이 재정정리사업이 한국 정부의 재정권을 침탈하는 점을 접어두면서, 한국 정부의 징세기구의 비효율성만 지적하고 있다. 징세기구의 비효율성 문제는 정도 차이는 있지만 모든 나라에 있는 현상이다.

사권을 일제가 장악하고 있는 탁지부가 장악하게 함으로써, 일본인에 의한 재정 지배를 시도하였다. 이를 보완하는 조치로써 1907년 12월 18일 칙령 제46호「재무감독관제」를 공포하여 일본인이 직접 통제할 수 있는 징세제도를 완성하였다.[22]

그런데 이와 같이 진행된 일본인의 직접 지배를 위한 징세제도 정비에 앞서 일제는 제일은행 조선 지점을 중앙은행화하면서 제일은행을 국고은행으로 바로 지정하였고, 재정정리를 통해 국고금 집중제도를 채택하였다. 그 결과 일제가 제일은행을 통해 재정자금을 일거에 장악하면서 세출을 직접 통제할 수 있게 되었던 것이다.

즉, 재정정리 관련 법규라 할 수 있는 법률 제2호「회계법」, 칙령 제71호「수입조례」칙령 제72호「지출조례」에 근거하여 일제는 재정 지배의 기본 틀을 마련하였다.[23] 즉, 첫째 세입세출 순서를 정하고 소속 연도를 정하여 출납기관, 출납방법, 정리방법, 감독작용을 명확히 하여 지방관리의 불법징수 및 임의수지를 엄단하고, 외획(外劃)을 근절하여 중앙정부가 징세의 통일을 기하는 동시에 지출을 직접 통제하였다. 둘째, 제일은행이 중앙 및 지방의 금고사무를 처리하고 국고금을 집중하여 관리하게 됨으로써 한국인 관리가 국고금을 독자적으로는 이용할 수 있는 길은 과거와는 달리 완전히 사라졌다.

일제가 재정자금의 실질적인 장악을 위해, 그들의 용어로는 '한국인 관리의 국고의 임의운용'을 배제하기 위해 외획을 함께 폐지하였다.[24] 이로 인해 한국 정부의 재정제도 내 온존하고 있었던 공전나용(公錢挪用)과 외획이 붕괴되면서 한국인 관리와 상인 간 재정자금 융통의 길이 함께 사라졌다. 당시의 신문도 한국인의 전황이 재정정리

22 대장성 관리국(이하 대장성으로 통일)(1955),「외지재정(상)」,『명치대정재정사』, 제16권, pp. 63, 65~66.

23 앞의 책, p. 55.

24 재정고문 메가타는 외획의 폐지 경위를 다음과 같이 설명하고 있다. "외획제도는 금고제도가 미처 정비되지 않고, 우편제도도 아직 불완전한 당시의 한국에 있어서는 일종의 편법이었지만 백폐(百弊)를 일으켜 재정의 문란, 관규의 피폐를 심화시키는 것으로 선생은 취임 직후인 광무 8년(1904년) 10월 2일, 서를 궁내부 대신 이용태 및 탁지부 대신 민영기에 재하여 외획의 발령을 엄단할 것을 통첩하고, 다음 해 7월 또 서를 궁내부 대신 이재극에게 보내어 궁내부가 그 소관에 있는 역둔토세를 먼저 받는 외획인가 하는 부당한 행위가 있어 속히 그를 엄단할 것을 경고하고 동년 8월 15일 '세입세출처리순서규정'의 실시와 동시에 이후 외획에 의한 지불을 금지하고 군수는 어떠한 경우에도 그 징세 수입금을 그것을 국고에 납입하는 이외에는 달리 교부할 수 없음을 엄명하여 종래의 폐습을 절대로 방지시켰다"(松本重威(1938),『男爵目賀田種太郎』, p. 405).

와도 연관되어 있었음을 적시하고 있다.[25] 한국인 상인으로서는 늘 이용하고 있었던 재정자금 융통의 길이 재정정리로 인해 사라진 것이고 그로 인해 한국인 상인의 전황은 더 심각할 수밖에 없었던 것이다.

4. 한국인의 전황과 그 대응

일제의 화폐정리사업과 재정정리사업이 전개됨에 따라 서울과 지방에서 전황이 나타나고 한국인의 자금난은 극단적인 상황에까지 이르게 되었다. 서울의 상인은 1905년 7월 구화와 신화 간의 화폐교환이 기습적으로 시작되자 종로의 상인들을 중심으로 그 대응책을 마련하기 위해 부심하다 곧바로 경성상업회의소 설립을 결의하고 정부의 허가를 받아 7월 하순부터 조직적인 활동에 들어갔다. 그들은 정부에 구제자금을 신청하고 철시로 대응하였으나, 정부의 자금지원은 일제의 반대로 계속 지연되었다. 이와 같이 [표 2-3]에서 보듯이 전황으로부터 벗어날 방도가 없게 된 한국인 상인의 다수가 파산하거나 철시하기에 이르렀다.[26] 한국인 상인은 극심한 전황에 처해 있었음에도 불구하고 국고금을 장악한 일제가 자금공급을 차단함에 따라, [표 2-3]에서 보듯이 한국인의 상인, 심지어 거상까지도 파산에 이르게 되었다. 이 거상들의 파산은 그들과 연결되어 있는 동업자, 채권자, 거래은행의 파산으로까지 연쇄적으로 파급되었고, 폐점하고 도망하는 상인까지 늘어갔다.[27]

일제가 전황에 대한 대책을 거부하고 있는 가운데, 경성상업회의소는 전황의 원인과 대책을 정리하여 한국 정부와 일본 정부에 대해서 청원서 형식으로 제출하였다.

25 "전국 재정이 일인에 장악된 후로부터 금융이 고갈하여 경제가 곤난함으로 일반상업이 종종 철시하는 경우가 임박하였으나"(『대한매일신보』, 광무 11년, 3. 27).

26 "육월 작일이라 종로 각 점에서 급채봉상(給債捧償)과 거래어음이 부지기 백만량이로되 신구화 교환에 전정(錢政)이 극난하야 재정 유통이 두절함으로 세 부득이하여 철시하였더라"(『황성신문』, 광무 9년, 7. 31).

27 '파산속기(破産續起)'(『황성신문』, 1905. 11. 11).

[표 2-3] 서울의 주요 파산 상인과 채무액

(단위: 만 원(元))

포목상	지물상	미곡상	견포상	신발상	객주	서적 사금상	연관상
김연관(12)	김정우(10)	차덕현(2)	박두영(10)	윤상덕(5)	한인수(20)	한진성(10)	최우현(8)
김상훈(15)	박휘남(10)	이덕기(2)	김상렬(10)	김응종(5)	박정식(20)	안용식(7)	
고원신(15)	손응룡(6)	박명옥(2)					
연영수(8)	유태응(8)						
정규환(16)							
백인여(10)							
이화석(6)							

자료: 『황성신문』, 1905. 11. 3, 상민탕산(常民湯産).

즉, 경성상공회의소는 의장 곽태현의 명의로 의정부 참정대신 한규설에게는 1905년 11월 7일에, 그리고 부의장 이군필의 명의로 일본 내각 총리 가쓰라(桂太郎)에게는 동년 11월 13일에 한국 폐제개혁에 관한 비슷한 내용의 청원서를 제출하였다. 이 청원서는 선왕의 원인은 신구화폐 교환비가의 설정, 제일은행의 국고금 집중, 외획제도 폐지에 있기 때문에 그에 대한 책임은 정부에 있고, 따라서 전황을 해소하고 손실을 보상하는 대책을 정부가 제시하여야 한다는 것이다.[28] 그러나 메가타 재정고문은 그들이 지배할 수 있는 금융기관으로 재편하거나 이를 신설할 때까지는 전황을 당장 해소할 수 있는 국고금 공급을 서울 상인의 강력한 요구에도 불구하고 거부하였다.

경인지역에 점포를 둔 한국인 은행의 경우에 한국인 상인이 파산에 직면함에 따라 자금수요는 급증한 반면에 예금인출이 증가하여 예금은 급격히 줄어들었다. 대한천일은행의 경우, 앞장의 [표 1-8]을 보면, 1904년 말 70만 8,747원(元), 1905년 말 98만

28 경성상업회의소의 주요한 요구사항은 다음과 같다. 1. 상당한 자금을 민간의 신용 있는 상사농민의 연대책임하에 10년 연부상환 조건으로 대하할 것. 2. 탁지부령 제1호 부징 구백동회 운운 조문을 삭제할 것. 3. 내국채를 발행하되, 그 액수는 1,500만 원으로 제한하고 상환기간은 5년 거치 15년 상환토록 제정할 것. 4. 국립은행법을 제정하여 정부감독 하에 두고 내국채와 정화를 준비로 하는 은행권발권법을 제정할 것. 5. 각 군, 전국 추요지(樞要地)에 국립은행 또는 신용 있는 상사농민에게 국고금 취급을 명할 것. 단 그 방법은 우리의 관습을 참조하여 개선방법을 강구할 것. 6. 앞의 각 항에 대한 시정방법은 우리나라의 민의를 채납하여 자문 심의하되, 관습을 깨지 말고 문명의 법으로 지선지미하게 하여 유감이 없도록 할 것. 7. 정부는 전항의 정리방법을 확립할 때까지는 재정정리의 명목 중 화폐조례와 관계없는 일체의 명령을 중지할 것(「한국폐제개혁에 관한 청원서」).

1,334원(元)의 전황으로 자금수요가 폭증하여 대출이 급속히 도리어 증가한 반면에, 예금은 1904년 말 68만 9,008원(元)에서 1905년 말 37만 212원(元)으로 급격히 감소하였다. 이 은행은 부족액을 차입금으로 급히 보전하고 있었으나, 이러한 차입도 일제가 재정권을 장악하자 중단되어 대한천일은행은 휴업 상태에 들어가지 않을 수 없었던 것이고,[29] 한성은행의 사정도 대한천일은행이나 크게 다를 바 없었다.[30]

일제는 전황 이후 대한천일은행에 대한 구제금융을 지연하고 있었다. 즉, 대한천일은행은 1905년 10월 일본인 재정고문 메가타에게 은행의 구제금융을 요청했으나 이 구제금융을 지연시키다,[31] 다음 해 6월에 가서야 자금을 지원하였다. 반면에 일본 제일은행 산하에 있었던 한성은행에 대해서는 일제가 제일은행을 통해 자금을 지원하면서 1905년 9월 바로 조직 및 인사개편에 착수한 바 있다.[32] 이와 같이 일제는 전황을 한국인 은행 재편의 기회로도 활용하고 있었던 것이다.

그리고 일제는 한국인 은행의 휴업을 계기로 1906년 3월 한국인 은행을 대상으로 은행규제의 근거를 마련하고자 한국 정부로 하여금 「은행조례」를 공포하게 하고 이에 의거하여 한국인 은행에 대한 통제를 시작하였다. 일본인 은행에 대해서는 그보다 1년 이상 늦게 1907년 5월 「한국에 있어서 은행업에 관한 규칙」(통감부령 제20호)을 제정하여 일본인 은행에 대한 규제는 뒤늦게 실시하였다.

그런데 「은행조례」를 보면, 은행은 명칭과 상관없이 증권할인, 예금, 대부를 하는 자는 모두 은행으로 규정되었고, 은행은 정부의 허가와 감독을 받도록 하였다.[33] 이와

29 "대한천일은행은 … 화폐제도의 문란 때문에 화폐가치의 등락이 나타나고 업무의 집행이 점점 곤란을 만날 즈음, 우연히 광무 9년(1905) 경성의 금융공황에 조우하여 일시 폐점되는 비운에 빠졌다. … 광무 10년 6월 정부로 하여금 금융자금 중 25만 원을 무이자로 대하하고 영업 감독을 위해 탁지부에 의한 상임감리자를 두고 이 은행을 지도한 결과"(松本重威(1938), 『男爵目賀田種太郎』, pp. 421~422).

30 "한성은행은 광무 3년 제일은행 감독하에 설립되었으나 그 자본금이 과소하여 동 9년 금융공황을 당하여 자금고정으로 영업 곤란하게 되어 그것을 주식회사로 변경하여 제일은행의 보조를 받게 하여도 정부의 보조를 요하여 … 광무 10년 5월경에 금융자금 중에 10만 원을 무이자로 대여하여 탁지부 감독하에 업무의 번성을 가져와 …"(앞의 책, p. 422).

31 한국상업은행(1969), 『한국상업은행칠십년사』, p. 36.

32 조흥은행(1957), 『조흥은행육십년지』, pp. 220~221.

33 「은행조례」 중에서 통제와 관련된 주요 조항을 제시하면 다음과 같다. "제1조: 점포를 공개하여 증권의 할인 또는 환사업 그리고 제 예금 및 대부를 영업으로 하는 자는 어떠한 명칭을 쓰든지 전부 은행이라 한다. 제2조: 탁지부 대신은 은행의 업무를 감독한다. 제3조: 은행이 확실한 것은 보유하고 일반은행의 안고를 도모하기 위하여 탁지부 대신은 은행에 대해 필요한 명령을 할 수 있다. 제4조: 은행의 사업을 영위하고자 하는 자는 탁지부 대신의 허가를 얻어야 한다. 제12조: 탁지부 대

같이 일제는 개인대금업을 제외한 한국인 금융회사에 대해서 어떠한 규제도 할 수 있도록 하여, 한국인의 금융회사 진출은 법률적으로 제약을 받게 되었다. 반면에 일본인 은행업자에 적용되는 「한국에 있어서 은행업에 관한 규칙」에서는 설립인가, 업무보고 및 정관에 대한 통제(제1조, 제2조, 제3조, 제7조, 제16조)와 은행권 발행에 대한 통제(제5조)만 있었을 뿐, 일본인 금융회사의 그 밖의 업무에 대한 통제는 없었다.[34]

이와 같이 이원화된 은행법은 상대적으로 한국인의 금융업 진출 영역을 좁히고, 반면에 일본인의 금융업 진출 영역을 넓히는 방향으로 제정되었던 것이다. 그 후 일본인의 금융회사 설립은 확산되었지만, 일본인 은행으로서는 밀양은행만 설립되었다. 이 시기에 한국인 은행으로서는 한일은행(구)이 유일하게 새로 설립되었다.

「은행조례」에 근거하여 1906년 5월 10일 한국인 상인을 중심으로 한 한일은행(구)이 처음 설립되었다. 이 은행의 설립 동기는 창립발기문에서도 나타나듯이 한국인이 독자적인 자금창구를 마련하기 위한 것이었다.[35] 한일은행(구)의 설립은 일본의 정책금융기관이 신실·확장되고 그에 다수의 한국인이 참여하는 상황에서 이루어진 것이기 때문에 매우 주목되는 움직임이었다. 한국인 상인들이 금융경색에 대한 타개책으로 국립은행의 설립까지 요구하였고, 「은행조례」가 공포된 직후였기 때문에 일제는 한국인의 은행 설립을 허가하지 않을 수 없었던 것으로 보인다.

「은행조례」가 제정된 이후 대한천일은행은 일제가 추천한 일본인 지배인 이이즈미(飯泉幹太)에 의해 작성된 「대한천일은행정리요강」에 따라 재개업 작업을 완료하고 1906년 7월 1일 재개업하였다.[36] 이 과정에서 대한천일은행은 20만 원(圜) 또는 圓의 자금을 지원 받는 것을 조건으로 일제가 추천한 일본인 지배인을 받아들이고 영업상 중

신은 은행이 영업상, 법률, 명령 또는 정관에 위반되고 또는 공익에 유해하다고 할 때 그 업무를 제재할 수 있다. 제15조: 자금을 대부하고 혹은 어음을 보증하는 등 금융기관의 직용을 업무로 하는 자에 대하여는 본령의 규정을 준용한다. 그러나 개인으로서 대금업만을 영업하는 자는 여기에 한하지 않는다"(山口精編(1911), 『조선산업지(하)』, pp. 126~130).

34 山口精編(1911), pp. 126~130.

35 "아 경제계는 지극히 다대한 변동을 조우하여 거민이 파산할 경에 빈하리니 시등 대참사의 사를 예방하고 경진하여 아상공업의 개선발달을 계도하는 목적으로써 경성신상, 조병택, 정동식, 손석기, 조창한 등 수십인이 발기하여 … "(조흥은행(1957), 『조흥은행육십년지』, p. 91).

36 한국상업은행(1959), 『한국상업은행육십년지』, pp. 31~34.

대한 사항은 한국 정부, 실제로는 통감부의 승인을 거치기로 하여[37] 실질적으로 일제의 통제 속으로 들어갔다. 그리고 이미 제일은행 보호하에 있었던 왕실은행인 한성은행도 화폐정리자금 중에서 10만 원을 지원 받으면서 일본인에 의해 경영되는 은행이 되었던 것이다. 이와 같이 화폐·재정정리사업을 계기로 한국인 은행의 자금난이 가중되어 대한천일은행은 휴업하고, 한성은행은 제일은행의 구제로 파산은 모면하였지만, 두 은행 모두 이를 계기로 경영 및 자금 면에서 일본인에 종속되지 않을 수 없게 되었다.

그러면 지방의 금융 상황을 살펴보자. 당시 서울과 지방 간의 자금순환에 있어서 주요 경로는 다름 아닌 외획이었다.[38] 이 외획의 폐지는 앞서 설명한 바와 같이 재정정리사업의 기본 목적인 일제의 세원의 장악 과정에 나타난 것이지만, 일본인에 의해 장악된 자금이 국고제도의 실시와 함께 제일은행 조선 지점에 집중됨으로써 지방 자금공급의 유일한 경로가 차단되어 전황은 서울에서 지방으로, 결국 전국적으로 확산되었다.[39]

이 외획의 폐지로 당시 교통시설이 미비되고 금융시설이 거의 없는 지방에서의 자금경색은 특히 심각하였다. 외획폐지로 인한 지방의 금융경색은 우선 조세의 원활한 납부는 물론이고 지방 생산물이 중앙으로의 유입조차 어렵게 하였다. 일본도 이후에 이러한 당시의 문제점을 토로하고 있다.

> "징세제도의 개혁 및 금고제도의 창시 등의 당연한 결과로 이러한 관습의 존속을 허용하지 않기에 이르고, 때문에 상인은 자금공급의 길을 잃고 농민도

37 한국상업은행(1969), p. 36.

38 "일반경제상 위대한 공황이 야기할 염려가 있는데, 아국 조세징세법은 갑오개혁 시 각 군에 수납된 국고금을 신용이 있는 상민급 사민에게 수송을 부탁하여 그 부탁을 받은 자는 다른 상민으로 하여금 해금을 유통하여 그 군에서 산출하는 물산을 매수케 하여 부근의 수요지 및 경성에 수송하여 현금으로 상환하고"(『대한매일신보』, 1905. 11. 8).

39 "전국의 징세금은 근근 11개소의 본금고 및 지금고에 집적함에 이르러 지방금융의 절박을 초래한 것은 분명한 자라, 약부 제일은행과 아국 상민과의 거래상 관계를 밀접케 하면 다소간 조화할 도리가 없는 것은 아니로되, 아즉 여차한 관계를 보지 못할 뿐 아니라." … 일조에 그 길을 구함은 극히 난사요, 차 교통의 불편과 문명의 은행제도를 리용케 부능한 장애가 있음을 추상컨데, 해법은 지방의 경제를 교란하고 공황을 야기함이 관화보다 분명할 지로다"(『대한매일신보』, 1905. 11. 9).

역시 미곡 등의 매출에 곤란을 겪게 되었다."[40]

지금까지 살펴본 바로는 외획의 폐지는 지방 금융의 경색을 초래함으로써 한국인 상인의 지방 생산물 매집을 어렵게 하고 또한 지방 농민이 조세납부 및 다른 생산물의 구입자금 마련을 어렵게 하였다고 볼 수 있다. 당시 개항지에는 그나마 일본인 은행이 있었지만, 내륙에는 경성(서울)을 제외하면 은행이 전무한 상태였다. 따라서 이를 해소할 방안은 국고금의 재전용의 길을 열거나 아니면 국고금을 이용하는 새로운 금융기관을 설립하는 것밖에 없었다고 할 수 있다.

40 대장성(1955), 『명치대정재정사』, 제16권, p. 127.

제3장

일제의 융급금융기관 및 식민지 특수금융기관의 설립

1. 응급금융기관의 설립

한국인 경성상업회의소가 전래의 화폐제도와 재정제도를 파괴함으로써 나타난 한국인의 전황 해소 대응책 요구에도 불구하고 일제는 이를 방치하다가 1905년 11월 제2차 한일협약, 이른바 을사늑약이 체결된 이후 민족적 저항을 무마하는 방편으로 일본 정부로부터 받은 자금을 금융기관의 신설 또는 재편에 활용하기 시작하였다. 이 시기에 한국에 진주하는 일본군 수가 증가하여 미곡수요는 폭증하였고, 한국인의 전황으로 조세수납은 지체되었다.[1] 그래서 일제는 한국인에게 전황을 해소하되, 미곡매집도 쉽게 이루어지고 조세수납도 원활해질 수 있는 방안을 강구하게 되었다.

제일은행 조선 지점은 일본 정부가 제공한 화폐정리사업기금 150만 엔(圓=圜, 원)을 한국 정부를 통해 지원받았는데, 이것을 식민지 금융기관으로 재편하거나 신설하는 데에 이용하였다. 화폐정리사업기금의 지출 내역을 보면, 한성은행 10만 원, 대한천일은행 19만 4,909원, 공동창고회사 13만 원, 평양수형조합 3만 2,000원, 수형조합 31만 3,000원, 지방금융회사 46만 원, 정부창고 8만 666원, 지방창고 건축비 16만 6,503원이 사용되고 나머지 5만 4,588원은 제일은행에 예치되었다.[2] 이와 같이 일제는 전황을 해소하기 위해 한국인 상인에게 직접 자금을 제공하기보다는 금융기관의 재편 또는 설립에 사용하였다. 그리고 이 금융기관을 통해 신통화로 자금을 공급하여 식민지 화폐제도와 금융제도 구축에 이용하였다.

일제가 전황의 대처 방안으로 제시한 것은 각 행정 및 상업 중심지에 공동창고를 설립하여 미곡을 저장하게 하고 그 미곡을 담보로 자금을 공급하는 것이었다. 그런데 이에 관한 일본 측의 기록을 보면,

"재정고문은 이 급수(急需)에 응하기 위해 전국 추요지(樞要地)에 정부창고

1 김정명 편(1964~7), 「한국 금융에 관한 의견교환요록필기」, 『일한외교자료집성』, 제6권(상), p. 99.
2 탁지부 편(1909), 『한국재정개요』, pp. 27~28.

[표 3-1] 일제의 응급 특수금융기관의 설립 현황

	근거 법규	설립목적	역할	본·지점 및 출장소(1907년 말)
수형(手形)조합	수형조합조례 (1905. 9)	어음 유통의 확대	어음의 지급보증	서울, 평양, 진남포, 대구, 진주, 전주
공동창고	공동창고조례 (1905. 9)	징세편의, 미곡 매집	미곡 보관, 미곡 담보대출	서울, 평양, 진남포, 대구, 전주, 충주, 수원, 광주

자료: 山口精編(1911), 『조선산업지(하)』, 부록.

를 신설하고 미곡을 담보로 하여 자금의 융통을 도모하고 혹은 신용을 가진 상인에 자금을 대부하고 각 재무관으로 하여금 그 사무를 응하게 하였다."[3]

일제는 1905년 9월 탁지부령 제14호로 「공동창고조례」를 발포하고 우선 한성공동창고의 설립을 추진하여 1905년 12월부터 업무를 시작하도록 하였다. 일제는 이 창고의 설립 과정에 서울의 미곡상, 포목상 등 한국인 상인이 모은 15만 원과 정부의 보조금, 이른바 화폐정리사업기금 10만 원을 미곡 매집을 위한 창고설립 기금으로 이용하였다.[4] 이 설립에 조진태, 조병택, 배동혁, 백완혁 등 서울 내 한국인 유력 상인 40명이 참여하였다.[5]

서울의 한국인 상인들 일부는 일제의 금융기관 설립에 참여함으로써 자신들의 금융 문제를 해결하려 했다. 여하튼 이 창고 및 금융시설은 징세편의와 미곡 매집의 촉진을 위해 [표 3-1]에서 보듯이, 각 도의 관찰사 소재지, 이른바 추요지로 확장되었다.

일제는 일본 정부의 지원금, 한국 정부의 국고금 및 한국인 상인의 출자자금을 동원하여 일제 지배하에 있는 금융기구를 설립하였다. 일제는 이 응급금융기관의 설립을 통해 한국인 상인의 자산을 이 금융기구 속에 집중시키고, 이들에게 상품담보 대출

3 대장성(1955), 『명치대정재정사』, 제16권, p. 127.
4 松本重威(1938), 『男爵目賀田種太郎』, pp. 418~419.
5 『황성신문』, 1905. 10. 7; 한국상업은행(1959), 『한국상업은행육십년지』, pp. 301~302.

은 물론 곧 부동산담보 대출[6]까지 실시함으로써 이들을 식민지 금융권으로 포섭하였다. 그리고 일제는 이 금융기구를 통해 식민지 은행권의 보급을 시도하였을 뿐 아니라 여기에 전국의 유력 자산가를 포섭하는 동시에 미곡 매집 및 조세수납을 도모할 자금도 일단 이 금융기구로 집중시켰다.

그런데 이러한 응급금융시설의 운영은 일본인 지배인 또는 재무관에 맡기거나, 아니면 감리관을 파견하여 업무를 감독하도록 하였다. 한성공동창고의 경우 초대 지배인으로 이이즈미(飯泉幹太)가 임명되고 사장으로 조진태, 이사로 백인기·최사영, 감사로 성문영이 선임된 것으로 알려져 있다.[7] 그런데 메가타의 회고에 의하면, 한성공동창고의 경우는 "정부는 회사에 부여한 여러 종류의 보호와 함께 엄밀한 감독을 가하였다"고 설명되고, 지방 정부창고에 관해서는 "각지 재무관으로 하여 그 사무를 집행케 하고"라고 설명되고, 또한 수형조합에 관해서 "조합의 업무는 정부가 파견한 감리자의 감독하에, 조합원이 선출한 임원으로 하여 집행하였다"고 되어 있는 것[8]으로 보아, 이 당시 응급금융시설에 관한 일제의 통제는 철저하였다고 할 수 있다. 그리고 임원의 선임도 정부의 허가사항으로 하였다.[9] 일제는 이와 같이 인사, 경영 및 자금 등 여러 측면에서 이 금융기관을 통제하는 등 이 금융기관이 식민지 정책금융기관으로서의 역할에 충실하도록 하는 모든 조치를 강구하였다고 볼 수 있다.

일제가 화폐정리사업을 실시함에 따라 한국인 상인의 파산자가 증가하고 백동화를 기반으로 유통되던 어음이 유통되지 않는 사태가 발생하였다. 일제는 전래의 어음에 대한 법인을 한국 정부를 통해 거부하고 신화 지급에만 근거하는 새로운 형태의 어음을 활용하기 위해 1905년 9월에는 「수형조합조례」를, 그해 10월에는 「약속수형조례」를 공포하였다.[10]

6 한국상업은행(1959), 『한국상업은행육십년지』, p. 313.
7 앞의 책, pp. 301~302.
8 松本重威(1938), 『男爵目賀田種太郎』, pp. 419~421.
9 한국상업은행(1959), p. 303.
10 "이 금융계의 궁상에서 벗어날 필요가 있고, 한편 종래의 어음은 그 형식이 극히 불완전하기 때문에 새로이 일본과 동일한 형식을 갖춘 수형(手形)의 융통을 도모하여 장래 거래상의 원활을 기한다는 견지에서 수형조합을 설치하고 조합원이 발행

일제는 보증을 통해 어음 유통을 정상화시킴으로써 화폐에 대한 수요를 줄여 전황을 타개하려 한 것이 아니라 신화에 근거한 어음만 인정하고 보증함으로써 신화의 유통을 확대시키는 동시에 일본식 상업어음제도를 이식하려 했던 것이다.[11] 즉, 1905년 10월에 발포한 칙령 제71호 「약속수형조례」 중 부칙 제35조에서 "본령이 정하는 수형 이외의 어음 또는 그와 유사한 수형의 발행, 수수는 할 수 없다"[12]고 전래의 어음에 대한 발행 및 유통 금지조치가 규정되었다. 그리고 이 칙령 제6조를 통해 조합에서 발행한 수형은 반드시 신화로 지불할 것[13]도 규정하고 있다.

일제는 이러한 내용을 가진 「수형조합조례」 및 「약속수형조례」를 공포하여 한국의 전래 어음 유통을 저지하는 한편, 수형조합의 조직을 시도하여 1906년 1월에 한성수형조합의 업무를 시작하게 하였다. 이 수형조합 설립에는 이준상, 조진태, 박의병, 홍충현, 고순재, 조경준, 이두명 등 서울 내 한국인 유력 상인 40여 명이 참여하였다.[14] 이들이 모집한 자금 10만 원과 정부보조금 10만 원을 합쳐 20만 원을 기본 자금으로 하여 업무가 시작되었다.

이 수형조합의 설립은 평양, 대구, 진주, 전주, 광주 등 주로 농산물 집산지로 확장되었다.[15] 그런데 이러한 수형조합의 설립은 각지의 한국인을 일제의 식민지 금융제도권으로 포섭하는 데에 크게 기여하고 있음이 [표 3-2] 조합원의 수와 지급보증액의 증가에서 확인된다. 이 수형조합의 설치지역은 정부창고 설치지역과 거의 중복되었는데, 이 지역은 내륙의 행정 및 상업 중심지이다. 따라서 이러한 응급조치는 일제의 내륙침투의 한 수단으로 이용되고 있었다고 할 수 있다.

한 수형에 대하여 조합이 그 지불보증을 하되, 조합은 상인의 신용 상태를 조사하여 일정한 한도 내 보증하고"(松井重威(1938), p. 419).

11 豊福豊(1915. 9), 「외획 어음 및 기 금융」, 『지방금융조합』.
12 山口精(1911), 『조선산업지(下)』, 제7편, pp. 51~57.
13 앞의 책, pp. 51~57.
14 松本重威(1938), pp. 420~421.
15 앞의 책, p. 421.

[표 3-2] 각 수형조합 조합원 수와 지불보증액(1906~1912)

(단위: 원(圓))

연도	한성	평양	대구	진주	전주	광주	합계
	조합인(수)						
1906	157	50	17				224
1908	244	50	60	34	54	88	530
1910	277	83	98	51	55	69	633
1912	280	60	113	73	65	67	658
	지급 보증액(천 원)						
1906	594	720	50				1,364
1908	1,874	1,581	503	140	246	133	4,477
1910	1,502	1,113	348	206	256	214	3,639
1912	923	1,664	296	279	135	193	3,490

자료: 조선총독부 재무국(이하 조선총독부로 통일), 『조선금융사항참고서』(1923년판).

2. 농공은행과 지방금융조합의 설립

일제가 정부창고와 수형조합을 설립한 이후에도 각 지방의 자금난은 수습되지 않았다. 한국 정부 탁지부 대신 민영기는 외획의 폐지와 제일은행으로의 국고금 집중에 따른 지방에서의 자금난과 조세수납의 불편에 대한 대책 마련을 강조하였다.

> "종래 근교 지방에는 자금이 근소하여 물품에 하환을 붙여 경성에 수송하고 당지에서는 그것을 매각하여 납세하였으나, 신제도하에서 납세자는 일정한 수납소에 현금을 납하는 고로 극히 곤란을 느끼므로 중앙금고에서나 지방금고에서도 납세할 수 있는 형태로 개혁할 희망을 진술한다."[16]

16 김정명 편(1964~7), p. 66.

[표 3-3] 농공은행과 지방금융조합의 설립 현황

	근거 법규	설립목적	역할	본·지점 및 출장소(1907년 말)
농공은행	농공은행조례 (1906. 7)	징세 확대, 미곡 매집	산업 및 상업대출	서울, 대구, 상주, 진남포, 평양, 전주, 남원, 광주, 제주, 진주, 마산, 경성, 충주, 해주, 공주
지방 금융조합	지방금융조합 규칙(1907. 4)	정부창고 및 농공은행 보조	농공은행 업무 대행	주요 군청 소재지

자료: 山口精 編(1911), 『조선산업지(하)』, 부록.

이에 대해 특파대사 이토(伊藤博文)는 금융경색의 해결과 재정 기초의 확립이라는 두 가지 관점에서 재정고문 메가타에게 대책 마련을 지시함으로써 농공은행의 설립이 구체화되었다.[17] 농공은행의 설립은 외획 폐지 → 지방 생산물 구매자금 부족 → 지방 생산물 판매부진 → 지방 생산물 가격 하락 → 납세 지연 및 납세부담의 가중으로 발생할 수 있는 재정위기에 대한 대응책이었다. 이 농공은행의 설립지역은 [표 3-3]에서 보듯이 지방금고가 설치된 추요지이었다. 일제는 화폐정리사업과 재정정리사업을 더욱 효율적으로 수행하는 동시에 이 사업에 따른 지방의 조세체납 및 금융경색 문제를 해결하기 위해 일본의 농공은행을 모방하여 이 금융기관을 설립하였다고 할 수 있다.

일제는 한국 정부가 농공은행 업무의 감독권을 갖게 하고(제23조), 영업상의 주요 사항을 허가하도록 하고(제24조), 감리관을 파견하여 업무감독을 하도록 하는(제26조) 것[18]은 물론 일본인 지배인을 직접 파견하여 경영하게 하였다.[19] 일제는 정부를 통해 농공은행의 업무를 통제하는 동시에 일본인 지배인이 직접 경영하게 함으로써 농공은행을 식민지 정책을 수행할 수 있는 특수금융기관으로 설립하였다.

17 김정명 편(1964~7), p. 68.

18 「농공은행조례」(『조선식산은행십년지』, pp. 41~44).

19 岡崎遠光(1911), 『조선금융 및 산업정책』, p. 201에는 지배인, 부지배인 모두가 일본인으로 구성된 것으로 기록되어 있고, 『한국중앙농회보』, 제2권(1908. 12) 부록에 수록된 명단을 보면, 본·지점과 출장소 지배인, 부지배인, 주임까지 일본인이다.

"광무 10년 한국 정부는 재정고문의 말을 받아들여 지방 상공업의 개발에 병행한 금융의 완화를 목적으로 하여 농공은행의 설립을 기도하고 정부에서는 자금을 대하하고 또는 지배인 임명을 하는 등 적극적으로 보호, 감독하고 …"[20]

농공은행이 일본인 지배인에 의해 경영되는 식민지 특수금융기관이었지만, 이 금융기관의 설립에 한국인 각 지방의 유력 자산가가 많이 참여하였다.[21] 특히, 이들은 농공은행의 주주로서뿐 아니라 농공은행의 임원으로 참여하였다. 그런데 당시의 한호농공은행의 대주주도 한성공동창고 및 한성수형조합과 마찬가지로 한국인이었고 임원도 마찬가지이었다. 지방 농공은행의 본·지점에 일본인 지배인과 주임이 파견되었으나, 이를 제외한 임원은 전부 한국인 주주 중에서 선출되었다.[22] 농공은행 설립 과정에 한국인 유력 자산가가 많이 참여한 것은 일제가 한국인 지배층을 식민지 경영의 직접적인 이해관계자로 체제내화하려는 의도가 관철된 것이었다. 결과적으로 지방의 한국인 유력자들도 은행의 설립과 경영에 처음으로 참여함으로써 근대적 금융기관 경험을 쌓게 되었다.

농공은행의 설립과 경영에 한국인이 참여하는 것은 공동창고 및 수형조합의 설립 과정의 참여와 마찬가지로 화폐·재정정리는 한국인의 금융 기반이 침탈되면서부터 한국인의 금융 면에서 독자적 대응이 매우 어려워졌다는 것과 연계되어 있다. 농공은행의 설립으로 각 지방의 한국인의 화폐자산이 이 은행으로 집중되고, 이로 인해 한국인은 일제의 식민지 금융기관을 이용할 수밖에 없게 되었던 것이다. 이 은행은 한국인이 설립하고 한국 정부가 소화되지 않은 주식을 인수하고 보조금을 지급하여 설립되는 형식을 가졌지만, 은행의 경영은 실질적으로 일본인 지배인에 의해 이루어져 이 금융기관이 일제의 식민지 정책을 추진하는 특수금융기관이 되었다고 할 수 있다.

농공은행은 일본인 지배인에 의해 경영되었지만, 이 은행의 임원은 한국인이었

20 秋田豊 編(1929), 『조선금융조합사』, p. 71.
21 波形昭一(1987), 『일본식민지금융정책사의 연구』, pp. 202~203.
22 한호농공은행 영업보고서 1기, 2기.

[표 3-4] 농공은행과 공동창고의 점별 대출(1906~1912)

(단위: 천 원(圓))

연도	한성			평안	경상	전주	광주	함경	합계
	농공	창고	소계	농공	농공	농공	농공	농공	
1906	200	175	375	304	215	92	84	22	1,092
1908	751	218	969	664	474	232	221	337	2,897
1910	1,984	231	2,215	1,629	1,235	543	542	508	6,672
1912	3,941		3,914	2,389	1,940	887	841	939	10,910

자료: 조선총독부, 『조선금융사항참고서』(1926년판).

고, 은행으로서는 한국인에 대한 대출 비중이 가장 높았다. 농공은행이 산업자금 공급을 도모한다고 하였으나 실질적으로는 지방 생산물 매집을 위한 상업자금 공급에 주력하였다.[23] 당시 일본의 일반은행 지점은 개항장에서 상업자금 공급에 주력한 반면, 농공은행은 내륙에 본점, 지점 및 출장소를 두고 상업자금 공급에 주력하였다. 따라서 [표 3-4]에서 보듯이 두 금융기관은 지역적으로 분점하여 상업금융을 담당함으로써 일본과 한국, 개항지와 내륙 간의 상품거래를 확장하는 것에 기여하게 되었다고 할 수 있다.

일제는 농공은행을 내륙의 금융적 교두보로 구축하였지만 지역적 한계를 갖고 있어 이의 확장 필요성을 제시하였고, 이에 따라 농공은행의 역할을 보조할 기구로서 조합의 설립이 검토되었다. 재정고문 메가타가 1907년 2월 각 농공은행 지배인에 보낸 통첩 중 3개 항의 자문사항, 즉 ① 수확 시, 기타 적당한 시기에 농공은행원이 지방에 출장하여 대출하는 것, ② 농업창고를 설치하여 그에 입고되는 농산물에 대부하는 것, ③ 신용조합 혹은 곡창조합을 조직하는 것에 관해 자문을 구하였다. 이에 대해 농공은행 지배인의 회신에서는 지배인은, ① 창고를 설치하고 입고되는 생산물에 대해 출장대부를 하고, ② 지방 농민으로 하여금 조합을 조직하고 대출 및 창고 업무를 행하되

23 岡崎遠光(1911), p. 201.

조합의 자금은 농공은행이 대부하도록 하고, ③ 엽전정리와 함께 신화보급 업무를 겸할 것을 밝혔다.[24]

이 자문과 회신에서도 알 수 있듯이, 농공은행의 농산물 매집을 위한 금융의 확장을 보완할 새로운 조직의 필요성이 제기되었고, 이를 통한 정부창고 금융의 완결과 화폐정리사업의 완결을 도모할 필요성도 제기되었다. 이와 같이 농공은행의 보조기관으로서 농촌의 말단 금융조직에 대한 필요성이 1907년 초반에 제기되었다. 그리고 통감 이토(伊藤博文)는 1907년 5월 4일에 개최된 제15차 한국시정개선에 관한 협의에서 지방금융조합이 지방위원회와 함께 지방 말단의 지배조직으로서 담당해야 할 역할을 강조하고 있다.[25] 따라서 일제는 지방금융조합을 설립하여 지방에서 나타났던 일제의 침략에 대한 민족적 저항을 돈으로 완화하는 동시에 농공은행 지점망의 한계를 타개하려고 하였다고 할 수 있다.

1907년 4월 30일 칙령 제32호로 「지방금융조합규칙」이 공포되었다. 당시 재정고문과 탁지부 대신이 제시한 지방금융조합 요강에는, ① 재무서 소재지 중요 군 50개소 정도에 조합을 설치하고, ② 조합 설립은 정부의 명령에 의하고 한국 재정고문 지부가 그 주사(主司)가 되며, ③ 이사는 탁지부 대신이 추천하고, ④ 조합대출기금으로서 정부는 각 조합에 1만 원씩 보조하고, ⑤ 국고로부터 이사의 봉급이 지급되며, ⑥ 곡류보관 창고에 대해 정부가 건설비를 보조하며, ⑦ 지방금융조합의 감독은 재무감독국장이 하도록 되어 있다.[26] 이 요강을 볼 때 지방금융조합은 정부의 업무를 보조하는 재정보조기관으로 출발하였던 것이다.

그럼에도 불구하고 지방금융조합을 통해 재정자금 일부가 대부자금으로 전용됨으로써 조합의 금융기관 활동이 시작되었다. 즉, 이전에는 군수에 의해 이루어지는 외획이 폐지됨에 따라, 이를 대신하여 일본인 금융조합 이사가 일정 한도, 즉 1만 원 한

24 秋田豊 編(1929), p. 3.

25 "정부와 지방민 간의 의사를 소통시키고 또한 금융의 원활을 도모하기 위해 상당한 방법을 강구하고 무릇 정령(政令)의 보급을 기하고 인민의 뇌리에 정부의 취의를 철저히 두기 위해 각 지방위원회 및 금융조합을 두어 민정을 통하고 융통을 도모할 기관으로 하고"(김정명 편(1964~7), 『일한외교자료집성』, 제6권(상), p. 453).

26 앞의 책, pp. 453~454.

도 내에서 재정자금을 전용할 수 있을 길을 열어 줌으로써 지방금융조합이 대출기관이 될 수 있었던 것이다. 이것은 일제가 전래의 외획 기능의 일부를 양성화된 것에 지나지 않은 것이라고 할 수 있다. 따라서 설립 당시 지방금융조합은 서구의 협동조합이 한국에 이식된 것이라기보다 일제가 한국의 식민지화에 따라 재정 기능 일부가 분리된 것에 불과하다고 할 것이다.

지방금융조합의 조직을 보면, 통감부가 지휘·감독하고, 그 실무는 일본인 이사가 장악하였으나, 한국인 지방 유력층의 일부는 조합장, 평의원, 감사 및 설립위원 등으로 참여하였다.[27] 일제는 이와 같이 일본인 이사를 주체로 하여 이 조직을 운영하되 한국 정부의 재정자금 일부를 전용하여 지방금융조합을 설립하고, 이를 일본인을 통해 직접 지배하고 이들의 주도하에 식민지 경제정책, 예를 들어 농산물 매집, 창고 설치, 화폐정리사업 등을 위해 자금을 정책적으로 배분함으로써 농촌 말단까지 일제의 지배조직을 확장하였던 것이다. 이렇게 식민지 최말단 정책기관인 지방금융조합의 설립은 농촌 말단까지 일제의 금융에 편입될 계기를 제공하였던 것이다.

이러한 조합의 성격상 신설된 지방금융조합도 지방의 유력자를 위한 금융기관으로 머물고 있었다.[28] 농촌 말단에서 지방금융조합에 포섭된 층이 지방 유산층에 국한되었다는 것은 지방금융조합의 금융 활동도 재정사정상 확장될 수 없었기 때문이다. 따라서 지방금융조합은 출범 초기에는 당시의 지방위원회와 마찬가지로 각 지역의 한국인 지배층을 포섭하기 위한 관변 말단 조직의 하나에 불과하였다.

---

27 波形昭一(1987), pp. 209~211.

28 "금융조합의 대출 상황을 보면, 그 본래의 목적은 소농에 자금융통을 하는 것이었으나 그(자금의) 이용은 이에 미치지 못하였다. 그 대출은 조합원에 한정되었고 또한 담보의 제공을 요해 실제의 대출을 받는 자는 지방의 자산가로서 …"(岡崎遠光(1911), p. 31).

3. 동양척식회사의 설립

동양척식회사(이하 동척)는 1908년 말 설립되어 1909년 1월부터 척식회사로서 영업을 시작하였으나, 점차 금융사업을 확장하여 1910년대 초반부터 금융기관으로서도 의미를 가진 식민지 정책금융기관이었다.

개항 이후 일본인 금융은 조선에 진출한 일본 일반은행 지점이 담당하였고, 이 중에서 제일은행은 한국 정부의 중앙은행 역할까지 담당하게 되었다. 그럼에도 불구하고 "일본 일반은행 지점은 순연한 상업은행인 고로 자본 방출의 길을 닫지 통상무역 일면에 그치고, … 근업 척식 방면에 방자할 수 있는 기관은 흥업은행 지점에 불과하여"[29] 일본인은 각 지역 상업회의소 명의로 일본 정부에, 1907년부터는 통감부와 한국 탁지부에 척식금융을 담당할 금융기관의 확장 또는 설립을 계속 요구하였다.[30]

통감부는 일본인의 이러한 척식금융기관 설립 요구에 편승하여 자본금을 1,000만 원으로 하되, 납입자본의 10배까지 채권을 발행하고 예금도 취급하면서 장기 자금에 속하는 척식자금을 공급하는 것을 주요 골격으로 하는 「대한근업은행안」을 마련하고 이를 추진하기에 이르렀다.[31] 그런데 이 계획은 일본 대장성이 근업은행과의 (회)사채 동원에서의 충돌을 이유로 반대하고, 한국은행 설립이 구체화됨에 따라, 또한 동양협회의 다른 형태의 척식회사, 즉 동척의 설립 의도에 대립되어 폐기되고 말았다.[32]

동양척식회사는 가쓰라(桂太郎)가 주도하는 일본 동양협회에 의해 추진되었다. 이 협회는 이 척식회사의 설립을 통해 일본의 농업공황에 따른 모순을 이민을 통해 해결하고자 하였다.[33] 이 회사는 이민사업과 함께 일본인의 토지 지배를 위한 토지 매집을 병행하기로 하였는데, 결과적으로 이 회사는 이민사업보다는 토지 매집에 주력하게

29 『경성일본인상업회의소연보』, 1907. 8, pp. 112~113(波形昭一(1987), p. 233 재인용).

30 波形昭一(1987), pp. 234~235.

31 『동양경제신보』 453, 1908. 6(앞의 책, p. 235).

32 群島和彦(1973. 11; 1974. 1), 「동양척식회사의 설립과정(상)(하)」, 『역사평론』, 282, 285; 黑瀨郁二(1975. 3), 「일노전후의 조선경영과 동양척식회사」, 『조선사연구회논문집』, 12.

33 고승제(1973), 「동척이민의 배경과 일본식민정책의 특수성」, 『한국이민사연구』; 群島和彦(1976. 1), 「동양에 있어서 동척이민의 전개과정」, 『일본사연구』, 161.

되었다.[34] 동척의 원래 업무는, ① 농업 경영, ② 토지 매매 및 대차, ③ 토지 경영 및 관리, ④ 건축물 매매 및 대차, ⑤ 이주민 모집 및 분배, ⑥ 생산물 수집 및 분배, ⑦ 자금공급, ⑧ 부대 업무 등이었다.[35] 이와 같이 이 회사는 출발부터 부대 업무의 하나로 일본인 이주민에 대한 대출을 중심으로 한 금융지원 업무를 시작하게 되었다.

이 회사는 형식상 한일 정부가 공동으로 경영하는 회사로 출발하지만, 실질적으로는 일본 정부가 지배하였던 회사이었다. 즉, 이 회사의 최대주주는 자본금의 30%에 해당하는 토지 – 답 12,523정보, 전 4,908정보, 잡종지 283정보 – 를 출자한 한국 정부이었다. 하지만 그 잔여분 중 조선 내 소화된 것은 1% 정도에 불과한 것을 볼 때, 주식의 소유에서 전체적으로는 일본인이 압도적이었다고 할 수 있다.[36] 또한 설립위원을 보면, 한국인은 30명이고 일본인은 설립위원장을 포함하여 82명이고, 일본인은 일본 정부와 통감부 관리를 중심으로 하였지만 일본 내 정계와 재계의 인사가 망라될 일본에서 주목받는 이민 및 척식 회사로 출발하고자 하였다.[37] 일본 정부가 설립을 주도하고서도 설립자로 한국 정부를 내세워 한국인의 반발을 완화하기 위해 이 기구의 성격을 당시에는 은폐하고 있었던 것이다.

동척의 초대 총재로는 설립위원이었던 육군성 군무국장인 우사가와(宇佐川一正)가 되었고, 한국 정부가 설립의 명목상의 주체가 되어 한국인은 설립 과정에도 명목상 30명 참여하고, 제한되었지만 탁지부 대신 민영기가 부총재로, 한상룡이 이사로, 조진태가 감사로 되었다.[38] 이와 같은 임원 진출은 인사 규정, 즉 부총재 1인, 이사의 1/3, 감사의 1/3이라는 규정[39]에도 못 미친 것이었다. 한국인의 참여가 일정 수준으로 제한된 것은 이 회사가 일본의 경제적 지배축으로 규정된 결과이다. 이러한 상황에서 한국인의 참여는 식민지 지배기구 내로의 포섭, 다시 말해 체제내화 과정에 불과하였다.

---

34 安秉珆(1976. 3), 「동양척식회사의 토지수탈에 대하여」, 『사회과학연구연보』 7, 龍谷大.
35 東洋拓殖會社(1918), 『동척십년사』, p. 10.
36 앞의 책, pp. 2~8.
37 群島和彦(1971. 1), 「동양척식회사의 설립과정(하)」, 『역사평론』, 285.
38 동양척식회사(1918), pp. 115~116.
39 앞의 책, p. 115.

이와 같이 식민지 개발사업의 중추 기관이 된 동척은 설립부터 일본 정부의 적극적인 통제와 보호를 받는 척식회사이었다. 한국 정부가 해체된 직후부터 일본 특별법에 근거하는 특수회사의 틀을 갖추면서 조선총독이 아닌 일본 정부만의 통제를 받게 된다. 이 법에 근거하여 일본 정부는 인사권을 장악하면서 경영진을 거의 일본인으로 등용하고 그 운영도 철저히 통제할 수 있게 되었다.[40] 일본 정부는 이 회사를 통한 식민지 경제의 수탈을 강화하기 위해 납입자본 10배 한도 내 회사채 발행권을 부여하고 회사채 소화를 실질적으로 담당하면서 2,000만 원 한도 내 원리금 지급보증을 하고, 또한 매년 30만 원의 보조금을 지급하기로 하는 등 이 회사의 성장 기반을 마련해 주었다.[41]

4. 화폐정리사업 이후의 제일은행 조선 지점

제일은행 조선 지점이 화폐·재정정리를 계기로 대한제국, 즉 한국의 중앙은행으로 변함에 따라 이 은행은 은행권 발행과 국고금 이용에 있어서 독점적인 지위를 차지하였다. 제일은행 조선 지점은 한국에서 발권은행, 정부의 은행 등의 중앙은행 역할을 수행하게 되었을 뿐 아니라 다른 일반은행 업무에서도 우월한 지위를 굳히게 된다. 제일은행 조선 지점은 이러한 지위를 이용하여 한국의 통화제도와 금융제도의 정점에 있게 되었다.

일제가 한국 정부의 화폐정리사업과 재정정리를 통해 한국 정부의 화폐(발행)권과 재정권을 함께 박탈함에 따라 한국인 금융의 존재 기반이 거의 붕괴되었다. 이에 한국인 유력 자산층까지도 극도의 자금난을 겪게 되었다. 이러한 과정에서도 일제는 제일은행 조선 지점을 통해 국고금을 독점적으로 운용하면서도 한국인에 대한 자금 원조

40 「동양척식회사법」, 제6장 '정부의 감독 및 보조' 참조.
41 「동양척식회사법」, 제4장 '동양척식 채권' 및 제6장 '정부의 감독 및 보조' 참조.

[표 3-5] 제일은행 조선 지점의 주요 자금원천(1905~1909)

(단위: 천 엔)

연도	예금		각종 예치금		은행권 발행		자본금 계정	차입금	부채 자본 합계(E)	(A+B+C)/E	D/E
	소계	공금 예금(A)	소계	화폐 정리(B)	소계 (D)	보증 준비(C)					
1905 상	10,607	2,439	0	0	6,068	3,344	3,050	0	19,725	(29.3)	(30.8)
하	8,562	131	80	80	7,061	3,042	3,070	0	18,773	(17.3)	(37.6)
1906 상	10,960	95	1,169	60	5,429	1,873	3,180	0	20,738	(9.8)	(26.1)
하	10,967	195	60	60	9,229	5,287	3,260	0	23,511	(23.6)	(39.2)
1907 상	12,436	6,771	541	0	9,576	4,740	3,350	0	25,931	(44.4)	(36.9)
하	11,421	5,189	0	0	12,805	7,648	3,450	3,150	30,826	(41.6)	(41.5)
1908 상	10,144	3,738	0	0	8,914	7,965	3,600	3,150	29,546	(39.6)	(30.2)
하	9,643	2,277	160	0	10,385	6,157	3,670	0	26,135	(32.3)	(39.7)
1909 상	11,264	921	177	0	10,051	5,715	3,800	0	25,922	(25.6)	(38.8)

자료: 「제일은행 조선 지점 각기영업보고서」.

를 차단하였다. 반면에 한국 정부와 일본 정부의 국고금을 일제 지배하에 있는 금융기관 신설에 필요한 자본금과 보조금을 지급하는 데에는 아끼지 않았다. 이와 같이 일제는 화폐정리사업을 계기로 식민지 화폐제도는 물론이고 식민지 금융제도의 구축을 적극 도모하였던 것이다.

[표 3-5]는 제일은행 조선 지점이 한국의 중앙은행으로 변모된 이후에 자금을 어떻게 조달하였는가를 나타내고 있다. 이 자금원에서 국고금 장악과 관련된 공금예금, 화폐발행권 장악과 관련된 보증준비 발행의 비중이 큰 반면, 차입금 의존도는 크지 않음을 확인할 수 있다. 일본이 제일은행을 통해 한국, 즉 현지에서 조달한 자금이라고 할 수 있는 공금예금과 보증준비 발행이 자금형성에 기여한 비율이 나타나 있는데, 그 비율이 대체로 30~40% 상하에 머무르고 있다.[42] 이와 같이 일제는 화폐발행권과 국고금의 장악으로 일본으로부터 자본유입 없이 조달한 자금이 30~40%에 이른다는 것은 일제가 한국 정부의 화폐권과 재정권을 이용하여 동원한 자금에 크게 의존하여 식민지

42 공금예금은 연말이면 거의 인출이 되므로 잔액상으로는 적을 수밖에 없다. 그렇지만 상반기에는 그 잔액이 매우 많다.

[표 3-6] 제일은행 조선 지점의 자금운용(1905~1909)

(단위: 천 엔)

연도	대출(A)		화폐정리사업대출(B)	국고대출	유가증권(C)	정화준비(D)	지금은(E)	자산총액(F)	A/F	B/F	(C+D+E)/F
	소계	어음할인									
1905 상	7,147	741	0	0	2,724	3,825	n.a.	19,752	(36.2)	(0.0)	(33.2)
하	3,641	722	5,333	640	3,214	4,019	92	18,773	(19.4)	(28.4)	(42.4)
1906 상	3,600	963	5,298	0	3,214	3,556	177	20,738	(17.4)	(25.5)	(33.4)
하	4,765	1,925	7,765	659	3,214	3,937	138	23,511	(20.3)	(33.0)	(31.0)
1907 상	5,134	1,907	5,891	0	3,546	4,836	88	25,931	(19.8)	(22.7)	(32.7)
하	7,617	3,776	5,835	1,241	3,780	5,157	965	30,826	(24.7)	(18.9)	(32.1)
1908 상	6,382	2,612	9,382	743	3,721	3,940	144	29,546	(23.1)	(31.8)	(26.4)
하	6,804	3,010	9,804	0	3,712	4,228	481	26,135	(26.0)	(37.5)	(32.2)
1909 상	5,106	1,857	11,129	0	3,532	4,436	112	25,922	(19.7)	(42.9)	(30.8)

자료: [표 3-5]와 같음.

지배 기초를 구축하는 사업을 수행하였다는 것을 의미한다. 이것은 일본이 조숙하게 제국주의로 전화하는 과정에서 해결해야 할 일본의 자본수출 능력의 결함을 한국의 이권 및 주권의 침탈을 통해서 얻은 경제적 수탈로 보완하고 있었던 한 예가 될 것이다.

제일은행 조선 지점이 한국의 발권은행이 됨으로써 보증준비인 유가증권과 정화준비인 일본은행권 및 지금은이 운용자산 중에서 30~40%를 차지하게 되었음을 [표 3-6]에서 확인할 수 있다. 또한 이 은행이 한국의 중앙은행으로서 화폐정리사업을 담당한 결과, 이와 관련된 대출이 20~40% 정도를 차지하게 된다. 제일은행 조선 지점의 이러한 자금운용은 다름 아닌 이 은행이 발권 업무와 화폐정리 업무를 담당한 결과였다.

그리고 제일은행 조선 지점은 일반은행으로서 대출도 지속하고 있었음을 [표 3-6]에서 확인할 수 있다. 그리고 이 은행이 비록 소액이지만 국고대출도 간헐적으로 취급하고 있음을 확인할 수 있다. 그렇지만 일반대출의 비중은 1905년 하반기부터 급속히 저하하여 20% 수준에 머물고 있었지만, 일반대출 자체가 줄어든 것은 아니다. 이것은 제일은행 조선 지점이 한국의 중앙은행으로 변모한 당연한 귀결이지만, 제일은행의 일반은행 업무는 중앙은행 업무를 겸하면서 위축된 것은 아니었음을 보여 준 것이다. 이와 같이 제일은행 조선 지점은 국고금과 화폐발행권을 이용하여, 한편으로는 한국의 중앙은행으로서 식민지적 화폐제도의 관리와 식민지적 금융기구의 확장을 담당하면서도, 다른 한편으로는 일반은행으로서 개항지에서 일본인 무역금융을 계속 담당하고 있었던 것이다.

제 4 장

엔 블록으로의 편입과 식민지 중앙은행의 설립

1. 제일은행권의 법화화

일제가 제일은행을 한국의 발권은행으로 전환시키려는 의도는 제일은행권을 발행, 유통시키는 과정에서 이미 드러난 바 있다. 메가타가 일본 정부에 동의를 구하는 화폐정리 방침 중에는 "제일은행권을 공인하고 공사거래에 지장 없이 통용시키고, 새로 발행하는 태환권은 제일은행권으로 그것에 충당한다"는 내용에서 보듯이, 제일은행권을 법화로 공인하여 제일은행을 한국의 발권은행으로 전환한다는 계획을 일관성 있게 추진하였다. 그럼에도 1905년 1월 18일 칙령 제2호 「화폐조례」를 반포할 때까지도 이 사실을 명확히 하지 않았다.

메가타가 주도하여 이중옥(탁지부 서무국장), 메가타(目賀田, 재정고문), 교미주(淸水泰吉, 제일은행 경성지점 지배인)의 공동명의로 한국 정부가 화폐정리 사무를 제일은행에 위임하는 계약을 체결하면서, 제일은행이 화폐정리사업을 맡는 것을 구실로 제일은행권을 한국의 법화(法貨)로 유통시킨다고 함으로써 제일은행권이 한국의 법화임을 처음으로 명확히 하였다.

> "제1조 대한국 정부는 별도로 정한 대한국 현행 화폐정리 예산의 범위에서 화폐정리에 관한 사무를 제일은행으로 하여금 집행하게 한다.
>
> 제2조 화폐정리에 관한 사무 집행에 대해서는, 제일은행은 탁지부 대신의 지휘·감독을 준수해야 한다.
>
> 제3조 대한국 정부는 제일은행권을 공인하고, 공적·사적 거래에 지장 없이 무제한 통용시켜야 한다.
>
> 제4조 대한국 정부는 화폐정리에 필요한 일체의 비용을 충당하기 위해 화폐정리자금으로서 금 300만 엔을 제일은행에 교부한다."[1]

1 제일은행(1909), 『한국화폐정리보고서』, pp. 37~38.

메가타는 탁지부령 제2호 「금고출납역설치건」[2]을 반포하여 금고출납역을 두고 탁지부 발령으로 금고출납역이 국고와 관련된 일체 직무를 집행하며 또한 지금고를 설치하여 국고금을 보관하도록 하였다. 나아가 메가타는 한국 정부가 화폐정리사업을 제일은행에 위임하는 계약을 체결하면서 제일은행이 금고출납역 지위에서 국고금 출납사무를 취급하도록 하였다.

> "제1조 대한국 정부가 국고금의 취급을 제일은행에 위탁한 데 대해, 제일은행은 광무 8년(1904) 12월 30일 탁지부령에 의해 금고출납역의 지위에서서 탁지부 대신의 지휘·감독에 따라 성실하게 국고금 출납의 사무를 취급할 것.
>
> 제2조 대한국 정부의 세입은 국고예금으로서 전부 제일은행에 예입할 것.
>
> 제3조 국고예금에는 이자를 붙이지 않을 것.
>
> 제4조 국고예금의 출납에 관한 경비는 전부 제일은행의 부담으로 할 것.
>
> 제5조 제일은행은 대한국 국고예금 출납을 위해 주요한 장소에 사무소를 설치할 것."[3]

메가타는 제일은행을 한국의 발권은행과 국고은행으로 전환시키는 계약을 체결하였지만 한국 정부가 제일은행을 중앙은행으로 인정하는 법 절차는 밟지 않았다. 일본 정부는 일본 법에 근거하여 1905년 3월 칙령 제73호로 제일은행의 한국의 중앙은행화를 승인하였다. 제일은행이 한국의 중앙은행 역할을 하게 되었음에도 한국 정부의 감독은 받지 않고 일본 정부의 감독을 받는 사실상 일본의 식민지 중앙은행으로 규정되었던 것이다.

2 제1조 탁지부에 금고출납역을 특별히 설치하여 국고금의 출납을 관장한다. 제2조 금고출납역은 본 대신의 명령을 승(承)하여 일체 직무를 집행한다. --후략-- (『관보』 제3025호, 1905년 1월 2일).

3 『澁澤榮一 전기자료』, 제16권, pp. 195~196.

1905년 1월 제일은행은 한국 정부와 계약을 체결하여 수수료 없이 한국 국고금 취급 사무 및 화폐정리 사무를 담당하는 동시에 한국 정부는 제일은행이 발행하는 은행권이 법정통화임을 공인하고 화폐정리 사무 취급에 관한 계약에서 아래의 조항을 규정하였다.

> "제1조 주식회사 제일은행의 한국에서의 업무는 외무대신 및 대장대신의 감독에 속한다.
>
> 제2조 주식회사 제일은행은 한국 화폐정리 사무, 한국 관금(官金) 취급 및 은행권 발행에 관한 업무에 대해서는 한국 경성에 설치한 지점을 한국 총지점으로 삼아 한국 각 지점 출장소 및 대리점을 통할하게 할 것. –중략–
>
> 제7조 주식회사 제일은행은 한국에서 공적·사적 일체의 거래에 무제한 통용한 은행권을 발행할 수 있다."[4]

2. 제일은행권의 보급과 유통

메가타는 제일은행 조선 지점을 중앙은행으로 승격시키고 제일은행권을 사실상 본위화폐로 지정하였지만 광무 5년(1901년)에 제정된 한국의 「화폐조례」를 실시한다고 함으로써 한국의 화폐제도의 근본적인 재편 방향을 은폐하고 있었다. 즉, 1901년 「화폐조례」에는 금화가 본위화폐로 되어 있고 은화, 백동화, 청동화 등은 보조화폐로 규정되어 있었다. 하지만 제일은행권은 이 규정에 없었고 광무 9년(1905년) 1월 칙령 2호로 반포된 「화폐조례의 실시에 관한 건」에서도 일본 정부 화폐의 공인을 지칭하는 "동조례에 규정한 화폐와 품위, 양목, 형체에 동일한 화폐는 무애통용하고 공사여수

4 『澁澤榮一 전기자료』, 第16권, pp. 214~215.

의 사용함을 허락한다"는 규정이 있었으나 제일은행권의 법화로의 공인이 한국의 법 체계에서 명확하게 제시되지 않았다.[5] 일제가 화폐정리사업을 시작하면서 구 한국 화폐 중에서 주요 통화이었던 백동화를 회수하고 이를 대체하고자 한 통화는 새로운 백동화가 아니라 제일은행권이었다. 일본은 1905년 1월 31일 한국과 일본 제일은행에 화폐정리 사무를 위임하는 계약을 체결하면서 제3조에서 "대한국 정부는 제일은행권을 공인하고 공적·사적 거래에 지장 없이 통용시켜야 한다"는 조항으로 제일은행권을 법화로 인정하도록 하였다. 일본 정부가 1905년 3월에 시행한 일본 법 칙령 73호에서 "제일은행은 한국에서 공적·사적 일체의 거래에 무제한 통용할 은행권을 발행할 수 있다"고 규정함으로써 제일은행은 한국의 법화가 된 제일은행권의 발행을 독점하는 것임을 확인해 주었다.

일본은 이와 같이 한국의 1905년 새로운 「화폐조례」에 의거하는 본위화폐는 금화가 아닌 제일은행권으로 간주하고 이를 일본 법을 통해 한국의 법화로 공인하면서 한국의 본위화폐로 확정하고자 하였다. 일본의 화폐정리사업의 궁극적인 목적이 한국 정부가 발행한 한국 화폐를 회수하고 제일은행권을 유통시키는 것이었음에도 불구하고 제일은행권에 대한 불신을 우려하여 이러한 사실을 명확히 하지 않았던 것으로 파악된다.

화폐정리에 즈음하여 가장 다급한 일은 본위화폐의 유포였다. 종래 백동화는 그 남발로 인해 본위화폐 기능을 상실하여 결과적으로 본위화폐가 없었기 때문에 구 화폐의 회수와 동시에 먼저 본위화폐의 유포를 필요로 하게 되었다. 그런데 본위화폐에 대해서는 이것의 대용인 은행권이 이미 상당히 큰 신용으로 유통되었기 때문에 적지 않은 편의를 얻은 것을 활용하고자 하였다.[6]

메가타는 화폐정리사업을 전개하면서 신백동화로 신화 공급은 지연하면서 제일

---

5 제일은행권 법화화를 한국 법에서 명시하는 않은 것은 명확하지 않지만 제일은행권에 대한 불신이 화폐정리사업에 대한 불신으로 전화되지 않도록 하고 이로 인한 반일감정을 자극하지 않기 위한 것으로 보인다.

6 제일은행(1909), 『한국화폐정리보고서』, p. 205.

은행권으로의 교환을 적극적으로 권장하였다. 그것은 기본적으로 제일은행권을 본위화폐로 격상시키려는 의도에서 비롯되었다. 현실적으로 구백동화를 신백동화로 전환하는 것은 구백동화를 제일은행권으로 교환하는 것보다 상대적으로 비용도 많이 들고 제일은행권과 교환되지 않은 구백동화는 더 이상 회수할 필요성도 없었기 때문이라고 할 수 있다.

> "백동화의 유통이 지나치게 많기 때문에 당분간 신보조화는 되도록 발행하지 않고 구화폐의 회수에 따라 점차 발행할 필요가 있다. 뿐만 아니라 다액의 구백동화를 지참하고 교환을 청구하는 자는 대체금으로서 다시 불편한 보조화를 수취하는 것을 좋아하지 않는다. 대부분 은행권을 요구하거나 또는 은행에서 거래를 하지 않는 자는 그 자리에서 대체할 것을 이야기할 것이므로 구백동화 교환의 대체금은 당분간 아래에 적은 방침에 따라 교부하기로 하였다."[7]

당시의 지침을 보더라도 신백동화는 구백동화를 소멸시키는 과정에 어쩔 수 없이 도입한 과도적 통화이었던 것이다. 「신보조화발행지침에 관한 건」[8]을 보면, 신백동화로의 교환을 최대한으로 제한하고 제일은행권을 우선적으로 사용하고 그것이 여의치 않으면 제일은행 소액권, 또는 일본 보조화를 활용하도록 하고 그것이 충분하지 않을 때 신백동화를 발행하도록 하였다. 예를 들어, 구백동화 교환은 신보조화로 교환하기를 희망하는 경우 진행하도록 하되 그것도 10%를 초과할 수 없도록 하고, 대금을 당좌예금으로 보유 또는 취급하거나 기타 은행권으로 교부할 경우이다. 즉, 구백동화 대금을 제일은행권으로 교환하거나 은행에 예치할 경우에는 아무런 제한이 없지만 신백동화로의 교환은 제한하였던 것이다. 이와 같이 한국 정부의 구백동화 사용을 최대한 억제하고 제일은행권의 사용을 장려하는 지침이 얼마나 효과를 거둔 것인지는 알 수

7 제일은행(1909), p. 207.
8 앞의 책, pp. 205~208.

[표 4-1] 화폐정리사업 이후의 유통화폐량(1905~1910)

연도	엽전	구 백동화	신 백동화	제일 은행권	일본 화폐		합계 (천 원)	은행권 비율 (%)
					소계	일본은행권		
1905(01)	*6,500*	*11,500*		*2,908*	*1,300*		*22,208*	*13.1*
1905(12)	*6,593*	*6,330*	*368*	*8,125*	*1,300*		*22,716*	*35.8*
1906(12)	*5,823*	*5,000*	*2,137*	*8,425*	*1,300*		*22,506*	*37.4*
1906(12)	7,260	4,265	2,047	9,224	1,032	924	23,828	38.7
1907(12)	*4,704*	*3,285*	*4,100*	*11,807*	*959*		*24,855*	*47.5*
1907(12)	6,124	3,554	4,008	12,805	958	775	27,449	46.7
1908(12)	*4,406*	*1,800*	*3,215*	*9,649*	*537*		*19,607*	*49.2*
1908(12)	5,822	2,036	3,215	10,385	432	338	21,890	47.4
1909(11)	*2,463*	*1,970*	*5,696*	*12,340*	*848*		*23,318*	*52.9*
1909(12)	3,726	1,287	4,680	13,439	428	270	23,560	57.0
1910(12)	2,415	499	6,272	20,163	552	275	29,901	67.4

자료: 이탤릭체 값은 제일은행(1909), 『한국화폐정리보고서』, pp. 219~223; 기타 값은 조선총독부, 『조선금융사항참고서』(1923).

없으나, [표 4-1]에서 보듯이 신백동화는 일시 증가한 후 정체하고 있었던 반면에 제일은행권의 유통은 계속 증가하고 그 비중도 높아졌다.

재정고문부는 화폐정리사업에서 화폐교환을 위해 「구백동화 교환에 관한 건」(1905. 6. 29) 제5조에 따라 경성, 평양, 인천, 군산, 진남포 등에 화폐교환소를 설치하여 화폐교환을 진행하였으나 1907년 8월 화폐교환 업무가 한국 탁지부에서 제일은행으로 이설되어 화폐교환 업무는 제일은행의 환전 업무로 변화되었다. 또한 제일은행은 백동화의 사용을 줄이는 동시에 소액 화폐의 부족 문제를 해결하기 위해 소액 은행권인 50전, 20전, 10전 은행권을 발행하여 유통시켰다. 이 소액 은행권은 제일은행이 화폐교환 업무를 담당하면서 크게 줄어들었고 그 대신 1엔 은행권 사용이 크게 증가하고 제일은행권 유통 자체도 크게 증가하였다. [표 4-2]에서 보는 1엔권의 사용 증가는 제일은행권의 유통이 개항장에서 내륙으로 확대된 결과로 해석되고 있다.[9]

9 제일은행(1909), pp. 165~166.

[표 4-2] 제일은행권 권종별 발행액(1904~1910)

(단위: 천 엔)

	1904	1905	1906	1907	1908	1909	1910
10엔	1,554	4,327	4,795	5,525	4,339	5,592	8,481
5엔	1,389	2,200	2,143	3,858	2,647	3,016	3,986
1엔	286	811	1,830	3,369	3,384	4,820	7,704
50전	141	463	179	18	4	3	11
20전		185	115	15	5	3	
10전		220	163	22	8	6	
합계	3,372	8,206	9,224	12,805	10,386	13,440	20,163

자료: 1904년은 高嶋雅明(1978), 『조선에 있어서 식민지금융사의 연구』, p. 109; 1905년 이후는 조선총독부, 『조선금융사항참고서』(1923).

메가타 재정고문부가 재정자금의 공급을 차단하고 한국인의 전황을 해소할 구제금융까지 거절하고 있다가 이 자금의 대부분은 융급금융기관 및 전국 각 지역의 금융기관을 설립하거나 이 기관을 통해 대출하는 것에 이용되었다는 점은 앞서 설명한 바 있다. 그런데 정부의 지원을 받아 설립된 이 금융기관이 보증이나 대출을 통해 공급한 통화는 대부분 제일은행권이었다. 여러 방식으로 전개된 제일은행권 보급 확대책의 결과는 결국 제일은행권 발행액과 유통액의 증가로 나타났다. 제일은행권은 [표 4-1]에서 보듯이 그 액수는 계속 증가하였고, 그 결과 유통화폐에서 제일은행권이 차지하는 비중도 급격히 높아져 한국에서 주요 통화로 정착되어 갔다.

3. 제일은행의 은행권 발행준비제도

제일은행이 한국의 중앙은행의 역할을 담당하게 되고 제일은행권의 발행과 유통이 확대되어 한국의 사실상 본위화폐로 전환됨에 따라 제일은행의 은행권 발행제도가 과거와는 달리 한국의 통화제도 전체를 규정하게 되었다.

일본 정부가 1905년 3월 칙령 제73호로 제일은행에 한국의 중앙은행 업무를 수행할 수 있는 특권을 부여하였다. 제일은행은 칙령 제73호에 근거하여 33조에 이르는 「주식회사 제일은행 은행권 및 그 발행 취급순서」를 3월에 외무대신과 대장대신에 제출하여 허가를 받았다. 당시 은행권 발행과 관련된 핵심 내용을 보면 다음과 같다.

"제1조 당행은 1905년 칙령 73조에 의거하여 재 한국 지점 출장소에서 은행권을 발행한다.

제2조 은행권은 한국의 조세 해관세 기타 공사 일체 거래에 무제한으로 통용한다.

제3조 은행권의 종류 및 양식은 주무대신의 인가를 받는다.

– (중략) –

제6조 은행권은 재한국 지점 출장소에 있어 영업시간 중에 언제라도 일본통화와 교환할 수 있다. 단, 경성지점 이외의 지점 출장소는 경성지점을 통해 준비금이 도달할 때까지는 그 교환을 연기할 수 있다.

제7조 은행권 발행고에 대하여 그 교환을 충실히 하기 위하여 금화, 금·은지금 및 일본은행 태환권으로 동액의 준비를 기타 지급자금과 구별하여 경성지점에 비치한다. 단, 은지금은 교환준비 총액의 1/4을 초과할 수 없다.

제8조 전항의 준비금 이외에 1,000만 엔에 한하여 국채, 증권, 상업어음, 기타 확실한 증권을 보증하는 은행권을 발행할 수 있다. 그 준비가격은 주무대신의 인가를 받는다. 경제상 상황으로 필요하다고 인정할 때는 주문대신의 허가를 받아 전항 이외로 은행권을 다시 발행할 수 있다."[10]

제일은행권이 한국에서 법화로 인정된 1905년 이후에 제일은행권 발행제도의 부분적인 개편이 있었다. 첫째, 일본 정부 주무대신이 감독기관이 되었고 1906년 통감부

10 제일은행(1908), 『한국에 있어서 제일은행』, pp. 228~236.

[그림 4-1 일본 제일은행 조선 총지점 발행 제일은행권(1908)

자료: 한국은행(2015), 『우리나라의 화폐』, p. 320.

가 출범한 이후에는 주무대신이 사라지고 감독기관이 한국 내 통감으로 교체되면서 형식상 일본으로부터 분리되었다. 둘째, 발행 한도가 지점별에서 한국 전역으로 확대되었다. 셋째, 정화준비에 대한 발행 한도는 사라지고 보증준비에 대한 발행 한도만 1,000만 원으로 설정되었다. 넷째, 정화준비로서 금·은 지금이 추가되었다. 특히, 제일은행이 한국의 중앙은행으로 승격되고 이에 따라 제일은행권도 전국 통화인 법화로 승격되어 지점별 통화관리 방침이 폐지되고 제일은행이 한국 전역을 망라하는 통화 공급기관으로 승격되어 갔다.

1905년 1월 「화폐조례의 실시에 관한 건」에서 규정된 태환화폐는 1906년에 가서야 주조되기는 하였지만 이것이 유통되거나 아니면 태환화폐로 이용된 것이 아니라 제일은행의 발행부에 소액 보관하여[11] 시늉만 내는 수준에 그치고 있었다. 일본은 한국의 「화폐조례」에 근거한 본위화폐나 태환은행권을 발행하지 않고 제일은행권을 사실상 본위화폐로 지정하고 제일은행권에만 "권면의 금액은 재한국 각 지점에서 일본 통화를 가지고 태환함"이라고만 하였다. 이 제일은행권은 1902년부터 발행하여 유통한 은행권과 동일한 태환 규정이 그대로 유지되었다. 즉, 제일은행권은 일본은행권의 금준비나 태환 여부와 상관없이 일본 통화를 준비금으로 하여 발행되어 유통되는 것이다. 일본 통화와의 태환조차도 "경성지점에서 준비금이 도달할 때까지는 교환(태환)

11 제일은행(1909), p. 204.

을 연기할 수 있다고 되어 있었다.[12] 따라서 제일은행권은 일본 통화와 1:1 등가관계를 유지하면서 일본 통화로 교환될 수 있는 엔계 통화이지만 한국 밖에서는 일본 통화로 교환되는 않는 한국의 지역통화에 불과한 통화이었다고 할 수 있다.

제일은행은 제일은행권이 지정된 후 이를 한국의 사실상 본위화폐로 승격시키면서 발행준비제도를 일부 개편하였지만 당시 『황성신문』을 통해 소개된 개편의 주요 내용은 다음과 같은 것이다.

첫째, 은행권은 한국 지점 출장소에서 일본 통화로 교환한다. 둘째, 본 은행은 은행권 발행총액에 대하여 동액의 금화, 지금은 혹은 일본은행 태환권을 경성지점에 두고 그 교환준비에 충용한다. 단 은지금은 교환준비 총액의 1/4을 초과하지 못한다. 셋째, 전조(前條)준비 이외에 1,000만 원으로 한(限)하고 국채, 증권, 수형 기타 확실한 증권의 보증으로 은행권을 발행할 수 있다. 넷째, 한국 시장 상황에 의하여 주무대신의 인가를 받을 때는 전조 제한 외에 은행권을 발행할 수 있다. 다섯째, 교환준비에 충(充)하는 지금은은 조화 시가 이상의 품위가 있는 경우에 한하고 상업어음은 2인 이상의 이서(裏書)가 있을 때에 한한다. 일곱째, 본 은행은 한국 지점 출장소 재산에 한하여 은행권 소유자에 대하여는 다른 채권자보다 먼저 지급한다.[13]

한국인이나 한국 정부의 입장에서 금(환)본위제의 일환으로 채택된 제일은행의 은행권 발행제도는 많은 문제가 있는 것이었다.[14] 당시에 지적된 문제점을 열거해 보면 다음과 같다. 첫째, 제일은행권은 한국에서만 통용되는 은행권으로 일본은행권 태환권과는 다르고 태환에서 제한이 있어 태환권이라고 할 수 없다는 것이다. 둘째, 금융상의 혼란이 없을 때는 증권준비 발행이 무방하나 시장이 혼란스럽고 금융이 핍박할 경우에는 정화도 사라지고 지폐 발행 능력도 사라져 문제가 된다는 것이다. 셋째, 보증 한도 이외, 이른바 제한 외 발행은 어떠한 정화 지금은 등의 준비도 없이 단지 주

12 제일은행(1909), p.157.
13 『황성신문』, 광무 9년(1905), 6월 1일, 잡보 "은권개정(銀券改正)".
14 『황성신문』, 광무 9년(1905), 6월 12~17일, 논설 "제일은행권 조례 개정건 해명".

[표 4-3] 일본 제일은행 조선 지점의 제일은행권 발행준비(1905~1910)

(단위: 천 엔)

	정화준비				보증준비					은행권 발행액
	소계	금화	금지금	일본은행권	소계	공채	정부증권	기타 증권	상업어음	
1905	2,828		38	2,790	5,297					8,125
1906	3,266	126	7	3,140	5,958	2,328	3,000	630		9,224
1907	4,582	161	786	3,635	8,223	3,290	4,000	933		12,805
1908	3,504	1,015	404	2,085	6,881	1,950	3,000	1,125	806	10,385
1909	5,046	1,521		3,525	8,393	2,393	6,000			13,439
1910	7,025	2,022		5,003	13,139	4,552	7,616	971		20,163

자료: 1905년은 高嶋雅明(1978), 『조선에 있어서 식민지금융사의 연구』, p. 109; 1906년 이후는 조선총독부, 『조선금융사항참고서』(1923).

무대신의 1인의 보증만으로 제한 외 발행을 허용하는 것은 결국 불환지폐 남발의 폐해를 가져올 수 있다는 것이다. 전체적으로 한국의 입장에서 제일은행의 은행권 발행제도는 제일은행의 은행권 남발에 대한 제동장치가 사실상 없는 것이나 다름없기 때문에 불환지폐 발행제도에 가깝다는 것이다.[15]

[표 4-3]을 보면, 제일은행이 규정한 본위화폐, 제일은행권의 정화준비 대부분은 일본은행권이었다. 제일은행이 정화준비의 일부나마 충당하기 위해 1906년부터 한국 정부의 이름으로 1909년까지 금화가 주조되었는데, 총 145만 원(圓) 중에서 20원이 135만 원이고 10원이 5만 원, 5원이 5만 원 주조되었다.[16] 이것이 제일은행 발권부에 보관되면서 [표 4-3]에 제시된 정화준비 중의 일부인 금화로 계상되었다. 제일은행은 이에 대해 다음과 같이 설명하고 있다.

"금화 제조고는 145만 엔(圓)이며 전부 이미 발행을 완료하였다. 발행고 중

15 이러한 발행준비는 일본이 식민지 대만에서 1899년 개업한 대만은행의 발행준비제도와는 차이가 있다. 대만은행도 정화준비 은행권 발행 이외에 보증준비하에 일정 한도로 발행하고 대장대신의 허가를 받아 한도 외 은행권 발행을 할 수 있는 것은 비슷하지만 정화준비 내역이 다르다. 대만은행 설립 당시에는 정화준비를 금은 및 금은 지금으로 충용하기로 하여 개업 시 일본 정부로부터 2백만 엔 은화를 대여받아 충용하고 해외에서 은괴를 구입하였다가 일본 금본위제 이행 이후에는 주로 대만 내 산금으로 충용하였다(대만은행(1939), 『대만은행사십년지』, pp. 46~47).

16 제일은행(1909), pp. 196~198.

극히 근소한 일부를 견본 등으로서 각지 금고, 기타에 배포한 외에는 거의 은행권 발행의 정화(正貨)준비로서 제일은행(第一銀行) 발행부에 보관하였다. 제6장에서 서술한 정화준비 중 금화 및 금지금(金地金) 거의 전부는 한국 금화이었다. 이 같은 금화는 거의 전부 정화준비로서 금고에 저장되어 대부분 시장에 유통되지 않고 그 대용으로써 은행권이 유통되었기 때문에 금화에 대해서는 여기서 상세하게 서술할 필요가 없다."[17]

제일은행은 제일은행권 발행준비로서 일본 통화의 상당 수준 보유하게 된 것은 처음에는 한국인들의 은행권 태환 요구를 우려해서였다. 그러나 이러한 가능성이 낮아졌음에도 이 제도를 보강하고 유지하려는 것은 일본 측의 입장에서 제일은행권의 일본 통화로의 태환 또는 결제, 바꾸어 말해 한국 통화와 일본 통화와의 1:1 등가관계를 유지해야만 한국이 일본엔 통용지역(엔 블록)의 일부로 편입되기 때문일 것이다.[18] [표 4-3]에 의거 제일은행권의 정화준비율을 계산해 보면 그 비율은 대략 1/3 수준에 그치고 있다. 한국 통화가 일본 통화를 준비금으로 보유하고 있고 1엔(圓 또는 円)=1원(圜) 등가관계를 유지하고 있고 또한 일본이 금본위제도를 채택하고 있기 때문에 한국이 금환본위제를 채택한 것이라는 주장도 있을 수 있다. 그런데 한국의 엔본위는 일본의 금본위제 채택 여부와 상관없이 유지될 수 있기 때문에 한국의 은행권 발행제도는 금환본위제라기보다는 엔본위제이고 은행권 발행은 부분지급준비제에 기초하고 있다고 할 수 있다.

제일은행의 은행권 발행준비인 엔화준비는 기본적으로 한국의 국제수지에 가장 큰 영향을 받을 것이다. 한국은 당시에 금·은 수출의 흑자를 고려하더라도 상품수지

17 제일은행(1909), pp. 204~205.

18 한국에서 발행되는 제일은행권의 일본 통화로의 100% 태환을 보장하는 것은 통화위원회제도이다. 이 제도는 일본으로는 발행준비 비용이 크기 때문에 수용할 수 없다. 이와는 달리 한국 통화를 모두 회수하고 일본 통화를 유통시키는 방법, 엔화(yenization)도 고려할 수 있지만 이것은 통화위원회제도보다 더 많은 비용이 들 것이다. 일본은 가장 비용이 적게 들고 일본 경제를 보호할 수 있는 일본엔을 부분적으로 준비하는 은행권 발행, 다시 말해 한국의 통화를 일본 통화 엔을 기준통화로 하여 발행하는 방법을 선택한 것이다. 이러한 방식으로 한국에서 발행되어 유통되는 제일은행권은 엔 블록 통화의 한 변형이라고 볼 수 있다.

[표 4-4] 일본 제일은행 조선 지점의 환순취액(수취액-지급액)(1906~1910)

(단위: 천 엔)

	무역결제액	국고금	기타	정화순유출	소계
1906	-17,160	10,531	7,265	635	1,271
1907	-21,003	13,778	7,221	-4	-8
1908	-25,241	22,832	-4,837	-7,246	-14,492
1909	-18,710	9,939	11,016	2,245	4,490
1910	-13,932	10,963	5,638	2,669	5,338

자료: 조선은행사연구회(1987), 『조선은행사』, p. 107.

의 적자를 기록하고 있었다. 한국은 대폭적인 무역적자로 인해 일본 통화가 유출되고 있기 때문에 이 유출을 반전시킬 수 있는 자금유입을 필요로 하였다. 이러한 자금유입은 일본의 국고금 이동, 기타 자본유입, 일본 화폐의 이동 등에 의해 이루어지고 있음은 당시의 자금유출입 창구인 제일은행의 환결제 흐름을 통해 살펴볼 수 있다. 즉, 일본 정부의 국고금 유입, 기타 자금의 유입이 무역적자로 인한 자금유출을 해소하고 있지만 제일은행은 1908년에는 결제자금의 부족으로 정화가 유출되고 있다([표 4-4]). 이에 따라 1908년에는 제일은행은 정화준비 은행권 발행이 크게 감소하여 일시적이지만 은행권 발행까지 감소하고 있다. 제일은행은 일시적이지만 정화준비의 감소로 인해 은행권 발행이 줄어드는 상황에 직면하였다.

제일은행이 직면하는 태환 요구는 한국 내의 결제가 아닌 일본으로부터의 결제 요구 때문에 발생하는 것이기 때문에 제일은행은 태환 요구와 상관없이 한국인을 대상으로는 보증준비에 의한 은행권 발행은 감독 당국의 허가만 있으면 얼마든지 할 수 있다. 제일은행의 제일은행권 발행의 압도적인 부분은 보증준비 또는 순수한 지폐 발행이라고 부르는 신용창조에 의한 것이었다. [표 4-3]을 보면, 제일은행은 정화준비에 의한 제약 없이 공채와 정부증권을 구매하는 방식만으로 은행권을 발행하여 필요한 재원을 제공할 수 있게 되었다. 이러한 보증준비에 의한 은행권 발행은 "식민지에 필요한 제반 비용은 식민지로 하여금 배출하게 하는 방안"으로 활용되었다. 한국에서 제일은행은 국제수지 변화에 따른 정화준비에 의한 은행권 발행과 더불어 증권 구입에 의한 은행권 발행을 통해 자본유입 없이도 필요한 재원을 마련할 수 있었던 것이다.

4. 식민지 중앙은행으로서 한국은행의 설립

일본은 1906년 2월 일본인에 의한 한국의 직접 통치를 실현하기 위해 통감부를 설치하였다. 당시 일본 정부 지령 17호에 따라 한국 정부와 제일은행 간의 「주식회사 제일은행에 관한 계약서」가 체결되었다. 그에 따라 「은행권 발행 및 준비취급 규칙」이 제정되어 앞서 설명한 바와 같이 제일은행 감독기관이 일본 주무대신에서 통감으로 변하였다.[19]

일본은 1907년 7월 한일신협약을 체결시키고 군대의 해산과 행정기관의 일본인 관리 등용을 강제하고 통감정치의 지배권을 확립하였다. 이에 따라 1907년 9월 대장성 주세국장 아라이(荒川賢太郎)가 한국 탁지부 차관으로 파견되어 재정운영을 직접 지배하게 되었고 메가타는 10월에 사임하였다. 그 전후에 제일은행을 대신하여 새로운 한국 중앙은행을 창설하는 안이 통감부를 중심으로 작성되어 대장성에서 검토되기 시작하였다.[20]

통감부가 1907년 8월경 내용이 거의 비슷한 「대한은행법안」과 「한국중앙은행 설립에 관한 방법의 개요」를 작성하였다. 「대한은행법안」 초안을 보면, 첫째 한국 법에 기초하여 자본금 1,000만 원으로 대한은행을 설립한다. 둘째, 임원은 총재 1인, 부총재 2인, 이사 4인 이상, 감사 3인 이상으로 하고 부총재 1인, 이사, 감사에 한국인 등용을 고려한다. 셋째, 영업은 중앙은행 업무를 행한다.[21] 이 안에서 특징적인 점은 당시 한국에서의 정치 상황, 즉 의병운동을 중심으로 한 일제의 한국 지배에 대한 민족적 저

19 제일은행(1908), pp. 236~245.
20 조선은행사연구회(1987), 『조선은행사』, p. 33.
21 앞의 책, p. 34.

항을 고려하여 한국 법에 근거하여 대한은행을 설립하고 임원도 부총재 이하로는 한국인을 등용하고 그 업무는 중앙은행에 한정하는 것이었다.

통감부가 대한은행과 같은 식민지 중앙은행을 신설한다는 것은 제일은행 조선 지점의 은행권 발행 특권을 회수하는 것이므로 이에 대한 제일은행의 반발이 예상되었으므로 제일은행에 어떤 보상을 할 것인가도 제시되어 있었다. 이 안에서는 제일은행의 보증 발행 중에서 한국 정부의 채무 – 이른바 화폐정리기금 300만 엔은 한국 정부가 회수하고 대신에 제일은행은 우선주 30%를 소유하게 하되 이에 대한 배당은 연 6%로 보증하고 보증준비 발행액에 대한 상각의무도 연기하기로 하였다. 이와 같이 통감부는 제일은행이 은행권 발행에 대한 특권은 회수하되 이에 따른 다른 부담은 전혀 지지 않도록 하면서 한국 내 은행권 발행은 별도의 기관, 신설된 중앙은행이 관리하도록 하는 계획을 세웠다.

통감부가 제일은행 측에 제시한 「한국중앙금융기관 설치안」에서 제일은행이 한국 정부의 중앙은행 역할을 계속 담당하는 것은 문제가 너무 많다고 지적되었다. 첫째, 정부(당시로는 통감부)의 제일은행에 대한 엄밀한 감독권이 없다. 둘째, 정부는 한국에서 업무감독권을 가지고 일본의 영업에 대해서는 제한할 수 없다. 셋째, 정부는 국채의 모집, 기타 재정상의 자력에 기대하는 바가 많지만 제일은행은 일개 사립은행으로서 그 이익을 도모하는 것에 치우쳐 국가경제의 대세에 비추어, 특히 한국과는 전혀 경제사정이 다른 본점의 지시를 받으므로 정부는 제일은행의 협력을 받을 수 있을까 의심된다. 넷째, 정부는 제일은행 임원 인사권을 가지고 있지 않다. 다섯째, 제일은행은 한국의 재정기관임에도 불구하고 한국 정부는 그 업무에 관련하여 지휘·감독을 할 수 없다. 여섯째, 은행권 발행 특권에 대한 이익을 제한할 수 없다. 일곱째, 한국 정부는 제일은행 중역의 업무에 대한 제한이 어렵다.[22] 통감부는 무엇보다도 일본에 본점을 둔 사립은행이 한국의 재정·경제 지배권을 장악하는 중앙은행이 되는 것은 한국

22 조선은행사연구회(1987), 『조선은행사』, 「한국중앙금융기관설치안」, pp. 37, 900-901.

지배의 질곡이 되고, 재정경비를 중앙은행 발권력에 기대할 때 사립은행 이해관계와 충돌하게 될 것을 우려하여 한국에 별도의 중앙은행을 설립하려고 하였다고 할 수 있다.[23]

통감부가 작성한 「한국중앙금융기관 설치안」은 한국 탁지부 차관 아라이(荒川賢太郎)와 일본 대장성 이재국장 쇼다(勝田主計)에 의해 검토된 결과 두 개의 안은 「한국중앙은행 설립에 관한 방법」과 「일본은행 지점 설치안」으로 정리되었다. 전자는 통감부안을 계승하되 제일은행 조선 지점의 중앙은행 업무를 계승하여 한국의 통화제도를 분리하여 운영하자는 것이었고, 후자는 일본은행의 한국 진출을 통해 한국의 통화제도를 일본의 통화제도의 일부로 흡수하자는 것이었다.

「일본은행 지점 설치안」은 일본 대장성이 제시한 안으로 경성에 일본은행 지점을 설치하고 이사를 상주시키고 이외의 지역에도 지점과 출장소를 설치하여 일본 정부가 한국의 화폐 발행과 국고 업무를 직접 장악하는 것을 기본 내용으로 하고 있었다. 이 안에 따르면, 제일은행권은 일본은행권으로 교체하되 제일은행의 은행권 발행액 중에서 한국 정부에 대한 대출금은 일본 정부가 인수하고 보증준비 발행액은 일본은행이 무이자로 제일은행에 5년간 대출하는 것으로 하여 제일은행의 기득권은 통감부안 수준에서 보호하고 있다. 여기서 주목할 부분은 한국에서 발행될 일본은행권의 발행준비는 분리하여 관리하고 은행권 발행준비는 조선 내 산금으로 충당하는 것이다.

이 안이 시행된다면 한국 통화권은 일본의 일부로 흡수된다. 이 경우 한국은 별도로 금준비를 갖춘 금본위제로 편입되지만 한국의 산금에만 의존한다는 단서 때문에 그 안정성에 대한 의문이 클 수 있었다. 당시에 주목했던 중요 문제는 한국에서 일본은행권 남발이 있게 되면 그 부담은 일본으로 파급될 가능성이 있기 때문에 일본은 통화남발의 부담에서 자유롭지 못하다는 것이었다. 한국 화폐제도의 태환 불이행에 대한 불신이 아직은 매우 컸기 때문에 일본 정부 측에서는 일본 화폐제도가 한국의 화폐

23 조선은행사연구회(1987), p. 38.

제도를 완전히 포섭하지 않고서는 한국이 일본의 엔 블록 일부가 되지 않을 수 있다는 판단이 작용하고 있었다.

그런데 일본은행권을 한국에서 직접 유통시키는 「일본은행 지점 설치안」은 유사시 한국에서 일어날 수 있는 통화남발이 초래한 일본 전체의 통화증발 부담, 나아가 일본 화폐의 태환준비금 감소, 더 나아가 일본 경제 생산력 손상을 가져올 수 있다는 우려 때문에 폐기되고 말았다. 이와는 달리 한국의 통화남발에 따른 일본 화폐 태환준비의 감소 나아가 일본 경제의 생산력 손상을 차단하고 그 부담을 한국이 모두 지도록 하는 방안으로서 「한국중앙은행 설립에 관한 방법」이 별도의 식민지 중앙은행, 한국의 중앙은행안으로 채택되었다. 이 안 작성자의 한 사람인 당시 한국 탁지부 차관 아라이가 「조선은행법」 입법 과정에서 이 내용을 증언하게 되었다.

> "일본은행은 지금까지 일본 금융기관의 중추 기관으로서 태환권의 기초를 공고히 하지 않으면 안됩니다. 태환권의 기초에 동요를 가져오는 사태는 일본은행으로서는 도저히 피하지 않으면 안된다는 방침을 취해 왔습니다. 경제 상태가 아직 안정되지도 않았고, 특히 조선은 국경을 접하고 있어 유사시 경제 상태의 동요를 면치 못할 형편에 있습니다. 여기에 일본은행 태환권을 유통시킨다면 일본은행 태환권의 기초에 동요를 주지 않을까 하는 점에서 일본은행 측에서 보더라도 조선에 특수은행을 설립하여 따로 태환권을 발행하는 것이 전체를 위해 안전한 것이라는 이유도 있고 해서 특별히 한국은행을 그 당시에 설립하였던 것입니다."[24]

신설된 한국은행(구)은 식민지 중앙은행으로서 발권·국고은행과 함께 상업은행의 역할을 겸하는 은행으로서 출범하였다. 한국은행(구)은 중앙은행의 업무와 일반은

24 일본은행 조사국(1957), 『일본금융사자료: 명치대정편』, 제15권, pp. 1358~1359.

행의 업무를 겸하게 되는 가장 중요한 이유는, 당시 한국에서 부족한 금융시설을 보완하기 위한 것이었다.[25] 한국은행의 신설로 사립 상업은행인 제일은행이 한국의 중앙은행 업무를 겸하는 과도적 통화·금융 지배체제가 청산되고 그 중앙은행 업무는 신설 한국은행에 계승되어 지속되었다. 특히, 이 과정에 한국에서 화폐발행권 행사의 장애물이 제거되어 재정과 통화 간의 결합이 더 단단해졌고, 통화남발의 일본 경제에 대한 위협도 줄어들어 일본 정부는 화폐발행권을 식민지 지배 체제의 구축에 더 적극적으로 이용할 수 있게 되었고, 결과적으로 한국에서의 은행권 남발 위험은 더 커지게 되었다.

통감부는 제일은행과의 교섭에 병행하여 대장성과 중앙은행 설립 문제를 조율하여 갔는데, 그 과정에서 몇 가지 문제가 쟁점으로 등장하였다. 이 은행을 한국 법으로 설립할 것인가 일본 법으로 설립할 것인가, 정부 주식을 한일 양국이 인수할 것인가, 주식공모를 어떻게 할 것인가, 중역을 어떻게 구성할 것인가 등이었다. 이러한 문제에 대한 논의는 물론 다른 내용에 대한 검토를 거쳐 최종안이 확정되어 1909년 7월 26일 융희 3년 한국 법률 제22호로 「한국은행 조례」가 반포되었다. 총칙, 영업 은행권 등과 관련된 주요 내용을 제시하면 다음과 같다.

"제1장 총칙

제1조 한국은행은 주식회사로서 그 본점을 경성에 둔다.

제2조 한국은행은 정부의 인가를 받아 요지에 지점, 대리점을 설립하고 또는 다른 은행과 코레스폰덴스 계약을 체결할 수 있다.

제4조 한국은행의 자본금은 1,000만 원으로 하고 그것을 10만 주로 나누어 1주당

25 "일본에는 각종 금융기관이 구비되어 있으므로 일본의 중앙은행, 즉 일본은행이 은행의 은행으로 존재하며 상업은행이나 기타 은행 업무는 전혀 영위하지 않습니다. 그러나 조선에서는 금융기관이라는 것은 극히 적습니다. 경성에 조선인이 경영하는 상업은행이 3행이나 있으나 정부보조금을 준다든지 하여 겨우 설립한 은행이며 일본계 은행이 지점이 되는 것도 있으나 그 수가 적을 뿐 아니라 특히 경성, 인천, 부산 등 거류지 또는 개항장 같은 일본인 거주지역 상업 중심지에만 지점이 설치되어 있습니다. 도저히 상업은행의 부족을 보충할 수 없습니다. 이 한국은행을 설립할 때에는 당장 이 은행을 중앙은행으로서 중추에 두고 상업은행 업무를 경영케 하여"(앞의 책, p.1359).

100원으로 한다.

제5조 한국은행의 주식은 총기명식으로 일한 양국인에 한하여 소유할 수 있다.

제4장 영업

제18조 한국은행은 다음의 업무를 경영한다.

1. 환어음, 기타 상업어음의 할인 2. 평상 거래하는 회사, 은행 또는 상인을 위한 어음의 징수 3. 환 및 하환 4. 확실한 담보가 있는 대부 5. 예금 및 당좌대월 계정(計定) 6. 금은화, 귀금속 및 증권의 보호, 예치 7. 지금은의 매매 및 화폐의 교환

공공단체에 대해서 정부의 인가를 얻어 무담보 대부를 할 수 있다. 앞의 2항 외에 영업의 편의에 따라 국채 증권, 지방 증권, 기타 정부가 지정하는 확실한 유가증권을 매수할 수 있다. 한국은행은 정부인가를 받아서 타 은행의 업무대리를 할 수 있다.

제19조 한국은행은 영업을 위해서 필요한 물건을 매수하고 또는 채무변제를 위해서 담보로 한 물건을 소유하는 외는 동산 및 부동산을 매수할 수 없다.

제20조 한국은행은 국고금을 보관하고 그 출납에 관한 사무를 무상으로 취급할 의무가 있다. 정부는 한국은행으로 하여금 화폐정리 사무 및 국채 원리금의 출납에 관한 사무를 취급케 한다.

제5장 은행권

제22조 한국은행은 은행권을 발행할 수 있다. 다만, 은행권의 양식 및 종류에 관해서는 정부인가를 받아야 한다. 전항 은행권은 한국은행 본점 및 지점에서 영업시간 내 언제라도 금화 혹은 일본은행 태환권과 교환한다. 다만, 지점에서는 본점에서 준비금이 도달할 시간은 그 교환을 연기할 수 있다.

제23조 한국은행은 은행권 발행고에 대해서 동액의 금화, 지금은 및 일본은행 태환권을 두고 그 지불준비에 충당한다. 다만, 은지(銀地)는 지불총액의 1/4을 초과할 수 없다.

전항 준비에 의한 것 외에 한국은행은 2,000만 원에 한해서 국채증서, 기타 확실한 증권 또는 상업어음을 보충으로 하여 은행권을 발행할 수 있다.

시장 상황에 따라 전 2항 외에 은행권의 발행을 필요로 할 때는 정부의 인가를 받아서 국채 증권, 기타 확실한 증권 혹은 상업어음을 보증으로 삼아 이를 발행할 수 있다. 이 경우에는 정부가 명하는 바에 따라 1년 5/100 이상의 비율로써 발행세를 납부한다.

제24조 한국은행에서 발행하는 은행권은 공사의 거래에 무제한으로 통용한다.

제7장 정부의 감독 및 보조

제30조 정부는 한국은행의 업무를 감독한다.

제32조 한국은행은 주주에게 배당금을 분배하고자 할 때는 정부인가를 받아야 한다.

제33조 정부는 필요하다고 인정할 때는 은행권의 종류, 발행액, 대부 할인의 금액 및 방법 또는 그 이자 비율, 환전수수료 및 정화준비 혹은 보증준비에 관해서 제한을 둘 수 있다."[26]

신설된 한국의 중앙은행인 한국은행(구)[27]은 다음과 같은 특징을 가지게 되었다. 첫째, 제일은행은 일본 도쿄에 본점을 둔 은행으로 한국 경성에 총지점을 두고 있지만 한국은행은 한국 경성에 본점을 두고 한국 각 지역에 지점과 출장소를 두고 있다. 둘째, 제일은행은 일본 보통은행으로 상업은행을 주요 업무로 하고 한국에서만 중앙은행 업무과 관련된 특권을 가지고 있다. 셋째, 한국은행은 제일은행이 가지고 있던 한국의 중앙은행으로서 특권, 은행권 발행과 국고금 관리를 계승하여 기능상으로 제일은행 조선 지점과 차이를 보이지 않았다. 넷째, 한국은행의 은행권 발행제도는 제일은

26 조선은행사연구회(1987), pp. 914~917; 『통감부관보』 제4439호, 1907. 7. 27.

27 일본은 대만을 식민지로 지배하면서 1897년 4월 대만은행법을 제정하고 대만은행을 1899년 9월에 출범시켰다. 이 대만은행은 한국은행과 마찬가지로 은행권, 무기명식 일람불 어음을 발행하는 특권을 가지고 일반은행 업무를 수행하였다.

[그림 4-2] 구 한국은행 발행 은행권(1910)

자료: 한국은행(2015), 『우리나라의 화폐』, p. 328.

행권 발행제도를 그대로 계승하고 있으나 보증 한도가 1,000만 원(엔)에서 2,000만 원(엔)으로 대폭 증가하였다. 그리고 제일은행과는 달리 한국은행은 보증 발행 한도를 넘어서서 발행한 은행권의 발행차익은 발행세 명목으로 한도 외 발행액의 5%를 정부가 징수하도록 하여 정부와 중앙은행이 발행차익을 분점하도록 하였다. 다섯째, 제일은행은 일본인만 주주가 될 수 있으나 한국은행은 한국인과 일본인이 모두 주주가 될 수 있도록 하였다. 여섯째, 은행의 중역 자격에 대해서는 아무런 제한을 두지 않음으로써 일본인이 은행을 지배·경영할 수 있도록 하였다.

「한국은행조례」가 반포된 1909년 7월 26일에 통감과 내각총리 간에 「한국의 중앙은행에 관한 협정」이 체결하고 설립 사무 일체를 일본 정부에 위탁하였다. 한국은행은 일본은행 총재를 설립위원장으로 하는 설립위원회가 결성되어 일정에 따라 추진되었다. 1909년 10월 29일 창립총회가 일본 도쿄상업회의소에서 개최됨으로써 한국은행이 출범하였다. 초대 은행장에는 제일은행 한국 총지점 지배인 이치하라(市原盛宏)가 제일은행장 시부사와 추천으로 임명되었다. 이와 같이 1909년 10월에 설립된 한국은행은 한국 법에 의거 정부(사실상 통감)가 감독, 보호하는 은행으로서 출범하였으나 제일은행 한국 지점이 중앙은행으로 변신하였다. 이와 같이 한국은행(구)은 이름과는 달리 한국 정부의 보호와 감독을 받는 중앙은행이라기보다는 그 뿌리를 일본에 둔 아직은 일본 정부의 통제와 보호를 받은 식민지 중앙은행이었다.

[표 4-5] 한국은행 설립 당시 주주의 구성(1910년 2월 말)

	관청	은행	회사	단체	개인			합계
					전체	한국인	일본인	
한국	31,000	45	27	166	1,474	782	692	32,712
일본	1,000	7,016	1,594	75	57,603	0	57,603	67,288
합계	32,000	7,061	1,621	241	59,077	782	58,295	100,000

자료: 「한국은행 제1기 영업보고서」.

일본 정부는 이 은행의 구상에서부터 설립까지 한국 정부와는 논의하지 않고 전 과정을 관장하였다. 한국은행(구) 설립위원 32명 중에서 한국인은 백완혁(당시 한호농공은행장)과 한상용(당시 한성은행 이사) 2명뿐이었다.[28] 실제로 한국은행(구) 출범할 때에는 명목상 한국 정부가 최대주주가 되어 있음에도 불구하고 한국은행의 임원은 모두 일본인이었다. [표 4-5]에서 보듯이 한국은행 주주로는 한국 정부가 조례대로 30%, 그 밖에 한국 황실이 1%, 일본 황실이 1% 지분을 가지고 있었으나, 주주의 대부분도 일본인이었다. 당시의 주주 구성을 보면, 일본에 거주지를 둔 일본인이 57.6%나 차지하고 있다. 이러한 주주 구성은 한국은행(구)이 한국의 중앙은행이 아니라 일본에 근거를 둔 식민지 중앙은행으로서 출범하였음을 단적으로 말해 주고 있다.

28 조선은행사연구회(1987), p. 46.

제2부

일제 초 식민지 특수금융기관과 일반은행

제2부

일제가 조선을 강점한 이후 조선을 실질적으로 지배할 수 있는 중심기구로서 조선총독부를 설치하고 이를 중심으로 조선을 실질적으로 지배하는 것에 기여할 각종 사업과 정책을 추진하였다. 조숙한 제국주의 국가 일본이 조선을 실질적으로 지배하기 위해 추진한 각종 사업은 일본에게 큰 부담이 되었다. 따라서 일제는 식민지 지배에 필요한 자원의 현지조달을 극대화하기 위해 통화·금융정책 수단을 적극적으로 활용하였지만 그 문제점이 적지 않았다. 일본이 제1차 세계대전이 끝나고 식민지 지배 체제도 안정된 1910년대 중반 이후 만주 진출을 본격화하면서 식민지 정책을 담당할 특수금융기관을 재편하면서 확장하였다. 한국인은 일본이 구축한 식민지 금융기관 운영에 참여하거나 이를 이용하면서 금융 문제 해결을 시도하면서도 스스로 근대적 은행을 설립하여 금융 문제를 해결하고자 하였다. 1910년대 식민지 특수금융기관의 확장에도 불구하고 일반은행의 발흥과 한국인 유력층의 적극적 참여는 지주의 자본가로의 전환뿐 아니라 식민지하의 금융발전과 관련하여 주목할 만한 움직임이었다.

제2부에서는 일제의 식민지 금융 지배 체제가 완성되는 1910년대 후반까지의 식민지 조선의 금융 상황을 제시한 다음, 당시 특수금융기관의 활동과 일반은행의 발흥 및 한국인의 참여를 설명하고자 한다. 첫째, 일제의 지배 기초의 구축에서 특수금융기관이 담당한 역할을 파악하기 위해, 조선은행이 설립되면서 은행권 발행

제도 등 화폐제도에서 어떤 변화가 있었고, 조선총독부가 지배 기초를 구축하기 위해 재정운용과 자금조달은 어떻게 하고, 이로 인해 발생한 문제를 살펴보면서 조선은행의 역할, 식민지 특수금융기관의 변모도 살펴볼 것이다. 둘째, 조선총독부가 설치된 이후 일본이 식민지 초기에 조선의 지배를 위한 사업을 전개하면서 특수금융기관 활용을 위해 어떻게 재편하였으며, 그 결과 정책금융이 어떻게 달라졌는가를 살펴볼 것이다. 마지막으로, 1910년대 일반은행의 발흥과 한국인의 대응을 파악하기 위해 일반은행 설립의 확산과 한국인의 일반은행 설립의 참여를 살펴본다.

제 5 장

일제의 지배 기초의 구축과 식민지 특수금융기관

1. 조선은행의 설립과 은행권 발행제도

1) 조선은행 설립

1910년 8월 한일병합이 공포되고 조선총독부가 설치된 이후 한국은행을 조선은행으로 명칭을 변경하면서 일본 법에 근거하도록 하고 조선총독부가 이에 대한 감독권 행사를 주요 골격으로 하는 조선은행법 시안을 작성하였다. 조선총독부는 1909년에 제정된 「한국은행조례」를 대신할 「조선은행법」의 제정을 일본 대장성과 협의하였다.

「조선은행법」의 주요 내용은 조선은행으로의 명칭 변경, 은행권 보증준비 발행한도의 확장 등이었는데, 양측의 협의 과정에서 가장 첨예하게 대립하였던 것은 감독권 소재에 관련된 것이었다. 즉, 「한국은행조례」에 있는 '정부'를 어떻게 해석하느냐에 대한 문제였다. 조선총독부는 '정부'를 모두 조선총독으로 고칠 것을 제안하였고 일본 대장성은 이에 반대하였다. 즉, 조선은행 감독 및 인사권 전부를 조선총독이 행사하겠다는 것이다. 조선은행 총재는 조선총독의 추천으로 일본 정부가 임명하도록 하고, 이 은행에 대한 감독권은 양자가 합의한 협정[1]에 의해 행사하되 법제상으로는 일본 정부가 가지도록 하고, 정관, 배당, 은행권 발행 등은 조선총독이 감독하도록 하는 등 법안 내용을 대장성과 협의한 이후 일부 수정하여 제27회 제국의회에 제출하였다.[2]

일본 제국의회에서 조율 과정을 거쳐 [표 5-1]에서 보듯이 이 법의 주요 사항이 정리되었다. 존립기간 연장이나 자본금 증가의 인가권을 일본 정부가 장악하였고, 총재 임명권도 일본 정부에 귀속시켰다. 특히, 조선은행 감독권이 일본 정부에 있다고 규정한 것은 일본 정부의 감독권한을 강하시킨 것이었다. 일본 정부는 조선은행의 영업기간 및 자본금 등 가장 기본적인 존립근거에 대한 권한을 획득하였고, 총재임명권도 행

1 조선총독이 대장대신과 협의해야 할 사항은 「조선은행법」, 존립기간, 자본금, 정관, 은행권 발행, 제한 외 발행세율, 정부대상금, 일본 내 지점 출장소 개설, 중역 변경 등이었다(조선은행사연구회(1987), 『조선은행사』, p. 86).

2 앞의 책, pp. 70~71, 85~87.

[표 5-1] 「한국은행조례」와 「조선은행법」 주요 사항 비교

<table>
<tr><th></th><th>내용</th><th>「한국은행조례」</th><th>「조선은행법」</th></tr>
<tr><td rowspan="5">총칙</td><td>지점, 대리점 설치</td><td>정부</td><td>조선총독</td></tr>
<tr><td>존립기간</td><td>50년</td><td>50년</td></tr>
<tr><td>자본금(10만 주)</td><td>1천만 원</td><td>1천만 엔</td></tr>
<tr><td>주주자격</td><td>한일 양국인</td><td>제국신민</td></tr>
<tr><td>정부 인수</td><td>한국 정부 3만 주</td><td>정부 3만 주</td></tr>
<tr><td rowspan="2">중역</td><td>임원(총재 1명, 이사 3명 감사 2명 이상)</td><td></td><td></td></tr>
<tr><td>총재</td><td>정부 임명</td><td>좌동</td></tr>
<tr><td rowspan="9">영업</td><td>1. 환어음, 기타 상업어음의 할인</td><td>○</td><td rowspan="7">좌동</td></tr>
<tr><td>2. 평상 거래하는 회사, 은행 또는 상인을 위한 어음의 징수</td><td>○</td></tr>
<tr><td>3. 환 및 하환</td><td>○</td></tr>
<tr><td>4. 확실한 담보가 있는 대부</td><td>○</td></tr>
<tr><td>5. 예금 및 당좌대월 계정</td><td>○</td></tr>
<tr><td>6. 금은화, 귀금속 및 증권의 보호, 예치</td><td>○</td></tr>
<tr><td>7. 지금은의 매매 및 화폐의 교환</td><td>○</td></tr>
<tr><td>공공단체 무담보 대부</td><td>○</td><td>○</td></tr>
<tr><td>타 은행의 업무대리</td><td>정부 인가</td><td>조선총독 인가</td></tr>
<tr><td rowspan="4">감독</td><td>감독주체</td><td>정부</td><td>좌동</td></tr>
<tr><td>정관변경</td><td>정부 인가</td><td>조선총독 인가</td></tr>
<tr><td>주주배당</td><td>정부 인가</td><td>조선총독 인가</td></tr>
<tr><td>업무제한</td><td>정부</td><td>조선총독</td></tr>
</table>

자료: 조선은행사연구회(1987), 『조선은행사』, pp. 828~833, 914~918.

사할 수 있게 되었다. 그리고 '정부는 조선은행의 업무를 감독한다'는 감독권의 기본 원칙이 수용되었다.

1911년 3월 일본 법률 48호로 공포된 「조선은행법」을 보면 재편된 조선은행의 감독권 이외에는 거의 변화가 없었다. 한국인과 관련이 별로 없는 조선은행 업무 감독권 문제는 관심이 높았지만 조선은행의 업무나 역할과 관련된 내용에 대해서는 관심이 거의 없어 한국은행(구) 설립 당시에 정한 골격이 그대로 유지되었음을 [표 5-1]에서 알 수 있다. 「조선은행법」 제정으로 식민지 중앙은행의 주체가 드러났고 주주로서 한국 정부의 소유분은 조선총독으로 이전되었고 한국 정부의 법 체계 아래에 있던 '정부'가 사실상 일본 정부가 되어 있던 기이한 현상은 사라지게 되었다.

조선은행은 일본 정부의 금융 활동 일부를 담당하는 특수금융기관의 하나가 되었다. 특수금융기관은 일본의 국가자본 3가지 형태, 부동산자본, 기업자본, 금융자본 중에서 금융자본에 해당하는 것으로 국가의 정책을 추진하는 역할을 담당하였다. 이에 해당하는 것으로 국가기관에 해당하는 대장성 예금부, 간이보험 등이 있었고, 주식회사이지만 준국가기관인 특수은행, 산업조합중앙금고 등이 있었다. 일본은행, 요코하마정금은행, 대만은행, 조선은행, 부현농공은행, 북해도척식은행, 조선식산은행, 일본권업은행, 일본흥업은행, 동양척식회사, 남만주철도회사 등의 특수회사 등이 이른바 특수금융기관으로 분류되었다.[3] 조선은행도 일본 정부와 조선총독부의 정책을 담당하는 특수금융기관 중의 하나가 되었다고 할 수 있다. 이러한 점에서 조선총독부가 감독기관으로서뿐 아니라 주요 주주가 되고 경영을 좌우한 농공은행, 금융조합 등도 식민지 특수금융기관이었던 것이다.

2) 조선은행의 은행권 발행제도

조선총독부는 1910년 8월 강제병합 이후 칙령 제1호로 한국 정부의 이름으로 발행하는 통화의 주조를 완전히 중지시켰다. 구 한국 화폐(통화)는 당분간 유통시키되 점차 회수하기로 한 것이다. 식민지 은행권을 본위통화로 할 때 필요한 보조통화의 수요 충족을 위해 구 한국 정부의 통화도 보조통화로 이용하기는 하였지만 앞으로는 일본에서 이입한 일본 내 보조통화를 조선 내 보조통화로 이용하기로 하였다. 이와 같이 [표 5-2]에서 보듯이, 구 한국 정부 통화는 보조통화로 전락하였고 구 한국은행권이 조선은행권으로 교체되면서 조선은행권이 식민지 조선의 중심 통화로 자리잡게 되었다.

3 石濱知行(1937), 『특수금융기관사론』, pp. 3~4.

[표 5-2] 일제하 유통화폐 추이(1910~1936)

(단위: 천 원(圓))

	구 한국 주화				조선은행권		기타 화폐			
	합계	엽전	구화	신화	합계	조선 내 발행고	합계	일본 은행권	보조화	소액 지폐
1910	919	242	50	627	2,016	2,016	55	28	26	
1911	702	157	50	495	2,501	2,501	352	31	330	
1912	559	110	49	400	2,555	2,555	454	14	439	
1913	417	66	48	302	2,569	2,569	445	12	432	
1914	318	38	48	232	2,185	2,185	496	11	484	
1915	272	21	48	203	3,439	3,439	546	9	536	
1916	252	13	48	191	4,663	4,663	549	13	535	
1917	250	12	48	191	6,736	6,091	622	37	555	30
1918	250	12	48	190	11,552	9,318	841	16	559	266
1919	250	12	48	191	16,360	12,148	1,072	11	577	484
1920	250	12	48	191	11,403	8,520	1,039	1	653	384
1921	12	12			13,636	10,128	887	4	843	40
1922	11	11			10,054	7,122	1,024	37	986	
1923	11	11			10,023	7,076	1,018	23	995	
1924	10	10			12,912	8,756	929	0	929	
1925	10	10			12,054	7,488	932	0	932	
1926	9	9			11,094	7,539	884	40	843	
1927	6	6			12,453	8,335	832	24	808	
1928	5	5			13,244	8,707	848	1	847	
1929	3	3			11,870	11,870	963		963	
1930	2	2			9,062	9,062	811		811	
1931					10,091	10,091	721		721	
1932					12,462	12,462	800		800	
1933					14,818	10,731	855		855	
1934					19,246	11,707	903		903	
1935					22,078	11,776	921		921	
1936					21,065	11,762	963		963	

자료: 조선총독부 재무국(이하 조선총독부로 통일), 『조선금융사항참고서』.

[표 5-2]에서 일제 강점 이후 조선 내 통화 유통액을 보면, 구 한국 화폐 중 신화는 1910년 627만 원에서 1917년 191만 원으로, 구화는 1910년 50만 원에서 48만 원으로, 엽

[그림 5-1] 조선은행 발행 은행권(1915)

자료: 한국은행(2015), 『우리나라의 화폐』, p. 334.

전은 1910년 242만 원에서 12만 원으로 감소하였다. 이러한 구 한국 화폐 유통액 감소는 구 한국 화폐를 정부 또는 금융기관이 회수한 결과이다. 반면에 구 한국 화폐를 대신한 소액 화폐인 일본 보조화폐가 이입되어 구 한국 소액 주화를 대신하였다.

앞 장의 [그림 4-2]와 [그림 5-1]을 비교해 보면 조선은행권은 구 한국은행권과 비슷한 점도 있지만 몇 가지 점에서 다르다. 첫째 발행 근거법이 「한국은행조례」가 아니라 「조선은행법」으로 바뀌었는 점이 명시되었다. 둘째, 발행자가 한국은행 총재에서 조선은행 총재로 변하였다. 셋째, 화폐단위명이 한국은행권에서는 원(圜)이었으나 조선은행권에서 원(圓)으로 변화하였다. 한글명으로 똑같이 원이었으나 한자로는 한국 정부의 금본위 단위인 원(圜)에서 일본의 금본위 단위인 원(圓)으로 바뀌었다. 따라서 일제 강점기에 모든 화폐단위가 圓(원)으로 표시되는 출발점이 바로 조선은행권 발행이라고 할 수 있다. 넷째, 영문명은 모두 엔(yen)으로 변화가 없었다. 제일은행권, 한국은행권, 조선은행권 모두 yen으로 표기되어 대외적으로 엔계 통화임을 명시하였다. 다섯째, 태환 규정은 이전과 마찬가지로 "이 권은 금화 또는 동액 일본은행권으로 교환할 수 있다"고 명시되고 있다.

일본은행권은 정화준비로 되어 있지만 인출이 거의 없고 그나마 남은 일본은행권은 회수되어 절대액으로 크게 줄어 1917년에는 37만 원밖에 되지 않았고 1918년에는 10만 원대로 줄어들었다. 조선은행권은 일제 강점 직후부터 금태환 청구는 물론이고 태환 청구조차도 거의 없었고, 청구도 일본인에 국한되어 있었다. 한국의 탁지부 차관을 역임했던 아라이(荒川賢太郎)의 1911년 3월 일본 국회에서의 증언에서 이러한 점을 확인할 수 있다.

> "금일의 사정으로는 인환을 청구하는 자는 볼 수 있으나 그것도 일본인이 많고, 그리고 금화로 청구하는 자는 1개월에 극히 근소하고, 거의 전부 태환을 청구하는 자는 태환권으로 청구하고 이러한 사정에 있는 것은 일본과 밀접한 관계에 있기 때문이고 … 또한 조선에 있어서 금에 관해 말하자면 전국을 통틀어 산출되고 있어 금화를 갖고 이 태환준비를 유지하는 것은 전혀 어렵지 않다. … 조선의 산금은 일본은행 창고 내에 쌓여 있어 실제 금괴는 일본은행에 쌓이게 되므로 조선은행권은 영구태환권으로서 준비할 방도가 마련되어"[4]

이와 같이 조선은행권 발행준비는 일본은행권의 준비만으로도 가능하게 되었고, 더욱이 조선 내 금준비는 단순한 금청구권으로도 대체될 수 있게 되어 금의 상당 부분이 일본은행으로 집중되어 일본은행권의 발행준비로 이용되어 감에 따라 금본위제와 무관하게 엔 블록이 완성되고 있었다.

1918년 일본 대장대신과 조선총독이 일본 「화폐법」의 조선 내 실시를 합의한 다음 1918년 법률 제23호[5]와 칙령 제3호로 엽전을 제외한 구 한국 정부의 모든 화폐 유통을 금지시켰다. 즉,

> "대장대신과 조선총독의 합의에 따른 통첩내용은 다음과 같다. 첫째, 조선에 있어서 화폐는 장래 일본 화폐법에 의거한 화폐로 통일시킬 방침을 취할 것.

4 일본은행 조사국(이라 일본은행으로 통일)(1957), 『일본금융사자료: 명치 대정편』, 제15권, p. 1381.

5 주요 내용은 다음과 같다(앞의 책, p. 427). "조선에 있어서 구 한국 화폐조례에 의거 발행 또는 통용을 인정한 화폐는 1920년 12월 30일 이전까지는 통용한다. 전항의 화폐는 통용기간이 경과한 5년간에는 정부에서 통화를 인수한다. 단, 엽전은 당분간 통용한다."

둘째, 한국 화폐조례 및 그 부속 법규는 당분간 효력을 계속시키나 그간 구 한국 화폐는 점차 교환 회수하여 그 유통액을 감소시키고 일본 화폐의 공급을 윤택하게 할 때, 일본 화폐법을 시행할 것. 단, 시기는 다시 협정한다."[6]

여기서 일본 「화폐법」이 조선 내로 확대하여 실시된다는 것은 일본 통화 이외의 통화의 조선 내 법적 승인이 식민지 권력인 조선총독에 의해 거부된다는 것을 말한다. 다만 엽전은 상품화폐로서 유통되었기 때문에 이로부터 제외되었다. 이러한 일본 화폐법의 조선 내 확대 실시는 화폐발행권이 조선이 아닌 일본에 있음, 바꾸어 말해 일본의 화폐적 침탈을 스스로 재확인한 과정의 일부라고도 할 수 있다.

일본 「화폐법」이 조선 내에서 확대 실시된 이후, 조선 내 유통화폐 위계는 [표 5-2]에서 보듯이, 본위화폐로서 조선은행권과 보조화폐로서 일본 보조화폐로 정리되면서 구 한국 화폐는 그 체계에서 사라질 운명에 처하게 되었다. 빈면에 조선은행권이 이미 1920년 이후이면 유통화폐에서 거의 90%를 넘어섰다. 이것은 조선은행의 은행권 발행제도가 조선 내 화폐제도의 중심축임을 말해 주고 있다. 따라서 조선은행은 「화폐법」 실시와 상관없이 사실상 조선의 화폐공급기관이 되었다고 할 수 있다.

[표 5-3]에서 보듯이 조선은행은 한국은행(구)의 은행권 발행제도를 거의 수정 없이 그대로 계승하였다. 다만 일제는 조선총독부가 식민지 지배 기초 구축사업에 발권력을 적극적으로 이용할 수 있도록 보증준비 발행 한도를 2,000만 원에서 3,000만 원으로 2년 만에 다시 1.5배 인상하였다.[7]

1912년부터 조선은행의 조선 외 영업이 확장되고 1917년 11월 27일 조선은행권이 관동주 및 만철부속지의 법화로 인정되어 조선은행권의 조선 외에서 유통이 확산되기 시작하였다. 그리고 1917년 11월 29일에는 조선은행이 요코하마정금은행과 만주

---

6 대장성 관리국(이하 대장성으로 통일)(1955), 『명치대정재정사』, 제13권, 통화편, p. 425.

7 이에 대해서 당시 조선총독부 탁지부 장관 아라이는 일본 국회에서 미래 조선 내 통화수요가 급증할 것을 이유로 제시하고 있지만 니시무라 의원은 조선사업공채 인수 등이 그 이유가 아니냐고 묻고 있었다(『일본금융사자료: 명치 대정편』, 제15권, pp. 1356~1357).

[표 5-3] 일제하 은행권 발행제도의 변천(1941년 3월 이전)

<table>
<tr><th rowspan="2"></th><th rowspan="2">근거 법령</th><th colspan="2">관련기관</th><th rowspan="2">태환 화폐</th><th colspan="2">정화준비 발행</th><th colspan="2">보증준비 발행</th><th colspan="2">한도 외 발행</th></tr>
<tr><th>발행</th><th>감독</th><th>물건</th><th>액수</th><th>물건</th><th>한도</th><th>발행세율</th><th>인가</th></tr>
<tr><td>1909. 7</td><td>한국은행조례</td><td>한국은행</td><td>통감</td><td rowspan="7">일본은행권</td><td rowspan="7">일본 은행권 금화 지금은 (1/4 이하)</td><td rowspan="7">준비와 동액</td><td rowspan="7">국채 기타 확실한 증권 상업 어음</td><td>2천만 원</td><td rowspan="4">5% 이상</td><td>통감</td></tr>
<tr><td>1911. 3</td><td rowspan="6">조선 은행법</td><td rowspan="6">조선 은행</td><td rowspan="2">조선 총독</td><td>3천만 원</td><td rowspan="2">조선총독</td></tr>
<tr><td>1918. 4</td><td rowspan="3">5천만 원</td></tr>
<tr><td>1924. 7</td><td rowspan="4">대장 대신</td><td rowspan="4">대장대신</td></tr>
<tr><td>1935. 3</td><td rowspan="3">3% 이상</td></tr>
<tr><td>1937. 8</td><td>1억 원</td></tr>
<tr><td>1939. 5</td><td>1억 6천만 원</td></tr>
</table>

자료: 배영목(1987. 12), 「일제하 식민지 화폐제도의 형성과 전개」, 『경제사학』, 표 7.

내 금권을 인수하기로 체결함으로써 조선은행이 만주사변 이후 만주중앙은행이 설립될 때까지 만주 내 식민지 중앙은행으로서의 역할을 계속 담당하였다. 이와 같은 조선은행의 위상 변화에 대응하여 조선총독은 조선은행 보증 발행 한도 3,000만 원을 초과하여 1,000만 원 한도 내에서 제한 외 발행(한도 외 발행)을 허가해 주었다.

조선은행에 대한 발권력 확대 조치에 따라 한도 외 발행고는 급격히 늘어나 1917년 12월 858만 원, 1918년 1월 803만 원, 3월 960만 원에 이른다. 일본 정부는 이러한 상황 변화에 적극적으로 대응하는 조치의 일환으로 1918년 3월 14일 조선은행의 만주 진출을 이유로 보증 발행 한도를 5,000만 원으로 대폭 인상하는 「조선은행법」 개정을 추진하였다. 이와 같은 보증 발행 한도의 변경 이후에도 조선은행은 한도 외(제한 외) 발행 현상은 1918년 12월부터 다시 나타나 1920년 7월까지 지속되었다.

2. 조선총독부의 지배기구 강화와 재정

1) 조선총독부의 식민지 지배 기초 강화와 재정운용

조선총독부는 일본 정부의 위임통치기구로서 출범과 함께 한국인에 대한 지배와 통제에 불가결한 군대, 경찰, 행정, 사법기구 등 한국인을 군사·정치·행정적으로 지배할 수 있는 기구를 확대하기 시작하였다. 한국을 강점한 조선총독부는 한국인을 지배하고 억압하는 기구의 확장에 따라 막대한 재정지출을 피할 수 없었다. 즉, 일제가 조선총독부 출범에 맞추어 발생할 한국인의 저항에 대처하기 위해 일본군의 조선 주둔을 늘리는 동시에 치안·행정 등에 필요한 경찰과 관리의 수를 급격히 늘렸기 때문에 막대한 경비가 소요되었다.

그런데 조선에 주둔하는 군대는 일본 정부의 직접 통제를 받았으므로 일본 정부 일반회계에서 설치된 조선경영비 중의 군사비에서 지출하였고, 그 때문에 조선총독부가 중일전쟁 전까지는 일본군의 주둔비를 직접 부담하지 않았다.[8] 조선총독부가 초기에 직접 부담한 것은 조선의 행정·사법·치안과 관련된 비용이었다. 이 비용은 [표 5-4]에서 보듯이 1910년에는 세출의 50%에 육박한 다음 1911년부터 줄어들었지만 그 비중은 30~35%에 이르고 있었다. 이와 같이 일제는 한국인의 지배와 억압을 담당하고 있는 조선총독부라는 기구 유지를 위해 막대한 재원을 추가적으로 투입하지 않을 수 없었다.

조선총독부는 식민지 조선 경제를 실질적으로 지배하고 수탈할 수 있는 사업도 출범과 동시에 본격화하였다. 즉, 조선총독부는 통감부 시대 이전부터 시행한 재정정리사업, 화폐정리사업 등을 완료하고 토지조사사업을 본격적으로 시행하는 동시에 철도·도로·항만 등의 교통망을 확충하고, 전화·전신 등의 통신시설 확충을 도모하기

8 조선총독부는 1936년부터 일본 정부의 임시군사비특별회계에 군사비를 전출하는 형식으로 군사비를 직접 부담하게 되며 일제 말까지 계속 증액되어 세출총액의 20%를 넘어서게 된다.

[표 5-4] 조선총독부 특별회계 세출의 규모와 구성(1910~1918)

(단위: 천 원, ( ): %)

	통치비			관업비					산업 경제비	공채 관련비	전체[1] (천 원)
	일반 행정	사법 경찰	소계	교통·통신		전매 사업	토목 건설	소계			
				소계	철도						
1910	(27.3)	(20.2)	(47.5)	(0.9)	(0.0)	(2.2)	(30.2)	(33.2)	(3.7)	(5.3)	17,815
1911	(19.0)	(14.0)	(33.0)	(37.1)	(29.8)	(1.4)	(10.8)	(49.3)	(5.9)	(2.9)	46,172
1912	(17.2)	(13.1)	(30.3)	(35.8)	(28.4)	(0.7)	(13.8)	(50.3)	(7.7)	(3.8)	51,781
1913	(16.3)	(12.8)	(29.2)	(34.5)	(27.6)	(1.0)	(12.6)	(48.1)	(8.1)	(9.4)	53,454
1914	(17.0)	(12.6)	(29.6)	(32.2)	(25.1)	(1.3)	(11.7)	(45.1)	(9.0)	(8.6)	55,099
1915	(16.3)	(12.4)	(28.8)	(33.3)	(26.0)	(1.4)	(9.0)	(43.6)	(9.6)	(11.0)	56,869
1916	(16.0)	(12.9)	(28.8)	(34.3)	(26.7)	(2.0)	(8.5)	(46.7)	(8.0)	(8.4)	57,562
1917	(15.9)	(14.6)	(34.0)	(25.8)	(17.1)	(2.1)	(11.0)	(41.3)	(8.1)	(9.2)	51,171
1918	(22.7)	(12.7)	(35.4)	(22.9)	(15.1)	(1.7)	(10.2)	(37.1)	(4.7)	(12.0)	64,062

주: 1) 전체에는 기타 세출까지 포함됨.
자료: 조선총독부, 『조선총독부통계연보』.

위해 이 사업을 관업이라는 이름 아래 모두 재정에 편입하고, 흑자가 기대되는 전매사업 및 영림사업 등도 재정에 편입하여 경제적 지배와 수탈을 강화할 기구와 제도를 단계적으로 정비하여 갔다. 일제가 조선총독부를 통해 전개할 경제적 수탈을 위한 기구와 제도의 정비는 일본 자본주의의 조숙한 제국주의로의 전화라는 여건하에서 민간자본보다는 국가자본에 의존할 수밖에 없었고, 그에 필요한 재원조달은 재정기관과 금융기관이 담당할 수밖에 없었다.[9]

일제가 조선총독부를 통해 경제적 지배와 수탈을 위해 전개한 활동은 조선총독부 재정의 세출에 잘 나타나 있기 때문에 [표 5-4]에 의거 이를 검토해 본다. 조선총독부는 교통·통신시설의 구축, 산림의 육성, 전매사업 등과 관련된 사업은 관업으로 분류하여 재정에 편입하고 이에 필요한 경비는 총독부 재정에서 지출하였다. 이와 관련된 지출이 철도사업비, 통신사업비, 전매사업비, 영림사업비, 토목건설비 등이었다. 이와

9 일제가 조선을 비롯한 식민지에서 경제적으로 지배하고 수탈한 주요 수단은 토지, 철도, 재정·금융이었고, 이러한 지배는 일본의 제국주의로의 전화에 중요한 역할을 하였다(淺田喬二(1976), 「일본제국주의와 식민지문제」, 『역사평론』, 309).

관련된 지출은 조선총독부 초기에는 재정지출의 50%에 이르렀으나 점차 줄어 35% 수준으로 낮아졌다. 그 밖에 조선총독부가 많은 경비를 지출하였던 사업이 토지조사사업인데, 이 사업비는 산업경제비의 1/2에 이르고 있다. 실제로 조선총독부는 1910~1913년간 임시부 세입 누계 286,473천 원 중 철도건설 개량에 7,865만 원(33.1%), 도로항만 건설에 3,381만 원(14.3%), 토지조사사업에 1,980만 원(8.4%)을 지출하였다.

일제는 1906년 통감부를 설치한 후부터 조선의 토지 지배를 위한 토지조사사업을 계획하였으나 조선총독부를 설치하면서 본격적으로 추진하였다. 이 사업비는 산업경제비로 분류되어 있는데, 산업경제비의 50~60% 정도를 차지할 정도로 일제의 산업정책에서 관업 다음으로 중요한 사업이 되었다. 이 토지조사사업은 부동산등기제도를 확립하게 함으로써 토지의 소유·매매·저당 등이 국가에 의해 파악되는 동시에 토지의 매매나 저당을 확대하는 소기의 성과를 거두게 되었다.

부동산담보 대출은 토지문서 전당에 의해 일찍이 실시되었지만, 이것이 제도적 뒷받침을 확실하게 받는 것은 일제 강점 이후 「조선부동산등기령」 및 「조선부동산증명령」이 실시되면서부터이다. [표 5-5]에서 보듯이, 1913년까지 이 효과는 거의 없었다. 그러나 토지조사사업이 진척되고 부동산등기제도가 실시되었던 1914년부터는 이 효과가 나타나기 시작하였다. 마침내 1917년에 이르면 토지조사사업이 완료되는 동시에 부동산등기제도가 전국적으로 실시되어 부동산담보 대출에 필요한 제도적 준비가 완료되기에 이르렀다.[10]

[표 5-5]를 보면, 토지조사사업과 부동산등기제도가 확립되어 감에 따라 토지소유권이 확정되고 그에 따라 토지거래등기가 증가하고 또한 토지저당등기도 비슷한 추세로 증가하고 있었다. 특히, 1914년을 기점으로 매매등기, 저당등기 및 소유권 확정등기의 건수가 비약적으로 증가하기 시작하여 1918년에는 토지매매 등기필지 수가 51만 건, 건수로는 26만 건에 이르고, 토지저당 등기필지 수가 26만 건, 건수로는 3만 건에

10 失禍永三(1933), 「조선에 있어서 부동산금융에 대하여」, 『조선총람』, pp. 152~153.

[표 5-5] 토지의 매매, 저당, 소유권 확정등기 건수 및 필지수의 추이(1911~1918)

(단위: 건, 개)

연도	매매등기		저당등기		소유권 보존등기	
	건수	개수	건수	개수	건수	개수
1911	217	291	644	1,066	413	628
1912	331	453	581	1,096	119	195
1913	172	279	405	682	75	99
1914	4,963	5,727	3,190	4,361	5,232	6,419
1915	18,176	32,665	6,410	18,555	16,889	39,829
1916	68,809	140,001	10,721	55,962	61,850	181,210
1917	173,967	343,155	22,525	158,091	162,850	462,405
1918	261,609	519,046	35,261	266,504	245,828	714,839

자료: 조선총독부, 『조선총독부통계연보』.

이르렀다. 이와 같이 토지조사사업은 부동산등기제도의 확립을 통해 토지의 상품화와 토지의 화폐화가 촉진될 수 있는 획기적인 계기가 되었던 것이다.

일제는 노일전쟁 이후부터 조선의 식민지화를 위해 한국 재정을 장악하기 위한 재정정리를 이미 시행하였기 때문에 조선총독부 등장에 앞서 한국의 재정은 일본인에 의해 이미 장악되어 있었다. 일제는 조선이 일본의 완전한 식민지로 전화된 것을 계기로 이미 장악한 재정기구를 통해 조선의 지배에 필요한 재원을 가능한 한 '현지'라고 부른 조선에서 조달하려는 계획을 실천하였다. 즉, 일본은 조선총독부를 일본 정부 재정에서 분리하여 운용하는 「조선총독부 특별회계제도」[11]를 도입하였다. 이 제도는 일제의 식민지 지배에 따른 재원은 일차적으로 조선총독부가 조달하되, 부족한 재원은 일본 정부 일반회계에서 보전하는 재정 체계를 제도화한 것이었다.

조선총독부의 행정·치안·사법 등과 관련된 경비와 관업 등과 관련된 지출이 전체 세출의 대부분을 차지하였다. 조선총독부의 초기 재정은 한국인 지배를 위한 행

11 「조선총독부 특별회계에 관한 건」(1910년 9월 30일 칙령 제406호). 이 제도의 기본 골격은 제1조에서 명시하고 있는 바와 같이, "조선총독부 회계는 특별히 그 세입 및 일반회계의 보충금으로 그 세출을 충당한다는 것이었다"(대장성(1955), 『명치대정재정사』, 제18권, 외지재정(上), pp. 24~25).

정·치안기구의 구축에만 주력하는 소극적인 재정이 아니었다. 교통·통신망을 구축하고 나아가 토지 지배를 위한 제도적 정비에도 많은 재원을 사용 것에서도 알 수 있듯이, 조선총독부는 초기부터 경제적 지배와 수탈을 위한 적극적인 재정을 전개하였다.

2) 조선총독부의 수입과 재정적자 보전

일본은 당시에 자본수입국이었고, 노일전쟁 전비지출로 인한 재정위기에서 완전히 탈출한 것도 아니었다. 일본 정부는 조선 지배에 따른 일본 경제의 부담을 최소한으로 줄이기 위해 조선총독부에 재정독립 또는 재정자립을 요구하였다. 조선총독부는 일본 정부의 이러한 요구에 따라 1914년부터 「재정독립5개년계획」[12]을 시행하였다. 조선총독부는 1914년부터 지세, 주세, 연초세 등에 의한 증수와 역둔토세 인상에 의한 증세를 도모함으로써, [표 5-6]에서 보듯이, 세입에서 조세의 의존도를 점차 높이는 대신에 공채 및 차입금과 보충금의 의존도를 낮출 수 있었다.

[표 5-6]에서 공채 및 차입금과 보충금의 높은 비중에서 알 수 있듯이, 조선총독부는 1910년대 계속 재정적자 상태에 있었다. 이러한 재정적자 폭은 [그림 5-2]에서 보듯이, 1912년 가장 크지만 1913년부터 다소 줄어든다. 조선총독부는 「재정독립5개년계획」을 시행한 1914년부터 재정적자 폭은 다소 줄어들지만 큰 변화를 보이지는 않았다. 다만 전체 세출이 늘어나는 것을 고려하면 적자의 비중은 낮아지고 있었다고 할 수 있다.

조선총독부가 1910년대 재정위기에 빠져 있었던 것은 무엇보다도 조선총독부 재정 규모가 당시 조선 경제 규모에 비해 과도하게 팽창하였기 때문이다. 그리고 일제는 동삼부하의 재정정리사업을 통해 징세기구를 장악하였지만 조세제도는 미비한 상태이었고, 세원도 주로 지세 등에만 의존하고, 새로운 세원의 발굴 없이 세율만을 높일

12 이 계획의 기본 골자는 1913년 이후 점차 조세의 부담을 증가시키는 한편, 기존 세입의 증수와 행정비의 절약을 도모하고, 그에 따라 일반회계로부터 보충금을 매년도 100만 원에서 200만 원으로 체감하는 방침을 세워 향후 5개년간 환수하여 1919년 이후에는 일반회계 보충금을 철폐하는 것이었다(조선총독부(1940), 『시정삼십년사』, p. 28).

[표 5-6] 1910년대 조선총독부 수입의 구성과 식민지 경영비(1910~1918)

(단위: 천 원, ( ): %)

연도	전체[1]	조세 수입	관업수입			공채 차입	보충금	조선 경영비 (A)	전체 경영비 (B)	A/B
			소계	철도	통신					
1910	21,978	(41.2)	(7.0)	(0.0)	(0.0)	(33.2)	(13.1)	25,467	32,466	(78.4)
1911	52,284	(23.8)	(23.0)	(11.4)	(5.0)	(19.1)	(23.6)	22,557	28,382	(79.5)
1912	62,126	(21.5)	(22.0)	(11.0)	(4.8)	(24.0)	(19.6)	27,250	31,269	(87.1)
1913	63,093	(22.0)	(24.5)	(12.5)	(5.0)	(17.6)	(15.9)	22,103	24,786	(89.2)
1914	62,047	(26.9)	(26.5)	(12.5)	(5.1)	(12.3)	(14.5)	16,641	23,704	(70.2)
1915	62,722	(27.9)	(29.6)	(14.2)	(5.5)	(14.3)	(12.8)	16,945	21,696	(87.1)
1916	68,202	(27.7)	(32.7)	(15.5)	(5.5)	(15.5)	(10.6)	17,585	23,815	(73.8)
1917	74,093	(30.3)	(25.5)	(6.3)	(6.0)	(17.1)	(6.7)	17,830	37,172	(48.0)
1918	100,111	(29.4)	(25.1)	(6.8)	(5.4)	(13.1)	(3.0)	16,098	45,922	(35.1)

주: 1) 전체에는 기타 수입도 포함.
자료: 1) 조선총독부, 『조선총독부통계연보』.
2) 대장성(1955), 『명치대정재정사』, 제18권, 외지재정(상), pp. 235, 242.

[그림 5-2] 조선총독부의 세출총액, 조세, 재정적자, 관업적자 추이(1910~1919)

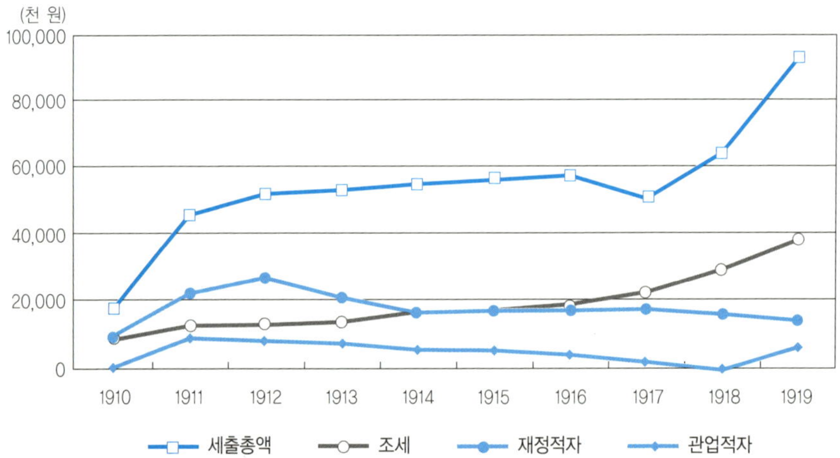

자료: 조선총독부, 『조선총독부통계연보』.

수 없었기 때문에 조선총독부는 조세를 단기간에 증대시킬 수 없었다. 더욱이 총독부 재정에 포함된 관업, 즉 철도·통신·전매·삼림사업에서 얻는 수입이 [표 5-6]에서 보듯이 적지는 않았으나, 철도·통신 등의 적자 폭이 커서 [그림 5-2]에서 보듯이, 관업은 전체적으로 계속 적자를 기록하여 총독부 재정에 부담이 되었다.

조선총독부는 대폭적인 재정적자에 직면하자 그 활로를 장기적으로 증세에서 찾고 있었지만, 단기적으로 재정독립계획에 따라 일본 정부의 보조금에 의존하기 어렵게 되어 공채 및 차입금으로 재정적자를 보전하고자 했다. 조선총독부는 재정적자를 보전하면서 식민지 경제적 지배를 위한 사업 확대를 위해 1912년 「조선사업공채법」을 제정하여 공채 발행을 통한 재원조달을 제도화하였다.[13]

조선총독부는 재정독립을 지향하고 있었지만 일본 정부는 일반회계에서 별도로 식민지 지배에 소요되는 식민지 경영비를 부담하고 있었다. 특히, 일본 정부가 편성한 식민지 전체 경영비 중에서 70~80%가 군사비 및 행정비로 조선에 유입되고 있었다. 당시 조선은 일본 식민지에서 절대적으로 중요했던 것이다. 그런데 이 중에서 행정보조금에 해당하는 것이 보충금인데, 이것은 조선총독부 특별회계의 세입으로 편입되었다. 이 보충금은 1919년 3.1운동 이후 재정수요의 급증으로 다시 늘어났지만, 그 전까지는 「재정독립5개년계획」의 시행으로 점차로 감소하였고 그 비중도 줄었다. 이와 같이 조선총독부가 일본 정부의 재정보조에 절대적으로 의존하고 있다는 것은 대일종속적 재정이었다는 말해 주고 있다.

3. 조선총독부 재정과 조선은행

조선은행은 식민지 중앙은행으로서 화폐제도를 관리하면서 조선총독부 재정을 지원하는 역할을 수행하는 동시에 조선의 중추 금융기관으로서 상업금융도 함께 담당하였다. 조선은행은 1910년대 전 대출의 40% 이상, 예금의 30~40% 정도를 담당하였

13 1911년 이후 도로개축, 해관공사, 철도건설 및 개량 등의 지방 개발에 필요한 계속사업은 조선 일반세입으로 지급할 여유가 없어, 그 재원은 공채 혹은 차입에 의존했다. 1911년 조선 사업 공채법이 공포되어 그 한도액은 5,600만 원으로 정하고 그 후 수차례 개정되어 1919년 말에는 1억 7,800만 원이 되었다(조선총독부(1940), p. 31).

[표 5-7] 조선은행의 재정관계 대출액(1910~1918)

(단위: 천 원, ( ): %)

	정부대상금	별도대출	공공대출	공채	소계(A)	운용자금(B)	A/B
1910	7,939	6,982	1,289	296	16,506	21,097	(78.2)
1912	10,094	6,924	2,119	5,267	24,404	30,078	(78.8)
1914	7,500	6,121	2,113	7,297	23,031	30,231	(76.2)
1916	7,500	5,800	1,617	2,360	17,177	45,681	(38.9)
1918	5,500	7,868	687	5,328	19,383	76,862	(25.9)

자료: 「조선은행 영업보고서」.

던 조선의 중추 금융기관이었다. 1910년대 초반에는 조선총독부에 대출을 하고 공채를 인수하여 조선총독부 재정적자를 보전하였으나, 1910년대 초반부터 재정팽창에 따른 수이입의 증가로 무역적자가 발생하여 정화준비가 고갈됨으로써 조선은행은 조선의 원과 일본의 엔(円)과의 등가결제 유지에 큰 어려움을 겪게 되었다.[14]

조선총독부는 일본 정부의 요구에 따라 재정적자를 보전하기 위해 장기적으로 세수 증가에 힘을 기울였지만 단기적으로 공채 발행 및 차입으로 그 적자를 보전하였다. 조선총독부는 발행한 공채를 인수하고, 대출 요구를 수용할 수 있는 금융기관은 조선은행이었다. 그래서 조선은행은 초기에는 조선총독부 산하의 은행으로서 조선총독부에 대한 대출을 확대하는 동시에 공채를 인수하여 조선총독부의 재정적자를 보전하는 역할을 담당하였다.

조선은행은 [표 5-7]에서 보듯이, 1914년까지는 전체 운용자금 중에서 대략 70% 이상이 재정 관련 잔액이었다. 조선은행이 자금동원력이 증가하는 1916년부터는 절대액으로 대출액을 증가시켰음에도 불구하고 그 잔액 비중은 급속히 감소하여 30%대로 하락하게 되었다. 조선은행이 재정 관련 자금을 공급하는 것은 식민지 중앙은행으로서 조선총독부 재정적자를 직·간접으로 보전하는 것이지만, 그 보전은 정부대상금,

14 「조선은행의 과거 및 장내」(1912년 12월) 제2절 제1항 정부에 대한 재정상의 융통을 보면, 정화준비 부족액은 1911년 1,553천 원이고 1912년에는 1,310천 원에 이르렀다(조선은행사연구회(1987), 자료편, pp. 924~925).

[표 5-8] 조선은행의 부채 및 자본 주요 계정(1910~1918)

(단위: 천 원, ( ): %)

		1910	1912	1914	1916	1918
자본 및 부채		43,684	55,105	57,799	98,955	413,061
자금원천	자본금계정	(22.9)	(18.3)	(17.7)	(10.6)	(10.3)
	은행권 발행	(47.6)	(47.0)	(37.9)	(47.5)	(28.5)
	예금	(24.4)	(25.7)	(30.4)	(33.4)	(53.0)
	차용금	(0.0)	(5.4)	(8.6)	(3.0)	(0.7)
	정부보조금	(3.8)	(2.2)	(2.1)	(1.2)	(0.3)

주: 1910년은 한국은행.
자료: 「조선은행 영업보고서」, 「한국은행 영업보고서」(1910).

별도대출, 공공대출, 공채 인수 등 여러 형태로 이루어졌다. 조선은행은 일제 초기에는 식민지 중앙은행으로서 통화·금융기구의 중심에 서서 운용자금 대부분을 조선총독부 또는 그와 관련된 기관에 공급함으로써 조선총독부의 재정적인 취약성을 보완하고 있었던 것이다.[15]

조선은행의 자금원천 중에서 가장 비중이 큰 것은 [표 5-8]에서 보듯이, 적어도 1916년경까지는 은행권 발행이었고 이 비중은 40~50%에 이르고 있었다. 조선은행은 은행권을 정화준비 – 60% 이상이 일본은행권 – 에 의거 발행하지만 나머지는 공채를 담보로 발행하는 보증준비 발행에 의해 발행하였다. 1910년대 보증준비 발행은 정화준비 발행의 2배 정도가 되었다. 조선은행은 이와 같이 조선총독부 사업공채를 인수하고 공채를 보증준비로 하여 은행권을 발행하는 방식으로 조선총독부가 필요로 하는 자금을 공급하였던 것이다.

조선은행이 조선총독부의 공채뿐 아니라 대출을 늘릴 경우에도 화폐 발행이 늘어나게 된다. 조선은행이 조선총독부에 대한 대출을 크게 확대하였던 1910, 1911년에 조선은행권 발행고가 크게 늘어났다. 그러나 조선은행은 [그림 5-3]에서 보듯이,

15 조선은행 편(1919), 「조선은행의 재정원조」, 『선만경제십년사』, pp. 43~44.

[그림 5-3] 1910년대 조선의 통화증가율과 물가상승률(1910~1920)

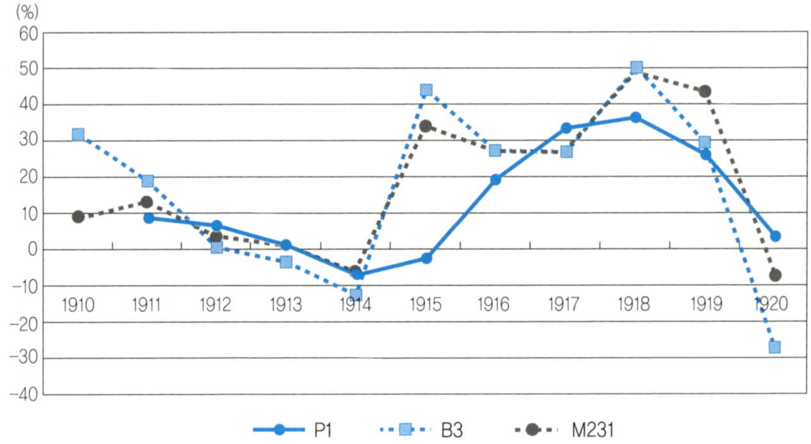

주: 1) P1은 조선은행 조사 경성(서울) 도매물가지수(1910년 8월 기준).
2) B3는 조선 내 화폐발행고, 즉 조선 내 은행권 발행고 및 주화의 합.
3) M231은 조선 내 은행권 발행고+보조화폐+금융기관(우편저금 포함) 예금액.
자료: 조선총독부, 『조선금융사항참고서』.

1912~1914년간에 도리어 감소시켰다가 1915년부터 화폐발행고를 다시 급격히 증가시키고 있다.

[그림 5-3]을 보면, 조선은행의 화폐발행고 증가율과 조선의 통화량 증가율은 거의 비슷한 추이를 보인다. 화폐발행고의 증가에 따라 금융기관의 예금도 거의 비슷한 추세로 증가한 결과이다. 그런데 경성 도매물가 상승률은 통화량 증가율과 약간의 시차는 있지만 이것과 거의 비슷한 추이를 보이고 있다. 식민지 조선의 통화팽창의 주요 요인의 하나가 재정적자이었고, 물가상승의 주요 요인 중에 하나가 통화팽창이었다고 할 수 있다. 따라서 1910년대 조선총독부의 재정적자는 통화팽창을 통해 물가상승에도 적지 않은 영향을 미쳤다고 할 수 있다.

1910년대 무역수지 동향을 [그림 5-4]에 의거해 보면, 조선은 일본과 다른 외국에 대해서는 상품수지에서 있어서는 만성적인 적자를 기록하고 있고, 금은수지에 대해서는 만성적인 흑자를 기록하고 있다. 상품수지의 적자가 금은수지의 적자보다 더 크

[그림 5-4] 1910년대 조선의 대일본 및 전체 상품 및 금은 무역수지 추이(1910~1920)

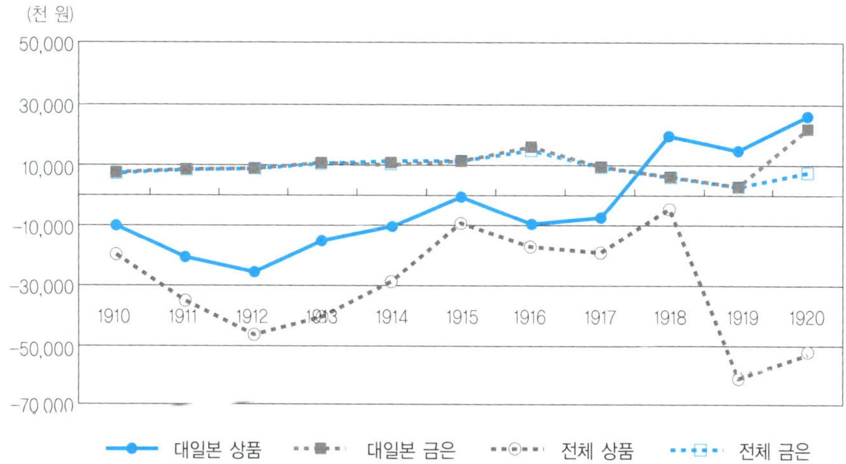

자료: 조선총독부, 『조선총독부통계연보』.

기 때문에 조선은 계속적으로 적자 상태에 있었다. 여기서 상품수지의 적자 폭이 큰 것은 일본인 군인의 주둔에 따라 군사비가 증가하고 조선총독부 지출이 증대함에 따라 일본으로부터의 이입과 외국으로부터 수입이 증대하였지만, 그에 상쇄할 상품과 금의 수출 증가는 이보다 적었기 때문일 것이다.

일본 정부는 일본군의 조선 주둔 군사비를 부담하고 있었고, 보충금이라는 명목으로 조선총독부에 대한 재정보조를 시행하고 있었다. 일본 정부의 이러한 재정자금의 유입은 조선의 무역적자를 해소하는 자본유입과 마찬가지 효과를 가지고 있다. [그림 5-5]를 보면, 일본 군대의 조선 주둔비(군사비)와 일본 정부의 조선총독부 재정지원금(보충금)의 합을 조선경영비라고 하였는데, 이렇게 유입된 재정자금의 누적액이 [그림 5-5]에서 보듯이 무역적자 누적액에 거의 근접하고 있다. 따라서 조선의 무역적자는 일본의 재정자금 이전과 군사비 유입으로 대부분 보전되고 있었다고 할 수 있다.

그러나 1912년부터 1915년까지, 그리고 1919년 이후는 무역적자 누적액이 일본의 재정자금 이전액, 이른바 조선경영비 누적액을 초과하고 있다. 이 부족액은 일본으로

[그림 5-5] 조선의 무역적자 및 일본 정부의 재정지원 누적액(1910~1920)

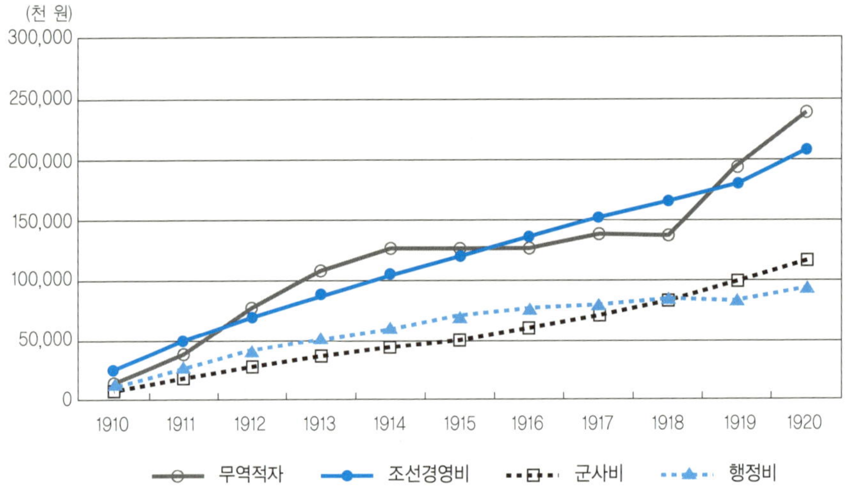

자료: [그림 5-4]와 같음.

부터의 순자본유입이 있는 경우에 해소될 수 있다. 조선총독부는 이 문제를 해결하기 위해 일본 보충금의 유입을 적극적으로 추진하거나 조선총독부의 공채를 일본에서 소화하거나 조선은행이나 동척이 일본으로부터 금융자금의 유입을 도모하였다.[16]

조선은행은 수이입 초과가 있을 경우 정화준비를 가지고 일본과 외국에 대해 결제해야 하는 임무를 수행하고 있었기 때문에 수이입 초과, 즉 무역적자가 나타나면 정화준비가 감소할 수밖에 없다. 조선은행은 수이입 초과에 적절히 대처하지 못할 경우에는 정화준비가 고갈하는 상태, 즉 통화위기(currency crisis)에 직면한다. 일제 초 조선은행권의 정화준비율이 하한선인 1/3에 거의 근접하고 있었다. 조선은행은 조선은행권을 일본은행권으로 1:1로 교환해야 하는 의무를 가지고 있었기 때문에 정화준비가 부족할 경우 일본으로부터 자금유입 조치가 있어야만 했다. 조선은행은 금리를 인상하

16 "조선의 20여 년 동안 환결제는 최후의 결제기관인 조선은행이 그 책임상 노력을 다하는 것 이외에도 이것에 도움을 주는 많은 재료가 있었다. 즉, 조선 재정에 대한 내지(일본)로부터의 보충금, 공채, 조선의 사업에 대한 내지 민간의 투자 등 무역 이외의 자금의 유입이 그것이다"(조선신문사(1936), 「수이입초과결제의 고심」, 『조선통치의 회고와 비판』, p. 167).

[표 5-8] 1910년대 본·지점 회사의 납입자본

(단위: 천 원)

	지점회사			본점회사		
연도	1911	1915	1919	1911	1915	1919
회사 수	45	49	69	152	216	366
납입자본	86,627	98,811	474,630	15,909	39,248	107,761

자료: 조선총독부, 『조선총독부통계연보』.

여 대처할 수도 있지만 이것으로 위기를 근본적으로 해소할 수 없었다.

일본 정부는 조선의 수이입 초과 문제를 해결하기 위해 일본으로부터 자금유입보다는 일본으로의 자금유출을 억제시킬 수 있는 조선은행의 만주 진출을 허용하고, 조선은행은 일본은행이나 대장성 예금부, 그리고 일본의 일반은행으로부터 적극적으로 차입하여 일본으로부터 자금유입을 도모하였다. 그러나 이러한 차입은 항구적인 것도 아니었고 이 차입만큼 수이출의 확대가 이루어지지 않는 한, 수이입 초과로 일본에서의 차입으로 들어온 정화가 다시 유출될 수밖에 없었다. 특히, 조선총독부의 재정에 의한 국가자본 형성이 주로 유통 부문에 국한되었고, 민간자본의 형성도 유통 부문에 국한되었기 때문에 식민지 조선의 생산 기반 확충을 통한 수출 증가가 없는 한 무역적자의 해소는 어려운 일이었다.

조선총독부는 1910년 12월부터 회사의 설립이나 본점 및 지점의 설치는 허가를 받도록 하여 회사의 설립과 확장을 억제하는 정책을 위해 「회사령」을 공포하였다. 그 결과 「회사령」이 존속하던 1911~1919년간 조선 외 지점 설치 신청은 91건에 불과하고, 그중에서 85건만 허가되었고, 조선 외 본점 설치는 11건에 불과하였다. 이 시기에는 일본에서 조선으로의 자본이출을 규제하고 있었기 때문에, 회사 설립을 통한 회사자본의 형성은 [표 5-8]에서 보듯이, 주로 조선에 본점을 둔 회사의 설립이 주를 이루고 일본 민간자본의 조선 진출은 극도로 억제되었다. 일본 민간자본의 유입에 의한 역외수지 개선은 기대할 수 없었다.

일제가 식민지 조선의 생산 기반 확충을 통해 산업생산을 증대시켜 수이출을 확대하려고 했던 부문은 농업인데, 수이출 증대를 위한 농업생산력의 제고를 주요 정책 목표로 설정하고 추진하는 계기는 당시의 무역적자라기보다는 1910년대 말 일본 내에서 심각해진 식량 및 원료의 부족이었다.[17] 일제는 산업 기반을 확충하기 위한 투자의 필요성은 일찍부터 인식하고 있었기 때문에 산업정책은 제한적이지만 추진되고 있었다.

4. 식민지 정책금융기관의 변모

1) 조선은행의 해외은행화

조선은행은 식민지 통화권의 확장에 대한 일본 정부의 요구에 따라 조선은행이 식민지 중앙은행으로서 1915년부터 쇼다(勝田主計)의 주도로 만주(滿洲)에 진출하여 조선은행권을 발행하고, 1916년부터는 중국 봉천성(奉天省) 봉천재정청차관 참가를 계기로 대중국 차관에 적극적으로 참가하게 되었다.[18] 그리고 이 은행은 일본에 지점을 개설하면서, 일본에서도 일반은행 영업을 확대하였다. 이와 같은 조선은행의 업무범위와 영역의 확장으로, [표 5-9]에서 보듯이, 해외(조선 외), 특히 만주와 일본 지점의 대출이 1910년대 중반 이후 급팽창하게 된다.

조선은행은 이러한 해외은행화로 전체적으로 일반은행의 업무를 확장하였지만, 조선에서는 은행권을 발행하고 공공기관 및 금융기관에 대한 자금공급을 담당하는 식민지 중앙은행으로서 역할은 변함이 없었다. 즉, 조선은행은 [표 5-8]에서 보듯이, 정부대출, 별도대출 형태로 재정자금을 20% 이상까지 공급하면서, 다른 금융기관에 대해서도 20~30% 수준의 자금을 공급하고 있었다. 다만 이러한 대출의 비중은 점차 감소

17 조선농회 편(1944), 『조선농업발달사: 정책편』, pp. 418~419.
18 대중국 차관 활동은 조선은행연구회 편, 『조선은행사』, pp. 172~175 참조.

[표 5-9] 1910년대 조선은행의 대출의 유형별·지역별 구성(1910~1920)

(단위: 천 원, ( ): %)

연도	정부 대출	별도 대출	일반 대출	전체 합계	지역별 대출 비중[1]				
					조선	만주	중국	일본	소계
1910	(33.0)	(34.2)	(32.8)	22,192	(87.1)	(0.9)	(0.0)	(12.0)	5,358
1912	(31.1)	(21.3)	(47.6)	32,505	(93.0)	(1.2)	(0.0)	(5.8)	13,913
1914	(20.1)	(16.5)	(63.3)	37,076	(82.0)	(11.2)	(0.0)	(6.8)	18,127
1916	(12.6)	(14.8)	(72.6)	59,487	(54.1)	(29.3)	(0.0)	(16.6)	22,302
1918	(2.9)	(22.4)	(74.8)	261,130	(23.7)	(27.5)	(3.2)	(45.5)	52,161
1920	(1.8)	(20.7)	(77.5)	298,493	(24.9)	(25.8)	(2.3)	(47.0)	45,669

주: 1) 정부대상금을 제외한 지역별 별도대출과 일반대출의 합계.
자료: 『소선은행사』(1987), pp. 860~866; 『조선금융사항참고서』.

[표 5-10] 1910년대 조선은행의 조선 내 대출의 동향(1910~1920)

(단위: 천 원, ( ): %)

연도	정부 대출	별도 대출	일반대출			전체 합계	산업별 대출 비중			
			관공	금융	잔여		상업	공업	농업	소계[1]
1910	(26.3)	(27.2)	(4.6)	(30.6)	(11.3)	27,870	(69.0)	(4.4)	(0.0)	5,358
1912	(26.7)	(18.3)	(5.6)	(25.8)	(23.6)	37,850	(50.8)	(3.2)	(0.0)	9,134
1914	(19.8)	(16.2)	(5.6)	(25.1)	(33.3)	37,869	(65.5)	(13.0)	(0.9)	12,603
1916	(17.0)	(13.1)	(3.7)	(19.4)	(46.8)	44,143	(47.6)	(8.8)	(1.3)	17,899
1918	(9.9)	(10.4)	(0.9)	(23.7)	(55.0)	75,396	(70.4)	(11.2)	(1.3)	41,488
1920	(6.2)	(13.2)	(0.7)	(29.3)	(50.6)	89,015	(88.3)	(7.8)	(0.5)	45,085

주: 1) 정부대상금을 제외한 지역별 별도대출과 일반대출의 합계.
자료: 조선총독부, 『조선금융사항참고서』(1926년판).

하고 있었으나, 이로 인해 발생한 잔여 일반자금은 [표 5-10]에서 보듯이, 주로 상업 관련 대출에 이용되었다. 다른 연구자들이 흔히 지적하고 있는 1910년대 식민지 조선의 산업자금난[19]은 이와 같은 조선은행의 조숙한 해외은행화와 관련되어 있었다.

19 임병윤(1971), 『조선에 있어서 상업적 농업의 전개』, pp. 193~207.

2) 동양척식회사의 금융기관화

동양척식회사(이하 동척)는 설립 초기부터 조선으로 이주한 일본인에 정착자금을 공급함으로써 대출 업무를 시작하였다. 1911년 이후 이 사업을 본격화하자 대출이 증가하여 [표 5-11]에서 보는 바와 같이, 1914년에는 대출액이 총자산의 17.6%까지 되었다. 특히, 1917년 동척의 만주 진출이 결정된 이후 금융 업무가 급팽창하여 대출이 1918년 말이면 전체 자산의 43.4%까지 되었다. 이와 같이 동척은 부수 업무에 불과한 대출 업무를 조선과 만주에서의 산업금융시설 부족을 이유로 확대함으로써 동척의 금융기관 역할이 중시되기 시작하였다.

1910년대 초반부터 동척의 금융사업이 확장된 것은 무엇보다도 외채동원의 성공으로 동척 자금이 획기적으로 증가하였을 뿐 아니라, 당시 조선은행의 일본·만주에서의 영업 확대, 이른바 '해외은행화'에 따른 자금상의 공백을 동척이 보완해야 했고, 자금난에 빠진 농공은행을 지원할 수 있는 기관이 동척밖에 없는 사정에서도 비롯되었

[표 5-11] 동양척식회사의 대차대조표 주요 계정과 토지 소유(1910~1918)

(단위: 천 원, ( ): %)

		1910	1912	1914	1916	1918
자산 총액		12,330	31,630	30,995	31,299	75,813
자금 운용	토지, 건물	(16.0)	(33.1)	(49.9)	(52.0)	(21.4)
	대출	(4.8)	(7.8)	(17.6)	(18.7)	(43.4)
	유가증권	(0.0)	(3.2)	(7.4)	(3.2)	(8.5)
	현금, 예치금	(9.1)	(33.2)	(10.7)	(15.0)	(10.1)
자금 원천	자본금	(81.5)	(32.3)	(37.7)	(33.8)	(26.4)
	회사채	(0.0)	(61.2)	(62.4)	(61.8)	(54.0)
	예금 · 차용금	(12.2)	(2.4)	(0.0)	(14.5)	(14.5)
토지 소유 (정보)	답	8,644	32,897	46,642	49,023	50,134
	전	2,311	11,652	18,753	19,648	19,312
	기타	91	3,488	4,748	4,711	5,234
	합계	10,036	48,037	70,144	73,382	74,681

자료: 동양척식회사(1918), 『동척십년사』; 조선총독부, 『조선총독부통계연보』.

[표 5-12] 동양척식회사 대출의 용도 및 지역별 구성(1912~1917)

(단위: 천 원, ( ): %)

연도	주요 용도별 비율							지역별 비율		
	토지 개량	수리 사업	농사 경영	소계	공업 대출	이주비	행정비	조선 지역	만주 지역	전체 (천 원)
1912	(0.0)	(0.0)	(77.0)	(77.0)	(0.0)	(2.9)	(2.9)	(100.0)	(0.0)	2,473
1917	(25.9)	(23.9)	(8.9)	(58.7)	(7.0)	(4.2)	(4.2)	(68.1)	(30.9)	12,278

자료: 동양척식회사(1918), 『동척십년사』.

다. 또한 동척이 1910년대 초반에 대대적인 토지 매집을 도모하였다.[20] 이것이 지가상승을 부추기면서 토지 수탈에 대한 반발을 강화하여 동척의 토지 매집이 더 이상 확대되기 어렵게 된 것도 유의해야 할 것이다.[21] 이런 이유로도 금융사업에 관심을 기울이게 되었다.

이와 같이 동척의 초기 대출은 주로 이민성책의 하나로 이주비와 이주민 농사 경영 자금과 토지 매입 자금을 공급하는 수준에 그쳤으나, 1910년대 중반에는 이와 병행하여 토지개량 및 수리사업 자금 등 농업생산력 확충과 관련된 대출로까지 확대하였음을 [표 5-12]에서 확인할 수 있다. 이 시기에는 앞서 설명한 바와 같이, 조선에서 역외수지 적자로 농업생산력 기반의 확충에 의한 농산물 수이출 증가를 통한 무역적자 해소가 주요 정책과제로 부각되자 동척은 농업 관련 대출을 확장하였던 것이다.

3) 농공은행의 상업금융기관화

농공은행은 당시 지방의 지금난을 해소하면서 산업금융을 확대하여 생산력 기반

20 동척이 1912년 외채를 동원하여 자산을 3,000만 원으로 증액하였는데, 그 자금의 대부분을 토지 매집에 이용하였다. 동척의 토지보유는 1910년 10,036정보, 1912년 48,037정보, 1914년 70,144정보에 이르렀으나, 이후 토지 매집은 정체 상태에 접어들어 1916년 73,382정보에 그치게 되었다.

21 "본사의 토지 매수는 점차로 한국인의 소작지를 탈취하고 일본인의 이주를 준비하는 등 회사 업무에 대한 오해와 반감 등에 근거한 각종 풍설을 유포하여 매수를 방해하는 일이 잦으며, 또한 교통기관 기타 시설의 발달에 따라 토지의 투자자가 속출하기 때문에 지가의 앙등이 촉진되는 등 많은 장애가 있어, … 중략 … 자금의 관계, 지가의 변동을 고려하여 특수한 이유가 없는 한 토지 매수를 중지하기로 하였다"(동양척식회사(1918), 『동척십년사』, pp. 37~38).

[표 5-13] 농공은행의 주요 대출과 구성비(1910~1916)

(단위: 천 원, ( ): %)

	1910	1912	1914	1916
총대출	6,344	10,456	11,544	12,714
상업대출	(75.5)	(69.7)	(54.4)	(62.0)
산업 · 공공대출	(17.2)	(20.1)	(33.6)	(25.0)
산업 · 공공대출 중 농업용	(81.9)	(72.8)	(65.3)	(86.6)
부동산담보 대출	(28.6)	(29.0)	(44.1)	(46.0)

자료: 조선총독부, 『조선총독부통계연보』.

을 확충하는 것을 설립의 주요 목적으로 내세웠다. 즉, 농공은행은 연부, 정기상환을 조건으로 농공업에 장기 자금을 공급하는 것을 원칙으로 하였다. 그러나 농공은행은, [표 5-13]에서 보듯이, 대출액의 20~30% 정도만을 산업·공공대출에 이용하였다. 이러한 산업 및 공공대출 중에서 65~85% 정도를 농업 관련 대출에 이용하였다.

그런데 농공은행이 농업대출 중 대부분을 농업시설투자에 이용한 것[22]을 고려할 때, 이 은행의 정책대출은 제한적이나마, 농업생산력 기반의 확충에 기여했다고 할 수도 있다. 반면에 농공은행 대출의 대부분은 산업자금보다는 상업자금으로 이용되었다. 즉, [표 5-13]에서 보는 바와 같이, 농공은행의 대출은 대부분은 상업대출이었다. 상업대출의 비중이 줄어들고 있지만 1916년까지도 60%를 넘어서고 있다.

농공은행은 대출에 따른 위험으로부터 벗어나기 위해 부동산담보에 크게 의존하였다. 특히, 토지조사사업의 진전에 따라 부동산등기제도가 확산되어 감에 따라, 부동산거래가 확대되고 부동산 저당등기가 활발해진 1914년 이후에는 그 비중이 높아졌다. 그러나 농공은행이 상업자금까지 부동산담보에 의거 대출하여 자금고정화에 부딪히게 되어 농공은행의 경영난이 가중되기도 했다.[23] 그리고 농공은행은 소요자금의

22 『조선총독부통계연보』, 1918년판 참조.

23 예를 들어, 한호농공은행은 1914년 11월 말 1,585천 원, 전 대출의 41.0%가 연체 상태에 있었다. 『농공은행지배인회동자문사항답신서』(1915. 10) 중 「연체정리상황 및 장래의 방향」(pp. 105~116)을 보면, 연체 문제는 당시의 각 농공은행에 공통된 것이었다.

대부분을 예금에 의존함으로써 산업금융기관으로 변모하는 데에 필수적인 장기 자금 동원에 성공할 수 없었다. 이 때문에 농공은행은 자금회수가 용이한 상업 관련 대출에 주력하였던 것이다.

4) 지방금융조합의 대부기관화

지방금융조합은 농촌의 말단 지배기구로서 식민지 지배기구의 구축과 관련된 여러 사업을 담당하였다. 일제 초, 지방금융조합은 농촌 말단으로의 자금배분, 농공은행 대리대출, 화폐정리사업을 위한 구화 회수 및 신화 보급, 농산물 매집을 위한 창고 설치, 기타 생산물의 판매와 구매 등 조선총독부가 부여하는 여러 사업을 담당함으로써 농촌 말단을 금융적으로 포섭하면서, 이를 매개로 화폐정리사업도 완결하며, 상품유통도 촉진시키고자 하였다. 이러한 점에서 초기 지방금융조합은 대출을 매개로 조선총독부의 정책사업 등을 처리하는 미분화된 재정기관의 하나에 불과하였다고 할 수 있다.

지방금융조합은 다른 자금원도 없이 재정자금의 지원만으로 금융사업을 전개하였다. 그런데 조선총독부가 초기에 방만한 사업으로 재정적자에 빠져 있었기 때문에 재정자금에만 의존하는 금융조합의 경영은 점차 어려워지기 시작하였다. 그럼에도 불구하고 [표 5-14]에서 보듯이, 조직도 점차 커지고 사업 영역도 확대되고 있었다. 하

[표 5-14] 지방금융조합의 주요 업무 추이(1908~1916)

(단위: 천 원)

연도	조직 동향		금융 업무		매개 대출	공동구판		화폐정리사업		창고사업	
	조합 수	조합원 수	예금	대출		판매	구매	구화	신화	창고 수	입출고
1908	43	16,126		214		0	1	97	18	4	6
1910	120	39,051		779		38	13	590	268	25	279
1912	189	67,798		1,703	83	344	50	211	640	119	448
1914	227	59,722	68	2,147	340	560	98	138	254	189	692
1916	250	94,680	321	2,819	448	312	17	23	364	215	3,530

자료: 秋田豊 編(1929), 『조선금융조합사』, pp. 52~57.

지만 다른 형태의 자금원이 확보되지 않는 한, 금융조합은 조직운영조차 어렵게 되었다. 결국 조선총독부는 1914년부터 금융조합이 조합원의 가입금을 모집하고 예금을 취급하게 함으로써, 즉 상호금융기관으로의 변신을 통해 재원 부족 문제를 해결하는 방안을 강구하였다.

지방금융조합의 자금운용은 자금력 부족으로 10개월 미만의 단기 대출에 제한되고 그것도 일본인 조합이사의 신용평가나 타인의 보증에 의거하도록 하였다. 실제로 그 대출도 거의 회수가 확실하고 쉬운 경우매입 자금에 한정되고 있었다.[24] 이것은 지방금융조합이 아직은 산업금융기관으로까지 발전하지 못하고 있었음을 말해 준다. 대출액도 1916년 말 300여만 원에 그쳤고, 1인당 대출 한도도 30원을 넘지 않았다. 이와 같이 지방금융조합도 농업생산력 기반을 확충하는 금융기관으로서의 역할을 담당하는 데에 이르지 못한 상태에 있었던 것이다. 도리어 그 자금이 고리대자금으로 전용되어 고리대금업자를 도우는 기관이라는 비난까지 받게 되었던 것이다.

> "총독부에 기대어 자만하기 짝이 없는 지방금융조합은 있는 편이 없는 편보다 낫겠지만, 빈민에게 자금을 융통한다 말할 수는 없고, 결국 중농 이상의 부자, 양반들에게 빈민을 괴롭힐 고리대 자금을 공급하고 있다. … 중략 … 이사는 장부를 관리하는 일에 급급하며 빈민 따위에는 돈을 빌려 주지 않고, 이 고마운 기관을 이용하는 자는 확실한 저당을 가진 부자 양반무리들이다."[25]

24 "지역 간의 편차는 크지만, 대략 경우(耕牛) 구입자금은 40~60% 정도이고, 자작농 토지매입 자금은 10~20% 정도가 되고 기타는 주로 농사경영비 명목으로 대출되었다"(조선총독부(1915), 『지방금융조합이사회동자문사항답신서』).

25 中野正則(1915), 『내가 관여한 만선(滿鮮)』, pp. 378~379.

제 6 장

일제 초 정책금융기관의 재편과 식민지 정책금융

1. 식민지 정책금융기관의 개편

1) 농공은행과 지방금융조합의 개편

동양척식회사(이하 동척)는 1911년 일본의 흥업은행을 통해 1,935만 원의 외채모집에 성공하여 1912년 2,000만 엔에 가까운 자금을 확보하였다. 이로써 토지 매집을 확대하는 동시에 그 잔여금을 이용하여 다른 금융기관의 채권을 인수하고 대출도 확대함으로써, 금융 업무를 본격적으로 확장하였다. 특히, 동척은 1911년부터 흥업은행이 인수해 왔던 농공은행 채권을 인수함으로써 농공은행의 상급 금융기관의 역할까지 수행하게 되었다. 이와 같이 동척이 농공은행 자금동원기구의 취약성을 보완하고 있었지만 여전히 토지와 건물의 매집에 자금을 집중하여 농공은행을 지원하는 것에 한계가 있었다.

그런데 동척은 [표 5-11]에서 보았듯이, 자금원천을 회사채 및 주식의 소화에 전적으로 의존하였는데, 특히 회사채 의존도는 60% 이상이다. 그리고 동척의 채권은 1912년에는 외채 발행에 의존하고 있지만, 공모에도 의존하였고, 대장성 예금부도 저리로 인수해 주었음을 [표 6-1]에서 확인할 수 있다. 이와 같이 동척은 외채의 성공, 일본 자

[표 6-1] 동척 초기의 회사채 소화 동향

(단위: 천 원)

발행연월	발행액	상환액	발행가격	이자율(연%)	소화방법
1912. 03	19,350	18,994	96 1/3	5.0	외채
1917. 04	2,000	0	100	5.3	대장성 예금부
10	10,000	0	98	5.3	공모
	5,000	0	100	6.0	대장성 예금부
1919. 01	5,000	0	98	5.0	공모
08	5,000	0	98 1/2	6.5	공모
10	10,000	0	99	6.5	공모
12	2,000	0	100	5.1	대장성 예금부

자료: 대장성, 『금융사항참고서』, 1920년판; 『동척십년사』, p. 32.

[표 6-2] 농공은행의 주요 자금원천(1906~1916)

(단위: 천 원, ( ): %)

연도	예금 소계	외부 자금 소계	차입금		납입 소계	자본 중 정부분	채권 발행			합계
			소계	정부분			소계	흥은	동척	
1906	163	1,711	(44.9)	(100.0)	(28.8)	(57.8)	(26.3)	(100.0)		1,874
1908	752	2,499	(46.7)	(100.0)	(22.7)	(59.3)	(30.6)	(100.0)		3,251
1910	3,205	3,081	(50.7)	(72.4)	(18.0)	(59.3)	(31.3)	(100.0)		6,286
1912	4,469	5,834	(46.3)	(54.7)	(23.1)	(24.4)	(30.6)	(43.8)	(56.2)	10,303
1914	4,718	7,968	(45.0)	(40.9)	(18.4)	(22.4)	(36.6)	(23.1)	(76.9)	12,686
1916	8,017	8,981	(64.3)	(25.3)	(16.3)	(22.4)	(19.4)	(28.9)	(71.1)	16,998

자료: 『조선금융사항참고서』, 『조선총독부통계연보』, 『동척십년사』.

본시장의 활용 및 일본 정부의 지원 등으로 획기적인 자금동원에 성공함으로써 토지 지배축 및 금융 지배축으로 자리잡을 수 있었던 것이다.

농공은행은 출발부터 재정자금과 채권 발행에 크게 의존하였다. 즉, [표 6-2]에서 보는 바와 같이, 농공은행이 소화하지 못한 주식은 정부가 인수하고, 이 은행이 발행한 소화되지 않은 대부분의 채권도 조선총독부가 주선하여 흥업은행과 동척이 소화하도록 하였다. 조선총독부가 출발과 동시에 식민지 지배기구의 구축과 관련된 사업을 본격적으로 추진함에 따라 재정적자에 직면하여 조선은행으로부터 자금 원조를 받아야 할 만큼 재정사정이 원활한 것도 아니었다. 농공은행은 이러한 사정에 처한 총독부로부터 더 이상의 자금 원조를 기대할 수 없게 되었다. 결국 농공은행은 부족한 자금을 조선은행으로부터 차입하거나,[1] 채권을 발행하여 동척에 인수시킴으로써 자금난을 타개해 갔다.

지방금융조합은 농공은행 및 통감부의 금융·재정 보조기관으로 설립되어 식민지 지배기구를 말단에 구축하는 데 필요한 여러 사업을 하였다. 금융조합의 필요한 사업자금 조달은 [표 6-3]에서 보듯이, 전적으로 재정자금 원조에 의존하였다. 조선총독

1 농공은행은 자금 부족 시 조선은행으로부터 재할인 형식으로 차입하고 있었음을 알 수 있다(『농공은행지배인회동자문사항답신서』, pp. 35~58).

[표 6-3] 지방금융조합이 자금 구성 추이(1908~1916)

(단위: 천 원, ( ): %)

연도	출자금	적립금	정부보조금	차입금	예금	총자산(A)	대출(B)	A-B
1908	(0.0)	(0.0)	(100.0)	(0.0)	(0.0)	430	214	216
1910	(0.0)	(4.9)	(95.1)	(0.0)	(0.0)	1,262	779	421
1912	(0.0)	(12.7)	(87.2)	(0.1)	(0.0)	1,703	1,703	187
1914	(2.6)	(16.7)	(77.1)	(1.3)	(0.0)	2,274	2,174	118
1916	(8.3)	(15.5)	(66.8)	(0.8)	(8.6)	2,459	2,819	-324

자료: 조선총독부, 『조선금융사항참고서』.

부 설치 이후에 재정수요가 급속히 확장됨에 따라 금융조합에 대한 정부보조가 여의치 않았다. 금융조합은 이를 타개하는 방법으로 가입비를 받았으나, 이것만으로는 재정자금 의존으로부터 탈피하기 어려웠다. 그런데도 조합이 계속 설립되고, 그에 따라 조합원도 증가하고, 무엇보다 사업범위가 점차 확대됨에 따라 자금난도 심각해졌다. 이러한 상황에서 재정자금 이외의 자금을 동원할 방도가 검토되기 시작하였다.

조선총독부는 농공은행과 지방금융조합의 장기 자금난을 해소하기 위해 동척의 자금을 농공은행에, 농공은행의 자금은 금융조합에 공급하는 방식, 이른바 산업금융기관의 계통화를 1911년부터 시도하였다. 즉, 동척이 농공은행의 채권을 인수하고 농공은행이 금융조합을 통해 대출을 실시하도록 하였다. 그러나 이와 같은 응급적인 조치들이 기대에 못 미치자 조선총독부는 농공은행과 금융조합의 개편을 시도하였다.

조선총독부는 1914년 5월 기존의 「농공은행조례」와 「지방금융조합규칙」을 폐지하고 새로이 「농공은행령」과 「지방금융조합령」을 공포하여 실시하였다. 「농공은행령」에서는, 첫째 주주의 자격을 2년 이상 조선에 거주한 일본인 농공업자에게도 부여하였다. 둘째, 납입지본금 5배 이내에서 농공은행 재권을 발행할 수 있게 함으로써 농공은행의 자금동원력을 제고시킬 수 있는 조치들을 시행하였다. 셋째, 농공은행의 업무범위를 확대하는 조치의 하나로 공공단체 및 조합에 대한 대출도 실시하였다.[2]

2 조선식산은행(1928), 『조선식산은행십년지』, pp. 17~20.

「지방금융조합령」은 금융조합이 자금동원력을 가질 수 있도록 개정되었다. 첫째, 가입금제도를 출자금제도로 바꾸면서 일본인 농공업자의 가입도 허용하였다. 둘째, 금융조합은 조합원의 예금을 취급할 수 있도록 함으로써 금융조합의 상업은행화가 시작되었다. 셋째, 금융조합이 자금동원력을 높일 수 있는 것을 전제로 대출 한도를 50원에서 100원으로 인상하였다.[3]

이상에서 살펴본 농공은행과 지방금융조합의 제도적 개편은 산업자금 수요의 증대에 대응하여 자금동원력을 확대하기 위한 것이기도 하였지만, 이를 통해 조선총독부의 부담을 해소하려는 것이기도 하였다. 특히, 이 개편 과정에 농공은행과 금융조합의 일본인 참여가 제도화되고, 금융조합은 비록 조합원에 제한되었지만, 대출과 예금을 겸하는 상업은행으로 변신하는 계기가 마련되었다.

한편, 화폐·재정정리사업의 진행 과정에 과도적 금융시설로 나타났던 각 지방의 공동창고는 농공은행의 기능이 확대됨에 따라 자연적으로 농공은행 업무에 흡수되었다. 즉, 수형조합도 새로운 형태의 어음이 순조롭게 유통됨에 따라 1912년 7월 농공은행에 흡수되었다.[4] 그리고 서울에 설립된 한성공동창고회사의 상품 및 부동산을 담보로 한 대출이 다른 은행의 업무와 중복되었을 뿐 아니라, 이로 인해 한성공동창고의 경영사정이 악화되었다. 이 때문에 이 기관은 1912년 4월에 조선총독부의 지시에 따라 1911년 대한천일은행에서 명칭을 변경한 조선상업은행에 합병되어[5] 소멸되고 말았다.

농공은행 및 지방금융조합의 제도적 개편에도 불구하고 정책금융기관이 당시에 나타난 장기 산업자금 부족 문제를 계속 해결할 수 없게 됨에 따라, 금융제도 재편에 대한 요구가 계속 제기되었다.[6] 그 결과, 제시된 식민지 산업금융기구의 개편 방향은 동척 금융부의 확장과 농공은행의 합병이었다. 전자는 1914년경에 이미 좌절되고 후자만 가능한 대안으로 남았다. 그런데 1916년 테라우치(寺內) 내각이 출범하고 조선과

3 秋田豊 編(1929), 『조선금융조합사』, pp. 448~466.
4 조선은행(1919), 『선만경제십년사』, p. 34.
5 한국상업은행(1959), 『한국상업은행육십년지』, p. 315.
6 「동척과 자금공급」(『매일신문』, 1914. 5. 15).

[표 6-4] 일본의 국제수지 동향(추계치)(1909~1920)

(단위: 백만 엔)

연도	경상 수지	장기 자본수지	금은 수지	정화 수지	연도	경상 수지	장기 자본수지	금은 수지	정화 수지
1909	15.1	132.7	-72.4	0.5	1915	242.4	-64.4	16.4	-166.7
1910	-43.3	117.5	5.1	-7.6	1916	661.9	-437.9	-78.6	-107.6
1911	-106.5	11.7	16.9	105.9	1917	988.5	-344.7	-236.3	-156.6
1912	-136.2	76.9	10.8	16.5	1918	843.1	-520.6	0.0	508.4
1913	-132.3	118.5	19.7	-31.5	1919	323.3	-37.6	-324.3	-128.0
1914	-28.0	-4.7	18.9	33.6	1920	-79.4	-226.3	-407.5	280.0

자료: 山本有造(1972), 「국제수지통계의 종합화에 대하여」, 교토대, 『인문학부』.

만주의 금융 블록화라는 개편 방침이 굳어지면서 동척의 만주 진출이 결정되었다. 이에 따라 조선은행, 요코하마정금은행(正金銀行) 및 남만주철도회사 등 일본 식민지 특수금융기관 간의 업무조정이 이루어지는 과정에서 조선 내 자금공급 획대 방안으로 농공은행 합병안이 확정되었다.[7]

2) 동양척식회사의 만주 진출과 금융부 확장

일본은 [표 6-4]에서 보듯이, 제1차 세계대전을 거치면서 경상수지 흑자를 누리게 되고 처음으로 자본수출국으로 전환하게 되었다. 일본이 자본수출을 도모할 만큼 경제적으로 성장하였고,[8] 일본의 공업생산력, 특히 중화학공업이 급격히 성장하게 됨에 따라 식민지로부터 식량과 원료를 조달해야 할 필요성은 더욱 증대되었다.[9] 그런데 일본이 식량과 원료의 주요 공급지로 새로이 부각된 만주 등 중국 일부 지역을 일본 자본주의권 내로 포섭하려는 정책은 이미 철도를 이용하여 전개하고 있었다. 일제는 나

7 조선신문사 편(1936), 『조선통치의 회고와 비판』, pp. 174~175.

8 예를 들어, 일본 내 화학, 금속, 기계 등 중화학 분야의 생산액 비중은 1909년 18.4%, 1914년 22.9%, 1920년 32.8%가 되었다. 그리고 직공 수를 보면 1909년 108,534명(13.5%), 1914년 144,116명(16.9%), 1920년 452,923명(25.6%)이 되었다(狭間源三(1968), 「독점자본의 확립」, 『일본자본주의발달사론(II)』, p. 24).

9 川北昭夫(1980), 「자원문제와 식민지정책의 전환」, 三崎隆三 編, 『양대전간의 일본자본주의(하)』.

아가 일본인의 경제적 지배를 강화하는 기구로서 이미 진출한 식민지 특수금융기관을 내세워 차관 등을 매개로 하여 엔계 통화권, 이른바 엔(円) 블록을 확장함으로써 중국을 일본자본주의권 내로 적극적으로 포섭하려 했다.

조선은행은 제1차 세계대전 발발 전인 1913년경부터 만주에 진출하면서 만주와 조선 간의 높은 운임이나 관세 등 교역 장애가 1913년 이후 본격적으로 철폐되었다.[10] 이에 따라 교역량이 급격히 증대하였고,[11] 만주 일본인 상공업자의 경제권도 확대되감에 따라 일본인 금융기관의 설립 요구도 증대하고 있었다.[12] 그러다 일제는 제1차 세계대전 발발 이후 독일 조차지 점령을 계기로 남만주 침략을 본격화하였다. 이에 따라 통화·금융 침략도 함께 진행되었다.

일본 정부는 1915년 7월 「일지금융기관조사회」를 설치하여 이 방안을 구체적으로 연구한 후 1916년 1월 「만주은행법안」과 「일지은행법안」을 일본 국회에 제출하기에 이른다. 이 과정에서 동척 개정안도 각의에 제출되었는데, 이 개정안은 동척의 만주 진출과 동척 금융부의 확장을 주요 골자로 한 것이었다. 그러나 이 법안 모두가 조선총독의 저지로 좌절되었다.[13] 그러다 1916년 10월 테라우치(寺内) 내각이 성립된 후 일본 대장성 안으로 「대지금융기관 설치에 관한 건」이 제출되었고, 그해 11월 각의를 통과하여 조선은행과 동척의 만주 진출이 확정되었다. 조선은행은 이미 만주에서 영업을 시작하였지만, 1917년 7월 『동양척식회사법』(이하 『동척법』) 개정안이 의회를 통과한 후 동척의 조선 외, 즉 만주에서의 영업이 비로소 시작되었다.

동척은 만주 진출을 계기로 순수 일본인 투자회사로 개편되었고, 그 본점도 일본 도쿄로 이전되고, 규모나 업무도 확대되었다. 1917년 개정된 동척법의 주요 내용은 [표 6-5]에 제시된 것과 같다.

---

10 이와 관련되는 주요 조치를 보면, 1913년 6월 조선과 만주 간의 국경관세 1/3 경감, 1914년 1월 일만(日滿) 화물연결 수송 개시, 1914년 5월 일본철도원, 조선철도, 남만주철도 3선 연결수송화물 중 면사 등 10개 품목의 운임 30% 경감 등이다.

11 1912년과 1917년까지 조선과 만주 간의 수입은 1.9배 증가하고 수출은 3.8배 증가하였다(조선은행(1919), 『선만경제십년사』, p. 339).

12 波形昭一(1985), 『일본식민지금융정책사의 연구』, 와세다대학, pp. 306~333.

13 조선은행사연구회(1987), 『조선은행사』, pp. 146~150.

[표 6-5] 동양척식회사의 업무상 변천

시행연월	1908. 8	1918. 2	1928. 5	1938. 5
주주자격	한국인, 일본인, 일본 법에 근거한 법인	일본인 한정		
임원 선임	총재(부총재)는 총독부 임명, 이사는 50주 이상 소유주 중 감사는 30주 이상, 소유주 중 주주총회에서 2배수 선출 후 총독(1918년부터 일본 정부) 임명			
영업범위와 방법	① 농업 경영, ② 토지매매 및 대차, ③ 토지경영관리, ④ 건물 축조, 매매, 대차, ⑤ 이주 농업자 물품의 공급과 생산물의 분배, ⑥ 척식자금 공급	① 척식자금의 공급, ② 농업, 수리사업, 토지취득 경영처분, ③ 이주민 모집과 분배, ④ 건물 축조, 매매, 대차, ⑤ 이주 농업자 물품의 공급과 생산물의 분배, ⑥ 위탁토지의 경영과 관리		
대출규제 담보평가	원목적 이외 용도 자금 회수 감정가격 2/3 이하	좌동		
대출내용	① 이주비 대출, ② 부동산담보 대출 15년 내 연부상환, 5년 내 정기상환, ③ 상품담보 대출, ④ 부동산 3년 내 상환대부	① 이주민 25년 연부상환, 5년 정기상환 이주비 대부, ② 1년 내 생산물담보 대출, ③ 30년 연부상환, 5년 정기상환 부동산, 철도, 광업권, 담보 대출, ④ 공공단체 및 법인 무담보 연부 정기상환 대출, ⑤ 20인 이상 연대보증 5년 내 정기상환 대출, ⑥ 이민, 척식 관계회사의 주식, 채권 인수와 공모, ⑦ 이민, 척식 관계회사의 주식, 채권 담보 정기상환 대출		
회사채 발행	납입자본 10배 내	납입자본 10배(1938년부터는 15배) 이내		

자료: 동양척식회사, 『동척십년사』, 『동척이십년지』, 『동양척식회사삼십년지』.

첫째, 영업지역이 조선 외로 확장되었다. 둘째, 주식 소유는 일본인에 한정되었다. 셋째, 본점은 도쿄로 이전되었다. 넷째, 금융사업의 확장을 위해 자금운용 폭이 확대되었다. 다섯째, 일본 정부는 동척 채권의 원리금을 보증하면서 정부 주식은 8년간 배당을 면제하여 동척의 회사채 모집을 지원하였다. 그리고 이와 같은 동척의 자금동원력 증대를 도모하는 조치의 하나로써 동척의 수권자본금을 1918년 5월 종래 1,000만 원에서 3,000만 원으로 대폭 증액하였고, 1919년 9월에는 재차 5,000만 원으로 증액하였다.

이러한 『동척법』의 개정은 동척을 조선총독 산하에서 일본 정부 산하의 척식금융기관으로 전환하되 그 영업을 조선 밖으로까지 확장하는 것에 초점을 두고 있었다. 그에 따라 이 이후 동척의 금융부 기능은 비약적으로 팽창한다. 즉, 1918년 동척 소유 토지자산의 규모는 논(畓) 50,134정보, 밭(田) 19,312정보, 기타 5,234정보로 감소하지 않았지만 총운용자산 중 토지와 건물의 비율은 21.1%로 급격히 감소하였다. 반면, 대출은 획기적으로 증가하여 대출자산이 전체 자산의 43.4%를 차지하게 되었다. 이것은 동척이 1917년 「동척법」 개정과 함께 일본 내 유휴자금을 적극적으로 동원하여 조선뿐 아니라 만주에서도 부동산 및 척식금융기관으로서 활동을 확장한 결과이다. 그리고 만주의 대출 비중이 1917년 32.3%, 1921년 39.6%, 1927년 41.2%로 증가하였다.[14] 이것도 동척이 일본 내 과잉자본을 적극적으로 동원하여 조선과 만주를 총괄하여 양 지역을 금융적으로 통합하는 데에도 중추적인 역할을 담당한 결과의 하나였다.

조선은행은 1918년 8월 각의를 통과한 「만주에 있어서 특수은행기능의 통일에 관한 건」에 따라, 만주의 금권[15] 발행과 국고금을 취급하고 또한 영업구역도 만몽지방과 러시아령 아시아로까지 확장하게 되었다.[16] 조선은행의 만주에서의 식민지 중앙은행 활동을 뒷받침하는 조치의 일환으로 이에 앞서, 1917년 2월에는 자본금이 2,000만 원으로 증액되었고 그해 12월에는 관동주 및 만철부속지에서의 조선은행권의 법화화도 시행되었다. 그 밖에도 조선은행의 조선 외 영업의 확장에 따라 1918년 8월에는 자본금이 다시 4,000만 원으로 증액되고 1920년 2월에는 또 다시 8,000만 원으로 증액되었다. 그리고 조선은행이 만주 내 발권은행으로 변모됨에 따라 1918년 4월에는 보증준비 발행한도액이 3,000만 원에서 5,000만 원으로 대폭 증액되었다.

이와 같이 일본 정부의 적극적인 보호하에 전개된 조선은행의 만주에서의 식민지 중앙은행화 및 식민지 특수금융기관으로서의 활동 영역의 확장은 엔 블록의 확장을 초래하였음은 물론 동척과 마찬가지로 조선과 만주 양 지역의 금융통합을 촉진하였

14 동양척식회사 편(1938), 『동양척식회사삼십년지』, p. 85.

15 당시 일본은 금본위제를 채택하고 있었고 조선은행권은 일본은행권을 주요 준비로 발행되어 조선은행권은 일본은행권으로 1:1로 교환되었다. 만주의 금권이란 구체적으로 일본은행권과 태환(교환)되는 조선은행권을 말한다. 이 당시 중국은 은본위제를 채택하였기 때문에 일본의 금본위제와 중국의 은본위제 대립은 일본의 적극적 통화 공작의 계기로 작용하였다.

16 조선은행사연구회 편(1987), 『조선은행사』, pp. 152~154.

다. 그 여파로 조선은행의 조선에서 영업 활동은 위축되었다.

2. 조선식산은행의 설립

1910년대 조선의 중추 금융기관이었던 조선은행이 일본 및 만주에서의 영업을 확장하고 동척도 이 지역으로 진출하기로 결정됨에 따라, 일제는 이에 따른 조선의 금융상의 공백을 어떻게든 메울 수 있는 방안을 강구해야만 했다. 일제는 제1차 세계대전을 거치면서 일본 내 형성된 과잉자본의 동원을 전제로 농공은행을 흡수·합병하되, 그 기구를 확대하는 형태의 산업금융기관, 즉 조선식산은행(이하 식산은행)을 설립함으로써 동척과 조선은행의 본격적인 만주 진출에 따른 금융상의 공백을 보완하면서 식민지 산업금융을 확대하고자 하였다.[17]

당시 조선의 최대 금융기관이었던 조선은행은 1910년대 중반까지는 주로 재정을 뒷받침하였고, 1910년대 중반 이후에는 만주와 일본에서의 일반은행 영업을 확장하고 조선에서는 상업자금을 공급하는 데 주력하였다. 일본 일반은행 지점도 무역과 상업과 관련된 단기 자금을 공급하는 것에 그치고 있었다.[18] 한편, 조선에 본점을 둔 일반은행도 자본동원력에서는 아직도 취약하였던 상업은행으로서 전국 각지에 설립되었으나 상업금융을 어느 정도 보완하는 데 그치고 말았다. 그리고 내륙 금융경색의 완화를 도모하는 것을 목표로 설립되었던 농공은행과 금융조합도 내륙 금융을 담당하였으나, 단기 상업자금을 주로 공급하고 있었다. 이와 같이 1910년대 농공은행과 금융조

17 식산은행 설립에 즈음한 탁지부 장관 성명서를 보면, 식산은행의 성격이 다음과 같이 규정되어 있다. "최근 경제약진의 추세에 비추어 보고, 다시 전후에 온 대세를 생각해 보면, 그 세력의 미약함을 생각하지 않을 수 없기 때문에 농공은행의 근본에 혁신을 가해 농공은행의 분립을 고쳐 통일하여 하나의 대은행으로 하여 조선 전도의 자력과 신용을 일단으로 하고 내선 양지로부터 널리 자본을 모집하여 재능 있는 이사를 추천하여 그 관리를 맡겨 반도 장래 경제에 공헌하고자 한다"(조선식산은행(1928), 『조선식산은행십년지』, pp. 16~17).

18 이러한 현상은 1920년대에도 지속된다. 예를 들어, 『동아일보』 1922년 4월 29일자 보도는 "지점은행은 예금에서 우월할 뿐 아니라 대출고정이 적고 신용이 있는 어음 중 일류 어음에만 융통하고 대출에 과대한 제한을 부(負)하여 조선에서 긴축방침을 취하고, 특히 재계 변조에 즈음하여 조선 내 대출을 극단한 회수를 하여" 라고 지적하고 있다.

[표 6-6] 농공은행과 식산은행의 업무상 변천

<table>
<tr><th rowspan="2">시행
법규</th><th>농공은행조례</th><th>농공은행령</th><th colspan="5">조선식산은행령</th></tr>
<tr><th>칙령 13호</th><th>칙령 21호</th><th>제령 7호</th><th>제령 1호</th><th>제령 13호</th><th>제령 8호</th><th>제령 11호</th></tr>
<tr><td>시행연월</td><td>1906. 7</td><td>1914. 5</td><td>1918. 7</td><td>1924. 3</td><td>1931. 3</td><td>1933. 8</td><td>1936. 7</td></tr>
<tr><td>주주자격</td><td colspan="7">규정 없음. 한국인, 일본인, 일본 법에 의한 법인</td></tr>
<tr><td>임원
선임</td><td colspan="2">임원은 주주총회 선출
지배인은 임명</td><td colspan="5">두취는 총독부 임명, 이사는 50주 이상 소유주, 감사는 30주 이상 소유주 중 주주총회에서 2배수 선출, 총독부 그중 선출 임명</td></tr>
<tr><td>영업
범위</td><td colspan="2">① 연부 및 정기상환 대출
② 공공단체 무담보 대출
③ 20인 이상 연대보증 대출
-1914년 6월 이후-
④ 법인 무담보 대출
⑤ 상품담보 대출
⑥ 창고증권 대출
⑦ 농공회사 주식, 회사채 담보 대출
⑧ 환, 하환 취급
⑨ 어음할인</td><td colspan="5">① 30년(1924년부터 1950년) 내 연부상환,
5년 내 정기상환 부동산담보 대출
② 정기상환 어음담보 대출
③ 재단 무담보 대출
④ 농공업자 20인(1924년부터 10인) 연대보증 대출
⑤ 공공단체 및 법인 무담보 대출
⑥ 상품담보 대출
⑦ 총독부 지정 유가증권담보 대출
⑧ 환, 하환 취급
⑨ 공공단체 채권, 조선금융채권(1933년부터)
회사채, 주식 응모 및 인수
⑩ (1931년부터) 담보회사채의 신탁</td></tr>
<tr><td>대출규제
담보평가</td><td colspan="2">원목적 이외 용도자금 회수
감정가격 2/3 이하</td><td colspan="5">관련 규정 없음
감정가격 2/3 이하</td></tr>
<tr><td>예금이용
규제</td><td>없음</td><td>정기예금 외 예금
자본금 초과 불가</td><td colspan="5">정기예금 외 예금은 상품담보 대출, 어음할인 대출, 즉 상업대출에만 이용</td></tr>
<tr><td>회사채
발행</td><td>탁지부 결정</td><td>납입자본 5배 내</td><td colspan="5">납입자본 10배(1924년부터는 15배)</td></tr>
</table>

자료: 식산은행, 『조선식산은행십년지』, 『조선식산은행이십년지』의 법령 및 정관.

합은 산업금융기관으로서의 역할을 제대로 수행하지 못하고 상업대부기관으로 변질되고 있었던 것이다. 이러한 상황으로 신설된 식산은행과 확장된 금융조합은 상업금융을 배제한 것은 아니었지만, 산업금융에 주력하고자 하였다.

조선총독부 정무총감이 설립위원장이 되어 일본과 조선의 금융계 중요 인사를 망라하여 27명을 설립위원으로 선임하여 조선식산은행의 설립을 추진하였다. 「조선식산은행령」에 의거 조선총독은 두취(은행장) 1인, 50주 이상 주식 소유자 이사 후보 2배수 중에서 3인 이상, 30주 이상 소유자에서 감사 후보 중 2인 이상을 선출하게 되어 있었다. 최대주주인 동시에 감독기관인 조선총독은 은행장(두취)으로 설립위원이었던 조선은행 이사인 미시마(三島太郎)를 선임하고, 이사로는 설립위원회 간사이었던 有賀光豊(조선총독부 사무관), 中村光吉(조선은행 사서)와 攖非小一, 박영효, 감사로는 光瀨滿正, 이근상 등을 선임하였다.[19] 조선총독은 농공은행에서 은행장을 담당하였던 한국인은 모두 상담역으로 임명함으로써 사실상 퇴진시켰다. 이와 같이 조선총독부가 초기의 주요 경영진을 조선은행과 조선총독부 관련 일본인 인사 중심으로 충용함으로써 정책금융기관 운용에서 한국인의 침어를 단계적으로 배제하여 갔다.

조선식산은행(이하 식산은행)은 조선총독부의 산하 금융기관으로 수권자본이 1,000만 원에 이르고 납입자본의 10배에 상당하는 회사채도 발행할 수 있는 당시로는 대형 은행으로 출발하였다. 식산은행은 제1차 세계대전을 계기로 급성장하고 있었던 일본 내 자본시장에 진출하여 자금동원을 쉽게 할 수 있는 대형 산업금융기관이 필요로 하였기 때문에 그 규모를 대폭 확장하였다. 그리고 [표 6-6]에서 보는 바와 같이, 식산은행은 농공은행에 비해 영업범위도 확충하고 대출기간도 장기화하였다.

식산은행은 산업·공공 금융기관으로서 활동을 본격화할 수 있도록 영업 기반을 확장하였음은 물론이다. [표 6-6]을 보면, 첫째 재단, 공공단체, 법인에 대한 무담보 대출을 실시하고 농공업자에 대한 연대보증 대출을 실시함으로써 산업 기반의 확충을 도모할 수 있게 하였다. 둘째, 담보로서는 부동산과 그 권리, 유가증권, 상품 등을 망라함으로써 농공업자는 담보 형태와 상관없이 산업대출을 받을 수 있게 하였다. 셋째, 종래에 산업대출 시 적용된 용도제한 규정도 삭제하여 식산은행의 영업범위를 극대화하고자 하였다. 넷째, 일반은행 업무도 존속시켜 당시 조선의 금융시설 부족을 보완하면서 저축과 신탁업까지 종사할 수 있게 하여 영업 기반을 확장시켜 주었다. 이와

19 조선식산은행(1928), 『조선식산은행십년지』, pp. 50~55.

[표 6-7] 조선은행과 식산은행의 주주 및 주식의 구성

		조선은행			조선식산은행			
		1910. 2	1915. 2	1922. 2	1919. 10	1924. 2	1932. 2	1943. 8
관청	주주	3	3	2	2	1	2	8
	주식 수	32,000	31,500	38,200	7,598	6,956	15,598	71,828
은행	주주	265	188	266	427	421	124	73
	주식 수	7,061	8,284	91,142	15,472	49,780	137,392	307,445
회사	주주	75	55	135	100	129	89	132
	주식 수	1,261	3,313	69,804	5,043	31,391	25,334	184,898
단체	주주	9	15	43	48	76	86	104
	주식 수	241	182	3,216	885	3,572	55,279	115,467
한국인	주주	221	27	78	840	640	410	168
	주식 수	782	109	1,592	69,703	56,081	18,357	18,604
일본인	주주	4,210	4,083	7,563	6,586	7,686	5,746	4,786
	주식 수	58,655	56,612	596,046	101,299	452,220	348,040	501,758
합계	주주	4,783	4,371	8,087	8,003	8,953	6,457	5,271
	주식 수	100,000	100,000	800,000	200,000	600,000	600,000	1,200,000

주: 조선은행 1주 100원, 식산은행 1주 50원.
자료: 「조선은행영업보고서」, 「조선식산은행영업보고서」 주주명단에 의거 정리.

같이 식산은행은 일본 정부와 조선총독부가 요구하는 모든 금융 업무를 관장하면서 필요에 따라 확장할 수 있도록 제도적 준비가 이루어졌던 것이다. 식산은행은 조선총독부 산하 금융기관으로 출발함으로써 조선총독부의 산업정책을 추진하는 중추 기관으로 등장하였다. 즉, 조선총독은 식산은행의 최대주주가 되는 동시에 식산은행의 행장과 부행장의 임면권을 갖고, 주주총회에서 추천된 2배수 이사, 감사 중에서 선택 임명할 권한까지 갖고 있다. 이와 같이 식산은행은 조선총독부 산하의 최대특수금융기관으로 출범하였던 것이다.

조선은행은 한국 정부의 은행으로 출범하였음에도 불구하고 [표 6-7]에서 보듯이, 한국인 주주가 거의 없는 일본인 은행이었다. 반면에 식산은행의 경우, 농공은행 시 한국인의 주식 소유가 그대로 유지되어 한국인 주식 소유도 적지 않다. 그러나 일본인의 주식 소유 확대 과정에서 한국인 주주의 비중은 점차로 줄어들어 일본인 금융기관으로 완전히 변모되고 말았다. 식산은행도 조선은행과 마찬가지로 조선과 일본의 일본인 자산층과 조선총독부의 이익을 접합시키는 금융조직이었던 것이다.

3. 금융조합의 확장과 금융조합연합회의 설립

1) 금융조합의 확장

식산은행의 설립은 일제의 조선에 대한 금융적 지배를 한층 강화할 수 있는 계기가 되었지만 식산은행은 주요 경제 중심지에만 설립되어 내륙으로의 금융침투가 완성되는 것은 아니었다. 일제는 식산은행의 지역적 한계를 극복하는 방안으로 농공은행과 마찬가지로 금융조합을 적극적으로 활용하는 동시에 금융조합을 각 도 금융조합연합회를 매개로 식산은행의 산하 기관으로 계통화하였다.

금융조합은 식산은행의 지원을 전제로 상업 중심지에 도시금융조합을 설립하는 동시에 금융조합의 일반은행 겸업을 적극적으로 도모하면서 '지방'이란 이름도 없앴다. [표 6-8]에서 보듯이, 금융조합이 예금과 함께 어음할인 업무와 은행대리 업무까지 취급함으로써 식산은행의 역할을 보조하는 동시에 상업은행의 역할까지 담당할 수 있게 되었다.

이와 같이 금융조합의 금융기관으로서의 기능도 강화되고 그 영업지역도 확장된 만큼 조합운영에 소요되는 자금도 증가하는데, 종래의 자금원인 조선총독부의 보조금, 조합원의 출자금과 예금으로만 소요자금 증가에 대응하기 어렵기 때문에 외부 차입이 확대되거나 조합사업이 축소되어야 한다. 그래서 금융조합은 상업 중심지로의 진출과 식산은행과의 계통화를 통한 자금동원력을 확대하는 방안이 채택되었던 것이다.

[표 6-8] 금융조합의 업무상 변천

	1907. 5	1914. 5	1918. 12	1928. 4
목적	농민금융 완화 농업의 발달	농민금융 완화 경제의 발달		
주요 업무 영역	① 대출 ② 창고 운영 ③ 농구 대부 ④ 위탁매매 ⑤ 화폐정리	① 대출, 예금 ② 창고 운영 ③ 농구 매입과 분배 ④ 위탁매매	① 대출, 예금, 어음할인 ② 창고 운영 ③ 은행업 대리 ④ 공동매매	① 대출, 예금, 어음할인 ② 창고 운 ③ 은행업 대리영
조합원 자격	해당 거주자로서 한국인 농업자	1년 이상 해당 지역 거주자 또는 농업자	해당 지역 거주자	
조합비	10원 이하 조합비 납부	1구 10원 이상 출자 출자금 납부	1구[10~50원] 이상 출자	
임원 선임	이사 임명 조합장 선출	이사 임명 조합장 선출	이사 선출 조합장 선출	이사 임명 조합장 선출
대출 한도	1인 100원	1인 50원 특정 용도 100원	도시 550원(19년 1,000원) 촌락 100원(19년 500원)	도시 1,000원 촌락 1,000원
대출기한	10개월	10개월	도시 6개월 촌락 1년	전과 같음. 15년, 10년 장기 대출도 병행
담보평가	동산 4/5 부동산 1/2	동산 4/5 부동산 2/3	평가액 4/5	전과 같음
신용대출	보증인 신용	신용평가표와 자금용도		
예금취급	없음	조합원 예금 비조합원 500원한	조합원 예금 비조합원 1,000원한	제한철폐, 단 비조합원 당좌예금은 불가
지급준비	없음	1/5 현금 국공채 지정은행 예금		지정은행 저축은행

주: 「지방금융조합규칙」, 「지방금융조합업무집행내규」, 「지방금융조합령」, 「지방금융조합업무감독규칙」, 「금융조합령」, 「금융조합업무감독규칙」.
자료: 조선총독부, 『관보』; 秋田豊 編(1928), 『금융조합사』, pp. 452~466.

금융조합과 긴밀한 유대관계를 갖고 있던 농공은행이 해체되자 농공은행의 역할을 대신할 상부 금융기관을 필요로 하였고, 이 금융기관이 바로 신설된 식산은행이 된다는 것은 자연스러운 것이었다. 첫째, 신설된 상부 금융기관인 식산은행이 농공은행의 본·지점을 그대로 인수하면서 농공은행과 금융조합 간의 관계를 계승하였다. 둘째, 금융조합이 막대한 자금동원력을 가진 식산은행으로부터 소요자금의 일부를 조달한다면, 종래와 같이 총독부의 재정보조에 크게 의존하지 않게 되었다.[20]

금융조합은 조선총독부 재정의 부담을 줄이는 방향으로 개편되었지만, 여전히 조선총독부의 지배를 받은 정책기관이었다. 즉, 이사의 민선도 제한되었고, 조선총독부를 최상부로 두고 지방관청이 감독하였다. 경영을 담당하는 이사는 촌락금융조합은 이전과 같이 관선에 의하도록 하였고 도시금융조합만 민선에 따르도록 하였으나, 그것도 1929년 개정 시 폐지되었다.[21] 이와 같이 금융조합의 이사는 일본인을 중심으로 계속 등용하여 일본인에 의한 금융 말단의 직접 지배 구조를 종전대로 유지하려고 하였다.[22]

특히, 1910년대 도시지역 상공업자의 자금난과 관련하여 신설된 도시금융조합은 금융조합의 금융적 기능을 강화하였을 뿐 아니라 조선을 금융지배기구 속으로 전국을 포섭하는 데에도 크게 기여하였다. 도시금융조합 조합원은 주로 도시에 거수하는 상공업자였으나,[23] 도시에서도 자금운용에 농촌과 차이를 둔 것은 아니었다. 이러한 점에서는 도시금융조합의 신설은 금융조합의 도시 진출에 불과한 것이라 할 수 있다. 그렇지만 이 도시금융조합의 설립으로 도시 잉여자금의 농촌 유입의 길이 열렸고, 이 자금이 다시 농산물의 유출과 공산물의 유입을 통해 화폐경제화를 촉진할 수 있게 되었다. 이와 같이 도시금융조합은 식산은행을 정점으로 하는 식민지 특수금융기관의 일부가 됨으로써, 일제의 식민지 특수금융기관을 통한 금융적 지배가 지역적으로 확장되었고, 농촌과 도시 간의 자금융통뿐 아니라 상품유통도 확대시킬 수 있었던 것이었다.

---

20 각 도 금융조합연합회 이사에게 창립 시 탁지부 장관은 금융조합 자금에 대해 우선은 동척주 매각자금을 이용하도록 하고, 앞으로 식산은행을 통해 융통할 것을 약속하였다(秋田豊編(1928), 『금융조합사』, pp. 142~143).

21 문정창(1942), 『조선농업단체사』, p. 181.

22 한국인이 금융조합 이사로 임명된 것은 1920년 6월 이후이다(조선식산은행(1932), 『조선의 금융』, p. 54). 그 후에 한국인 임명은 있었으나 일본인에 비해 그 수가 압도적으로 적다.

23 『금융조합요람』을 보면 도시금융조합의 조합원 중 상공업자는 1921년 13,215명, 1927년 15,677명인데 그 비중은 1921년 68.1%, 1927년 62.0%이다.

2) 금융조합연합회의 설립과 재편

전국 각지에서 금융조합이 설립되어 수가 늘어남에 따라 자금수요가 증가하였는데 말단 금융조합의 예금만으로 해결할 수 없었다. 이를 해결하기 위해서는 상위 금융기구가 필요하였으나 식산은행이 많은 금융조합의 금융 업무를 조정할 수는 없었다. 그래서 조선총독부는 금융조합 간의 자금수급을 조절하는 방편으로 각 도 금융조합연합회의 설립을 추진하였다.

신설된 각 도 금융조합연합회(약칭 각 도 연합회)의 주요 기능은 다음과 같다. 첫째, 금융조합의 상부 금융조직으로서 말단 금융조합의 자금수급을 도 단위로 조절하는 것이다. 도시금융조합이 각 도 금융조합연합회로부터 차입을 하면서 여유자금은 각 도 금융조합연합회에 예치하도록 하였다. 둘째, 각 도 연합회는 식산은행의 하부 금융조직으로서 식산은행의 여유자금을 말단 금융조합에 배분하고 금융조합의 여유자금을 식산은행에 예치하도록 하였다. 1929년 10월 식산은행의 통제 및 조절 기능을 강

[그림 6-1] 식산은행과 금융조합의 자금계통도

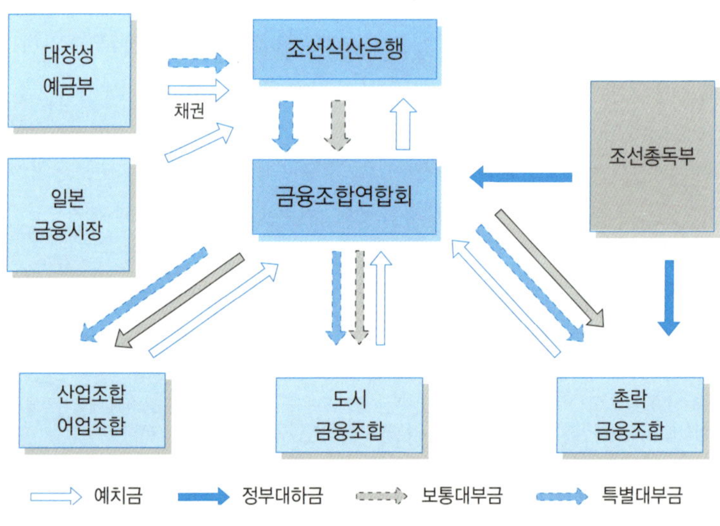

자료: 한국은행(2015), 『우리나라의 화폐』, p. 334.

화하기 위해 식산은행 내에 금융조합연합회 중앙금고과가 설치되었다. [그림 6-1]에서 보듯이 금융조합연합회는 비록 독자성을 갖지는 못했지만 식산은행과 금융조합, 각 금융조합 간의 금융중개 기능을 담당하는 기구로서 작동하게 되었다.

식산은행의 설립은 일제의 조선에 대한 금융적 지배를 한층 강화할 수 있는 계기가 되었지만 주요 경제 중심지에만 설립되어 이 은행만으로 내륙으로의 금융침투가 완성되는 것은 아니었다. 총독부는 식산은행의 지역적 한계를 극복하는 방안으로 농공은행처럼 금융조합을 통해 대출을 확대하거나 예금을 집중하는 등 식산은행이 각도 금융조합연합회를 매개로 금융조합을 산하 기관으로 계통화하게 하였다.

4. 일제 초 특수금융기관의 식민지 정책금융과 그 특징

일제가 조선총독부를 설치하고 조선을 지배하기 시작한 1910년대에는 농업과 공업을 육성하려는 산업정책을 직접 추진하기보다는 그 기초가 되는 재정기구를 정비하고 토지, 임야의 실태를 파악하여 이를 지배하기 위한 제도적 기반을 마련하는 것에 주력하였다. 산업생산뿐 아니라 군사·행정적 지배의 기초가 되는 철도, 도로, 항만, 통신 등 사회간접자본을 구축하는 데에 힘을 쏟았다. 이러한 사업은 거액을 요구하는 사업임에도 불구하고 초기에 추진된 것은 일제가 식민지 조선을 군사적·경제적으로 지배하는 기초를 서둘러 완성하기 위해서였다.

조선총독부는 이 시기에 일본 정부로부터 보조되는 보충금도 삭감되어 사업공채 발행이나 조선은행으로부터 차입에 의존할 수밖에 없었다. 앞서 설명한 바와 같이 조선은행의 조선총독부에 대한 자금지원은 결국 조선은행 발권력에 귀결되어 수입초과로 인한 정화준비 고갈 문제까지 나타나 수이입을 억제하고 수이출을 권장하는 정책을 추진할 수밖에 없었다. 조선총독부는 수출산업인 농업을 육성하고 수입을 촉발하는 공업은 억제하는 정책으로 나아갔으나 농업을 재정적으로 지원할 여유가 별로 없

[표 6-9] 각 금융기관의 조선 내 대출 비중(1910~1920)

(단위: 천 원, ( ): %)

연도	특수금융기관				일반금융기관 (일반은행)	합계[2]	특수금융 기관분
	조선 은행[1]	농공은행 (식산은행)	금융 조합	동양척식 회사			
1910	(22.2)	(26.5)	(3.2)	(1.6)	(46.7)	24,148	(53.3)
1912	(31.0)	(23.3)	(3.8)	(4.6)	(37.2)	44,833	(62.8)
1914	(33.0)	(21.0)	(3.9)	(9.5)	(32.5)	54,867	(67.5)
1916	(34.5)	(19.6)	(4.4)	(9.0)	(32.5)	64,700	(67.5)
1918	(34.9)	(19.9)	(4.6)	(10.5)	(30.1)	149,588	(69.9)
1920	(21.9)	(30.9)	(11.3)	(11.6)	(24.2)	278,256	(75.8)

주: 1) 1910년은 구 한국은행임.
2) 조선 내 대출액 합계.
자료: 조선총독부, 『조선금융사항참고서』.

었다. 이에 따라 이 시기의 조선총독부 농업정책은 적은 재원으로 많은 효과를 거둘 수 있는 수리시설 보완이나 우량품종 보급에 그쳤다. 조선총독부는 1910년대에는 수출·이출 확대를 위한 농산물 증산을 정책적으로 지원하였지만 공업화에 대해서는 별로 관심도 없었고 오히려 부정적이었다. 즉, 식민지 조선은 일본 공산품 시장이므로 조선에 대한 투자는 바람직하지 못하다고 보고 「회사령」 등으로 자본 형성 단계부터 차단하였다.

일제 강점 후 일본 정부 또는 조선총독부가 출자하고 경영하는 특수금융기관으로는 조선은행, 동척, 농공은행, 금융조합 등이 있었지만, 우체국도 우편예·저금을 취급하여 자금동원에 기여하고 있었다.[24] 이 특수금융기관이 조선 내 대출의 54~76%를 담당하고 있고, 우편예·저금을 제외한 조선 내 예금의 54~64%를 담당하고 있었음을 [표 6-9]와 [표 6-10]에서 확인할 수 있다. 이와 같이 조선총독부는 그 산하의 특수금융기관이 식민지 금융의 중추 기관이었기 때문에 이 특수금융기관을 통해 식민지 정책을 강력히 추진할 수 있었다.

24 이 우편예·저금은 일본 대장성 예금부로 편입되어 다시 일본 전체 정책자금으로 재배분되고 있었다. 우편저금에 관해서는 제10장에서 다시 설명할 것이다.

[표 6-10] 각 금융기관의 조선 내 예금 비중(1910~1920)

(단위: 천 원, ( ): %)

연도	특수금융기관				일반금융기관(일반은행)	합계[2]	특수금융기관분
	조선은행[1]	농공은행(식산은행)	금융조합	우체국 예·저금			
1910	(23.6)	(15.2)		(15.2)	(46.0)	24,060	(54.0)
1912	(22.3)	(17.7)		(20.1)	(40.0)	25,314	(60.0)
1914	(23.3)	(15.9)	(0.2)	(21.5)	(39.0)	29,599	(61.0)
1916	(21.1)	(17.1)	(0.7)	(21.8)	(39.3)	46,805	(60.7)
1918	(16.8)	(18.3)	(2.4)	(17.3)	(45.1)	83,218	(54.9)
1920	(19.6)	(25.6)	(6.8)	(11.5)	(36.6)	148,731	(63.4)

주: 1) 1908년까지는 제일은행, 1910년까지는 한국은행임.
2) 동양척식회사의 예금은 세외되고 있음.
자료: [표 6-9]와 같음.

[표 6-11] 산업금융기관의 산업대출 조건 및 상환조건 일람

시행	동양척식회사	농공은행	금융조합
목적	척식자금 공급	농공업 개량·발달	농민금융 완화
대출조건	1. 이주비 대출 2. 부동산, 철도, 광업권 담보대출 3. 생산물담보 대출 4. 공공단체 산업관계 조합 무담보 대출 5. 농업자 20인 이상 연대책임 대출 6. 법령에 근거한 단체	1. 부동산담보 대출 2. 공공단체 무담보 대출 3. 20인 이상 농업자 연대책임 대출, 이 경우 용도는 농공업에 한정	1. 신용대출 2. 부동산담보 대출 3. 동산담보 대출 일인 한도 50원, 50~100원은 총독부 허가 요함. 단, 용도는 한정 1인 이상 보증 신용평가표 참고
상환방법	연부(30년 이내) 상환, 정기(5년 이내) 상환, 단기 상환(1년 이내)	좌동	10개월 이내 1918년부터 5년 이내
근거법령	동양척식회사법	농공은행령	지방금융조합업무규칙

자료: 『동척십년사』, 『조선식산은행십년지』, 『조선금융조합사』, 부록.

이 특수금융기관 중에서 조선은행은 식민지 중앙은행으로서 은행권을 발행하고 조선총독부에 재정자금을 공급하면서 일반대출도 취급하였고, 동척, 농공은행은 산

[표 6-12] 각 금융기관의 조선 내 정책 관련 대출 비중(1910~1918)

(단위: 천 원, ( ): %)

연도	조선 은행[1)		농공 은행[2)		동양 척식[3)	금융 조합[3)	이상 합계(A)	전체 대출액(B)	A/B
	금액	구성비	금액	구성비	금액	금액			
1910	14,921	(73.6)	1,008	(17.2)	379	779	17,167	39,070	(41.8)
1912	17,018	(55.0)	2,104	(20.1)	2,080	1,703	22,908	62,852	(37.2)
1914	13,621	(42.9)	3,883	(33.6)	5,209	2,417	25,130	71,163	(38.4)
1916	13,300	(37.4)	3,175	(25.0)	5,818	2,819	25,112	79,214	(34.2)
1918	13,368	(20.4)	8,116	(27.2)	15,689	6,931	44,104	165,475	(29.4)

주: 1) 조선은행 대출 중 정부대상금 및 별도대출금.
2) 농공은행 대출 중 대출용도가 한정된 정기상환 및 연부상환 대출.
3) 동척 및 금융조합은 대출 전액에 대해 용도제한 규정이 있음.
자료: 조선총독부, 『조선금융사항참고서』.

업금융기관으로서 주로 농업 및 토지매입 자금의 공급을 담당함으로써 경제적 지배와 수탈을 강화하고 있었다. [표 6-11]에서 보듯이, 동척은 척식자금 공급을 담당하면서 농업 경영, 토지매입, 이민, 철도건설, 광산개발 등에 따른 자금난을 해소하고자 하였으며, 농공은행도 농공업 개량·발달에 따른 자금난을 해소하고자 하였으며, 금융조합은 단기 소액 자금이나마 공급하여 농촌의 자금난을 해소하고자 하였다. 그런데 이에 소요되는 자금은 그 자금용도상 장기 자금이어야 하였다. 이 금융기관은 이 자금의 용도를 통제함으로써 자금배분을 정책적으로 조정할 수 있었다.

특수금융기관이 자금의 용도와 규모를 통제하지만, 상업은행 업무까지 취급하여 이 기관들이 정책적으로 조정할 수 있는 자금, 이른바 정책자금은 그 일부에 지나지 않았다. 조선은행은 식민지 중앙은행이지만 동시에 일반은행의 업무도 겸하여 공공관계 대출용도 이외에는 용도제한을 하지 않았다.

특히, 조선총독부에 대한 자금원조는 [표 6-12]에서 보듯이 절대액으로는 증가하였지만, 전체 자금운용액에서 정책자금에 해당하는 대출의 비중은 점차 감소하였다. 공공대출의 비중이 점차 감소하여 1918년에는 20% 수준에 그쳤다. 농공은행도 조선은행과 마찬가지로 상업은행 업무를 겸하여 그 용도가 산업·공공관계로 제한된 연부·

[표 6-13] 조선 내 공공·산업대출 구성의 변화(1908~1920)

(단위: 천 원, ( ): %)

연도	공공단체 대출	산업자금 대출			상업자금 대출	금융기관 대출	기타	합계
		소계	농업*	공업				
1908	(37.2)	(4.9)	(2.2)	(2.7)	(54.5)		(3.4)	24,825
1910	(41.5)	(11.0)	(5.4)	(4.6)	(46.4)		(1.1)	39,070
1912	(30.4)	(10.4)	(7.2)	(3.2)	(51.5)	(1.6)	(6.1)	62,852
1914	(22.1)	(19.3)	(11.9)	(8.4)	(44.8)	(3.2)	(10.6)	72,163
1916	(19.8)	(17.3)	(11.5)	(5.8)	(51.2)	(5.8)	(5.9)	79,214
1918	(9.5)	(19.5)	(14.9)	(4.6)	(58.1)	(6.5)	(6.4)	165,475
1920	(6.6)	(25.9)	(22.7)	(3.2)	(40.2)	(10.0)	(17.4)	329,694

자료: 『조선금융사항참고서』; 농업대출은 조선농회편, 『조선농업발달사: 발달편』, 부록.

정기상환 대출은 최고 30% 수준을 넘지 못하였다. 그렇지만 동척과 금융조합은 전액 정책자금으로 대출하고 1918년 이전까지는 일반대출을 취급하지 않았지만, 자금동원력의 한계로 조선총독부 산업정책의 영향은 제한적일 수밖에 없었다.

그러면 [표 6-13]에 근거하여, 식민지 금융기구가 형성되는 단계에서 일제가 식민지 정책을 위해 통제한 대출, 다시 말해 식민지 정책금융의 특징을 정리해 보면 다음과 같다.

첫째, 식민지 지배기구의 구축과 관련된 공공대출은 1910년을 기점으로 하여 1910년대 급속히 확장되었으나, 그 사업이 완성되는 1910년대 중반부터는 상대적으로 정체되었다. 그런데 조선은행의 공공대출이 정체 상태에 접어들어 전체 대출 중 정책대출은 40% 수준에서 30% 수준으로 감소하였다. 이것은 1910년대 중반 제1차 세계대전 호경기 영향으로 식민지 유통기구가 급팽창함에 따라 상업자금 수요가 급증하고 이에 따라 일반대출도 확장되었으나, 장기 자금을 필요로 하는 산업금융은 상대적으로 정체되었던 것이다.

둘째, 공업관계 대출은 큰 변화를 보이지 않고 농업대출은 지속적으로 확장되고 있긴 하지만, 1910년대 중반까지는 그 증가가 완만하고 비중도 10%에 그치고 말았다.

이와 같이 상대적으로 저조하였던 농업금융이 급속히 확장되는 시기는 식산은행이 설립되는 1918년경으로 보인다. 그 전까지는 농업을 포함한 생산력 기반의 확충을 위한 자금공급은 대체로 미약한 것으로 보인다.

셋째, 상업대출은 전체 대출의 40~50%를 점하면서 안정되어 있었던 것으로 보인다. 조선은행을 제외한 특수금융기관이 산업금융기관이었음을 고려할 때, 이것은 이 금융기관이 원래 설립목적과는 다른 방향, 주로 상업자금으로 운용하였던 결과라고 할 수 있다.

조선총독부도 통감부하에서 설립된 식민지 특수금융기관을 일본인을 경영인으로 고용하여 일제의 정치·경제적 요구에 따라 금융정책을 시행할 수 있는 기반을 마련하였다. 일제의 국가에 의한 금융 지배, 말하자면 관치금융 체제는 일제 강점 이후에 더욱 강화되었다. 일본 정부는 조선총독부가 한국 정부 자리를 차지하는 것을 계기로 금융기관의 실질적인 소유자인 동시에 경영자로서 이 특수금융기관을 식민지 정책의 최일선에 배치하고 상호간에 역할을 분담하였던 것이다.

제 7 장

일반은행의 발흥과 한국인의 대응

1. 일반은행 발흥의 배경

1) 일제 초 자금난과 대금업의 번성

일제의 화폐·재정정리사업으로 야기된 1905년 전황을 겪은 한국인 다수가 1906년부터 일본이 주도하는 특수금융기관의 설립과 운영에 참여하였다. 즉, 서울에서 한성공동창고와 한성수형조합이 설립되고 또한 한호농공은행도 설립되고, 대한천일은행도 재개업하고 제일은행 조선 지점도 중앙은행으로서 자금공급을 시작하여 서울로부터 전황이 일단 해소된 것처럼 보였다. 지방의 관찰사 소재지에는 공동창고, 수형조합 및 농공은행이 설립되고, 군 단위에서는 그 보조기관인 지방금융조합이 설립되어 지방의 자금난도 일단은 해소되는 것처럼 보였다.

당시 신설·확장된 식민지 특수금융기관은 출범 시에 전국적인 자금난 해소를 표방하였지만, 그 재원이 한정된 재정자금에 크게 의존하고 있었을 뿐 아니라 자금동원력의 한계에 직면해 있었다. 즉, 제일은행 조선 지점은 재정 자금과 화폐발행권을 독점하였음에도 불구하고 무역적자와 일본 내 자금경색으로 장기 자금을 동원하기 어려웠고, 다른 지점은행도 마찬가지였다.[1] 그리고 농공은행이나 지방금융조합 등과 같은 신설 금융기관은 재정보조에 의존하여 급속히 설립되었지만, 당시에 소요자금을 자급할 만큼 자금동원기구를 확립하는 데에는 실패하였다. 이 금융기관과 밀착된 일본인마저도 저리의 장기 자금을 공급받는 데는 애로를 겪고 있었다.[2] 이러한 자금난은 일제 초에도 이어지고 있었다.

일본인은 일본 지점 일반은행을 이용할 수 있었기 때문에 조선에 본점을 둔 일반은행을 설립하려는 움직임을 보이는 경우는 거의 없었다. 즉, 일본인의 은행 설립은

1 岡崎遠光(1911), 『조선금융 및 산업정책』, p. 32.
2 일본인은 1903년부터 1910년까지 각 지역의 상업회의소를 통해 지속적으로 척식금융기관의 설립을 계속 청원하고 있었다(波形昭一(1985), 『일본식민지금융정책사의 연구』, p. 235).

[표 7-1] 한말 일제 초 대금업 관련 회사의 설립 동향(1905~1911)

설립연월	회사명	형태	본점	수권자본	납입자본	민족	업무영역
1905. 04	등본사	합자	일본	300	150	일	농업, 상업, 대금업
1905. 07	조선권농회	주식	인천	100	55	일	농업, 부동산업, 대금업
1905. 07	광장	주식	서울	78	78	한	창고, 부동산업, 대부업
1905. 08	조선어업	주식	일본	500	420	일	농업, 임업, 대금업
1905. 09	추전상회	합명	인천	500	500	일	무역, 창고, 대금업
1906. 04	목포수산	주식	목포	100	25	일	수산업, 대금업
1907. 01	경성십우	합자	서울	100	64	일	상업, 부동산업, 대금업
1907. 01	군산통상	합자	군산	18	18	일	상업, 대금업
1907. 02	조선산업	주식	부산	100	35	일	대금업, 부동산업
1907. 03	한국흥산	주식	대전	100	70	일	산업, 창고, 대금업
1907. 03	조일흥업	주식	목포	30	12	일	염전경영, 대금업
1907. 04	경성기업	주식	서울	1,000	300	일	대금업, 부동산업
1907. 04	조선식산	주식	청주	300	300	일	상업, 부동산업, 대금업
1907. 04	한국제연	합자	대구	50	35	일	농업, 제조업, 대금업
1907. 05	부산수산	주식	부산	600	180	일	상업, 대금업
1907. 06	동아흥업	합자	서울	15	15	일	산업, 부동산업, 대금업
1907. 06	조선농업	주식	부산	100	40	일	농업, 부동산담보 대부
1907. 07	조선권농	주식	서울	1,000	300	합	농업, 부동산업, 대금업
1907. 07	동양생명보험	주식	일본	500	125	일	보험업
1907. 09	강기사	합자	군산	30	30	일	부동산업, 창고, 대금업
1908. 01	상산상행	합명	부산	40	40	일	상업, 대금업
1908. 02	강경신탁	주식	강경	10	5	일	대금업, 부동산업
1908. 04	토좌권농	주식	일본	210	56	일	농업, 상업, 대금업
1908. 04	김해식산	주식	김해	50	17	일	농업, 부동산업, 대금업
1908. 05	일한식산	주식	서울	100	40	일	부동산담보 대부
1908. 06	마산금융	주식	마산	60	27	일	대금업
1908. 08	왜관식염	합명	왜관	5	5	일	상업, 운송, 대금업
1908. 09	경성융흥	주식	서울	100	25	한	토지임대, 대금업
1908. 09	신의주금융회	합명	신의주	5	2	일	대금업, 부동산업
1908. 09	의주의신	합자	신의주	10	4	한	상업, 대금업
1908. 11	목촌조	합자	인천	120	120	일	해운업, 대금업
1909. 04	한국식산	주식	경산	100	30	일	대금업
1909. 09	칠성사	합명	원산	65	65	일	대금업, 부동산업

[표 7-1] 계속

설립연월	회사명	형태	본점	수권자본	납입자본	민족	업무영역
1909 .12	신청상회	합자	성진	19	19	일	부동산업, 상업, 대금업
1910. 03	의주보산	합자	신의주	15	15	한	상업, 대금업
1910. 05	마산수산	주식	마산	150	37	일	상업, 대금업
1910. 05	부산공익	주식	부산	30	15	일	대금업
1910. 11	서강수산시장	합명	서울	10	5	합	상업, 대금업
1910. 11	도교시장	주식	개성	20	8	합	대금업, 상업
1910. 12	조선신탁	합명	인천	10	5	일	대금업, 부동산업
1911. 06	광업	주식	서울	500	125	한	대금업, 부동산업
1911. 06	석천현농사	주식	일본	200	150	일	농업, 상업, 대금업
1911. 08	중남물산	주식	대전	3	1	한	상업, 대금업
1911. 11	첨성상회	합자	부산	300	100	일	상업, 대금업
1911. 12	삼남식산	주식	강경	100	25	일	대금업, 부동산업

자료: 조선총독부(1911), 『조선총독부통계연보』, 부록, pp. 106~115.

1907년 3월 수권자본 10만 원의 밀양은행에 그쳤다. 원래 한국인의 금융업을 규제하기 위해 제정된 「은행조례」(칙령 제12호, 1906. 3)에서는 "점포를 공개하여 증권의 할인, 또는 환 업무, 또는 제 임치금(예금) 및 대부를 영위하는 것은 명칭과 상관없이 은행"이라고 규정하고, 그에 대해 한국 정부가 통제하도록 되어 있었다. 그러나 일본인의 금융업을 규제한 「한국에 있어서 은행업에 관한 규칙」(통감부령 제20호, 1907. 5)에서는 "은행은 은행권 기타 어떠한 명칭을 사용하든 간에 통화와 유사한 일람불식 증권을 발행할 수 없다"라고만 규정되어 은행권 발행을 제외한 어음할인과 예금 등의 상업은행 업무는 어떠한 회사도 할 수 있게 되어 있었다. 이와 같이 일본인은 어떤 회사이든 필요시 상업은행 업무를 하면서 자금을 대출하고 융통할 수 있어 굳이 은행을 설립하지 않더라도 대금업을 통해서 상업은행 업무를 할 수 있었던 것이다.

조선에 진출한 많은 일본인은 은행 설립보다는 당시 자금경색에 편승하여 상업과 부동산업을 겸하면서 이를 통해 축적된 자금을 이용한 고리대금업에 종사하고 있었다. [표 7-1]을 보면, 대금회사와 대금겸업회사가 1907년 이후 조선에서 재발된 신용경색에 편승하여 본격적으로 설립되고 있었음을 알 수 있다.

이 대금업 관련 회사들의 설립 동향을 보면, 다음과 같은 특징이 나타나고 있다. 첫째, 민족별로는 일본인 회사가 대부분이다. 둘째, 설립지는 경성(서울), 부산이 중심이 되고 있지만, 주요 상업지가 망라되어 있다. 셋째, 이 회사 중 아직 금융업으로 전업화된 것은 적고, 농업, 상업 및 부동산업을 겸하는 부수 업무로 대금업을 겸한 회사가 대부분이다. 넷째, 이 회사는 자본금 10만 원 이하의 영세회사가 대부분이다.

이와 같이 근대적 은행으로부터 소외된 계층을 대상으로 대금업을 담당하던 회사는 주로 일본인에 의해 설립되었다. 일본인은 상업, 부동산업 또는 농업을 겸하면서 소생산자 및 빈민을 착취하던 고리대금업자로도 활동하고 있었던 것이었다. 그런데 이러한 회사의 번성은 다름 아닌 신용경색에서 비롯된 것이었다.

> "현재 조선 내 일본인은 상품매매도 소액의 리(利)를 득하여 부동산을 획득하고 다음날에 그것을 전매하거나 상업자금의 잉여 또는 다른 자금을 빌려서 부동산, 즉 토지와 건물의 매입에 사용하는 것도 매년 100만 원에 이른다. 실로 금융핍박을 대원인으로 하여 제 은행이 이를 감(鑑)하여 부동산대부를 폐지하여 일반상민은 낭패를 당하여 부동산을 방매하여 상업자금을 회복하고자 해도 지가가 점차 하락하여 그것을 실현할 수 없음을 알고 대금업자에 융통을 얻고 그 난관을 경과하였다. 이것이 대금업자가 상업사계(商業社界)에 발호하는 이유이니"[3]

이와 같이 당시의 신용경색과 이에 따른 고금리를 기반으로 발생·확장하던 대금 관련 회사는 은행에서 거절하던 부동산담보 대출과 장기 대출을 취급하면서 그 영업 기반을 확장하였다. [표 7-1]에서 제시된 영업과목에서 부동산담보 대출이 명시된 것은

3 山口精 編(1911), 『조선산업지(下)』, 통화편, p. 106.

이러한 상황을 시사하고 있다. 그런데 이 대금회사는 자금동원의 한 방법으로 예금까지 취급하는 한편 대출의 한 방법으로 어음을 할인하였다.

> "지방에서는 금융이 경색하여 이자가 매우 높은 곳이 있으며, 또 도회지에서도 오히려 금리가 고등함을 승하야, 권농, 식산, 흥업 등의 각종 명칭하에 고리대차적 사업을 기획하는 자도 적지 않으며, … 중략 … 현재 각지에 존재하는 각종 회사로서 그 대부분은 본업 이외에 대금업을 겸업하며, 또는 예금의 흡수, 할인 등의 업무도 하여 소은행의 상태를 형성하는 자도 있으니"[4]

[표 7-1]에서 제시된 것과 같이, 일반회사의 대금업 겸업이 성행하였고, 또한 이 중에는 당시의 자금 불균형을 조절하는 방편으로 일부 대금회사가 은행업을 겸하기 시작하였다. 이 시기에는 대금회사의 상업은행하는 일본인 회사에 한해서는 묵인된 결과이었던 것이다.

2) 「은행령」 개정과 일반은행 설립

조선총독부는 1910년 12월 「회사령」을 공포한 이래 회사 설립을 적극적으로 규제함으로써 일본 자본의 조선 진출을 저지하는 동시에 조선 내 민간자본의 형성도 규제하였다. 그런데 이 「회사령」에 의한 규제도 토지조사사업이 일단락되고 또한 제1차 세계대전 경기가 조선 내로 파급되기 시작하던 1914년 이후에는 완화되었고, 1920년 4월에는 철폐되기에 이르렀다.[5]

조선총독부의 회사 설립에 대한 규제는 일반은행 설립에서도 예외가 아니었다. 이 기간 동안 일반은행의 설립은 14건만 인가되고 15건이 취소되거나 계획이 중단되

4 「유사은행정리」(『매일신문』, 1912. 5. 21).
5 박경식(1973), 『일본제국주의의 조선지배(상)』, 한글판, pp. 107~108.

[표 7-2] 일제하 일반은행의 설립 허가 및 설립주체(1912. 6~1920. 9)

연월	은행명	본점	자본금	설립자	초대 대표
1912. 06	구포(경남)	구포	500	구포저축회사(대금업)의 변신	이규직
1912. 09	칠성	원산	65	칠성사(대금업)의 변신	山崎治
1912. 09	선남(상업)	대구	300	伊藤甚三郎, 李藤敏夫, 정재학 등	伊藤甚三郎
1913. 03	부산상업	부산	500	부산 일본인 수입상 26인	秋野彌左衙門
1913. 07	대구	대구	500	정재학, 장길상, 이병학 등 15인	정재학
1913. 07	호서	예산	300	유진상, 김진섭, 김성권, 성낙규 등 7인	유진상
1913. 09	경성	서울	1,000	경성기업(대금업)의 변신	中村再造
1916. 10	삼화	진남포	300	진남포 일본인 7인	富田儀作
1917. 11	신의주	신의주	500	신용저축조합(대금업)의 변신	藤平泰一
1918. 06	주일	부산	500	김홍조, 최연국, 손영감, 전석준 등 10인	김홍조
1918. 09	동래	동래	500	윤병준, 추종엽, 오태환 등 17인	윤병준
1918. 11	북선상업	함흥	500	김승환, 김기정, 노민직 등 33명	김승환
1919. 04	원산상업	원산	500	칠성은행의 변신	吉田秀次郎
1920. 03	삼남	전주	1,000	박기순 등 한국인 10명과 일본인 8명	박기순
1920. 04	평양	평양	1,700	富田儀作, 橫山直鎚, 이진태 등 45명	橫山直鎚
1920. 05	경일	대구	2,000	장길상, 장직상, 이병학, 이영면 등 14명	장길상
1920. 07	해동	서울	3,000	윤덕영, 민철훈, 심상익, 민충식 등 27인	윤덕영
1920. 07	조선실업	서울	5,000	구 경성은행 古城管堂, 中村再造 등 45명	古城管堂
1920. 07	경상공립	대구	2,000	宮井正一 등 16인	宮井正一
1920. 09	호남	광주	1,500	현준호, 김상섭, 김형옥 등 14인	현준호

자료: 조흥은행(1957), 『조흥은행육십년지』; 한국상업은행(1959), 『한국상업은행육십년지』, 『조선상업은행 연혁사』; 동아경제시보사(1921), 『조선은행회사요록』(1921년판).

어 실현되지 못하였던 것이다. 이와 같이 회사 설립이 규제되었던 시기였지만, 조선총독부가 14건에 해당하는 일반은행의 설립을 허용한 배경을 검토해 보자.

[표 7-2]에서 은행 설립 허가 동향을 보면, 은행의 설립 허가는 시기적으로 「은행령」 개정이 이루어진 1912년 이후 그 수가 많고 또한 「회사령」이 철폐된 1920년에 가장 많지만 그 중간에도 본점 일반은행의 설립이 지속되고 있다. 지역적으로 보면, 서울이 3개, 대구가 4개, 부산과 그 주변 지역이 3개로 많고, 나머지는 전부 1개씩 설립되고 있다. 설립지역은 전국에 걸쳐 있지만 상권의 규모가 큰 지역은 그 수가 많다.

조선총독부는 1912년 10월, 일본인과 한국인의 은행 합작설립 장애를 제거하기 위해 민족별로 이원화되어 있던 은행법령을 하나로 통일하였다. 그런데 개정「은행령」은 "제1조, 점포를 공개하여 영업하면서 증권의 할인, 환사업, 또는 예금 및 대부를 하는 자를 은행이라 한다"라고 규정하였고, "제2조, 은행업은 조선총독의 허가를 받지 않은 경우 영업을 할 수 없다"고 규정하였다.[6]

이 때문에 기존 대금회사의 상업은행 업무의 겸업이 불가능해져 대금회사의 예금에 의한 자금조달은 물론 일반회사의 어음할인에 의한 자금조달도 어렵게 되어, 자금난은 더욱 심화되고 있었다.

"총독부로부터 은행령이 나오면서 은행업자가 아닌 자가 수형(어음)에 의해 자금을 융통하는 길이 차단되고, 이곳에서 이때까지 거의 수형만으로 자금을 융통하였던 법인, 조직, 주식회사와 개인 대금업자는 일시에 그것을 회수하기 위해 채무자를 포위하고, …"[7]

조선총독부의「은행령」개정은 대금회사와 그 고객의 자금난과 함께 고금리를 초래함으로써 대금회사의 은행으로의 전화는 물론 은행의 설립을 촉진시켰다. 1912년에서 1913년 말까지 설립된 은행은, [표 7-2]에서 보듯이, 구포·칠성·선남상업·대구·호서·경성은행 등 6개 은행이었다. 조선총독부가「은행령」개정 이후에 나타난 자금난을 배경으로 은행 설립을 많이 허용하였지만, 신탁은행으로 신청한 부산신탁은행과 조선신탁은행은 허용하지 않았다.

1912~1913년간 신설된 은행 중에서 구포·칠성·경성은행은 모두 대금회사에서 은행으로 전환된 것이다.

6 『조선총독부 관보』, 1912. 10. 24.
7 『조선 및 만주』, 제71호, 1913. 6.

"경남 구포지방 유력자인 장우석·윤상은·전석준·강신호 등 제씨가 1909년 구포저축회사를 설립하고, 자본금 2,000만 원으로 대출, 예금 등 은행 업무를 겸영하다가 1912년 주식회사 구포은행으로 개칭하고"[8]

"칠성은행은 그 전신이 합명회사 칠성사로서 … 주로 소상인에 대한 대금업을 목적으로 설립된 후, … 그 후 동회사는 山崎豊治 등의 발기하에 은행업의 허가를 얻고"[9]

"경성기업회사는 1903년 일본인 和田常市 외 8명의 발기하에 부동산 매매, 담보대출 및 환전업을 목적으로 설립되어, … 동년(13년) 6월 그 목적을 일반은행업으로 하고 상호를 경성은행으로 개칭할 것을 결의하여"[10]

이러한 대금회사의 일반은행으로의 전화와는 별도로 조선에서 상업, 부동산업, 고리대금업으로 부를 축적한 대구의 小倉武之助와 부산의 迫間房太郎 등의 일본인 상인들이 금융업에 본격적인 진출을 시도하는 방편으로 선남상업은행과 부산상업은행을 각각 설립하였다. 또한 대구에서는 대구지방의 대지주이었던 정재학·이병학이 주도하여 대구은행을 설립하였고, 충남지방의 대지주이었던 유진상·성낙규·김진섭 등이 예산에서 호서은행을 설립하였다.

조선총독부는 은행령 개정 이후 은행 업무의 겸영 금지 조치에 따라 당시의 고금리와 지방의 금융경색, 그리고 이를 해소할 금융시설의 불비가 문제가 되자 이러한 은행의 설립을 일시적으로 허용하였던 것으로 보인다. 그렇지만 1914년 초부터 쌀값이 하락하는 등 조선에서 불황이 심화되면서 농공은행이 부실화되었고 금융정세도 불안해짐에 따라, 은행의 설립 신청이 거의 사라졌다. 이러한 중에도 [표 7-3]에서 보듯이, 평양에서 평양상업회의소 한국인이 1914년에 신청한 서선은행의 설립을 시도했으나

8 조흥은행(1957), 『조흥은행육십년지』, p. 302.
9 한국상업은행(1959), 『한국상업은행육십년지』, p. 332.
10 앞의 책, p. 343.

[표 7-3] 신청 은행 중 설립 불허 일반은행(1913~1920)

연도	은행명	설립지	자본금	발기인	민족별
1913	부산신탁은행	부산*	350	부산 일본인 수십 명	일
	조선신탁은행	서울*	1,000	서울 한국인, 도쿄·오사카 일본인	합
1914	서선은행	평양*	500	평양상업회의소 한국인	한
1918	청주은행	청주	500	서울·청주 일본인	일
1919	평안은행	평양*	?		
	고려은행	마산	2,000	경남 한국인 27인	조
	십삼은행	부산*	3,000	진주 김기태 등 한국인 30인	조
	대동은행	부산	2,000	경남 한국인 30여 명	조
	충남상업은행	강경	500	충남 일본인 수인	일
	호남은행	전주	2,000	일본인 자산가	일
	해남은행	해남	3,000	大池忠助 등 일본인 수인	일
	전주은행	전주	150	일본인	일
1920	개성은행	개성	1,000		?
	조선질옥은행	서울*	500	서울 한국인, 일본인 전당업자 85명	합
	경성저축은행	서울*	1,000	고윤묵 등 한국인 22인	한
	군산은행	군산	500	군산 한국인 자산가	한
	황해은행	재령	1,000	정찬유 등 한국인 자산가 32인	한

자료: 堀和生(1984), 「조선보통은행의 성립과 전개」, 『사회경제사학』, 49-1.
원자료: 『대판은행통신록』, 『은행통신록』, 각호.

허가되지 않았다.

3) 제1차 세계대전 호황과 지방의 은행 설립 붐

경성상업회의소가 1913년 당시의 금융경색을 배경으로 소상공업자를 위한 저리 자금공급기관의 설립을 조선총독부에 요청하였고, 인천상업회의소도 요청하였다. 이에 대응하여 조선총독부가 상공금융조합의 설치를 추진하였고, 이것은 1918년에서야 도시금융조합으로 실현되었다.[11] 이와 같은 상황은 조선총독부가 일반은행의 설립을

11 波形昭一(1985), pp. 446~447.

[표 7-4] 1910년대 상품유통액의 추이(1910~1920)

(단위: 천 원)

	국내유통액(A)[1]	수이출입액(B)[1]	생산액(C)[2]	수출입액(D)[1]	상업대출액	B/A	D/C
1910	50,442	59,696	255,634	19,913	18,625	1.18	(8.8)
1912	93,380	88,101	429,883	20,985	32,848	0.94	(4.9)
1914	43,416	98,730	475,439	35,035	31,853	2.27	(7.4)
1916	50,788	132,952	557,603	57,818	40,383	2.62	(10.4)
1918	108,109	316,327	1,261,670	155,902	96,216	2.93	(12.4)
1920	103,515	446,306	1,643,893	197,019	132,216	4.31	(12.0)

자료: 1) 『조선경제연보』(1939년판), 통계표, p. 20.
2) 조선농회(1944), 『조선농업발달사: 발달편』, 부록.

허가하는 압력으로 작용하였을 뿐 아니라 당시에도 일반은행의 설립요구가 잠재하고 있었음을 보여 주는 사례가 될 것이다.

제1차 세계대전 중에 일본 경제의 호황은 조선으로 파급되어 수이출이 더욱 활기를 띠었다. [표 7-4]를 보면, 1916년부터 생산액도 크게 증가하지만 수이출액이 더 빠르게 증가하여 수이출액/생산액, 즉 D/C 값이 1910년대 전반기에 비해 크게 증가한다. 제1차 세계대전의 경기가 일본에서 조선으로 파급되고 있기 때문에 역내 교역에 비해 역외 무역이 급속히 증가함으로써 B/A(수이입출액/국내 유통액) 값이 증가하고 있다. 제1차 세계대전 중 호황은 해외 무역을 통해 일본에서 조선으로 파급되고 있었다.

제1차 세계대전의 경기가 일본에서 조선으로 파급되고 생산과 유통이 급속히 증가됨에 따라 상업대출의 부족이 심화되었다. 예를 들어, 1918년까지의 수이출액에 비한 상업대출의 확장만 보더라도 부족액이 점차 커지고 있었다. 즉, 1910년부터 1918년까지 수이출입액은 7.8배 정도 증가한 반면, 상업대출액은 5.2배 증가하는 데 그치고 있었다. 이와 같이 상품유통의 확장으로 1910년대 후반에는 산업자금뿐만 아니라 상업자금의 부족 문제가 나타났고 이러한 문제는 지방에서 더 심각하였다.

[표 7-2]를 보면, 당시의 일반은행 설립 동향을 보면, 설립지역은 서울, 원산, 진남포, 평양, 함흥, 예산, 전주, 광주, 대구, 동래, 부산 등 전국 각지로 분산되어 있다. 이것

은 당시의 본점 일반은행은 단점은행에 불과한 지방은행으로부터 출발한 것임을 단적으로 말해 준다. 조선총독부가 지방은행으로서만 상업은행의 설립을 허용한 것은 지방의 금융시설을 확장함으로써, 지방의 자금동원을 극대화하기 위한 것이었다. 그렇지만 각 지방에 산재한 자본을 집중하여 금융경색을 완화할 수 있으면서도 그 지방의 금융시설 부족을 보완할 수 있는 경우에만 한정하여 허가하였다.

이와 같이 지방상권 확장에 따른 일반은행의 설립은, 특히 1918년 이후 전국으로 확산되었다. [표 7-2]를 보면, 부산에 부산상업은행에 이어 주일은행과 동래은행이 설립되었고, 함흥에는 북선상업은행, 원산에는 원산상업은행, 전주에는 삼남은행, 대구에는 대구은행에 이어 경일은행과 경상공립은행, 서울에는 경성은행을 인수한 조선실업은행, 평양에는 평양은행, 마지막으로 광주에 호남은행이 설립되었다.

지방의 일반은행 설립의 필요성이 높았고 실제로 전국 각지에서 설립신청이 쇄도하였지만, [표 7-3]에서 보듯이, 많은 지역의 일반은행 설립도 상당수 저지되고 있다. 조선총독부는 지방은행의 설립은 서울·부산·대구·평양 등 대상권이 형성된 지역을 제외하면 중복하여 허가하지 않았고, 상업 중심지더라도 이미 식산은행과 금융조합 등 특수금융기관 활동에 지장을 초래할 우려가 있으면 설립을 허가하지 않았다.[12] 이것은 일본 지점은행 및 특수금융기관과 일반은행과의 경쟁을 조선총독부 측에서 우려하고 있었음을 시사한다. 따라서 본점 일반은행은 지방의 상업은행(地場銀行)으로서 특수금융기관을 보완하는 주변적 금융기구로서 출발하게 되었다고 할 수 있다.

2. 한국인의 은행 설립과 그 의의

일제는 특수금융기관을 설립하고 확장해 가는 방식으로 한국인에 대한 금융 지배

12 예를 들어, 당시 안주에 은행 설립을 허용하지 않은 총독부의 해명은 "안주와 같은 소지방에 이미 식산은행 지점이 있는 이상, 다시 사립은행의 설립은 용인할 수 없다"는 것이었다(『동아일보』, 1922. 2. 12, 「안주의 금융기관과 불평」).

를 강화하였다. 이에 따라 한국인은 일본인이 주도하여 설립하고 있는 특수금융기관의 설립이나 운영에 참여하고 이에 예금을 하거나 이로부터 대출을 받는 방식으로 일제의 특수금융기관에 포섭되어 가고 있었다. 그리고 한국인이 설립하고 운영하던 대한천일은행, 한성은행 등의 일반은행도 화폐정리사업을 계기로 이미 일제의 보호와 감독 속에 편입되었다. 유력 자산층에 속하는 한국인 대부분은 금융 문제를 식민지 금융기구를 이용하여 해결해 가고 있었던 것이 일제 초기의 상황이었다.

그렇지만 한국인이 각 금융기관을 이용하는 정도는 다르게 나타났다. 각 금융기관의 자금 동원력이 다르고, 설립주체와 설립목적이 달랐기 때문에 대출에서 민족별 편향성이 나타났던 것이다.

일제의 금융침탈의 중추 금융기관이고 일본의 지점 일반은행을 대표하고 있던 제일은행 조선 지점의 한국인에 대한 대출 비중이 1907년 5.9%, 1909년 1.7%에 불과하였고, 반면에 국고금인 공급예금을 제외한 한국인의 예금 비중은 1907년 13.2%, 1909년 5.5%이었다.[13] 이는 일본 지점은행이 일본인을 대상으로 하는 금융기관이었음을 말해주고 있다. [표 7-5]를 보면, 1908년 일본의 일반은행 지점을 포함한 일반은행 전체의 한국인에 대한 대출 비중은 10.8%에 불과하고, 한국인의 예금 초과액이 410만 원에 이르렀던 것에서 알 수 있듯이 일반은행도 한국인이 거의 이용하지 않았을 뿐 아니라 한국인에 대한 대출보다는 한국인의 예금 흡수에 더 주력하였던 것이다. 그렇지만 한국인이 설립과 운영에 적극 참여하였던 농공은행은 일반은행과 달리 한국인에 대한 대출 비중이 40%를 넘어서고 있고 한국인에 대해 대출 초과를 기록하고 있는 것에서 알 수 있듯이, 한국인과 밀착되어 있었다.

한국은행이 조선은행으로 개칭된 1911년 이후를 보면, 조선은행은 한국인에 대한 대출 초과액을 보이고 있지만 대출 비중은 15%를 넘어서지 못하고 그 비중도 계속 감소하고 있다. 식민지 중앙은행인 조선은행은 일본인의 경제 활동을 뒷받침하는 기관

13 高嶋雅明(1978), 『조선에 있어서 식민지금융사의 연구』, pp. 176~177.

[표 7-5] 각 금융기관의 한국인에 대한 대출 비중과 대출 초과액(1908~1916)

(단위: 천 원)

연도	조선은행		농공은행		일반은행		전체		
	비중	초과액	비중	초과액	비중	초과액	대출	비중	초과액
1908			(41.9)	1,738	(10.4)	−4,102	3,505	(21.6)	−2,139
1910	(13.7)	−338	(34.9)	2,667	(22.5)	404	6,631	(28.8)	2,733
1912	(12.6)	2,740	(24.1)	3,643	(23.9)	2,185	12,882	(31.6)	8,388
1914	(13.1)	2,949	(41.9)	3,865	(22.5)	2,261	13,715	(28.9)	9,075
1916	(9.5)	2,524	(35.4)	2,727	(26.2)	2,060	14,259	(28.0)	7,311

자료: 조선총독부 재무국, 『조선금융사항참고서』(1926년판).

이있고, 그 때문에 이 조선은행의 업무 확장은 일본인에 대한 편중대출을 더 심화시키는 결과를 초래하였던 것이다.

농공은행은 한국인이 주주로서뿐 아니라 임원으로 참여한 은행으로서 한국인이 상대적으로 가장 쉽게 접근할 수 있는 금융기관이었다. [표 7-5]를 보면, 이 은행의 한국인에 대한 대출 비중이 20~40%가 된다. 그리고 한국인에 대한 대출 초과액도 조선은행보다 많은 만큼, 이 은행이 한국인에 대한 자금의 주요 공급처 역할을 수행하고 있었다고 할 수 있다. 그렇지만 이 은행도 대출의 주요 대상은 일본인이었다.

금융조합은 1914년 이전까지 한국인만 조합원으로 받아들이고 있었다. 이러한 점에서 금융조합은 한국인 대상으로 대출을 하고 있었다고 할 수 있다. 그러나 금융조합은 1918년까지도 조선 내 금융기관 대출의 5%에도 못 미치는 대출을 취급하고 있어 한국인이 금융조합을 통해 자금 문제를 해결하기 어려운 상태에 있었다.

일반은행은 지점은행을 포함하여 한국인에 대한 대출액은 물론 그 대출 비중도 증가시키고 있었다. 그러나 일본인 본·지점 일반은행은 여전히 일본인에 대해 대출을 한정시켰기 때문에 비중이 30% 이하에 그쳤다. 그렇지만 한국인 은행의 설립이 증가함에 따라 한국인에 대한 대출 초과액뿐 아니라 대출 비중이 점차 증가하였다. 이것은 한국인의 은행 설립이 한국인의 금융상의 문제를 해결하는 주요 방안이었음을 단적으로 말해 주고 있다.

1910년대 중반까지도 일본인 일반은행은 물론 식민지 특수금융기관까지 자금동원상 한계로 한국인에 대한 대출을 확대하는 데 소극적이었기 때문에, [표 7-5]에서 보듯이, 한국인은 조선 내 은행의 대출자금 중 20~30% 정도만을 이용할 수밖에 없었다. 이것은 한국인이 일제의 제도금융권으로 포섭되었음에도 불구하고 식민지 금융기구의 확장에 상응하여 한국인에 대한 자금공급은 확대되지 않았음을 말해 준다. 일제의 근대적 금융기관의 확장에도 불구하고 금융기관의 자금력 부족과 민족적 편향성으로 인해 대다수의 한국인은 거리의 금융기관, 대금업자나 대금회사의 고리대의 수탈 대상으로 전락해 있었던 것이다.[14]

일본인이 주로 이용하는 금융기관이 급성장하였던 반면, 한국인이 주로 이용하는 금융기관은 완만히 성장하였다. 전체적으로 근대적 금융기관은 한국인의 금융 문제보다는 일본인의 금융 문제를 해결하기 위한 기구로 변모되었다. 이와 같은 상황의 조선에서 한국인의 일반은행 설립은 금융 문제를 스스로 해결할 수 있는 유일한 대안이었다.

당시의 금융사정은 금리 체계에도 반영되어 있었다. [표 7-6]을 보면, 금리 수준은 조선은행, 일반은행(일본 지점은행 포함), 농공은행, 금융조합, 대금업 순으로 높아지고 있다. 그런데 한국인은 부족한 자금을 조달하기 위해서 개인대금업자, 대금회사, 금융조합, 농공은행, 일반은행, 조선은행 순으로, 바꾸어 말하면 대출금리가 높은 순으로 금융기관에 접근할 수밖에 없었다. 한국인이 이용하였던 금융기관 중 금융조합의 금리는 대금업 금리보다는 훨씬 낮으나, 다른 은행보다는 상당히 높다. 당시 은행은 물론 금융조합도 이용할 수 없는 한국인이 대다수였다. 이에 따라 자금경색은 물론이고 고금리로 인한 수탈도 일본인보다는 한국인을 더 압박하고 있었던 것이다.

14 『조선신문』, 1913년 5월 4일 「은행업자에 대한 희망」이라는 기사를 보면, "경성에 있어서 은행업자의 대출 상태를 보면, 그 대부를 받는 자의 과반수는 직접수요자가 아니고, 다시 고리로 전대하는 소위 대금업자 또는 대금중개업자와 같은 자이다. 종래 은행업자는 자위상 자산신용이 확실한 상류자만을 선택하여 거래하는 관계로 자금수요는 직간접으로 은행업자가 관여하는 곳만은 아니다" 라고 지적되고 있다.

[표 7-6] 1910년대 조선 내 대출이자율의 동향(1911~1919)

(단위: 연리(%))

연도	은행일반 대출				개인대금업 대출	
	조선은행	농공은행	일반은행	금융조합	일본인 간	한국인 간
1911	10	13	12	21	31	38
1912	10	14	12	20	31	34
1913	10	14	12	19	30	35
1914	10	14	12	18	32	37
1915	11	14	13	15	29	39
1916	11	13	12	15	27	31
1917	10	12	11	14	26	30
1918	9	12	11	15	25	28
1919	10	11	11	16	26	30

자료: 조선총독부, 『조선금융사항참고서』.

[그림 7-1]에서 보듯이 개인대금업 적용금리가 일본인 간에는 25~30%이었으나, 한국인 간에는 30~35%이었다. 한국인은 일본인보다 통산 5% 정도 높은 금리로 차입하고 있었다는 것은 한국인이 일본인에 비해 상대적으로 고리자금에 의존하고 그에 따라 더 많은 수탈을 당하고 있었다는 점을 말해 주고 있다. 특히, 대금회사의 대부분이 일본인 회사이었다는 것은 일본인이 한국인을 대상으로 한 고리대로 부를 축적하였고, 한국인은 그의 수탈 대상으로 전락해 있었다는 것을 말해 주고 있다.

당시의 고금리 추세는 [그림 7-1]에서 보듯이, 1916년 이후 다소 완화되지만 1910년대 말까지도 지속되었고, 개인대금업의 고금리도 계속 유지되고 있었다. 이러한 당시 고금리는 한국인에게 큰 문제이었으나, 은행 설립이 안정적인 수익을 보장하는 결정적인 조건이 되었다. 따라서 당시의 고금리는 한국인의 은행 설립의 수요한 동기가 되었다고 할 수 있다.

지금까지 검토한 바로는 한국인 다수가 은행 설립에 적극성을 보인 배경에는 특수금융기관의 자금력 부족, 금융기관의 민족별 편향, 고금리에 따른 높은 수익의 보장, 당시의 경기확대에 따라 지방의 자금수요 증가 등과 같은 여러 경제적 요인이 복

[그림 7-1] 조선의 금리 추세(1906~1920)

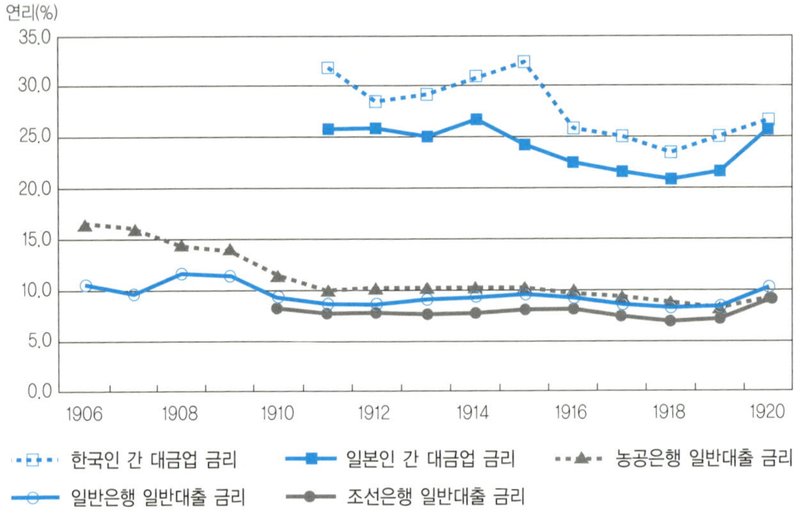

자료: [표 7-6].

합적으로 있었다고 할 수 있다.

조선총독부가 설치되고 「회사령」이 발표된 이후 한국인의 은행 설립은 총독부의 정책에 의해 직접 규제되는 단계로 접어들었다. 1912년 「은행령」이 일원화되면서 기존에 설립된 대금회사의 은행업 변신 과정에 한국인은 구포은행(1915년 경남은행)의 설립을 비롯하여 한국인 단독 또는 일본인과 합작으로 은행을 설립하려는 움직임이 활발해졌다.

「은행령」 개정으로 민족별로 이원화된 은행규제가 일원화된 이후, 이에 근거한 일반은행의 설립은 특수금융기관의 자금동원 한계를 돌파하는 방편으로 조선총독부에 의해 허가되었지만, 1920년부터 일반은행의 설립을 허가하지 않았다. 특히, 제1차 세계대전 경기가 파급되고 상품유통이 확장됨에 따라 금융기구 확장이 요구되었지만, 농공은행과 동척 금융부의 확장이 실현되지 못해, 이를 보완하는 것으로서 일반은행 설립이 허용되었던 것이다. 이 과정에서 한국인은 독자적으로, 때로는 일본인과의 합작에 의해 일반은행 설립에 적극적으로 참여하였던 것이다.

조선총독부로서는 주로 상업의 발달과 이에 따른 지방 금융기관의 미비와 관련하여 일반은행의 설립을 주로 허용하였기 때문에 한국인도 조선총독부 정책에 조응하여 지방 금융시설의 미비를 주요 이유로 내세워 은행 설립을 추진하였다. 충남의 지주가 중심이 되어 설립되었던 호서은행, 대구지방의 지주가 중심이 되어 설립된 대구은행 등은 지방 금융기관의 불비를 내세우고 있다.

> "금융기관이 없는 관계로 상거래는 현금으로만 취급하게 되어, 그 불편이 적지 않으므로 은행의 필요성을 인지한 그 지방의 유력자인 유진상, 성낙규, 류진태, 이기승, 최규석 씨와 서울의 김진섭, 함태영 등은"[15]
>
> "왕년에 관찰사 소재지이었고 경북의 행정, 교통, 상업의 중심지인 대구는 … 그 상거래가 번창하고 방대하여 금융기관의 이용가치가 증대됨을 고려하여 1912년 대구의 부호이며 유지인 정재학, 이일우, 이종면, 이병학, 장길상 제씨와 십명의 발기로"[16]

1918년까지 제1차 세계대전의 여파로 지속된 호황하에서 지방의 상업 중심지에 설립된 은행 중 한국인이 참여한, 북선상업은행, 삼남은행, 평양은행, 호남은행 등도 금융기구의 불비와 지방 금융기구의 필요성을 공통적인 이유로 내세우고 있다.

> "북선상업은행은 이상과 같은 경제계의 호경기 속에서 지방 금융의 원활함을 기함으로써, 산업발전에 기여하고자 김승환씨 외 32명이 창립발기인이 되어"[17]
>
> "삼남은행은 지방 산업의 원활한 발전을 기도코자 전주의 박기순, 김영철,

15 조흥은행(1957), 『조흥은행육십년지』, p. 311.
16 앞의 책, pp. 321~322.
17 한국상업은행(1959), 『한국상업은행육십년지』, pp. 369~370.

박영근, 김도홍, 신태무, 이강원, 박병철의 제씨와 일본인 山本悅藏 등, 김제의 김준희, 정읍의 은성하, 익산의 김화형 등이 발기인이 되어"[18]

"평양은 선만교통의 요충지일뿐더러 공업지대로서 천혜적 요소를 구비하고 있어 발전일로였음에도 불구하고 … 중산계급, 즉 일반상공업자에 대한 금융기관이 결여되어 있었음에 비추어 1919년 8월 이진태, 이춘섭, 이효건 등의 제씨와 일본인 大橋恒藏 외 40인이 발기인이 되어"[19]

"호남지방에 풍부한 천산물, 죽세공, 지물 등의 특산물이 생하여 국내 보고라 할 만큼 산업발달이 뚜렷한데 사업자금의 수급과 금융의 원활을 도모할 기관이 결핍되어 있다. 다만 조선은행과 조선식산은행이 있으나, 이 특수은행으로서는 보편적 금융을 기대키 곤란한 고로, 지방 산업금융기관의 긴급한 설치의 필요성을 인정한 호남의 부호이며 유지인, 현준호, 김병로, 윤정하 제씨의 동감자가"[20]

이와 같이 각 지방에서 다수가 합작하여 은행을 설립하였던 것은 당시로서 은행 설립 소요자본이 거액이라는 점에서도 비롯되었지만, 앞의 설립취지문에서 나타나고 있듯이, 당시 기존의 일반은행까지 외면한 중소상공업자의 자금난을 한국인 유력자 다수의 힘으로 해결해 보려는 노력에서도 비롯되었다고 할 수 있다.

일반은행의 설립이 완료된 1920년 말에 은행의 한국인 임원이 회사의 임원을 겸직하는 예가 [표 7-7]에서 보듯이 적지 않다. 특히, 지방에 있는 대구은행, 호남은행, 호서은행, 경남은행 및 평양은행 내의 많은 임원이 일반회사의 임원을 겸하고 있다. 이러한 현상은 화폐·재정정리사업 이후에 한국인 유력 자산층이 식민지 금융기관의 주주 또는 임원이 됨으로써 자금원을 확보하려 하였던 것과 동일한 맥락에 있다. 이와

18 한국상업은행(1959), p. 357.

19 앞의 책, p. 348.

20 조흥은행(1957), 『조흥은행육십년지』, p. 349.

[표 7-7] 한국인의 은행 및 회사의 임원 겸직 동향(1921년 말)

성명	은행 내 직책*	회사 내 직책**
박영효	식산(이)	경성방직(제, 사), 신민공사(농, 사)
한상룡	한성(이)	조선중앙철도(철, 사), 조선삼림철도(철, 감), 금강산전기철도(철, 감)
백완혁	한성(이)	경성융흥(금, 사), 호전농구(농, 이), 조선농업(농, 이), 동산축산흥업(농, 이)
김용집	한성(감)	공동무역(상, 감)
조진태	상업(사), 한성(감), 동척(감)	대창무역(상, 감), 경성현물시장(상, 이)
장두현	상업(이), 선남(이)	광장(금, 이), 동양물산(상, 감)
김한규	한일(이)	광장(금, 사)
이진태	평양(이)	조선린내(제, 이), 평안무역(상, 이)
이효건	평양(감)	진남포창고(창, 이)
김중서	북선상업(감)	북선창고(창, 이)
정재학	대구(감)	농양기류(농, 이), 대흥전기(전, 감)
이병학	대구(이), 선남(이), 경일(이)	고려요업(제, 사), 호전농구(농, 감), 동양축산(농, 감), 대구주조(양, 사), 경성현물시장(상, 감)
박기돈	대구(감)	대동무역(상, 이)
최 준	대구(이)	고려요업(제, 사), 백산무역(상, 사)
장직상	선남(이), 경일(이)	동아린촌(제, 사), 왜관금융(금, 사)
송대관	경남(사)	서울사(상, 감), 조선제과(상, 이), 부산신탁(금, 사)
강위수	경남(이)	삼일실업(상, 사), 주일상사(상, 사)
오태환	경남(이), 동래(이)	
김홍규	경남(이)	고려요업(제, 이)
전석준	경남(이)	자유무역(상, 감)
최태욱	경남(감)	자유무역(상, 이)
박기순	삼남(사)	조선잠업(농, 이), 전북축산(농, 이), 전북경철(철, 사)
김병희	삼남(이)	조선잠업(농, 이)
김상섭	호남(사)	목포창고금융(금, 사)
장석구	호남(이)	충남상업(상, 이)
김병로	호남(이)	해동무역(상, 감)
자남진	호남(이)	해동물산(상, 감)
문재철	호남(이)	목포창고금융(금, 이)
민유식	호남(이), 한일(이)	대동무역(상, 이), 용산근업(금, 이), 불이광산(광, 이), 군산전기(전, 감), 불이상업(상, 감)
정두화	호서(이)	충남상업(상, 감)
최규석	해동(감)	충남상업(상, 이)
김성환	해동(이)	대동무역(상, 이), 용산근업(금, 감)

주: 농: 농업, 상: 상업, 제: 제조업, 금: 대금업, 철: 철도업, 전: 전기업, 창: 창고업, 광: 광업, 사: 두취, 이: 취체역, 감: 감사역.
자료: 『조선은행회사요록』(1921년판).

같이 1910년대에 이르러서는 한국인 농상공업자는 물론 대지주까지도 당시의 금융시설의 불비에 직면하여 이전과 같이 식민지 금융기구에 종속됨으로써만이 아니라 일반은행을 자주적으로 설립함으로써, 한국인 금융시설의 부족을 해소하고 손쉬운 자금조달 방편을 확보하는 동시에 당시의 고금리를 이용해 부를 축적해 보고자 하였던 것이다.

3. 일반은행의 설립 및 경영 주체

일제의 특수금융기관은 정부가 출자하고 경영하는 금융기관인 반면에 일반은행은 민간이 출자하고 경영하는 금융기관이기 때문에 일반은행의 소유와 경영의 주체가 누구인가가 중요한 문제가 된다. 갑오개혁 이후 일반은행의 설립이나 경영에는 정부 고관이나 서울 상인이 주로 참여하였으나, 일제하의 일반은행 설립에는 정부 고관이나 지주, 상인, 대금업자 등 당시에 부를 이미 축적하고 있는 한국인이나 일본인에 의해 주도되었을 가능성이 크다. 그런데 은행업은 당시의 새로운 산업이기 때문에 이에 대한 경험 없이는 경영을 맡기가 어려운 업종이었다.

은행의 설립자를 대표하는 최대주주는 [표 7-8]에서 보듯이 대부분 대지주이다. 한일은행의 민대식, 밀양은행의 湯淺凡平, 부산상업은행의 迫間房太郎, 호서은행의 김성권, 삼화은행과 평양은행의 富田儀作, 삼남은행의 김준희, 경상공립은행의 宮井正一, 호남은행의 현준호 등은 당시 대지주이었던 사람들이다. 그리고 대구은행의 대주주 정재학, 장길상 등은 지방의 지주로 알려져 있고, 호서은행의 유진상, 북선상업은행의 대표 김승환, 삼남은행의 대표 박기순도 상인 출신이었지만 지주였던 사람으로 알려져 있는 사람들이다.[21]

21 고승제(1970), 『한국금융사연구』, pp. 115, 191, 193, 200, 211~212, 271.

[표 7-8] 지방 일반은행 최대주주의 주요 경력과 토지 소유

은행명	최대주주명 (1921년 말)	주요 경력[1]	토지소유 규모(정보)[2]				
			답	전	계	소유지	년
한일	민대식	중추원 의관, 무관학교 교관, 조선토지개량회사 임원	91 254	40 36	131 290	전북 충남	26 29
밀양	湯淺凡平		59	0	59	경남	22
선남	小倉武之造	대구상업회의소 두취, 대흥전기·회령전기·통영전기 설립					
부산상업	迫間房太郎	부동산업, 무역업, 도평의원	78 40	3 5	81 45	황해 경남	25 25
대구	정재학	통신원, 경상농공은행·동양기류·대흥전기 임원					
호서	김성권		187 27	22 23	209 50	충남 경기	29 38
경남	송대관	서울사 조선제과 임원, 부산신탁 사장					
삼화 평양	富田儀作	석탄, 장뇌, 한천 채취업, 광산업 요업 서선조면 호전농구 동양축산 임원	48 44	0 64	48 109	평남 황해	22 25
동래	윤병준	연초매매업·부산곡물신탁 임원					
신의주	加藤鐵治郎	선만목재차량·선만연료공업·신의주요업·신의주전기·신의주주조·신의주목재 임원					
원산상업	吉田秀次郎	해운업, 무역업, 조선인촌·조선전분·조선화학 임원, 길전운수·길전창고·오전정미·조선토지경영 사장					
삼남	김준희		82 159	30 17	112 176	전북 전남	26 30
경일	장길상	동아인촌·왜관금융·대구주조 임원					
조선실업	中村再造	은행원, 잡화상, 대금업, 광주면업·공립창고물산·경성일환수산 임원, 선남식산 사장					
경상공립	宮井正一	대구정미 사장	55	103	158	경북	25
호남	현준호		673	40	713	전남	30

주: 1) 1921년까지의 경력만 수록.
사료: 1) 『조선은행회사요록』(1921년판), 『조선인사흥신록』(1922년판).
2) 농촌경제연구원 편(1985), 『일제하 대지주 명단(농지개혁사편찬자료)』.

당시의 은행 설립은 상대적으로 대자본을 필요로 하였고, 대부분 토지 형태로 부를 소유한 점을 고려하면 은행 설립에 참여하는 대부분이 지주이었다는 것은 당연하다. 그러나 [표 7-8]에서 다른 경력을 보면, 한국인 은행설립자는 구포은행을 예외로 하면 상인이나 고리대금업의 부를 축적하여 은행업에 진출하기보다는 지주로서 은행업에 진출한 경우가 대부분이었다. 반면에 일본인 은행설립자는 이미 다른 사업에 활발히 진출하고 있는 것에서 알 수 있듯이, 대지주로서 출발하였다기보다는 다른 사업을 통해 부를 축적해 간 결과로 대지주가 되었던 자가 중심을 이루고 있었다. 이와 같이 일본인 은행설립자들은 상공업에도 이미 관여하면서 대지주로 성장하던 신흥 부르주아였던 반면, 한국인 은행설립자는 이제 신흥 부르주아로 변신하기 시작한 대지주였다.[22]

그런데 대주주가 은행설립자로 될 수 있었던 것은 토지의 화폐화가 제도적으로 뒷받침되었기 때문이다. 앞에서 설명한 바와 같이, 1910년대 중반이면 토지조사사업의 완료로 토지거래가 활발해짐에 따라 토지를 처분하거나 부동산 저당을 통해 마련한 자금을 회사에 출자함으로써 지주의 자본가로서의 변신이 용이해졌던 것이다. 실제로 은행 설립은 지주의 부르주아화의 주요 계기가 되었다. 1910년대 한국인 회사의 납입자본 중 금융관계 회사의 납입자본이 차지하는 비중이 전체의 60~70% 정도를 차지하고 있다.[23] 이것은 한국인 화폐자산이 은행에 집중됨으로써 이를 기반으로 한 한국인 자본의 활동이 확장되고, 또한 지주의 부르주아화가 진행되고 있었음을 시사하고 있다.

그리고 이 일반은행 설립이나 경영에 참여한 한국인 중 상당수가 [표 7-8]에서 보았듯이 1921년에 이미 일반회사의 임원으로 참여하는 등 부르주아로 변신하고 있었다. 이들의 상업, 대금업, 창고업 등 유통 관련업에 주로 진출하고 있었지만 제조업에

22 지주의 부르주아화에 관해서는 장시원(1988년), 「일제하 대지주의 존재형태에 관한 연구」, 서울대 대학원 박사학위 논문 참조.

23 한국인 회사 납입자본 중에서 은행의 납입자본 비중은 1911년 72.9%, 1915년 76.3%, 1919년 55.7%가 된다(『조선총독부통계연보』 참조).

도 진출하였다. 이로 인해 일반은행은, [표 7-7]에서 보았듯이 임원의 겸직 등을 통해 일반회사와 인적 유착관계를 형성하고 있었다. 이 때문에 내부자 대출 등으로 은행 경영의 위험이 가중되고, 이 자금이 소수 기업에 집중될 수도 있었다. 그렇지만 일반은행은 일반회사와 인적 연계망을 통해 확실한 대출 대상을 확보할 수 있고, 특수금융기관에 의존하지 않고서도 독자적으로 자금조달을 할 수 있다는 이점도 없지는 않았다. 당시에는 대주주나 임원의 내부 대출에 대한 제한이 있었다기보다는 그 내부자 대출이 은행업 진출의 주요 동기가 되었던 것이다. 이와 같이 한국인 은행의 설립은 그 자체로서 뿐 아니라 다른 회사 설립에도 도움이 되는 길이었기 때문에 은행 설립이나 경영 참여는 지주의 부르주아화의 변신을 촉진하는 계기가 되었던 것이다.

이와 같이 은행설립자가 대부분 지주였음에도 불구하고 은행이라는 낯선 업종의 설립에 어떻게 참여하였으며, 이들이 설립한 은행의 경영은 과연 제대로 될 수 있었겠는가 하는 의문을 제기해 볼 수 있다. 한국인이 은행 경영에 참여하여 은행 경영에 경험을 쌓을 수 있었던 기회는 농공은행 등의 식민지 금융기관의 임원 또는 직원으로 근무했거나 또는 이미 설립되어 있었던 한국인 은행, 즉 한성은행, 조선상업은행, 한일은행 등의 임원 또는 직원으로 근무하는 것이었다. 따라서 지방 일반은행의 설립과 경영은 농공은행의 한국인의 참여나 퇴출 등과 어떤 관계를 가졌는가도 살펴볼 필요가 있다.

4. 농공은행과 한국인의 일반은행 설립

한국인의 농공은행 설립 참여 또는 농공은행으로부터의 퇴출이 일반은행의 설립에 어떤 영향을 주었는가. 먼저 농공은행의 임원이 신설은행의 설립 또는 경영을 맡은 경우부터 확인해 보자. [표 7-9]에서 1907년 하반기부터 1914년 상반기까지 한호농공은행의 임원이 일반은행의 임원으로 진출하고 있는 예를 쉽게 찾아볼 수 있다. 한호농공

[표 7-9] 한호농공은행 임원의 타 은행 진출 동향(1921년 말)

성명	농공은행 시[1]	일반은행 시[2]	식은 주식[3]
백완혁	은행장	한성은행(취체)	50주
김기영	이사	한일은행(감사)	30주
조병택	이사	조선상업(취체), 한성은행(감사)	100주
백인기	이사	한일은행(전무)	137주
주성근	이사	한성은행(취체), 한일은행(감사)	100주
김한규	이사	한일은행(전무)	
윤정석	감사	조선상업(감사)	
김용집	감사	한성은행(감사)	
김용태	감사	조선상업(취체)	75주

자료: 1) 『조선경제연보』(1939년판), 통계표, p. 20.
2) 조선농회(1944), 『조선농업발달사: 발달편』, 부록.
3) 『조선식산은행 영업보고서(1기)』.

은행의 임원은 조선상업은행, 한일은행 등 서울지역 일반은행의 임원을 겸직하고 있다는 것은 농공은행의 임원이 새로운 은행의 설립이나 운영에 참여하였다기보다는 서울에서 농공은행과 일반은행 간의 임원 겸직이 확산된 결과로 해석해야 할 것이다. 따라서 한호농공은행에의 참여가 다른 일반은행 설립의 계기가 되었다고 하기는 어렵다.

서울에서 한국인의 은행 설립은 갑오개혁 이후부터 시작되어 대한천일은행과 한성은행을 중심으로 활발하게 이루어졌으므로 이들은 일제의 각종 특수금융기관의 설립과 운영에 참여하여 상당수가 은행의 설립과 운영에 경험을 가지고 있었다. 이들에게는 응급 특수금융기관이나 농공은행에의 참여가 새로운 경험은 아니었기 때문에 일제의 특수금융기관 참여가 은행 설립의 계기는 아니었다고 할 수 있다. 그러나 지방에서 근대적 금융기관은 농공은행이 최초였기 때문에 농공은행의 설립이나 해체가 지방 일반은행의 설립에 주요 계기가 될 수 있을 것이다.

식산은행이 설립되고 농공은행이 해체되는 과정에 농공은행의 한국인 임원이 이른바 상담역으로 퇴진함으로써 그 지역 일반은행의 임원 또는 주주로서 진출하게 되었음을 [표 7-10]에서 확인할 수 있다. 식산은행에 농공은행이 합병되어 일본인 은행으로 재출범함에 따라 한국인을 은행 경영에서 배제한 귀결이기도 하다. 따라서 한국인이 식민지 특수금융기관의 운영에서 배제됨에 따라 한국인 농공은행 임원들이 그동안의 경험을 바탕으로 일반은행의 경영에 적극 참여하면서 일반은행의 중심 주체로 부상되고 있음을 알 수 있다.

지방의 농공은행 임원은 함경농공은행을 예외로 하면 다른 지방의 은행 설립 또는 은행 경영에 참여하고 있다. 평안농공은행 임원인 이진태는 평양은행 설립을 주도하고 대동은행 임원으로 참여하고, 경상농공은행 임원인 이병학, 이종면, 서병조, 윤상태, 정재학은 대구은행의 설립자 또는 대구·선남·경일·경남은행의 임원으로 참여하고, 전주농공은행 임원인 박영근, 박기순, 이강원, 김도홍, 신태무, 김준희 등은 삼남은행 설립자 또는 임원으로 참여하고, 광주농공은행의 김형옥, 정낙교, 박하준, 현기봉(현준호 부친) 등의 임원이 호남은행의 설립자 또는 임원으로 참여하고 있었음을 [표 7-10]에서 확인할 수 있다. 이와 같이 일부 지방에서 한국인의 농공은행 참여와 농공은행의 해체가 지방 상업은행 설립 또는 경영에 참여하는 주요 계기가 되었던 것이다.

당시에 조선에 본점을 둔 일반은행은 지방에 본점을 하나 둔 단점은행이거나 한정된 지역에 지점만 두는 지방은행에 불과하고 그 업무는 상업은행 업무에 한정되어 있었다. 그럼에도 불구하고 한국인 일반은행은 거대한 영업망과 자금동원력을 가지고 있고 전국적인 지점망을 가지면서 상업은행 업무를 겸하고 있던 조선은행, 식산은행 및 금융조합과 경쟁해야 하는 상황에서 출범하였다. 조선총독부는 일반은행 설립을 허가하는 단계에서부터 다른 특수금융기관과 경쟁을 고려하여 설립을 선별적으로 허가하였던 것이다. 따라서 이 당시 출범한 일반은행이 한국인 금융기구로서 중추적인 위치에 있게 되었음에도 불구하고 식민지 조선 전체로는 특수금융기관의 취약지대에서 상업은행 업무를 담당할 수밖에 없는 주변적인 금융기관으로 그 영업 기반도 한정된 지방 상업은행이라는 한계가 있었던 것이다.

[표 7-10] 각 지방 농공은행 임원의 타 은행 진출 동향(1921년 말 현재)

농공은행	성명	농공은행 시 직책[1]	일반은행 설립 참여[2]	일반은행 시 직책(1921년)[2]	각 은행 식은주	주식 소유 그 외[3]
평안농공은행	이진태	은행장	대동은행	평양(취체)	107주	
	김영택	취체역			50주	
	윤성운	취체역			50주	
	임우돈	취체역			50주	
	이명환	감사역			52주	
	유광조	감사역			37주	
경상농공은행	이병학	은행장	대구은행 경일은행 선남은행	대구·선남·경일은행(취체)	1,785주	대구 7,166주 선남 262주
	이종면	취체역	대구은행	대구은행(취체)	312주	대구 1,000주
	김기태	취체역			120주	
	서병조	취체역	대구은행	대구은행(취체)	3,549주	
	윤상태	취체역	대구은행	대구은행(감사)	274주	대구 1,000주
	정재학	감사역	대구은행	대구은행(두취)	1,196주	대구 7,166주
	강위수	감사역		경남은행(취체)	100주	
전주농공은행	박영근	은행장	삼남은행		100주	삼남 950주
	박기순	취체역	삼남은행	삼남은행(두취)	50주	삼남 3,500주
	이강원	취체역	삼남은행			
	백남신	취체역			50주	
	김도홍	취체역	삼남은행		170주	
	신태무	감사역	삼남은행	삼남은행(취체)		
	김준희	감사역	삼남은행	삼남은행(취체)	147주	삼남 4,100주
광주농공은행	김형옥	은행장	호남은행	호남은행(취체)	142주	
	정낙교	취체역	호남은행		133주	
	박하준	취체역	호남은행	호남은행(감사)	178주	
	현기봉	취체역	호남은행	설립자 현준호의 부친	302주	
	이석래	감사역			266주	
	정병현	감사역				
함경농공은행	이택현	은행장			60주	
	김병유	취체역			131주	
	김충희	취체역			101주	
	송덕원	감사역			25주	
	김진호	감사역				

자료: 1) 『조선식산은행십년지』에 수록된 농공은행 전직 임원만을 대상으로 함.
2) 『조흥은행육십년지』 및 『한국상업은행육십년지』의 연표.
3) 「조선식산은행 영업보고서(1기)」 주주명단과 『조선은행회사요록』(1921년판)에 수록된 주식 소유에 의거 작성.

제3부

전간기 식민지 특수금융기관의 성장과 금융구조의 변화

제3부

일제는 제1차 세계대전 이후부터 중일전쟁 이전까지, 이른바 '전간기'에 일선만 엔 블록 내에서 식민지 조선이 담당한 역할, 즉 식량과 원료의 공급지로 역할을 강화하고 일본의 만주 진출을 원활히 할 수 있는 방향으로 조선과 만주에서 식민지 수탈을 위한 산업정책을 확대하거나 강화하였다. 1910년대 후반에 수립된 새로운 정책목표에 따라 재정비되면서 확장된 특수금융기관들은 각 기관에 부여된 역할에 맞게 자금을 운용하면서 상업적 영업 기반을 함께 확장함으로써 안정적으로 성장하였다. 이 기관들은 예금을 통한 자금조달에 힘을 기울이면서 서로 다른 이유와 방식으로 일본 정부나 특수금융기관의 지원을 받았다. 나아가 일본 금융시장에도 진출하여 자금동원력을 획기적으로 확장함으로써 한편으로 정책적 사업을 금융적으로 지원하면서 다른 한편으로 상업적 이윤을 극대화할 수 있는 여건을 마련하였다. 그리고 이 시기에 제한적이나마 증권거래 또한 활발해지고 조직화되어 상품 및 증권거래소도 등장하게 되었다.

1920년대 일본의 경기침체에 따라 금융기관의 부실채권이 누적되기 시작하였고, 1927년에는 일본의 금융공황이 발생하였다. 금융공황을 계기로 일본에서는 물론이고 조선에서도 일반금융기관에 대한 정리가 있었다. 일반은행은 1920년부터 설립허가가 중단되었지만 생존을 위해 자발적 합병을 시작하였다. 조선총독부도 금융공황을 계기로 은행과 금융조합의 역할을 조정하는 제도개편을 추진하고 개정된 「은행령」 등을 근거로 하는 일반은행 합병정책도 강력히 시행되었다. 이러한 가운데 저축은행, 보험기관, 신탁회사, 무진회사가 탄생하거나 확장되어 일반은행과 경쟁하게 되었다. 결과적으로 식민지 조선의 금융제도는 은행 중심이기는 하였지만 다른 유형의 금융기관도 등장함으로써 금융구조가 점차 다원화되기 시작하였다.

일제가 많은 근대적 금융기관을 설립하고 확장함으로써 많은 일본인과 한국인을 새롭게 금융적으로 포섭하였지만 한국인과 일본인 간의 금융격차뿐 아니라 계층 간의 금융격차는 줄어들지 않았고, 한국인의 금융업 진출도 제한됨에 따라 근대적 금융기관에 소외된 한국인은 줄어들지 않았다. 많은 한국인이 가장 쉽게 접근할 수 있는 곳은 다름 아닌 고금리로 대출하는 대금업자들이었다.

제3부에서는 제1차 세계대전 후부터 중일전쟁까지, 이른바 전간기 식민지 금융의 주요 특징인 특수금융기관의 성장과 일반은행의 정체는 물론이고 식민지 시대 금융구조의 다양화와 한국인 금융 상태를 설명하고자 한다. 첫째, 전간기 특수금융기관의 성장과 그 기반을 자금운용 측면에서 파악하기 위해 이 시기의 식민지 주요 정책은 무엇이며, 이와 관련하여 특수금융기관이 어떤 역할을 담당하였으며, 성장 기반을 어떻게 확보해 갔는지 살펴볼 것이다. 둘째, 특수금융기관의 성장과 그 기반을 자금조달 측면에서 파악하기 위해 식민지 특수금융기관이 정책을 지원

하기 위해 또는 영업 확장을 위해 자금을 어떻게 조달하였으며, 특히 일본 금융시장을 어떻게 활용하면서 그 결과로 조선은 일본에 금융적으로 어느 정도 통합되었는가를 금리의 추이와 격차를 통해 살펴볼 것이다. 셋째, 일반금융기관의 재편과 일반은행의 정체를 파악하기 위해 이 시기에 일반은행의 합동, 기타 금융기관의 신설 등으로 나타난 일반금융기관의 재편내용은 무엇이며 이들 금융기관의 역할이 무엇이며 경영은 어떤 상태이었는가를 살펴볼 것이다. 넷째, 이 시기에서 한국인의 금융 상황과 대금업의 성장을 파악하기 위해 금융기관의 대출 예금의 민족별 격차가 어느 정도이었는가, 고리대금업이 왜 번성하게 되었는가, 대금회사나 대금업자들이 얼마나 존재하였는가, 한국인의 금융업 진출에서 나타나는 한계는 무엇인가 등을 살펴볼 것이다.

제 8 장

전간기 특수금융기관의 성장과 자금운용

拾錢

1. 전간기 식민지 정책과 특수금융기관

조선총독부는 1910년대에 식민지 지배를 위한 기초사업이 거의 완료되고 경제적 지배기구도 정비됨에 따라 식민지적 개발과 이를 통한 경제적 수탈을 위한 정책을 강화한다. 일제는 1920년대 초반부터는 「산미증식계획」, 1930년대 초반부터는 「농공병진정책」으로 표현되는 식민지 산업정책을 조선총독부 재정에 의존하여 추진하면서도 식산은행, 동척 및 금융조합 등 특수금융기관의 금융에도 크게 의존하여 추진하고자 하였다. 이에 따라 특수금융기관은 예금유치를 통해 조선 내 유휴자금을 집중시키는 동시에 회사채 발행 등을 통해 일본 내 유휴자금까지 동원함으로써 식량과 원료의 증산 및 이출을 위한 소요재원 조달을 담당하게 된다.

조선총독부가 1910년대 단순한 농산물 증산정책에서 본격적인 농업개발정책으로 전환하는 것은 1920년부터 시행된 「산미증식계획」부터였다. 일본에서 공업의 성장에 비해 농업의 상대적 정체로 식량 부족이 급박한 문제가 됨에 따라 이 계획이 서둘러 시행되었다. 반면에 1921년 산업조사위원회에서 성안된 농업 및 공업에 대한 대규모 투자계획은 관동대지진 이후 흐지부지되었다. 산미증식계획은 1920년부터 30여 년간 80만 정도 논에 대한 토지개량과 모든 논에 대한 농사개량 실시를 목표로 추진되었다. 이 계획은 처음 15년 동안 43만 정보의 논을 개량하여 900만 석을 생산하여 460만 석을 일본으로 이출하겠다는 목표로 시작되었다. 그러나 1925년까지 실제로 토지개량이 이루어진 것은 7만여 정보에 그쳤다. 조선총독부는 사업비의 27%를 국고로 지원하고 나머지 27%는 식산은행과 동양척식회사의 대출금으로, 그 나머지 41%는 사업자인 수리조합이나 지주가 부담하기로 되었으나 지주들의 참여가 부진하였다.

조선총독부는 1926년 기존 계획을 폐지하고 산미증식계획을 새로 수립하였다. 이 계획은 1937년까지 35만 정보의 토지를 개량하여 472만 석의 쌀을 증산하려는 목표로 세워졌다. 사업자의 사업비 부담은 7%로 낮추고 그 대신 식산은행과 동양척식회사가 사업비의 69%를 부담하도록 하였다. 그런데 식산은행과 동양척식회사가 부담하기로 한 대출금의 절반은 일본 대장성 예금부가 부담하고 나머지는 두 금융기관이 일본 금융시장에서 채권을 발행하여 조성하기로 하였다. 그리고 대부금 이자율은 종래 10.2%에서 7.4%로 낮추기로 하였다. 조선총독부는 추진기구로 토지개량부를 설치하고 조선토지개량회사를 설립하고 1926년 조선농회를 조직하였다.

그러나 1930년대 초반 세계 대공황 여파로 쌀값이 폭락하고 일본 농민이 쌀 이입을 반대하는 운동을 전개하자 조선총독부는 1932년 토지개량부를 폐지하였으며, 1934년 조선토지개량회사도 해산시키고 이미 진행 중인 사업도 1937년에 서둘러 종결하였다. 전시하의 식량증산의 필요성이 제시되어 1939년 「신증미계획」이란 이름으로 부활되었다.[1]

조선총독부가 1920~1925년간 실시하였던 「산미증식계획」은 관개개선, 지목변환, 개간·간척 등 총 427,500정보의 토지를 개량하는 것이었는데, 조선총독부가 6,301만 원을 부담하고 정부 저리자금으로 토지개량자금 4,500만 원, 금비구입자금 3,000만 원, 총 7,500만 원을 융통하기로 하였다. 그런데 이 사업은 토지개량 등 사업면적은 88,120정보로 목표치의 20.6%에 그쳤고, 총독부 보조금도 1,475만 원으로 목표치의 23.4%에 달성하는 것에 그쳤다.[2]

조선총독부는 1926년부터 실시하였던 「산미증식갱신계획」에서는 총 35만 정보의 토지개량사업과 함께 농사개량사업을 추진하기로 하고 자금 3억 2,533만 원 중에서 토지개량사업 4,000만 원, 농사개량사업자금 2억 8,533만 원을 책정하고, 이 자금 중에서 수리조합이 2,207만 원, 총독부가 6,507만 원, 금융기관이 정부주선자금 2억 3,820만 원을 제공하기로 하였고, 이 중에 절반은 일본 대장성 예금부가 제공하고 나머지는 식산은행과 동척이 나누어 분담하기로 하였다.[3]

1930년에는 일본 내에서 미곡재고가 과잉 상태에 이르자 쌀값이 폭락하여, 조선

1 식산은행, 「조선산미증식계획의 경과와 신증미계획의 검토」, 『식산은행월보』, 22호.
2 조선농회 편(1944), 『조선농업발달사: 정책편』, pp. 422~423.
3 앞의 책, pp. 435~436.

산 미곡의 일본으로의 이출이 제한되어야 하는 상황이 전개되면서 종래의 식민지 산업정책은 큰 위기를 맞게 되었다. 즉, 미가폭락과 이출제한으로 「산미증식계획」에서 차질이 나타났고 이에 따라 농촌지배층, 즉 지주도 위기에 직면하였다. 이러한 상황에서 식민지 특수금융기관이 누적된 미곡을 처리하기 위해 「미곡응급자금」이라는 명목으로 자금을 공급함으로써 지주제 위기를 일시적으로나마 해소하면서 무역상의 미곡 매집을 촉진하였던 것이다.

이 시기에 일본에서 도입된 자금의 대부분은 대장성 예금부의 유휴자금이었다. 조선은행, 식산은행, 동척과 금융조합이 예금부 자금에 자사 자금을 추가하여 공급하였다. 즉, 조선은행이 처리한 잔액을 보면, 1930년 254만 원, 1931년 200만 원, 1933년 490만 원, 1934년 700만 원, 1935년 670만 원, 1936년 690만 원이었고, 이 자금은 전액 대장성 예금부 자금이었다.[4] 그리고 식산은행이 처리한 자금은 1930년 398만 원, 1931년 934만 원, 1932년 938만 원, 1933년 1,484만 원, 1934년 2,423만 원, 1935년 2,818만 원, 1936년 1,985만 원이었고, 이 중에서 대장성 예금부 자금은 1930년 352만 원, 1931년 855만 원, 1932년 877만 원, 1933년 1,286만 원, 1934년 1,359만 원, 1935년 1,742만 원, 1936년 1,029만 원이었다.[5]

1926년부터 1937년까지 사업실적을 보면, 관개개선 92,633정보, 지목변환 38,629정보, 개간·간척 30,554정보, 총 162,017정보의 토지개량이 실시되었다. 이 기간에 보조금은 3,507만 원, 자금융통액은 8,368만 원이었다. 따라서 계획자금의 55.9%, 계획융통액의 42.2%가 집행되었으며, 계획기업자금 2,207만 원의 525.2%에 해당하는 1억 1,591만 원의 수리조합비가 걷힘으로써 수리조합의 부담이 계획과는 달리 가중되었다. 「산미증식계획」은 조선총독부의 재정지원보다는 식산은행과 동척의 자금융통에 의존하였고 그것을 수리조합이 단계적으로 상환하는 방식으로 진행되었다고 할 수 있다.

조선총독부는 실제로 「산미증식계획」과 관련하여 1920년에서 1925년까지는 1,364

4 조선은행사연구회 편(1987), 『조선은행사』, p. 390의 표 4-5에 의거 계산.
5 조선식산은행(1938), 『조선식산은행이십년지』, p. 198.

만 원, 1926년에서 1935년까지는 8,995만 원에 이르는 보조금[6]을 지출하였다. 식산은행은 1936년 말에 수리사업 및 토지개량 명목으로만 9,479만 원을 대출하였고, 동척은 동일한 명목으로 1937년 말 3,592만 원을 대출하였고, 금융조합은 1935년 말 토지개량의 명목으로 192만 원을 대출하였다.

이와 같이 일제는 1930년대 초반 세계적인 대공황으로 인해 예금부가 가지고 있던 일본 내 유휴자금을 조선의 특수금융기관을 통해 조선에서의 미가폭락을 막고 지주제의 위기를 해소하기 위해 미곡구입 자금으로 공급하였다. 한편, 1930년 이후 미가폭락으로 농가대출의 상환이 어렵게 되고 농민의 곤궁이 더욱 심해짐에 따라 고리채를 포함한 농촌 내 부채가 증폭되기 시작하였다. 1931년 말 현재 농가부채가 2억 6,000만 원에 이르렀다. 조선총독부는 특수금융기관을 통해 당시의 유휴자금을 고리채정리자금으로 방출함으로써 농촌의 위기를 일시적이나마 완화하고자 하였다.

> "당시(1932년 11월) 금융조합원의 부채는 약 2억 6,500만 원이고 1할 5분을 초월하는 고리부채는 5,000여만 원에 달하는 상황이라, 총독부는 우선 대장성 예금부로부터 300만 원을 융통받기로 하고 그해 연합회의 자기자금을 합하여 600만 원을 갖고 본사업에 착수하였다."[7]

조선총독부는 세계 대공황 이후 농가경제가 몰락하고 저항적 농민운동이 확산되자 1932년 9월부터 지주가 주도하는 농업개발사업을 지양하고 대신에 개별 농가 생산을 지도하고 농촌사회 장악을 목적으로 사회개량정책으로서 '농촌진흥운동'을 시작하기로 하였다. 농촌진흥운동은 「농가경제경생계획」, 「자작농지설정사업」, 「고리채정리사업」 등 여러 사업으로 구체화하였다.[8] 조선총독부는 이 사업의 추진을 위해

6 『조선금융사항참고서』 조선총독부 임시회계(결산) 참고. 여기서 산미증식계획 관련 항목은 경지 개량 및 확장비, 관개 및 개간사업조성비.
7 조선농회 편(1944), 『조선농업발달사: 정책편』, p. 635.

도·군·읍·면 단위의 농촌진흥위원회를 조직하고 각종 행정기관, 학교, 금융조합, 수리조합, 조선농회 등 다양한 조직을 통합·조정하였다. 「농가경제갱생계획」은 식량 충실, 금전수지 균형, 부채 근절을 목표로 하였지만 정신과 생활습관까지 통제하려는 사업으로 발전되었다. 이 사업은 농업생산성과 관련하여서는 영농다각화와 자급자족화를 추구하는 것이었다. 「자작농지설정사업」은 소작농이 경작하는 소작지를 자작지로 바꾸기 위해 소작농에게 토지구입자금을 공급하는 사업이었다. 이 사업은 조선총독부, 조선농회, 금융조합 등 세 기관에 의해 수행되었지만 금융조합이 추진하는 「자작농지설정사업」이 가장 중요하였다. 금융조합은 이 사업자금을 식산은행과 일본 대장성 예금부 자금을 차입하여 충당하였다. 금융조합은 대출농가를 관리하기 위해 보통 5명 정도로 구성되는 연대보증계를 조직하고 이를 식산계라 하였다.

조선총독부가 농업·농촌위기에 대응하여 지주의 구채상환 연장을 위한 자금을 방출하면서 부채 지주의 토지처분을 촉진하는 동시에 사삭농의 소작농화를 완화하는 조치의 일환으로 토지구입자금을 방출하기 시작하였다. 농촌진흥운동의 한 사업인 「고리채정리사업」은 금융조합원을 대상으로 실시되었다. 조선총독부는 이전부터 금융조합이 실시하던 고리채의 금융조합 대출금 전환 사업을 고리대를 저리대로 전환하면서 농가경제갱생사업의 하나인 부채정리사업과 결합시켰다. 이 사업은 조합원이 금융조합에서 대출을 받아 조합 이외의 고리 부채를 정리하는 방식으로 진행되었다. 무담보는 200원을 한도로 하고 담보는 1,000원을 한도로 하되, 이 대출은 금융조합 한도 외 대출로 취급되었다. 조선총독부는 이 사업을 위해 식산은행을 경유한 대장성 예금부 자금 300만 원을 금융조합연합회에 할당하고 각 도 금융조합연합회에서는 이전부터 운용하던 부채정리자금을 합하여 소속 금융조합에 할당하였다. 이 자금은 5년 거치 15년 연부상환의 장기 자금이었다.

조선총독부는 초기에는 조선은 일본의 공업제품 시장에 불과하다고 생각하고 공

8 이영훈(2016), 『한국경제사 II』, pp. 155~160.

업화에 대해 소극적이었고 도리어 일본 자본의 조선 진출을 「회사령」으로 규제하고 있었다. 당시 식민지 조선의 공업을 보면, 이주한 일본인이 운영한 공장이 대부분이었으며 5인 이상 고용한 공장도 많지 않았다. 이 공장들도 공장제 기계공업에 이르지 못한 정미업, 요업, 철공업, 양조업, 인쇄업 등이 대부분이었다. 일본의 면직공업이 제1차 세계대전 이후로 급성장하여 아시아 각국에 진출하기 시작하였고, 조선에도 일본 미쓰이(三井) 재벌계 자본이 부산에 조선방적을 설립함으로써 조선 진출이 시작되었다. 조선방직 건설은 공업화 동기를 부여하였으나 조선총독부는 공업화 정책에 큰 관심을 보이지 않았다.[9]

1920년대 일본에서 자본 통제가 강화되자 일본 독점자본들이 조선과 만주로 진출하기 시작하였고 1926년 일본질소비료(이하 일질)가 조선에 진출하였다. 이 일질은 조선 북부지방의 전력자원을 활용하고자 진출하여 1929년 흥남공장과 부전강 발전소 완공을 계기로 사업을 확장하여 1936년에는 세계 5위의 생산능력을 갖추게 되었다. 일질에 이어 많은 일본 독점 대자본이 값싸고 풍부한 원료와 노동력을 찾아 식민지 조선에 진출하여 1920년대 말 14개 대자본이 대규모 공장을 건설하기 시작하였다. 조선총독부가 일본 대자본의 조선 진출을 지원하는 것에서 나아가 적극적으로 유치정책까지 추진한 것은 1930년대부터이다.

2. 금융기관별 산업별 대출

[표 8-1]을 보면, 농업대출의 대부분은 식산은행이 담당하고 있고, 금융조합, 동척 순임을 알 수 있다. 식산은행은 농업대출 비중을 점차로 증가시켜 1930년에는 60%에 이르고, 1930년대 미가폭락 이후에는 다소 비중을 낮추었지만 50%에 이르고 있다. 금

9 이영훈(2016), pp. 162~164.

[표 8-1] 전간기 금융기관의 농업 대출액과 그 비중(1918~1936)

(단위: 천 원, ( ): %)

연도	조선은행[1]		식산은행[1]		일반은행[1]		금융조합[2]		동양척식회사[3]	
1918	6,884	(13.1)	6,546	(21.9)	514	(1.1)	5,617	(86.0)	9,668	(61.6)
1920	245	(0.5)	2,988	(30.7)	630	(0.9)	21,167	(83.3)	31,757	(98.2)
1922	167	(0.3)	42,554	(34.8)	1,217	(1.4)	32,141	(63.1)	32,314	(80.7)
1924	547	(1.0)	60,953	(39.0)	1,064	(1.1)	32,741	(56.2)	32,153	(75.8)
1926	669	(1.5)	91,904	(47.7)	2,086	(1.9)			23,425	(47.2)
1928	599	(2.1)	124,746	(52.3)	5,490	(5.1)			28,626	(42.7)
1930	1,298	(3.9)	162,804	(59.7)	9,632	(9.2)				
1932	695	(1.2)	178,063	(57.2)	11,995	(10.9)	88,125	(68.7)	34,175	(38.1)
1934	1,520	(2.3)	172,652	(51.8)	17,591	(11.7)	101,767	(67.8)	31,485	(37.3)
1936	659	(0.5)	219,662	(48.0)	24,417	(12.6)	150,564	(65.9)	35,877	(38.0)

주: ( ) 안은 각 금융기관의 대출액 중 별도대출을 제외한 대출총액에 대한 농업대출 비율.
자료: 1) 『조선금융사항참고서』(1938년판), 2) 1924년까지 『금융조합요람』; 1932년 이후는 『금융조합연감』, 3) 조선농회 편, 『조선농업발달사: 발달편』, 부록.

융조합은 식산은행 다음으로 농업대출을 취급하고 있지만 전체 대출에서 차지하는 비중은 식산은행보다 높아 적게는 56% 많게는 86%에 이르고 있다. 동척은 금융조합 다음으로 농업대출을 취급하고 있는데 그 금액은 거의 변화가 없다. 반면에 조선은행과 일반은행은 취급하는 농업대출도 적지만 그 비중도 매우 낮다. 따라서 식산은행, 금융조합, 동척이 농업금융을 전담하고 있었다고 할 수 있다.

[표 8-1]을 보면, 조선총독부가 「산미증식계획」을 시행하였던 1920년대에는 특수금융기관의 농업대출이 전체적으로 증가하지만, 특히 이 계획에 중심에 있던 식산은행의 농업대출이 급증한다. 그러나 미가폭락이 나타나고 농촌이 총체적으로 위기에 있었던 1930년대 초반에는 식산은행의 농업대출은 정체하고 있는 반면에 금융조합의 농업대출이 급격히 증가한다. 동척의 농업대출은 1920년대 초반 이후에 큰 변화를 보이지 않았다. 조선총독부는 금융조합을 통해 적극적으로 농촌진흥설비 자금 융통의 필요성을 인정하고 1933년 10월 각 도에 대하여 자작농지, 면작공동작포, 공동이용기구 등의 구입을 위한 자금으로 320만 원을 할당하고 또한 금융조합으로 하여금 저리

자금을 융통케 하였다.[10] 그 결과, 1930년대 중반까지도 식민지 농업정책과 직·간접적으로 관련된 금융조합 대출은 계속 확장될 수밖에 없었던 것이다.

제1차 세계대전 이후 일본의 중화학공업 성장과 맞물려 식민지 조선의 공업화는 1920년 4월 「회사령」 철폐 이후 경공업을 중심으로 어느 정도 진척되고 있었다. 1920년대 말 일본질소가 조선에 진출한 것을 계기로 전기·화학 부문 투자가 1930년대 증가함으로써 식민지 조선의 공업화가 진전되었다. 이 시기의 공업화는 이른바 「농공병진정책」으로 인해 소극적으로 진행되기는 하였으나, 1931년 만주사변 이후 조선의 병참기지 역할의 중요성이 부각됨에 따라, 경공업뿐 아니라 파행적이지만 중공업까지 포괄하는 군수공업화가 시작되었다. 조선총독부가 1930년대 미가폭락으로 표면화된 농업 중심적인 정책의 파탄을 우회하면서 군수생산력 증진까지 도모하는 「농공병진정책」을 주창함에 따라 식민지 산업정책도 영향을 받지 않을 수 없었다.

> "당국의 경제정책 전환과 더불어 종래 농업을 주축으로 한 원시 농업중심 시대로부터 농공병진 시대로 이행한 것이다. 그리고 본기의 방침은 전기에 발흥하였던 섬유공업을 주체로 하는 경공업을 조장함과 동시에 우리나라의 국책인 지하자원의 급속한 개발과 이에 수반되는 금속공업, 기계공업, 조선공업 등의 중공업 발달에도 주의를 기울여서, 공업 전반에 걸쳐 종합적인 계획아래 적극적인 조장지도를 가한 결과, 공업원료의 증산, 수력전기의 개발, 교통의 정비, 경제권의 확장 등"[11]

조선총독부가 1930년대부터 「농공병진정책」에 따라 시행한 공업화 정책은 산업별 대출의 변화에도 다소나마 반영되고 있다. [표 8-2]를 보면, 공업대출은 1920년대 말까지는 정체를 면치 못하다가, 1932년부터 증가하고 있다. 조선은행은 특수금융기관

10 조선농회 편(1944), 『조선농업발달사: 정책편』, p. 636.
11 조선총독부 편(1940), 『시정삼십년사』, p. 643.

[표 8-2] 전간기 금융기관의 상업 및 공업 관련 대출 및 비중(1918~1936)

(단위: 천 원, ( ): %)

연도	조선은행		식산은행		일반은행	
	상업	공업	상업	공업	상업	공업
1918	37,747(72.3)	5,882(11.2)	18,888(63.2)	627(2.1)	39,580(87.9)	1,155(2.5)
1920	40,347(88.3)	3,759(8.2)	30,082(46.9)	4,107(6.0)	59,769(88.6)	2,552(3.7)
1922	33,845(78.0)	2,321(5.3)	43,597(35.7)	9,857(8.0)	72,393(87.2)	2,324(2.8)
1924	38,632(73.0)	1,937(3.6)	51,330(32.9)	5,485(3.5)	80,803(86.4)	2,407(2.5)
1926	32,400(78.0)	973(2.2)	61,344(31.8)	5,573(2.8)	88,179(84.1)	2,725(2.5)
1928	23,211(84.0)	2,003(7.2)	81,833(34.3)	4,635(1.9)	85,960(80.1)	3,453(3.2)
1930	19,908(61.3)	6,839(21.0)	62,826(24.0)	6,600(2.5)	71,970(68.9)	3,514(3.3)
1932	42,431(76.2)	9,698(17.4)	80,416(25.8)	10,385(3.3)	71,649(68.9)	6,259(5.6)
1934	51,248(77.7)	10,049(15.2)	94,339(28.3)	32,603(9.7)	83,675(63.3)	8,053(6.1)
1936	69,088(58.7)	33,305(28.7)	125,131(27.3)	57,058(12.4)	118,398(97.7)	10,111(5.7)

주: 비율은 각 금융기관의 대출액 중 별도 대출을 제외한 전 대출액에 대한 비율.
자료: [표 8-1]과 같음.

이었지만, 조선에서는 산업자금보다는 상업자금의 공급에 주력하였고, 특히 일본인 무역회사[12]에 대한 상업대출에 주력하고 있었다. 그러나 조선은행은 1930년대 초반부터 일본질소 등과 관련하여 거액의 대출을 실시하는 것을 계기로 공업관계 대출을 대폭 증가시켰고,[13] 식산은행도 공업관계 대출을 증가시켰다.

조선은행, 식산은행, 일반은행은 [표 8-2]에서 보듯이, 모두 1920년까지 상업자금 대출에 주력하였다. 1920년대에 접어들면서 식산은행은 앞서 설명한 바와 같이 농업대출에 주력하면서 상업대출을 확대하였고, 조선은행과 일반은행은 여전히 상업대출에 주력하였다. 이들 은행은 1930년대에도 상업대출을 확대하였으나 공업대출도 서서히 확대하고 있었다. 이 은행 중에서도 조선은행은 1930년대 초반부터, 식산은행은 1930년대 중반부터 공업대출을 대폭 확대하였으나, 일반은행은 여전히 상업대출에만 의존하여 영업을 확대하였다.

12 이 회사는 미곡, 면사, 생사, 피혁 등 일차상품을 일본으로 수출하던 회사이다(조선은행사연구회 편(1987), 『조선은행사』, pp. 317, 391).

13 앞의 책, p. 391.

3. 특수금융기관별 자금운용과 식민지 정책금융

1) 조선식산은행

조선식산은행은 조선총독부의 중추 산업정책기관으로서 앞서 살펴본 대로 조선총독부 산업정책에 따른 농업금융의 확장을 담당하였다. 조선총독부의 산업정책은 식민지 조선의 식량과 원료의 공급기지화를 위해 식민지적 농업을 발전시키는 것이다. 식산은행은 특히 「산미증식계획」이 실시되면서 동척과 함께 이에 필요한 자금조달을 담당하면서부터 농업금융에서 중추적인 역할을 하게 되었다. 이와 같이 식산은행은 조선총독부 산하 중추 금융기관으로 「산미증식계획」에 참여하면서 농업금융의 확장을 통해 식민지 산업정책을 금융적으로 지원하는 역할을 수행하였던 것이다.

[표 8-3]을 보면, 식산은행이 조달자금의 대부분을 대출에 운용하여, 그 비율이 80%를 넘어섰던 반면에 유가증권 보유 비중은 매우 낮았다.[14] 식산은행은 일본의 자본시장에 진출하여 회사채 발행을 통해 상대적으로 장기 자금을 동원할 수 있게 되면서 산업·공공대부를 확대하였다. 식산은행은 [표 8-3]에서 보듯이, 1910년대에 비해 1920년대에는 산업·공공대부를 크게 확대하여 산업·공공대부의 비율이 상업대출 비율의 2~3배로 높아지고 있었다.

그런데 산업·공공대부의 구성을 [표 8-4]에서 보면, 조선총독부 산업정책과 관련되는 대출이나 농업 및 공업 등과 관련되는 산업 관련 대출이 대부분을 차지한다. 이 중에서 「산미증식사업」을 추진하기 위한 토지개량 및 수리사업 관련 대출이 1918년 44.6%, 1925년 51.7%, 1930년 30.8%, 1936년 58.8%로 산업·공공대부의 중심을 이루고 있다. 식산은행은 산업정책과 직접 관련되지 않은 수산업, 교통운수, 공업, 행정, 금융조합연합회, 토지가옥 구입, 구채정리 등에 필요한 자금도 공급하고 있었다. 식산은행은

14 식산은행이 유가증권을 적극적으로 인수하는 것은 중일전쟁 이후 군수사업체를 지원하면서부터이다. 식산은행은 출범부터 유가증권 인수를 할 수 있었으나, 전시 체제하에서 증권시장이 육성되기 이전까지 채권은 물론 주식이 거래될 수 있는 유통시장이 거의 형성되지 않았기 때문에 유가증권 투자에 소극적일 수밖에 없었다.

[표 8-3] 식산은행 자산의 주요 계정 비중(1918~1937)

(단위: 천 원, ( ): %)

연도	대출			유가증권	현금예치금	자산 총계
	산업·공공대부	상업대출	소계			
1918	(20.1)	(51.4)	(71.5)	(3.4)	(3.0)	40,418
1920	(45.0)	(28.2)	(73.2)	(0.5)	(9.0)	117,404
1922	(58.4)	(26.8)	(58.2)	(0.6)	(2.2)	177,530
1924	(58.6)	(24.9)	(83.6)	(1.6)	(2.0)	215,335
1926	(57.2)	(23.0)	(80.2)	(3.1)	(2.5)	263,410
1928	(60.8)	(20.1)	(80.9)	(5.2)	(2.7)	307,421
1930	(71.5)	(16.0)	(87.4)	(3.8)	(1.4)	345,402
1932	(66.6)	(19.3)	(86.0)	(5.4)	(2.2)	401,686
1934	(53.5)	(28.4)	(81.9)	(6.2)	(1.8)	451,221
1937	(58.9)	(27.8)	(86.9)	(7.0)	(1.3)	617,732

자료: 조선식산은행, 「조선식산은행영업보고서」.

[표 8-4] 식산은행 산업·공공대부의 용도별 구성(1918~1936)

(단위: 천 원, ( ): %)

용도별 \ 연도	1918		1925		1930		1936	
농업	1,180	(14.5)	26,495	(19.1)	83,710	(33.3)	110,561	(30.3)
수리사업	1,003	(12.4)	30,151	(21.8)	60,348	(24.4)	74,800	(22.5)
토지개량	2,611	(32.2)	14,889	(10.8)	15,880	(6.4)	19,992	(6.0)
임잠축업	485	(6.0)	1,666	(1.2)	2,944	(1.2)	3,036	(0.9)
수산업	36	(0.4)	2,038	(1.5)	2,001	(0.8)	16,451	(5.0)
교통운수	66	(0.8)	9,222	(6.7)	1,346	(0.6)	1,043	(0.3)
상업	753	(9.3)	6,237	(4.5)	11,210	(4.5)	27,443	(8.3)
공업	423	(5.2)	3,522	(2.5)	4,467	(1.8)	5,969	(1.8)
행정	44	(0.5)	1,387	(1.0)	617	(0.2)	554	(0.2)
금조련	496	(6.1)	16,184	(11.7)	32,477	(13.2)	25,513	(7.7)
토지가옥	425	(5.2)	10,166	(7.3)	13,814	(5.6)	29,060	(8.7)
구채정리	196	(2.4)	4,443	(3.2)	7,999	(3.2)	10,137	(3.1)
기타	425	(5.2)	12,049	(8.7)	10,084	(4.1)	11,442	(3.4)
합계	8,116	(100.0)	138,404	(100.0)	246,840	(100.0)	486,889	(100.0)

자료: 조선식산은행, 『조선식산은행십년지』, pp. 74~75; 『조선식산은행이십년지』, pp. 87~88.

[표 8-5] 식산은행 산업·공공대부의 만료기간 분포(1921~1937)

(단위: %)

연도	3년 이내	5년 이내	7년 이내	10년 이내	15년 이내	20년 이내	30년 이내	40년 이내
1921	(25.6)	(26.9)	(14.2)	(13.0)	(10.4)	(1.4)	(8.5)	
1927	(24.0)	(9.3)	(9.9)	(14.1)	(16.0)	(9.6)	(16.9)	(0.2)
1932	(19.5)	(11.4)	(3.9)	(10.1)	(19.6)	(22.4)	(13.1)	(0.1)
1937	(29.6)	(6.0)	(1.5)	(4.8)	(23.8)	(14.2)	(19.2)	(0.8)

자료: 조선식산은행(1938), 『조선식산은행이십년지』, pp. 76~77.

금융조합 상부 금융기관이란 이유로 금융조합연합회에 10% 내외 자금을 대출하고 있다. 그 밖에도 식산은행은 공공기관에도 대출하였으나 그 규모는 작았다. 이 은행은 토지가옥 구입자금과 구채정리자금도 방출하였으나, 이 자금의 방출은 금융조합이 주로 담당하여 그 비율은 대략 3% 내외에 그치고 있다. 이 중에서 가장 비중이 높은 것은 금융조합연합회 대출이다. 따라서 식산은행은 조선총독부 산업정책을 지원하는 동시에 금융조합의 상부 금융기관으로 금융조합연합회를 지원하는 것도 중요한 역할이었다고 할 수 있다.

식산은행의 자금운용 추이를 보면, 1930년대 중반까지 적어도 산업정책 금융기관으로서의 활동에 주력하고 있었음을 알 수 있다. 그런데 이 대출의 기한은 [표 8-5]에서 보듯이 점차로 장기화하고 있었다. 식산은행이 일본 내 자본시장에 진출하여 장기 자금을 조달할 수 있기 때문에 대출기한을 연장하거나 정책대출의 기한을 상한기한 도래에 따라 차환으로 연장하였던 것이다. 이와 같이 식산은행은 장기 자금의 동원에 성공하여 장기 자금이 필요한 농업금융을 확장할 수 있었던 것이다.

식산은행이 산업금융정책의 중심 기관이었음에도 불구하고 [표 8-3]에서 보듯이 전체 자산의 20~30%를 상업대부로 이용하였다. 이 상업대부 자금의 대부분을 상업자금으로 방출한 결과, [표 8-3]에서 보았듯이, 전 대출의 25~35% 정도를 상업대출에 배분하였다. 그러나 상업대부[15]는 상업용으로 한정된 것은 아니었고 [표 8-4]에서 확인할 수 있듯이 산업·공공대부더라도 상업용으로 5~9% 정도 대출되었다. 이 상업대부는 일반 단기 자금을 이용할 수 있는 현실적인 방안이었을 뿐 아니라 식산은행의 영업수익에서도 매우 중요하였기 때문에 식산은행은 산업금융기관이었음에도 불구하고 [표 8-2]에서 보았듯이 전체 대출 중에서 상업대부의 비중을 점차로 높여 중일전쟁 직전에는 30%에 근접하고 있었다.

2) 동양척식회사

동양척식회사(이하 동척)는 1910년대 초반부터 외채 동원과 일본 자본시장에서 주식과 회사채를 발행하여 소화함으로써 막대한 장기 자금을 동원할 수 있었고, 이를 계기로 동척의 사업지역을 조선에서 만주로 확장하였을 뿐 아니라 사업 영역도 확대하였다. 동척은 1920년대에는 일제의 토지 지배의 축에서 금융 지배의 축으로, 나아가 기업 지배의 축으로서의 활동을 확장하였다.

동척은 토지·건물의 매집을 통한 지대수입, 대출을 통한 이자수입, 주식 및 회사채 매입을 통한 배당 이자 수입 등 다양한 수입원을 가지고 있었다. 그것을 위한 자금 운용을 [표 8-6]에서 보면, 동척의 사업 중심은 금융이고 그 다음이 토지·건물 매집이며 마지막으로 기업 투자이다. 동척은 1920년대에도 금융보다는 토지·건물 매집의 비중을 높이고 1930년대에 이르면 기업에 대한 투자를 본격적으로 확대하고 있었다.

동척은 1920년대에도 토지·건물, 기업에 대한 투자를 확대하고 있지만 업무의 중심은 여전히 대출이었다. 그리고 동척은 만주에서 영업을 확대하고 있음에도 금융사업의 중심지는 여전히 조선이었다. 즉, 동척의 대출은 만주까지 확장된 결과, 조선 내 대출은 전 대출의 40~70% 수준에 그치고 있으나, 그 비중이 1920년대 이후에는 다시

15 상업대부(일반대출)란 식산은행이 연부상환이나 정기상환 이외의 방법으로 대출하는 기타 모든 대출을 말하는 것으로 단기 대출에 속한다. 이 대부는 구체적으로 「조선식산은행령」 제16조에 있는 "7. 조선의 산물 또는 조선의 산업상 필요로 하는 화물을 전당으로 하는 대부, 이른바 상품담보 대부와 8. 국채증권 또는 조선총독이 인가한 유가증권을 전당으로 하는 대부" 등을 말한다.

[표 8-6] 동양척식회사의 자산과 토지 소유(1918~1936)

(단위: 천 원, ( ): %)

연도	대출	토지 건물	유가 증권	미납 자본	현금 예치금	기타	자산 총계	토지 소유 면적(정보)			
								소계	답	전	기타
1918	(43.4)	(21.4)	(8.5)	(9.9)	(10.1)	(6.6)	75,813	74,681	50,134	19,312	5,234
1920	(54.4)	(10.8)	(8.9)	(8.6)	(5.4)	(11.9)	173,977	77,234	54,130	19,412	6,681
1922	(55.5)	(11.1)	(10.5)	(6.6)	(10.6)	(5.8)	228,861	85,140	51,664	19,478	14,281
1924	(57.4)	(10.8)	(9.4)	(5.8)	(7.9)	(8.9)	259,266	85,790	50,992	19,078	15,718
1926	(51.0)	(18.1)	(7.5)	(6.0)	(4.5)	(12.8)	248,761	90,462	49,131	17,945	23,386
1928	(50.4)	(21.3)	(7.2)	(6.0)	(3.4)	(11.7)	248,339	89,450	48,534	17,739	23,175
1930	(51.9)	(22.8)	(6.7)	(5.9)	(1.2)	(11.6)	255,082	123,565	46,584	16,887	60,092
1932	(48.7)	(23.5)	(10.1)	(5.5)	(1.8)	(10.5)	274,878	155,464	46,194	16,926	92,344
1934	(42.0)	(24.0)	(13.1)	(5.5)	(3.4)	(12.1)	274,826	166,418	44,521	18,210	103,686
1936	(43.5)	(20.9)	(15.0)	(4.5)	(4.1)	(12.0)	330,132	145,132	40,949	16,968	87,858

자료: 동양척식회사, 『동척삼십년지』, pp. 260~263; 조선총독부, 『조선총독부통계연보』.

증가한다. 동척의 조선 내 대출 비율은 1917년 69.1%, 1921년 42.9%, 1927년 50.5%, 1932년 63.9%, 1938년 63.5%이었다.[16]

동척은 식산은행과 함께 「산미증식계획」의 자금공급을 담당하고 있었고, 그 결과 [표 8-7]에서 보듯이, 대출은 이와 관련되는 농사 경영, 토지개량, 수리사업 등 농업에 집중되었다. 즉, 농업관계 대출은 1917년 58.7%, 1922년 35.4%, 1927년 42.4%, 1932년 53.0%, 1937년 43.6%로 대체로 40% 수준을 유지하고 있다. 이와 같이 농업대출의 비중이 높은 것은 산미증식사업 및 토지개량 관계 대출과 농업 경영 관계 대출이 증가된 결과였다.

동척은 이 시기에 [표 8-6]에서 보았듯이, 토지·건물 자산을 매집에 총자금의 10~25% 정도를 투자하고 있었는데, 그 투자는 1920년대 초반에 일시 위축되었다가 1920년대 중반부터 다시 증가한다. 동척은 토지 매집에 대한 비난에 직면하여 경지보

16 동양척식회사 편(1938), 『동양척식회사삼십년지』, p. 95.

[표 8-7] 동양척식회사의 용도별 주요 대출액과 비중(1917~1937)

(단위: 천 원, ( ): %)

연도 / 용도별	1917		1922		1927		1932		1937	
	금액	비율	금액	비율	금액	비율	금액	비율	금액	비율
농사 경영	1,087	(8.9)	17,706	(13.6)	17,737	(14.5)	27,576	(20.5)	38,682	(22.6)
수리사업	2,903	(23.9)	6,424	(4.9)	20,865	(17.1)	38,842	(26.8)	33,227	(19.4)
토지개량	3,181	(25.9)	21,903	(16.9)	12,903	(10.6)	7,668	(5.7)	2,705	(1.6)
수산임업	526	(4.3)	3,808	(2.9)	3,071	(2.5)	4,339	(3.2)	15,945	(9.3)
토지·건물	934	(7.6)	37,826	(29.1)	29,331	(24.0)	19,289	(14.4)	34,982	(20.4)
광업	35	(0.3)	5,559	(4.3)	2,798	(2.3)	3,749	(2.8)	10,458	(6.1)
공업	471	(3.8)	14,538	(11.2)	16,591	(13.6)	16,108	(12.9)	25,102	(14.6)
교통운송	0	(0.0)	7,025	(5.4)	11,646	(9.5)	7,225	(5.4)	28	(0.0)
이주비	219	(0.8)	340	(1.8)	529	(0.4)	530	(0.4)	83	(0.0)
재해위생	731	(1.8)	3,475	(2.7)	850	(0.7)	629	(0.5)	472	(0.2)
특별대출	1,628	(13.3)	132	(0.1)	25	(0.0)	0	(0.0)	0	(0.0)
전체	12,278	(100.0)	128,927	(100.0)	122,236	(100.0)	133,882	(100.0)	172,533	(100.0)

자료: 동양척식회사 편(1938), 『동양척식히사삼십넌지』, pp. 95~97.

다는 점차 대지나 임야로 그 대상을 바꾸고 있었다. 그리고 동척은 [표 8-7]에서 보듯이, 토지·건물 매입자금으로 대출의 20% 정도를 할당하고 있었다.

투자기업은 [표 8-8]에서 보듯이, 1918년 7개, 1922년 31개, 1928년 28개, 1938년 54개로 계속 늘어나고 있었고, [표 8-6]에서 보았듯이 이로 인해 자산에서 유가증권 비중도 높아지고 있었다. 그리고 이 투자기업은 산업별로 다양한 분포를 갖고 있다. 특히, 동척의 기업 투자 확장 분야는 1920년대에는 금융, 부동산, 제조업이었지만, 1930년대에는 척식, 전기, 제조업, 광업 등으로 변하고 있다. 이와 같이 동척은 여전히 조선 내 토지집중에 뒷받침하면서도 식민지적 농업정책에 대응하여 주로 농업 부문에 확대·공급하였고, 나아가 광공업 부문의 자금수요에도 일정 한도 내에서 대응하고 있었던 것이다. 동척은 [표 8-7]에서 보듯이 공업대출에도 적극성을 보이고 있지만 회사채 또는 주식의 매입을 통해 기업에 대한 투자를 확대하고 있었다.

[표 8-8] 동양척식회사의 투자기업(1918~1938)

연도	척식	부동산	금융	전기	제조	광업	철도	창고	농림업	축산	전체
1918	1	1	2	1	0	0	0	0	0	1	7
1922	2	2	8	3	5	1	4	3	2	2	31
1928	2	4	6	3	5	1	1	1	5	2	28
1938	8	4	3	9	13	7	3	1	7	1	54

주: 겸업으로 인해 단순합은 전체 투자기업보다 많음.
자료: 동양척식회사 편, 『동척십년사』, 『동양척식회사이십년지』, 『동양척식회사삼십년지』.

3) 금융조합

금융조합은 금융조합연합회를 통해 식산은행과 계통화되어 있었기 때문에 식산은행과 금융조합은 대출에 있어서 대출의 대상이나 용도를 달리함으로써 상호 영업기반의 중복을 피하는 동시에 정책적으로 보완할 수 있었다. 금융조합이 취급하는 대출은 보통대부와 특별대부로 구분되는데, 특별대부의 비중이 점차 늘어나기는 하였지만 전체 대출의 7.5~16.7% 정도를 차지한 것에 그쳤다.

금융조합의 보통대부 용도를 보면, [표 8-9]에서 보듯이 1920년대에는 토지구입자금의 비중이 가장 높고, 그 다음으로 경우구입자금의 비중이 높다. 1930년대에는 토지구입자금과 경우구입자금의 비중은 높은 편이지만 감소하고 있는 반면에 구채상환자금의 비중이 급격히 높아져 가장 비중이 높았다. 따라서 금융조합은 1920년대는 농민에 대한 토지와 경우 구입을 위한 자금공급에 주력하였지만, 1930년대 농촌위기에 대응하여 채무상환자금 공급에 주력하고 토지구입자금 공급도 지속하였다고 할 수 있다. 금융조합은 식산은행과 달리 토지개량자금의 공급은 1920년대 초반에 일시 확대하였다가 1920년대 중반이면 거의 취급하지 않고 있다. 금융조합은 도시금융조합의 설립으로 도시의 상공업자를 위한 자금도 금융조합 전체로 8~22% 수준에서 공급하였다.

[표 8-9] 금융조합 보통대부의 용도별 구성(1921~1935)

(단위: 천 원, ( ): %)

연도 / 용도별	1921. 3		1925. 3		1930. 3		1935. 3	
	금액	비율	금액	비율	금액	비율	금액	비율
농업	21,244	(81.0)	36,765	(74.6)	68,086	(83.4)	87,703	(65.0)
(토지구입)	9,943	(38.0)	23,594	(45.4)	31,752	(24.4)	34,285	(26.6)
(토지개량)	3,097	(32.2)	14,889	(6.9)	2,308	(2.8)	1,924	(1.5)
(경우구입)	5,367	(20.5)	8,365	(16.1)	9,698	(11.9)	8,978	(7.0)
(건물구입)			846	(1.6)	832	(1.0)	1,103	(0.9)
(임금지급)			0	(0.0)	1,274	(1.6)	1,944	(1.5)
(비료구입)			1,114	(2.9)	796	(1.0)	1,287	(1.0)
(농구종묘)			155	(0.3)	281	(0.3)	326	(0.3)
(기타)	2,815	(10.7)	1,505	(2.9)	21,142	(25.9)	33,803	(26.3)
상공업	2,171	(8.3)	5,385	(10.4)	9,751	(11.9)	28,163	(21.9)
수산업	0	(0.0)	12	(0.0)	806	(1.0)	1,398	(1.1)
기타	2,742	(10.7)	7,581	(14.5)	2,697	(3.6)	15,444	(12.0)
전체	26,138	(100.0)	51,987	(100.0)	81,602	(100.0)	128,710	(3.4)
(부채상환)	0	(0.0)	6,970	(13.4)	18,717	(23.1)	40,148	(31.2)

주: 보통대출만 포함됨. 특수대출은 산업별 미분류로 제외.
자료: 조선금융조합협회, 『금융조합요람』; 조선금융조합연합회 편, 『금융조합연감』.

식산은행이 지주나 수리조합의 토지개량을 위한 금융적 지원에 주력하였다면, 금융조합은 그와는 달리 자작농민의 토지나 경우 구입을 위한 금융적 지원에 주력하고 있었다고 할 수 있다. 따라서 금융조합이 식산은행의 자금운용을 보완하는 방향에서 자체자금과 식산은행의 지원자금을 정책적으로 공급함으로써 식산은행의 기능을 보완하고 있었다고 할 수 있다.

금융조합의 특별대부금이란 일본 대장성 예금부 자금이 식산은행 중앙금고과나 금융조합연합회를 통해 말단 금융조합으로 공급되는 상대적인 저리자금으로 그 자금의 성격상 반드시 정책자금으로 사용되었다. ① 주로 비료구입자금으로 이용되는 농사개량자금, ② 자작농 토지구입, 농우구입, 주택점포 설비, 농구 농사설립 매입에 쓰이는 특수산업자금, ③ 고리채정리자금, ④ 수해복구자금, ⑤ 면작장려에 쓰이는 특종

[표 8-10] 금융조합 특별대부의 용도별 금액과 비율(1932~1937)

	1932		1934		1937	
농사개량					1,862	(4.8)
비료구입	929	(9.7)	1,684	(7.9)		
특수산업자금	4,021	(42.2)	6,595	(30.8)	12,621	(32.6)
자작농 토지구입	2,264	(23.7)	4,291	(20.1)		
축우구입	1,256	(13.2)	1,554	(7.3)		
주택점포설비	456	(4.8)	519	(2.4)		
농구매입	28	(0.3)	180	(0.8)		
농사설비	16	(0.2)	50	(0.2)		
구채상환	2,949	(30.9)	10,143	(47.4)	19,074	(49.3)
수해복구					4,703	(12.1)
기타	3,497	(36.7)				
특종저리자금					463	(1.2)
특별대부 합계(A)	9,537	(100.0)	21,397	(100.0)	38,722	(100.0)
보통대부 합계(B)	118,296		128,710		193,456	
특별대부 비율(A/(A+B))		(7.5)		(14.3)		(16.7)

자료: 조선금융조합연합회, 『금융조합연감』, 각 연도.

저리자금, ⑥ 각종 농산물담보 대부 미곡조절자금 등의 기타 자금 등이다. [표 8-10]에서 보듯이 이 특별대부가 전체 대부에서 차지하는 비중은 1932년 7.5%, 1934년 14.3%, 1937년 16.7%로 그 비중은 높지 않았다. 이 특별대부는 금융조합이 스스로 자금을 조달하여 대부를 할 수 없거나 조선총독부가 정책적 목적으로 일본 대장성에 요청한 결과로 실시되는 정책자금 대출로서 금융조합의 주요 기능을 규정할 정도로 비중이 큰 자금운용은 아니었다.

금융조합은 농촌 및 도시의 말단 금융조직으로서 식산은행과는 대출용도뿐 아니라 대출 대상도 달리하고 있었다고 할 수 있다. [표 8-11]에서 보듯이, 금융조합원의 구성에 있어서 전체로는 상층이 9.5%, 중층이 38.9%, 하층이 51.1%가 되었다. 이와 같은 조합원의 계층 구성은 도시조합, 촌락조합이 거의 비슷하였다. 그리고 조합원의 계층별 포섭 수준을 보면(B/A, D/C, F/E 참고) 상층, 중층, 하층 순으로 되었다. 금융조합이 상

[표 8-11] 금융조합원의 계층별 구성(1926년)

계층별	상층	중층	하층	비과세층	합계
총세대수	107,009	650,818	2,567,201	178,206	3,505,234
(A)	(3.1)	(18.6)	(73.2)	(5.1)	(100.0)
조합원	49,737	204,045	268,260	2,752	524,796
(B)	(9.5)	(38.9)	(51.1)	(0.5)	(100.0)
B/A	(46.5)	(31.4)	(10.4)	(1.5)	(15.0)
촌락 총세대수	102,882	623,043	2,376,203	80,857	3,182,987
(C)	(3.2)	(19.6)	(74.7)	(2.5)	(100.0)
조합원 수	47,805	195,001	254,184	1,087	498,085
(B)	(9.6)	(39.2)	(51.0)	(0.2)	(100.0)
C/D	(46.5)	(31.3)	(10.7)	(1.3)	(15.6)
도시 총세대수	4,217	17,775	192,998	97,347	322,247
(A)	(1.3)	(5.5)	(59.9)	(30.2)	(100.0)
조합원 수	1,934	9,004	14,076	1,684	26,738
(B)	(7.2)	(33.7)	(52.6)	(6.3)	(100.0)
B/A	(46.7)	(50.7)	(7.3)	(1.7)	(8.3)

자료: 山根譓(1929), 『금융조합개론』, pp. 324~325.

대적으로 유산층을 조합원으로 적극 포섭하였기 때문에 이러한 결과가 나타난다.

금융조합의 조합원 수만 보면, 하층민이 많았음에도 불구하고 중상층의 금융기관으로 파악되고 있다. 그것은 금융조합 대출에서 상대적으로 상층에 대출을 편중한 결과일 것이다. 그럼에도 불구하고 하층조합원만 농촌 51.0%, 도시 52.6%가 되었기 때문에 금융조합은 조직을 유지하기 위해 하층민의 금융상 요구를 전적으로 외면할 수는 없었다. 특히, 1930년대 농업의 위기가 가중된 상태에서 자작농의 몰락과 중농 이하의 고리채에 대해서도 일정 한도에서 대응할 수밖에 없었다.

> "만약 철두철미한 농촌의 갱생을 꾀하자면 고리채를 정리하여 농민들이 일 년 동안 피땀 흘려 지은 곡식을 집안에도 들이지 못하고 추수하는 마당에서 대금업자에 빼앗기는 일이 없도록 해야 농민 자체의 발전도 생기고 증산계획

[표 8-12] 금융조합 토지구입자금의 대출과 구입 토지(1933~1936)

(단위: 천 원)

연도	대출 상황		토지구입 상황(町步)				B/A (평)	C/A (원)
	인원수(A)	대출액(B)	소계(C)	답	전	대지		
1933	14,785	4,625	32,921	13,914	17,457	541	313	2,159
1936	344,309	67,498	387,479	150,442	222,631	5,798	196	1,125

자료: 조선금융조합연합회(1944), 『조선금융조합연합회십년사』, p. 73.

도 세워 볼 것이므로, 우선 이 고리채를 구축치 않으면 아니 되겠다는 의견의 일치를 총독부 안에서도 보게 되었다 한다. … 중략 … 농촌고리채는 전 부채의 95%가량으로 그 총액이 3억 원을 돌파하게 되니"[17]

이러한 농촌위기에 대한 조선총독부의 대응은 금융조합을 통한 부채정리자금과 토지구입자금의 방출로 구체화되었다. [표 8-12]를 보면, 토지구입 대출의 대상 인원이 1933년 14,785명, 1936년 344,309명으로 급증하고 있다. 그리고 그 금액은 1인당 200~300원 정도이고 그에 의해 구입한 토지는 1,000~2,000평 정도이고, 그 규모는 감소하였다. 이와 같이 금융조합이 중하층 자작농 몰락위기에 금융적으로 적극 대응함으로써 금융조합의 중·하층민에 대한 특수금융기관으로서의 활동이 강화되었던 것이다.

그리고 금융조합은 1920년대에도 채무상환을 위한 대출을 하였으나, 1930년대에는 이를 급격히 확대하였다. [표 8-13]을 보면, 금융조합이 부채정리를 위해 건당 100원 정도의 자금을 대출하고 있었다. 금융조합은 1933년에는 대상 건수 138,074건 중 56.3%, 1936년에는 대상 건수 398,608건 중 65.2%를 담당하였다. 이와 같이 금융조합이 고리채정리자금을 공급하였음에도 불구하고 정리건수, 정리금액, 건당 금액(B/A) 등이 모두 증가하고 있었다. 이것은 금융조합이 고리채정리자금 방출을 계기로 그 요구가 폭발하고 있었음을 시사한다. 금융조합은 이 사업으로 조합원을 1930년 671,844명,

17 『동아일보』, 1933. 12. 12.

[표 8-13] 금융조합 고리채정리자금의 대출(1933~1936)

(단위: 천 원)

연도	고리채 정리 상황		조합정리자금 대출		자기자금 정리		B/A (원)	D/C (원)
	건수(A)	금액(B)	건수(C)	금액(D)	건수	금액		
1933	138,074	6,699	73,955	5,419	13,942	362	49	73
1936	396,608	33,999	257,746	25,782	72,716	2,529	85	99

자료: [표 8-12].

1933년 1,003,648명, 1936년 1,560,162명으로 급격히 확대할 수 있었다.

금융조합은 1930년에 접어들어 하층 농민에 대한 고리채 정리를 위한 대출을 확대함으로써 식산은행의 정책금융 방향과 차이를 보이게 되었다. 식산은행은 수리조합이나 지주를 대상으로 토지개량·농업 경영 자금을 공급하는 역할을 통해 농업생산의 증대를 도모했다면, 금융조합은 중·하층민의 고리채나 자작농의 소작농으로의 몰락에 따른 농촌위기를 해소하는 역할을 담당했던 것이다. 금융조합의 이러한 사회·정책적 기능의 강화는 당시 식민지 지배 체제의 위기가 농촌을 중심으로 가중됨에 따라, 이에 따른 사회·정책적 대응이 요구된 결과이었다. 이러한 점에서 본다면, 1930년대 이후에부터 식산은행과는 달리 금융조합의 산업금융기관 활동은 상대적으로 약화된 반면, 농촌의 사회정책기관 활동이 강화되고 있었다.

조선총독부는 1935년부터 식산계의 조직사업을 확대하여 농민을 금융조합과 식산계로 이중 포섭하는 사업을 전개하였다. 이와 같은 방식으로도 농촌 하부 지배조직이 훨씬 강화되었고, 이러한 농촌의 지배와 통제를 위한 금융적 매개로서 자작농창설자금과 고리채정리자금의 공급은 전시 체제로 돌입한 이후에도 계속 확대되었다.

4. 특수금융기관의 성장 기반

이 시기 금융기관은 현지의 자금조달, 즉 조선 내 예금에 가장 많이 의존하고 있었지만, 조선은행, 식산은행, 동척은 일본 금융시장에 진출하여 자금동원력을 확대하는 동시에 일본 대부자본의 조선 진출 길을 열어주고 있었다. 그러나 이 금융기관이 대출 대상이나 유가증권 구입을 확대하지 않고서는 성장의 한계에 직면할 수밖에 없었다. 일제의 식민지 금융기관은 무역에서 시작하여 국내 상업에 침투하고 1920년대부터는 농업으로까지 그 영업 영역을 확대하였고, 1930년에 접어들어서는 공업에까지 영역을 확대하여 갔다. 그러면 특수금융기관이 그 역할에 따라 대출방식과 대출 대상을 어떻게 달리함으로써 안정적으로 성장할 수 있었는가를 검토해 보기로 한다.

1) 금융기관별 대출 형태 및 방식과 그 특징

특수금융기관 중에서 동척을 제외한 조선은행, 식산은행, 금융조합 등은 모두 산업금융 업무와 상업금융 업무를 겸하고 있었기 때문에 증서대출, 어음할인, 당좌대월 등 일반은행의 대출과 같은 방식으로 대출하고 있었다. 다만 산업금융기관인 식산은행, 동척, 금융조합은 조선은행이나 일반은행과 달리 10년 이상의 장기 대출까지 취급하고 있었다. 그러면 각 은행의 대출 형태를 [표 8-14]를 통해서 살펴보자.

앞서 [표 8-2]에서 살펴보았듯이, 조선은행과 일반은행은 상업대출을 60% 이상 취급하고 있었기 때문에 1920년 말까지도 대출의 주요 형태가 어음할인이었다. 그런데 어음할인 대출의 비율이 1922년부터 모든 은행에서 급격히 낮아져 조선은행은 20% 이하로, 식산은행은 5% 이하로, 일반은행은 15% 이하로까지 낮아지고 있다. 각 은행의 어음할인 대출은 이와 같이 1922년부터 급격히 감소하고 있었다. 금액으로 보아도 1922년 어음할인액은 1920년 할인액의 1/2로 격감하였다. 이때는 조선은행이 전후, 반동공황과 방만한 대출의 여파로 고정대출 정리에 들어간 시기이었다. 이 변화는 조선은행의 파탄을 계기로 나타난 어음에 대한 불신으로 어음할인 대신에 증서대출을 확대한 결과일 것이다.

조선의 은행은 당좌예금을 취급하였고, 그 비중도 예금의 30% 이상 되었지만 대

[표 8-14] 각 은행의 주요 대출 형태 비중(1918~1936)

(단위: %)

연도	조선은행			식산은행			일반은행		
	증서대출	어음할인	당좌대월	증서대출	어음할인	당좌대월	증서대출	어음할인	당좌대월
1918	21.6	57.8	20.6	52.1	46.8	4.5	21.6	69.1	9.3
1920	20.0	73.3	6.5	61.2	30.7	8.1	7.6	82.0	10.4
1922	65.8	29.5	4.7	89.4	8.6	4.5	52.2	38.7	9.1
1924	72.4	24.3	3.3	90.3	7.7	2.0	69.9	24.3	6.1
1926	69.5	28.0	2.5	92.4	5.7	1.9	71.9	22.6	5.6
1928	63.4	32.8	3.7	93.3	5.0	1.7	74.4	21.3	4.2
1930	78.1	15.1	4.8	95.7	2.8	1.5	82.7	13.2	4.0
1932	69.9	23.8	6.3	94.4	4.3	1.4	81.2	14.7	4.0
1934	71.3	23.2	5.5	92.1	6.3	1.6	79.6	17.1	3.3
1936	77.7	16.7	5.6	91.3	7.2	2.5	81.9	15.0	3.2

자료: 조선총독부, 『조선금융사항참고서』.

출에서 차지하는 당좌대월의 비중은 [표 8-14]에서 보듯이 매우 작았다. 특히, 식산은행은 당좌대월을 통한 대출 비율이 매우 낮다. 이와 같이 당좌대월의 비율이 낮은 것은 당좌대월 금리가 다른 금리에 비해 높았기 때문이었다.

당시의 은행은 1920년대부터 당좌대월에 고금리를 적용하여 제한하였고, 어음할인 비중도 점차 줄였고, 대부분을 증서대부에 의존하였다. 이러한 대출 형태는 무엇보다도 은행의 기업과 상업신용에 대한 불신이 높았던 결과로 보인다. 따라서 식민지 조선의 은행은 취약한 기업신용과 상업신용 기반 속에서 대출 확대를 위한 현실적인 방안을 강구하였고 그것은 담보제도나 보증제도를 적극적으로 활용하는 것이었다.

2) 부동산담보 대출의 확장

1910년대 중반 이후에는 일제의 토지조사사업의 결과로 부동산등기제도가 확립되고 그에 따라 토지거래가 늘어나면서 부동산시장이 성장하고 있었다. 반면에 기업

설립은 「회사령」 폐지 이후 늘어났지만 주식거래소의 한계로 주식거래는 미미하였다. 조선총독부나 동척, 식산은행의 채권은 발행되었지만 다른 일반기업의 채권은 거의 발행되지 않았고, 식산은행과 동척의 채권 대부분도 채권유통시장 부재로 일본에서 소화할 수밖에 없었다.

당시 주식과 채권 등 증권의 유통은 매우 제한적이었기 때문에 금융기관은 유가증권을 담보로 하는 대출이 있었지만 대출 시 담보로 활용할 수 있는 것은 주로 상품과 부동산이었다. 그런데 상품시장은 발전하였지만 상품담보 금융의 발전에 요구되는 창고시설이나 창고증권의 유통은 충분하지 못하였다. 결국 당시의 금융기관이 대출에 따른 채무불이행 가능성을 줄이고 채무불이행 시 손실을 최소한으로 줄이기 위해 요구하는 것은 신용보다는 담보이었고 담보도 주로 부동산이었다.

[표 8-15]를 보면, 식산은행이 설립되고 금융조합이 확장되는 1918년에는 토지매매를 위한 등기필지 수가 52만 개, 건수로는 26만 건에 이르렀지만 그로부터 10년 후인 1928년에는 필지 수로는 99만 개, 건수로는 51만 건으로 거의 2배 증가하였다. 토지거래는 1920년대 초반에 급증하였지만 1920년대 후반과 1930년대 초반에는 정체하였다가 1930년대 중반부터 다시 늘어났다. 이와 같이 토지거래는 [그림 8-1]에서 보듯이, 1920년대 이후에도 계속 증가하지만 1930년 미가폭락으로 일시 줄어들었으나, 다시 서서히 증가하였다.

토지거래의 증가에 따라 토지를 담보로 대출을 하기 위한 저당등기도 늘어나고 있었다. 토지담보를 위한 저당등기는 1918년 필지 수로는 26만 건, 건수로는 3만 5,000건이었지만, 1928년에는 필지 수로는 90만 건, 건수로는 15만 건으로 증가하였다. [그림 8-1]에서 보듯이, 토지담보를 위한 토지저당등기는 1930년 초반에는 일시적으로 감소하나 1930년대 중반부터 다시 증가하여 1930년 이전보다 더 증가하게 되었다. 이와 같이 토지거래 증가, 즉 토지의 상품화에 계속 진전됨에 따라 토지의 화폐화를 위한 저당도 계속 확산되고 있었다.

조선은행은 부동산담보 대출을 1920년대 중반까지 확대하였지만 그 이후에는 이

[표 8-15] 토지의 매매 및 저당 등기 건수의 추이(1918~1936)

(단위: 건, 개)

연도	매매등기		저당등기	
	건수	필지 수	건수	필지 수
1918	261,609	519,046	35,261	266,504
1921	352,174	759,850	190,792	668,830
1922	336,742	694,561	97,111	576,302
1924	437,780	859,503	105,860	561,626
1925	483,646	950,401	114,478	651,444
1926	511,599	995,830	141,232	735,581
1927	589,049	1,110,621	166,059	917,874
1928	510,981	991,705	157,681	902,183
1929	531,714	1,151,793	183,448	1,005,391
1930	486,660	950,681	193,431	1,026,003
1931	514,940	1,027,549	188,644	1,026,280
1932	569,857	1,147,419	168,326	886,821
1933	554,406	1,122,226	149,491	856,028
1934	620,083	1,267,844	164,559	975,919
1935	632,686	1,298,321	200,997	1,095,307
1936	679,321	1,397,374	230,390	1,217,334

자료: 조선총독부, 『조선총독부통계연보』.

를 크게 확대시키지 않았음에도 불구하고, 다른 형태의 대출이 크게 신장되지 않아 [표 8-16]에서 보듯이 1930년까지 부동산담보 대출의 비중은 1918년 9.6%에서 1930년 46.2%까지 증가하였다. 해당 기간을 통틀어 대략 20~30%가 되었다. 식산은행도 부동산담보 대출을 지속적으로 확대시켰다. 이에 따라 1920년대 초반이면 전체 대출 중 부동산담보 대출이 대략 40~50% 수준에서 유지되었다. 금융조합도 부동산담보 대출을 지속적으로 확대시켰다. 전체 대출 중 부동산담보 대출의 비중은 1920년대까지는 30% 수준에서 유지되었으나 1930년대 들어 60% 수준으로 급증하였다. 물론 이것은 앞서 살펴본 1930년대 토지매집자금의 방출과 구채상환자금의 방출이 부동산담보에 의거하여 증가된 결과이다. 동척은 토지 매집에 주력하였지만 부동산담보 대출은 30~40%

[그림 8-1] 토지매매 및 저당 등기필지 수와 전 은행의 부동산담보 대출액(1918~1936)

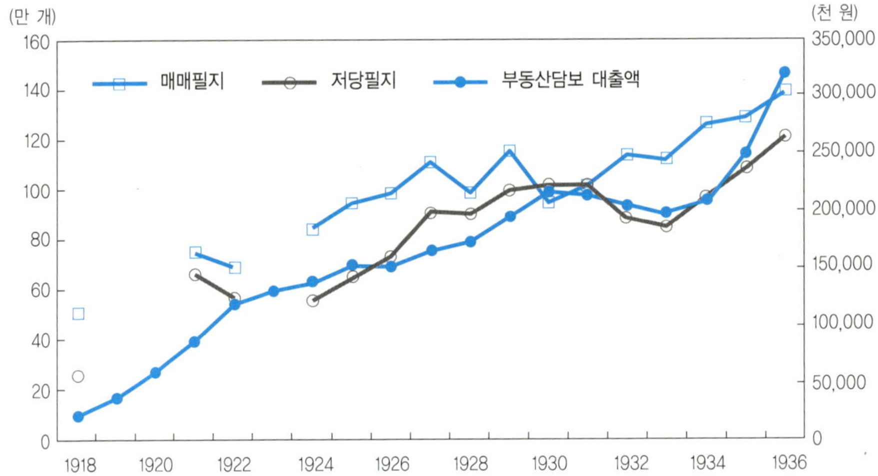

자료: 『조선총독부통계연보』, 『조선금융사항참고서』.

[표 8-16] 각 금융기관의 부동산담보 대출액과 그 비중(1918~1936)

(단위: 천 원, ( ): %)

연도	조선은행[1]		식산은행[1]		일반은행[1]		금융조합[2]		동양척식[3]	
	금액	비율	금액	비율	금액	비율	금액	비율	금액	비율
1918	5,049	(9.6)	9,995	(33.3)	6,950	(14.7)	1,253	(18.1)	11,371	(34.5)
1920	12,037	(19.7)	29,662	(34.5)	17,557	(26.0)	10,639	(33.9)	30,571	(32.3)
1922	19,438	(31.3)	71,889	(47.4)	28,164	(33.9)	18,128	(57.8)	37,927	(29.9)
1924	21,417	(31.3)	85,158	(47.0)	32,253	(34.5)	18,749	(34.8)	38,809	(26.8)
1926	17,003	(30.1)	98,596	(46.1)	36,033	(34.3)	25,642	(28.1)	35,609	(28.0)
1928	14,889	(38.3)	123,869	(48.9)	34,429	(32.1)	25,642	(28.1)	38,743	(33.6)
1930	22,373	(46.2)	147,533	(49.4)	45,535	(43.9)	38,076	(24.4)		
1932	19,533	(26.2)	141,748	(41.8)	41,535	(37.8)	74,417	(58.2)	36,599	(40.9)
1934	15,820	(17.5)	140,209	(38.8)	52,147	(37.3)	87,824	(58.5)	30,740	(36.4)
1936	29,215	(18.6)	211,773	(43.3)	76,290	(43.6)	142,283	(62.3)	34,462	(36.5)

주: ( ) 안은 각 금융기관 대출 중에서 부동산담보 대출의 비율임.
자료: 1) 『조선금융사항참고서』, 2) 1924년까지 『금융조합요람』; 1932년 이후 『금융조합연감』, 3) 『조선총람』(1933년), pp. 155~156; 『식은월보』, 1942. 1, 「시국하 조선농업금융의 동향」.

수준에 머물고 있다. 그리고 일반은행도 부동산담보 대출을 지속적으로 확장시킨 결과, 이 대출이 1920년대에는 30% 수준, 1920년대 후반부터는 40% 수준에 이르렀다.

이와 같이 조선의 금융기관은 산업금융기관과 상업금융기관을 불문하고 대출 대부분을 부동산담보에 의존하고 있었다. 이러한 부동산 금융의 기형적 확장은 토지 이외의 다른 자산시장, 즉 증권시장이 제대로 형성되지 못한 것과도 무관하지 않다.[18]

조선의 은행은 당시에 지주를 주요 고객으로 하여 부동산담보 대출을 확대함에 따라 자금의 고정화에 따른 신규 대출의 제한을 피할 수는 없었다.[19] 그럼에도 불구하고 조선 내 은행이 부동산 대출을 대출의 안전을 확보하는 수단으로 간주하고 "각 금융기관이 부동산 금융을 유일한 방자목표"로까지 하였었다.[20] 이와 같이 은행이 부동산담보 대출의 편중에 따른 적지 않은 문제에도 불구하고 이러한 형태의 대출을 통해 지주와의 유착을 도모한 것은 당시로서는 다른 계급과의 유착을 통한 대출의 급속한 확장, 즉 영업 확장이 불가능하였기 때문이라 할 수 있다.

이와 같이 식민지 금융기관은 1910년대 중반에 부동산등기제도가 확립되었고, 다른 자산시장은 전시 체제 이전까지는 거의 발전되지 못함에 따라 부동산담보 금융에 의존하여 대출을 확대하였던 것이다. 이 때문에 산업금융기관은 물론이고 상업금융기관까지 지주와 유착하는 금융기관이 되었고, 이에 따라 은행업의 성장이 지주제의 성장과 맞물리게 되었다.

식민지 조선의 금융기관은 지주에게 부동산담보 대출을 확대함으로써 일본인을 단기간에 대지주로 성장할 수 있는 기회를 제공해 주고 있었다. 당시의 일본인이 은행의 부동산 대출을 이용하여 조선에서 쉽게 대지주로 성장할 수 있는 방도를 예시한 것을 보면,

18 "조선 내 상업자금은 일본과 달라 명의는 할인이라 하더라도 기실 대부분은 부동산을 담보로 하여 대출된다. 차는 조선에는 아직도 특수사정에 인한 바, 즉 조선 독특의 유력한 증권이 없고"(『동아일보』, 1925. 12. 3).

19 "조선의 은행은 모두 부동산은행화하여 순연한 상업은행은 적다는 조선은행계의 내정을 아는 자의 말인데, 자금은 부동산담보에 고정하야 신규 자금의 이동은 작아 곤경에 있는 상태이라 하야도 과언이 아니며"(『동아일보』, 「은행합동의 필요」, 1923. 4. 5).

20 『경성일보』, 1935. 8. 18; 『부산일보』, 1935. 8. 1.

"목하 조선의 답은 1단보당 25원이기 때문에 1만 엔이면 40정보의 답을 매입할 수 있다. 그것을 담보로 하여 지가의 70%를 은행으로부터 차입하여 다시 토지를 매입하고, 또한 그것을 담보로 하는 방법에 의해 1만 엔의 자금으로 100정보의 답을 소유할 수 있다. 그리하여 그것을 조선인 소작농으로 경작하면 당당 대지주로서 장래의 기반을 구축하는 것이 가능하다."[21]

그러면 [표 8-17]에서 제시된 자료를 통해 이러한 길이 과연 가능하였는가를 검토해 보자. 첫째, 조선의 지가는 일본 지가의 1/5 정도이기 때문에 일본인 지주는 조선에서 더 많은 토지를 소유할 수 있었다. 둘째, 당시 토지에 대한 투자가 가장 높은 수익률을 보장하는 길이었다. 경지수익률이 비록 고리대금업의 이자율보다는 훨씬 낮으나 고리대에 비해 안정적이었고, 은행예금 이자율이나 주식투자의 수익률보다도 평균적으로 계속 높았다. 셋째, 토지수익률은 은행대출 이자율보다 더 높았기 때문에 은행차입에 의한 토지 매집은 지주에게 부담이 되지 않았다.

식민지 조선에서 지주가 은행을 이용하여 토지를 집중하는 것이 계속 되기 위해서는 토지수익률이 대출이자율보다 높은 수준을 유지하거나 지가상승이 계속되어 자본이득이 발생해야 한다. 당시의 지가는 쌀값과 같은 움직임을 보이고 있음을 [그림 8-2]에서 확인할 수 있다. 그런데 지가는 1927~1931년 제외하면 계속 상승을 보이고 있다. 따라서 당시 지주가 은행차입을 통해 토지를 매입하고 이를 담보로 다시 차입하는 방식으로 토지를 매집하는 것은 1927년까지, 그리고 1933년부터 가능하였다고 할 수 있다.

쌀값이 폭락한 1930년대 초반을 제외하면 부동산 금융의 확장이 부동산 저당에 의한 자금차입을 용이하게 하고, 또한 토지집중에 따른 지주의 자금고정 부담을 해소하여 토지집중을 가속화하는 한 장치가 되었던 것이다. 이러한 점에서 부동산등기제

21 高杉東峰(1939), 『조선금융기관발달사』, p. 84.

[표 8-17] 경지가격, 토지수익률, 이자율 및 주식수익률의 동향(1918~1936)

(단위: 엔, %)

연도	일본 내 답가격[1)]	조선 내 답가격[1)]	토지 수익률[1)]	식은 예금 이자율[2)]	식은 대출 이자율[2)]	주식 수익률[3)]	대금업 이자율[2)]	
							한국인 간	일본인 간
1918	433	98	8.8	5.7	11.0		33.6	33.0
1919	706	147	6.7	6.0	11.0		36.0	32.4
1920	594	90	12.4	6.7	13.0		38.4	37.2
1921	595	89		6.4	11.0		38.4	36.0
1922	620	97		6.5	11.0		40.8	36.0
1923	583	95		6.7	11.0		37.2	36.0
1924	569	106		6.7	11.0		38.4	32.4
1925	560	113		6.8	10.0		37.2	31.2
1926	571	119		6.8	10.0		36.0	31.2
1927	546	105		6.7	9.8		37.2	31.2
1928	538	103	8.7	6.5	8.8		36.0	30.0
1929	523	107	8.2	5.5	8.8	7.1	36.0	30.0
1930	490	84	8.4	5.0	8.8	7.3	33.6	28.8
1931	411	78	7.7	4.8	7.7	6.9	34.8	27.6
1932	386	80	8.8	5.4	8.8	7.0	34.8	27.6
1933	387	87	8.5	4.9	7.8	6.4	33.6	27.6
1934	398	103	8.3	4.4	7.3	6.0	32.4	26.4
1935	415	120	8.5	4.2	7.3	6.5	31.2	25.2
1936	435	140	8.8	3.8	7.0	6.4	30.0	24.0

주: 논(畓)가격은 단보당 가격.

자료: 1) 『식은월보』, 제6호, 「조선의 경지가격과 그 변천에 대하여」, 2) 『조선금융사항참고서』, 3) 『조선총독부통계연보』.

도의 확립과 이에 의거한 식민지 금융기관의 부동산 금융의 기형적 확장은 식민지 대지주의 형성과 성장을 촉진하는 한 조건이 되었다고 할 수 있다.

[표 8-18]을 보면, 식산은행에만 저당된 토지 규모가 논의 경우 1921년에는 전체의 3.8%이었으나 1937년이면 13.4%에 이른다. 이와 같이 조선 내 토지의 10% 이상이 한 은행의 저당물로 변질된 것은 금융기관에 의한 토지의 화폐화가 동시적으로 진행된 결과이다. 그런데 논밭을 포함하면 대출 한 건에 6~8정보가 저당되고 있었다. 이것은 자작농이나 소지주보다는 대지주가 식산은행을 더 많이 이용하였음을 시사하고 있다.

[그림 8-2] 조선의 미가, 경지가격 및 토지수익률과 대출이자율 추이(1918~1936)

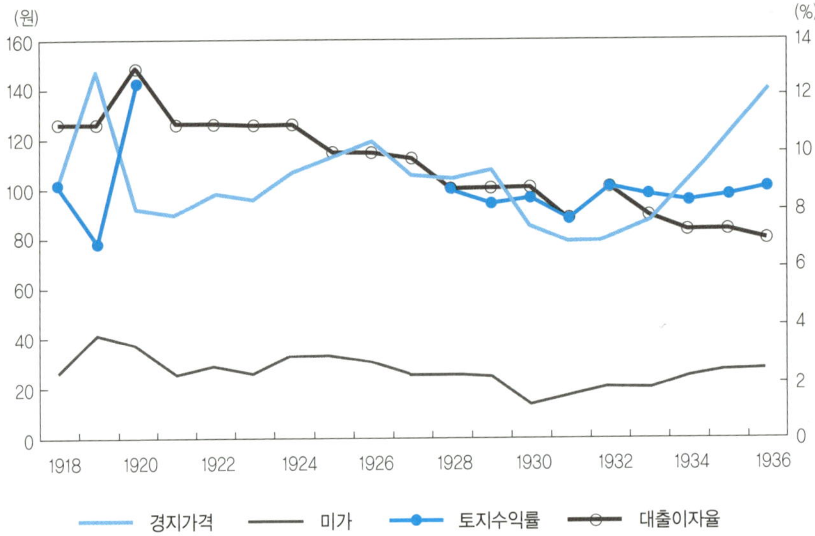

자료: [표 8-17].

이 자금이 대부분 농업관계 자금이었던 만큼, 산업·공공대출은 결국 지주적 금융의 확대로 귀결되었다고 할 수 있다. 지주에 대한 농업대출은, 당시의 수익률을 고려할 때 농업 경영 이외에도 토지 매집 또는 고리대금업의 자금으로도 전용될 수 있었다. 식민지 조선에서 부동산담보 대출은 결과적으로 대지주를 더욱 성장시키는 동시에 지가상승을 부추기는 제도가 되고 있었다.

식산은행은 부동산담보를 이용하여 지가의 동향에 따라 기복은 있지만 이 대출을 계속 증가시켜 식민지 조선에서 최대 부동산전문 대출기관이 되었다. 즉, 부동산담보 대출은 1918년에는 500만 원에 불과하였으나 1921년에는 5,000만 원에 이르고 1929년에는 1억 4,000만 원에 이르고 1937년에는 2억 4,000만 원을 넘어섰다. 조선 내의 부동산 대출에서 식산은행이 취급한 비율은 1919년에는 14.8% 수준이었으나 1921년에는 33.8%, 1929년에는 52.5%이고 1937년에는 42.3%이었다. 이와 같이 식산은행의 부동산 담보 대출은 계속 증가만 한 것이 아니라 미가가 폭락한 1930년내 초반에는 잔액도 감

[표 8-18] 식산은행 담보경지 면적(1921~1937)

(단위: 정보, ( ): %)

연도	산업 · 공공 대출 건수(A)	저당토지면적(B)		전경지 대비율		B/A	
		답	전	답	전	답	전
1921	16,140	58,634	31,886	(3.8)	(1.1)	(3.6)	(2.0)
1927	24,703	134,741	49,647	(8.3)	(2.4)	(5.5)	(2.7)
1932	36,336	190,506	88,262	(11.0)	(3.2)	(5.4)	(2.5)
1937	48,496	231,889	99,364	(13.4)	(3.6)	(4.5)	(2.1)

자료: 산업·공공대출 건수는 『조선식산은행이십년지』, pp. 72~73; 저당 토지규모는 앞의 p. 74; 전국 경지 규모는 『조선농업발달사: 발달편』, 부록.

소하고 식산은행이 담당한 비중이 줄어든 경우도 있었다.

식산은행의 부동산 대출 증가에 따라 미가폭락이 있기 이전인 1920년대 후반부터 채무불이행이 늘어나면서 유질부동산이 증가하였다. 식산은행은 1930년에 접어들어 미가폭락과 이에 이은 부동산 가격 하락으로 유질부동산의 처분이 어려워지자 식산은행은 유질부동산을 관리할 농지관리회사 설립을 추진하여 성업사가 식산은행의 자회사로 설립되었다.[22] 이 성업사가 1931년 324만 원, 1932년 453만 원, 1933년 225만 원, 1934년 132만 원, 1935년 84만 원의 유질부동산을 인수하였다.

3) 공공 · 산업단체에 대한 대출 확장과 연대보증의 확대

산업금융기관인 식산은행, 동척, 금융조합은 민간에 대해서는 부동산담보 금융을 통해 화폐를 집중적으로 공급함으로써 토지의 화폐화를 촉진하였다. 상업금융기관도 수이출입 급증에 따른 상품유통의 확장에 대응하여 부동산과 상품을 담보로 히여 소요자금을 공급함으로써 화폐경제의 진전을 촉진하고 그에 기생하여 초과이윤을 확보해 갔다고 할 수 있다.

22 자세한 내용은 홍성찬(1990), 「일제하 금융자본의 농기업 지배—조선식산은행의 성업사 설립과 그 운영—」, 『東方學志』, p. 68을 참조.

[표 8-19] 각 금융기관의 무담보 대출액과 그 비중(1918~1936)

(단위: 천 원, ( ): %)

연도	조선은행[1]		식산은행[1]		일반은행[1]		금융조합[2]			
	금액	비율	금액	비율	금액	비율	보증	비율	신용	비율
1918	35,013	(67.1)	12,348	(41.4)	24,421	(54.3)				
1920	34,058	(55.8)	45,038	(52.4)	28,032	(41.5)				
1922	27,161	(43.8)	67,135	(44.3)	34,130	(41.0)				
1924	30,751	(44.9)	78,987	(43.3)	34,209	(36.6)				
1926	19,913	(35.2)	97,416	(45.6)	40,330	(38.4)				
1928	3,244	(8.3)	105,730	(41.8)	48,164	(45.2)				
1930	8,659	(17.9)	134,778	(45.2)	41,045	(39.3)				
1932	20,272	(27.3)	167,852	(49.6)	43,011	(39.1)	50,583	(39.6)	242	(0.2)
1934	30,103	(33.4)	171,593	(47.5)	48,713	(34.8)	58,089	(38.7)	320	(0.2)
1936	57,868	(37.0)	212,923	(43.6)	55,945	(32.0)	78,466	(34.3)	528	(0.2)

자료: 1) 『조선금융사항참고서』.
2) 1924년까지 『금융조합요람』, 1932년부터 『금융조합연감』.

이러한 방식 이외에도 식민지 금융기관은 일찍이 잉여의 수탈이 확실시되는 부문에 대해서는 담보 없이도 신용 또는 보증 대출을 확대하여 이윤증식을 도모하였다. 즉, 공공기관에 대한 자금공급은 특수금융기관의 설립과 함께 신용으로 실시하였고, 1914년부터는 생산자단체, 예를 들어 수리조합 등 각종 조합에 대출할 경우에는 연대채무를 강요하는 방식으로도 영업을 확장하였던 것이다.

[표 8-19]를 보면, 조선은행의 무담보 대출 비중은, 불안정하지만 1918년 67%에서 1928년 8%까지로 감소하였고, 그 이후 다시 증가하여 1936년에는 37%에 이르렀지만, 식산은행은 전 대출의 40~50%를 무담보로 계속 대출하고 있었다. 일반은행의 무담보 대출 비중은 1918년 54%에서 1936년 32%까지 점차 감소하였다. 금융조합의 경우는, 보증 대출 비중이 1923년 40.3%, 1928년 43.5%, 1932년 39.6%, 1936년 34.3%이나,[23] 신용 대출 비중은 [표 8-19]에서 보듯이 0.2%에 불과하다. 그 나머지 대부분은 [표 8-16]에서 보

23 조선경제협회 편(1925), 『금융조합 및 금융조합연합회 개황』, pp. 25~43; 조선금융조합협회 편(1929), 『금융조합의 연혁과 현황』, pp. 45~77.

았듯이 거의 부동산담보 대출이었다. 이것은 금융조합이 주로 부동산담보와 함께 연대보증에 의거하여 대출에 따른 손실을 회피하였음을 말해 준다.

무담보 대출은 전체 은행으로 보면, 1920년대에는 점차로 감소하고 있었으나, 1930년대에 접어들면 조선은행의 무담보 대출 비중의 증가에 힘입어 다시 증가하게 되었다. 그렇지만 식산은행의 무담보 대출 증가가 이러한 형태의 대출 증가를 주도하고 있다. 여기서 조선은행, 식산은행 등이 어떻게 담보 없이 대출을 확대하게 되었는가 살펴보자.

각 금융기관 간에는 차이는 있지만, 각 금융기관이 담보 없이 행한 대출이 부동산대춘에 비견될 만큼 비중을 차지하고 있었음을 [표 8-16]과 [표 8-19]를 비교해 보면 확인할 수 있다. 무담보 대출은 크게 공공기관, 공공단체 등에 신용으로 대출하는 것과 각종 단체의 회원 또는 조합원이나 개인에게 연대보증 방식을 이용하여 그 회수를 보장받으면서 보증 대출하는 것으로 구분된다.

조선은행은 원칙적으로 무담보 대출을 하게 되어 있는 공공기관을 비롯하여 그 회수가 확실한 금융기관에 대해 무담보 대출을 주로 하였는데, 1920년대 이후에는 조선총독부를 제외한 공공기관보다 금융기관에 대해 더 많이 무담보로 대출하였음을 [표 8-20]에서 확인할 수 있다.

식산은행은 공공기관, 재단, 비영리법인, 농공업자까지 담보 없이 대출할 수 있게 되어 있었으나, 농공업자에 대해서는 연대보증을 지는 것을 전제로 하고 있었다. [표 8-20]에서 보듯이, 1920년대 초반에는 농업자에 대한 연대보증 대출의 증가로 공공단체 및 조합 대출의 비중은 작으나, 1920년대 중반 이후에는 이 비중이 70% 이상을 차지하였는데 조합 대출의 대부분은 수리조합 대출이었다.

금융조합의 보증 대출은 35~40%에 이르고 있지만, 신용 대출은 1%에도 못 미치고 있다. 따라서 금융조합의 주요 대출방식은 부동산담보 대출 및 보증 대출이었다고 할 수 있다. 이러한 대출 형태는 금융조합이 상대적으로 하층 금융기관이기 때문에 담보가 없는 하층민에게 연대보증을 부과하여서까지 대출을 확대하였던 결과로 나타난

[표 8-20] 조선은행과 식산은행의 무담보 대출(1918~1937)

(단위: 천 원, ( ): %)

연도	조선은행					식산은행				
	무담보 대출(A)	일반 외 대출			B/A	무담보 대출(C)	산업·공공대부 중			D/C
		금융 기관	공공 기관	소계(B)			공공 단체	조합	소계(D)	
1918	35,013	19,488	1,143	19,631	(56.1)	12,348	660	528	1,188	(9.6)
1922	27,161	14,908	7,343	22,251	(81.9)	67,135	17,970	17,855	35,825	(53.4)
1927	14,242	11,243	0	11,243	(78.9)	99,889	51,694	19,905	71,599	(71.6)
1932	20,272	14,703	7,499	22,202	(91.3)	167,852	90,665	32,609	123,274	(73.4)
1937	67,883	22,376	7,485	29,861	(44.0)	218,050	90,833	48,601	139,434	(63.9)

자료: 식산은행, 『조선식산은행십년지』, pp. 69~70; 『조선식산은행이십년지』, p. 71; 조선총독부, 『조선금융사항참고서』.

것이라고 할 수 있다.

식민지 특수금융기관, 특히 조선은행은 금융기관, 식산은행은 공공기관과 생산자 조합에 대한 무담보 대출을 증가시키고, 또한 식산은행과 금융조합은 산업단체에 대한 보증대출을 확대한 결과, 무담보 대출도 부동산담보 대출과 함께 급팽창하였다. 이러한 점에서 특수금융기관은 공공기관이나 조합에 대해서는 담보 없이 대출하였지만 민간에 대해서는 부동산 등 담보를 잡거나 연대보증으로 대출을 하여 채무불이행 위험을 줄이면서 대출 기반을 확장함으로써 안정적으로 성장할 수 있었을 것이다.

제 9 장

전간기 특수금융기관의 자금조달과 금융시장

拾錢

1. 특수금융기관의 자금조달과 일본 금융시장

1) 조선은행의 부실화와 구조조정

조선은행은 일제의 식민지 중앙은행으로서 엔 블록의 확장을 위해 조선은행권이 1915년경부터 만주에 진출하고 중국에서의 활동도 확대하였다. 일제가 1917년에는 조선은행권을 관동주 및 만철 부속지의 법화로 지정함에 따라 [그림 9-1]에서 보는 바와 같이, 조선 외 지역에서의 화폐발행고가 증가하게 된다. 그런데 조선은행 은행권 발행고의 변화는 조선 내보다는 조선 외 화폐발행고의 변화에 따라 좌우되고 있다. 이 시기에는 이와 같이 조선은행이 일본 점령지에서 은행권을 공급하는 역할을 수행함에 따라 전체 발행고는 조선은행의 조선 밖에서 역할에 따라 달라지고 있었던 것이다.

[그림 9-1] 조선은행의 은행권 발행고(1917~1936)

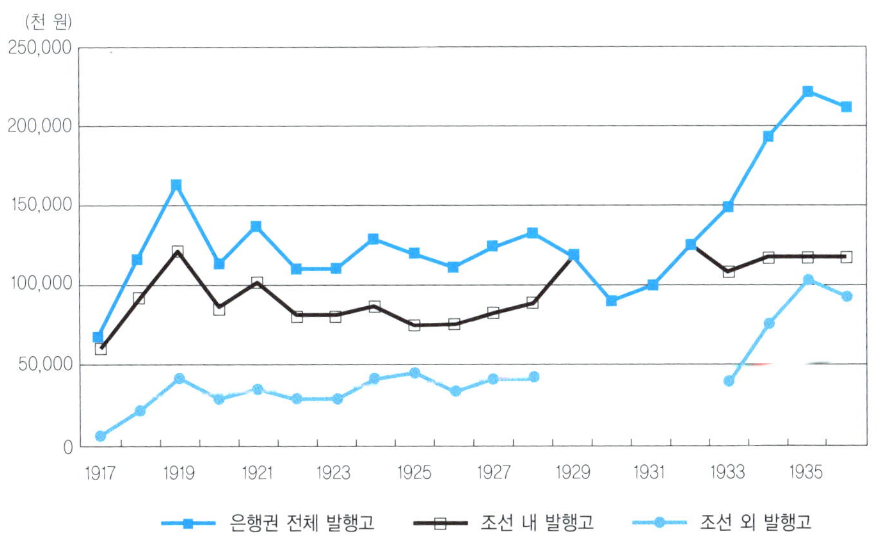

자료: 조선은행(1948), 『조선경제연보』.

[표 9-1] 조선은행의 지역별 대출 비중과 대외 대출 초과액(1918~1936)

(단위: 백만 원(엔), ( ): %)

연도	대출 비율(%)				예금 비율(%)				지역별 대출초과액(백만 엔(원))		
	조선	만주	중국	일본	조선	만주	중국	일본	만주	중국	일본
1918	(23.7)	(27.5)	(3.2)	(45.5)	(17.4)	(17.3)	(4.9)	(60.4)	38.3	-0.8	5.0
1920	(24.5)	(25.8)	(2.3)	(47.0)	(29.2)	(17.5)	(6.9)	(43.5)	47.4	-4.2	67.7
1922	(20.7)	(33.9)	(2.4)	(43.1)	(26.2)	(20.3)	(4.9)	(47.4)	76.4	-0.2	62.4
1924	(36.1)	(30.3)	(2.0)	(30.6)	(68.9)	(16.6)	(6.1)	(7.3)	86.3	-0.2	96.8
1926	(34.2)	(34.1)	(1.0)	(30.2)	(60.3)	(29.1)	(4.2)	(4.5)	77.4	-1.9	97.2
1928	(56.8)	(17.5)	(0.5)	(25.3)	(59.8)	(31.2)	(3.0)	(4.8)	7.2	-3.0	70.9
1930	(52.3)	(17.6)	(0.2)	(29.6)	(40.3)	(43.6)	(6.3)	(8.2)	3.9	-5.8	70.7
1932	(52.8)	(17.7)	(0.6)	(28.4)	(23.5)	(63.2)	(5.6)	(6.6)	-62.2	-8.7	84.3
1934	(42.8)	(26.9)	(0.9)	(29.5)	(27.3)	(57.5)	(5.7)	(9.4)	-18.3	-9.8	102.6
1936	(42.4)	(25.3)	(2.4)	(31.7)	(19.1)	(65.8)	(6.8)	(8.3)	-148.1	-16.6	109.5

주: 경성본부는 조선 내에 포함.
자료: 조선총독부(1938), 『조선금융사항참고서』.

조선은행이 조선과 만주의 발권은행으로서 은행권의 발행을 확대하려면 그에 따른 정화준비, 즉 일본은행권을 필요로 하였기 때문에 조선은행권의 발행을 늘리기 위해 거액의 엔화를 확보하지 않을 수 없었다. 조선은행은 만주 지점에서 은행권을 발행하게 됨에 따라 엔화자금의 수요가 증가하였다. 그리고 조선은행은 만주뿐 아니라 일본에서 영업을 확대함에 따라[1] 엔화자금의 수요가 더욱 증가하였다. 이와 같이 조선은행이 통화권을 확장하는 동시에 영업망을 조선 외로 확대함에 따라 그에 필요한 재원을 어떻게든 조달하지 않으면 안 되었다.

조선은행은 발권은행으로서 조선은행권 유통권 밖에서도 일반은행 업무를 겸하면서 이른바 '해외 은행'으로서의 역할까지 수행한 결과로, [표 9-1]에서 보듯이, 일본과 만주에서의 예·대출금 비중이 높아진 것은 물론 대출초과액도 만주에서는 1930년

1 조선은행은 일본 진출을 개점 직후부터 시작하였다. 1910년에 오사카(大阪), 1912년에 도쿄(東京), 1913년 고베(神戸)에 지점 및 출장소가 설치되었다. 이 일본 지점은 예금과 대출을 취급하는 동시에 조선과의 자금결제, 일본에서의 차입을 담당하였다. 그리고 조선은행은 개점 시 안동현 지점을 인수하여 만주 진출이 시작되지만 남만주 및 관동주에서의 조선은행권 법화로서 통용은 1917년에 이루어지고 이 시기에 중국의 칭타오(青島)에도 지점이 설치된다.

[표 9-2] 조선은행의 부채 및 자본 주요 계정(1918~1936)

(단위: 천 원, ( ): %)

연도	자본금 적립금	은행권 발행액	전체 예금	정부 차입금	차용금				전체
					소계	차입금	재할인	콜머니	
1918	(10.3)	(28.5)	(53.0)	(0.3)	(0.7)	(0.7)	(0.0)	(0.0)	507,038
1920	(8.7)	(11.4)	(16.9)	(0.1)	(6.9)	(0.7)	(0.4)	(5.8)	507,038
1922	(16.0)	(18.0)	(28.4)	(0.2)	(18.5)	(3.7)	(3.7)	(11.0)	565,001
1924	(14.2)	(20.1)	(31.8)	(0.2)	(21.7)	(9.9)	(5.2)	(6.6)	644,225
1926	(7.3)	(19.9)	(24.2)	(12.5)	(25.7)	(15.4)	(3.8)	(6.5)	560,511
1928	(7.4)	(23.7)	(26.8)	(12.5)	(22.5)	(20.9)	(0.5)	(1.1)	559,937
1930	(8.4)	(17.7)	(19.1)	(14.2)	(27.0)	(25.8)	(0.4)	(0.8)	521,604
1932	(7.0)	(12.0)	(30.6)	(11.5)	(20.2)	(18.8)	(0.8)	(0.6)	633,301
1934	(5.5)	(23.1)	(27.3)	(9.7)	(23.4)	(20.5)	(0.9)	(2.0)	835,628
1936	(4.8)	(21.3)	(41.5)	(8.2)	(13.7)	(12.2)	(0.7)	(0.8)	698,263

자료: 조선은행사연구회(1987), 『조선은행사』, 자료편.

까지, 일본에서는 1930년대 중반까지 거액에 이르게 되었다. 만주에서의 대출초과는 조선은행권 발행으로도 어느 정도 해소될 수 있지만, 일본에서의 대출초과는 일본으로부터의 차입 없이는 불가능하다. 조선은행은 식민지 발권은행과 해외 은행의 업무를 원활히 수행하기 위해 일본 금융시장에 진출하여 자금을 지속적으로 차입하지 않으면 안 되었던 것이다.

조선은행이 조선 및 만주에서 필요한 은행권을 공급하기 위해 은행권 발행을 확대하고 있었지만, 은행권이 자금원천에서 차지하는 비중은 다른 자금원인 차입이 늘어나면서 점차 줄어들고 있음을 [표 9-2]에서 알 수 있다. 이와 같이 조선은행이 발권은행이지만 1910년대와는 달리 은행권 발행보다는 1920년대 접어들이 차용금에 크게 의존하게 되는 것은, 조선은행이 수이입 초과로 화폐 발행이 제약을 받은 상태에서 조선은행권 발행지역 밖, 특히 일본에서 대출초과가 급증하였기 때문이다. 조선은행의 일본과 만주에서 대출 확대가 예금보다는 차입에 크게 의존했던 것은, 만주와 일본에서 대출초과가 급증한 1920년 초반에 조선은행의 차용금 비중이 급증하고 있는 것에서

[표 9-3] 조선은행의 차입자와 주요 예금자(1924년 말)

(단위: 천 원, ( ): %)

차입선 및 예금자	차용금[1]					예금[2]	
	차입금	재할인어음	콜머니	소계	비율	소계	비율
대장성 예금부	1,000	0	0	1,000	(0.7)	78,993	(38.6)
일본은행	46,000	0	0	46,000	(32.6)	9,445	(4.6)
일본흥업은행	0	0	0	0	(0.0)	34,193	(16.7)
동양척식회사	3,700	12,960	0	16,660	(11.8)	404	(0.2)
조선식산은행	0	0	0	0	(0.0)	1,764	(0.9)
횡빈정금은행	0	0	0	0	(0.0)	682	(0.3)
일본 일반은행	0	25,530	42,550	63,080	(44.8)	1,463	(0.7)
외국 일반은행	12,910	27	0	12,937	(9.2)	4,784	(2.3)
한성은행	0	0	0	0	(0.0)	755	(0.4)
조선총독부	1,200	0	0	1,200	(0.9)	0	(0.0)
합계	64,810	33,157	42,550	140,877	(100.0)	132,450	(100.0)

주: 1) 전 차입자를 대상으로 함.
2) 30만 원 이상 예금자 중 금융기관에 한정.

자료: 波形昭一(1979. 2), 「제1차 세계대전 후의 대만은행과 조선은행」, 『사회과학토구』, 24-2, 〈표 7〉과 〈표 8〉.

알 수 있다.

조선은행의 차용금과 예금의 원천에 관한 단편적인 자료이지만 구체적인 자금원을 알려 주고 있는 [표 9-3]을 보자. 조선은행은 1920년대 초반까지 일본은행, 동척 등 특수금융기관과 일본 내 일반은행, 외국 일반은행에서 주로 차입하였다. 그리고 일본의 대장성 예금부, 흥업은행 및 일본은행 등 특수금융기관은 조선은행에 예금함으로써 조선은행의 활동을 지원하였다. 일본 정부는 조선은행의 활동을 강화한 데에 따른 자금난을 해소하기 위해 일본 정부의 직접적인 통제하에 있는 일본 내 특수금융기관의 자금까지 조선은행에 예치시켰다고 할 수 있다. 이러한 금융기관의 예금이 전체 예금의 64.7%에 이르렀다. 이와 같이 1920년대 중반까지 자본금과 차입금이 거의 일본 내에서 모집되고 또한 [표 9-3]에서 보듯이, 예금도 일본 내 금융기관의 예금에 절대적으로 의존했던 것은 조선은행이 일본 내 금융시장을 통해 엔자금 동원을 확대하고 있

[표 9-4] 조선은행 불량대출액(1924년 말)

(단위: 천 원, ( ): %)

지역	총대출액		고정대출액		결손가능액		B/A	C/A
	A	비율	B	비율	C	비율		
조선	80,021	(17.9)	14,587	(6.2)	6,336	(4.7)	(18.0)	(7.8)
일본	175,303	(38.8)	131,047	(55.5)	79,559	(59.0)	(74.8)	(45.4)
만주	125,368	(27.7)	84,618	(35.8)	46,266	(34.3)	(67.5)	(36.9)
재외	70,332	(15.5)	5,786	(2.5)	2,702	(2.0)	(8.2)	(3.8)
합계	452,123	(100.0)	236,040	(100.0)	134,864	(100.0)	(52.2)	(29.8)

자료: 조선은행사연구회(1987), p. 256, 「조선은행정리에 관한 건」.

었음을 의미한다.

조선은행의 해외 영업이 계속 확장되는 가운데 1920년 초 제1차 세계대전 이후 '반동공황'이 도래하였다. 1910년대 말부터 방만하게 확장되었던 대출이 전후 불황으로 고정화되거나 불량자산으로 변하여 [표 9-4]에서 보듯이 총대출액 중 고정대출이 52.2%, 결손 가능 대출이 29.8%에 이르렀다. 특히, 이러한 불량자산은 조선보다는 일본과 만주에서의 해외 영업 확장으로 나타난 고정대출과 대출결손에서 비롯되었다. 즉, 일본에서는 고정대출 74.8%, 대출결손 45.4%이었으며, 만주에서는 고정대출 67.5%, 대출결손 36.9%이었다. 이와 같이 조선은행은 1920년대 중반에 이르면 해외 영업의 방만한 확장과 전후 불황의 영향으로 거의 파탄에 이르렀던 것이다.

일본 정부는 파탄에 빠진 조선은행에 대해서 1922년부터 정리에 들어갔으나, 이 작업은 1930년대 초반까지 장기간 진행되었다. 그런데 일본 정부는 전후에 파탄에 빠진 조선은행과 대만은행이 식민지 중앙은행임을 감안하여 조선은행 총재를 역임하였던 쇼다가 대장대신을 역임하였던 시기에 다른 은행과 달리 구제금융을 제공하였던 것이다. 즉, 1923년 9월에 있었던 관동대지진 이후 진재지역 금융기관을 구제한다는 명목으로 구제금융을 이른바 진재수형 인수방식으로 실시하였다. 이 과정에서 대만은행은 1억 1,522만 원, 조선은행은 3,599만 원을 재할인 형태로 일본은행으로부터 대출받았다.[2]

일본 정부는 조선은행에 대한 구제금융을 실시하면서 부실대출을 단계적으로 정리하였다. 조선은행은 1924년 8월 인사권, 은행권 발행권 및 각종 감독권을 조선총독에서 대장대신으로 이양하였고, 1925년 8월에는 자본금을 절반으로 줄였으며, 이 구조조정, 이른바 정리 과정에 일본과 만주에서의 점포, 인원, 영업도 대폭 축소시켰다. 그 결과, 조선은행은 [표 9-2]에서 보듯이 자금원천인 자본 및 부채가 감소함에 따라 대출이 일본, 만주 등에서뿐만 아니라 조선에서도 감소하는 등 영업 전반이 침체 상태에 빠졌다.

그러나 1932년 만주사변이 발발함에 따라 일본 경제 전체가 침체에서 빠져나오고 만주에서 일본 식민지 통화 유통을 위한 통화공작이 진행됨에 따라 조선은행권 유통이 시도되고 만주중앙은행과의 협정에 따라 조선은행권과 만주국폐와의 1 : 1 교환이 시도되고 만주의 금엔자금이 조선은행에 예치되었다. 조선은행은 이 예금의 증가로 만주에서 예금초과를 기록하고 만주에서의 예금은 물론이고 대출 비중을 높일 수 있었다. 조선은행의 해외 활동이 만주사변을 계기로 다시 중요해지고 일본 경제가 전체적으로 확장되고 만주에서 일본으로의 자본수출이 늘어남에 따라,[3] 조선은행의 영업은 확장되어 자산(부채+자본) 규모가 확대되었다. 조선은행은 이와 같이 만주사변을 계기로 만주를 중심으로 한 조선 외 영업이 다시 확대되기 시작하였다.

2) 조선식산은행과 동양척식회사의 확장과 일본 자본시장

조선식산은행은 장기 자금의 원천인 주식과 회사채의 발행 한도를 확장하여 갔다. 즉, 식산은행은 자본금은 1,000만 원으로 출발하였으나, 1924년 3월에는 3배인 3,000만 원으로 확대되어 회사채 발행액도 납입자본의 5배에서 15배로 확대되었다. 식

2 明石照夫 · 鈴木憲久(1958), 『일본금융사(2)』, 동양경제신문사, pp. 215~218.

3 조선은행(1934), 『조선은행이십오년사』, pp. 159~161. 당시의 대만주투자액은 1932년 73백만 원, 1933년 137백만 원, 1934년 278백만 원, 1935년 229백만 원이다(일본은행(1973), 『일본금융사자료: 소화편』, 제24권, 전시금융관계자료(일), p. 77).

[표 9-5] 식산은행의 부채 및 자본(1918~1936)

(단위: 천 원, ( ): %)

연도	자본금 적립금	회사채 발행액	전체 예금	차용금	정부 차입금	기타	합계
1918	(25.3)	(7.4)	(37.8)	(17.3)	(3.6)	(8.6)	40,318
1920	(26.4)	(28.5)	(31.8)	(8.1)	(1.2)	(4.1)	117,404
1922	(17.1)	(46.5)	(21.5)	(8.9)	(0.8)	(4.6)	177,530
1924	(15.1)	(55.2)	(21.6)	(2.0)	(0.7)	(5.5)	215,335
1926	(12.9)	(55.0)	(21.2)	(1.8)	(0.6)	(8.6)	263,410
1928	(11.8)	(57.6)	(20.4)	(0.0)	(0.5)	(9.8)	307,421
1930	(11.0)	(70.1)	(13.6)	(0.8)	(0.4)	(4.1)	345,402
1932	(10.0)	(65.0)	(17.6)	(3.8)	(0.4)	(3.3)	401,686
1934	(9.6)	(54.3)	(23.1)	(9.5)	(0.3)	(3.4)	451,221
1936	(6.1)	(61.0)	(24.0)	(2.7)	(0.3)	(5.9)	493,456

자료: 조선식산은행, 「조선식산은행영업보고서」.

산은행은 회사채를 납입자본의 5~10배까지 발행할 수 있었기 때문에 자본금 증가보다는 회사채(사채) 발행이 장기 자금의 주요 조달수단이 되었다. [표 9-5]에서 보듯이, 주식 발행에 의한 자금조달의 비중은 점차로 감소하였고, 반면에 회사채 발행에 의존하는 자금동원의 비중이 60~70% 수준에 이르렀다. 따라서 식산은행은 무엇보다도 회사채 발행의 확대를 통해 산업금융의 전개에 필수적인 장기 자금을 동원할 수 있게 되었다.

그런데 식산은행은 주식의 상당 부분을 일본에서 소화하였을 뿐 아니라 회사채의 대부분도, [표 9-6]에서 보듯이, 일본에서 소화하였다. 신설 식산은행은 제1차 세계대전 중에 급성장하고 있는 일본 자본시장에 때맞추어 진출하였고 또한 조선총독의 적극적인 보호나 보증에 의존하여 주식은 물론 회사채의 공모에도 성공하였다. [표 9-7]에서 보듯이, 일본 정부가 직접 통제하는 특수금융기관인 예금부가 정책적으로 배정한 자금으로 회사채를 인수하거나 잔여액을 소화해 준 결과로 그 인수액이 발행액의 20~30%에 이르렀다. 식산은행은 설립 시 주식의 일본 내 공모를 성공시켰음은 물론 일

[표 9-6] 식산은행 회사채 보유의 지역별 분포(1921~1937)

(단위: 천 원, ( ): %)

연도	조선	일본	만주	합계
1921	1,792(3.6)	47,757(96.4)	0(9.6)	49,550(100.0)
1927	21,617(12.5)	151,204(87.1)	624(0.4)	173,445(100.0)
1937	12,901(3.7)	331,755(96.3)	0(0.0)	344,656(100.0)

자료: 조선식산은행, 『조선식산은행십년지』, p. 91; 『조선식산은행이십년지』, p. 232.

본 대장성 예금부의 인수에 의존하면서 일본 내 신흥 증권회사 등[4]과 결합하여 1920년대 불황 속에서도 발행한 회사채를 예상과 달리 순조롭게 소화하게 되었다.

이와 같이 식산은행이 일본에서 회사채 공모에 성공함에 따라 식산은행은 일본 자본시장에 접근하여 소요자금을 쉽게 조달할 수 있게 되었고, 이를 기반으로 조선총독부의 산업정책과 밀착하여 식민지 산업금융을 확장할 수 있었다. 다만 [표 9-7]에서 보듯이, 일반공모에 의존하는 자금은 대장성 예금부 자금에 비해 비교적 단기 자금이고 이자율도 높아 회수가 빠른 사업자금만 이용할 수밖에 없었다. 기타 항목으로 분류된 은행단 자금도 기간은 길었지만 금리가 높아 정책자금으로보다는 영리자금으로 이용할 수밖에 없었다.[5] 이것은 식산은행이 대장성 예금부 자금에 의존하지 않은 한, 장기 저리의 자금을 공급하는 데 일정한 한계가 있었음을 말해 준다.

식산은행은 이와 같이 일본의 대부자본 유입에 의존하여 장단기 자금을 순조롭게 동원할 수 있게 되면서 조선총독부 산하 공공·산업자금 공급기관의 역할을 적극적으로 담당하는 동시에 1922년경부터 구조조정 중이었던 조선은행을 대신하여 중추 금융기관으로 부상할 수 있었다. 식산은행이 일본 자본시장에서 대규모 자금을 동원하면서 조선에서도 예금을 통한 자금동원에 주력함으로써 최대의 대출기관이 되었다.

동양척식회사(이하 동척)는 1918년 『동양척식회사법』이 개정되면서 영업지역이 만

4 식산은행의 회사채를 취급한 증권회사는 野村, 山一, 藤本, 小池 등의 증권회사이다.
5 식산은행(1938), pp. 237~247에 수록된 회사채 발행 일람표 참조.

[표 9-7] 식산은행 회사채 인수자, 금액 및 이자율(1918~1936)

(단위: 금액: 천 원, 비율, 이자율: %)

연도	대장성 예금부			일반공모			기타[1]		
	금액	비율	이자율[2]	금액	비율	이자율[2]	금액	비율	이자율[2]
1918							3,000	(100.0)	5.7
1920	4,500	(13.5)	5.5	25,500	(76.2)	7.0~8.0	3,450	(10.3)	8.0
1922	15,200	(18.4)	5.5	62,000	(75.1)	7.0~8.0	5,350	(6.5)	8.0~8.1
1924	17,950	(15.1)	5.1~5.5	94,800	(79.8)	7.5~8.0	6,035	(5.1)	8.3~8.5
1926	27,243	(18.8)	5.1	99,000	(68.4)	7.5~8.0	18,597	(12.8)	7.5~8.0
1928	53,143	(30.0)	5.1~6.0	112,650	(63.6)	5.5~6.5	11,340	(6.4)	7.5
1930	75,230	(31.1)	5.1~5.5	127,452	(52.6)	5.5~6.0	39,450	(16.3)	6.0~6.5
1932	83,230	(31.9)	3.5~4.8	148,512	(56.9)	5.5~6.0	29,250	(11.2)	
1934	95,255	(38.9)	3.8~5.0	106,950	(43.7)	4.3~4.5	42,750	(17.5)	4.3~5.5
1936	104,730	(32.1)	3.8~4.5	189,400	(58.1)	4.0~4.3	21,100	(9.8)	

주: 1) 권업은행, 삼릉은행, 주우은행, 삼화은행, 동경저축은행, 대판저축은행, 부동산저축은행, 만철, 조선총독부 등임.
2) 이자율은 해당 연도 발행 시 이자율을 표시(조선총독부 이사율반은 부시).
사료: 『조선식산은행이십년지』, pp. 237~247; 『조선금융사항참고서』(1937년판).

주로 확장되었고, 동척의 주식은 1917년 이후 일본인에 한정하여 소유할 수 있게 되었고, 감독권도 조선총독에서 일본 정부로 이관되었고, 본점도 도쿄로 이전되었다. 동척은 각종 투자사업이나 금융사업은 조선과 만주에서 하고 있었지만 자금동원은 거의 일본에서 이루어졌다. 이와 같이 동척은 일본에서 투자재원을 조달하여 식민지인 조선과 만주에서 투자사업을 통해 이윤을 회수하는 전형적인 식민지 투자회사로 재편되었다.

동척의 수권자본금은 1918년 1,000만 원에서 3,000만 원으로 증가하였고, 회사채는 납입자본의 10배 이내로 발행할 수 있었기 때문에 동척의 확장은 더 손쉽게 되었다. [표 9-8]에서 보듯이, 동척은 여러 방식으로 자금을 조달하고 있으나, 비교적 장기인 회사채와 무기한이라고 할 수 있는 주식의 발행에 크게 의존하고 있었다. 동척은 식산은행과 마찬가지로 회사채 발행에 의존하는 비율을 더 높이고 있었다. 따라서 동척은 1920년대에는 일본에서 증자보다는 회사채 발행을 통해 회사를 확장하고 있었다고 할

[표 9-8] 동양척식회사의 부채 및 자본(1918~1936)

(단위: 천 원, ( ): %)

연도	자본금	준비금	회사채	예금·차용금	기타	합계
1918	(26.4)	(1.0)	(54.0)	(14.5)	(4.1)	75,813
1920	(28.7)	(2.4)	(54.8)	(11.0)	(3.0)	173,977
1922	(21.8)	(2.2)	(61.6)	(11.5)	(2.9)	228,861
1924	(19.3)	(2.2)	(70.3)	(5.2)	(3.0)	259,266
1926	(19.3)	(2.5)	(68.4)	(7.2)	(2.6)	248,761
1928	(20.1)	(0.5)	(71.2)	(3.5)	(4.8)	248,662
1930	(20.1)	(0.7)	(70.7)	(5.7)	(3.4)	255,082
1932	(19.6)	(0.7)	(71.7)	(5.7)	(3.7)	274,878
1934	(18.2)	(0.7)	(67.2)	(9.7)	(4.2)	274,826
1936	(15.1)	(0.7)	(68.4)	(10.9)	(4.8)	330,132

자료: 동양척식회사(1938), 『동양척식회사삼십년지』, pp. 260~263.

[표 9-9] 동양척식회사 회사채 인수자, 발행액 및 이자율

(단위: 천 원, ( ): %)

인수자		1919년 12월 말[1]				1937년 12월 말[2]			
		발행 건수	발행액	비율	이자율 (%)	발행 건수	발행액	비율	이자율 (연리 %)
대장성 예금부		3	9,000	(15.5)	5.0~5.3	50	35,005	(14.2)	3.6~4.2
소계		4	30,000	(51.7)		13	158,690	(64.2)	
내채	간이보험국					3	20,000	(8.1)	4.1~4.2
	자기 발행	3	20,000	(34.5)	6.5	3	39,400	(16.0)	4.35~4.5
	은행단 인수	1	10,000	(17.2)	6.0	7	98,690	(40.4)	4.1~4.5
외채		1	18,994	(32.8)	5.0	2	53,207	(21.6)	5.5~6.0
합계		8	57,994	(100.0)		65	246,302	(100.0)	

자료: 1) 『금융사항참고서(1920년판)』, 『동척십년사』를 참고하여 정리.
2) 우방협회 편(1976), 『자료선집: 동양척식회사』, pp. 404~405.

수 있다.

그리고 [표 9-9]에서 보듯이, 동척은 초기에는 외채 발행에 크게 의존하였으나 이자율이 높아짐에 따라 점차 그 비중을 줄였고, 대장성 예금부 인수에도 15% 정도 의존하였다. 동척의 회사채 발행은 일본 내 은행단 인수에 가장 의존하고, 공모(자기 발행)

에 상당 수준 의존하였다. 이와 같이 동척은 식산은행과 마찬가지로 산업금융기관으로서 주식과 회사채를 일본에서 소화하는 방식으로 일본 자본시장에서 자금을 동원하였지만, 일본 정부도 정책사업 지원을 위해 대장성 예금부의 저리자금을 제공하는 방식으로 동척을 지원하였던 것이다. 일본 정부 산하에 있던 동척은 조선총독 산하에 있던 식산은행보다 더 낮은 금리로 회사채를 소화할 수 있었다.

3) 조선금융조합연합회의 설립

일제는 일본 금융시장에 접근하여 자금동원을 확대할 수 있는 특수금융기관이 자금동원에서 한계에 직면해 있는 다른 금융기관을 지원하도록 함으로써 정책금융기관의 기능을 강화하려 하였다. 동척은 1910년대 초반에 농공은행에 자금공급을 하였고, 농공은행은 금융조합을 지원하였다. 1918년 출범한 식산은행은 신설된 각 도 금융조합연합회의 대출과 예금을 취급함으로써 이 각 도 연합회가 금융조합의 상부 금융기관이 되었다.

그런데 식산은행 등 당시 경제계를 주도하는 자들은 금융조합의 연합회 또는 중앙회 설립을 반대하다 1929년 대안으로 제시된 연락기구인 조선경제협회와 금융조절기관인 식산은행 금융조합중앙금고과를 설치하는 것으로 종료되었다. 그로부터 4년 후인 1933년 8월 「조선금융조합연합회령」이 공포되고 이 연합회가 설립되었다. 이에 따라 식산은행이 가졌던 금융조합 금융 전반에 대한 통제는 신설된 조선금융조합연합회(이하 금융조합연합회)에 의해 이루어지게 되었다.

금융조합연합회는 촌락금융조합과 도시금융조합을 중심으로 하는 금융조합 최상부 기구로 규정되었다. 기존의 각 도 연합회는 지부가 되고 금융조합연합회는 회원 금융조합을 종합적으로 통제할 수 있는 단일기관이 되었다. 금융조합연합회는, ① 자금의 공급, ② 업무상의 지도, ③ 공동이익을 위한 사업 등을 수행하도록 되었다. 구체적으로 말하면, 이 연합회는 회원을 대상으로 하는 자금대부, 어음할인, 환 업무, 예금,

업무상의 지도, 상호간의 연락 및 업무의 편의를 도모하는 업무를 하는 조직이었다. 조선금융조합연합회는 각 도 연합회와 조선경제협회 업무를 모두 승계하였다.

금융조합연합회는 조선총독 인가를 받아 출자납입액의 15배를 한도로 하는 조선금융채권을 발행하여 독자적인 자금원을 확보하여 독자적으로 사업도 추진할 수 있었다. 결과적으로 산업금융 체계가 식산은행 본점⇔식산은행 지점⇔각 도 금융조합연합회⇔말단 금융조합이란 자금관리 체계가 식산은행 금고과⇔금융조합연합회⇔말단 금융조합으로 단순화되었다. 식산은행은 주로 자금운용을 통해서 금융조합에 대한 영향력을 행사할 수 있게 되었다.

금융조합연합회가 결성된 이후 경성에 본점을 둔 1개의 연합회와 각 도청 소재지에 13개 지부가 조선 전체 업무를 망라하였고, 여기에는 말단 금융조합 674개, 기타 산업조합 54개로 구성되었다. 이 연합회는 전체 금융조합의 자금조달과 자금운용을 관리하고 각종 정책을 하달·감독하고 각종 사업을 추진하는 중앙조직이 되었다. 즉, 금융조합연합회는 조선총독부를 대신하여 말단 금융조합에 각종 정책을 지시하고 정책 이행 여부와 경영을 감독하는 기관이 되었던 것이다.

금융조합연합회는 조선총독부의 감독과 보호를 받는 기관이었다. 조선총독은 임원으로 회장 1명, 이사 13명, 감사 2명 이상을 두도록 하고 회장과 이사를 임면하도록 되었고 업무 감독 권한도 가지고 있었다. 금융조합연합회는 각종 특전을 누렸다.[6] 첫째, 소득세, 자본이자세, 임시이득세, 법인자본세, 영업세 등이 부과되지 않았다. 둘째, 연합회는 금융채권을 발행할 수 있었고 일본 대장성 예금부 자금을 이용할 수 있었다. 셋째, 연합회는 총독부 무이자 지원금을 받았다. 회장, 이사, 주요 부장 등 금융조합연합회를 운영하는 주요 인사들은 모두 일본인이고, 상급 임원은 주로 고위관리 출신이었고, 중간급 간부들은 주로 식산은행 출신이었다. 금융조합연합회 설립 이전의 조선금융조합협회장은 총독부 재무국장이 겸하고 있었다. 이 조선금융조합연합회는 식산

6 이경란(2002), 『일제하 금융조합 연구』, pp. 134~137.

[표 9-10] 금융조합의 대출초과액과 자금원천(1918~1936)

(단위: 천 원, ( ): %)

연도	대출초과액			도시금융조합 자금원천				촌락금융조합 자금원천			
	소계	도시	촌락	소계	예금	차입	보조금	소계	예금	차입	보조금
1918	4,906	245	4,662	423	(19.9)	(60.8)	(19.4)	6,953	(29.4)	(19.1)	(40.9)
1920	21,284	2,817	18,467	6,099	(39.8)	(43.2)	(17.1)	28,929	(26.5)	(58.2)	(10.0)
1922	28,680	3,628	25,052	11,139	(50.0)	(35.9)	(14.1)	47,916	(35.7)	(51.9)	(8.2)
1924	20,586	1,584	19,002	16,681	(63.9)	(25.2)	(10.8)	59,942	(45.0)	(43.5)	(5.6)
1926	23,102	−524	23,626	23,470	(71.8)	(19.4)	(8.8)	73,206	(49.3)	(39.9)	(4.7)
1928	20,078	−4,302	24,380	29,669	(78.6)	(14.0)	(7.4)	91,825	(52.3)	(38.0)	(4.0)
1930	43,240	−4,160	47,399	33,488	(77.5)	(15.3)	(7.2)	120,775	(44.9)	(46.5)	(3.2)
1932	24,080	−10,592	42,167	40,059	(83.5)	(11.3)	(5.3)	133,571	(52.7)	(38.9)	(3.0)
1934	10,689	−18,452	29,140	50,564	(87.5)	(8.4)	(4.1)	163,691	(58.1)	(34.1)	(2.5)
1936	56,109	−12,904	69,341	62,099	(82.9)	(13.6)	(3.5)	229,595	(48.3)	(45.4)	(1.8)

자료: 조선금융조합연합회(1944), 『조선금융조합연합회십년사』, 부록.

은행과 마찬가지로 총독부 산하의 일본인이 장악한 금융기관으로서 정책을 수행하는 기관이기도 하였다.

금융조합연합회는 이 연합회의 상부 금융기관인 식산은행에 여유자금을 예치하고 필요한 자금은 식산은행에서 차입하였다. 금융조합연합회는 말단 금융조합의 상부 기관으로 자금잉여 상태에 있는 금융조합의 여유자금을 예치금으로 받아들이고 이 예치금을 자금부족 상태에 있는 금융조합에 대출함으로써 말단 금융조합 간의 자금수급 조절을 담당하였다. 금융조합은 금융조합연합회를 통해 자금부족 시에는 차입하고 자금잉여 시에는 예치함으로써 금융조합연합회는 말단 금융조합 간의 자금수급 조절을 담당하였다. 그리고 대장성 예금부는 식산은행에 저리의 정책자금을 제공하고 식산은행은 이를 금융조합연합회에 대출하였는데, 이것이 특별대부이었다.

그러면 금융조합의 자금과부족 상태부터 살펴보자. [표 9-10]을 보면, 촌락금융조합은 이 기간 내에 대출초과 상태에 있었지만 도시금융조합은 1926년경부터 예금초과 상태에 있었다. 도시금융조합은 예금의 증가로 유휴자금만으로 대출을 할 수 있게 되

[표 9-11] 금융조합연합회 자금원천과 자금운용(1918~1936)

(단위: 천 원)

연도	자금원천		자금운용		금융조합 차입금(e)	c-a	b-d	b/(a+b)	d/(c+d)
	예금(a)	차입금(b)	대출(c)	예치금(d)					
1918	414	579	1,519	156	1,513	1,105	596	(58.3)	(27.4)
1920	1,542	15,617	18,289	604	19,474	16,747	15,313	(91.0)	(16.5)
1922	6,382	21,543	28,542	2,246	28,872	22,160	19,297	(77.1)	(26.0)
1924	17,580	18,080	30,274	8,783	30,256	12,694	9,297	(50.7)	(33.3)
1926	23,010	12,150	33,898	4,947	33,771	10,888	7,203	(34.6)	(17.7)
1928	34,754	14,665	40,288	12,585	39,021	5,534	2,080	(29.7)	(26.6)
1930	35,887	31,023	63,674	7,146	61,269	27,787	23,877	(46.4)	(16.6)
1932	52,226	23,453	59,131	18,651	56,491	6,905	4,802	(31.0)	(26.3)
1934	71,748	27,890	63,511	39,705	60,126	-8,237	11,815	(28.0)	(35.6)
1936	74,804	25,458	117,197	11,299	117,197	42,393	14,159	(25.4)	(13.1)

자료: [표 9-10]과 같음.

었으나, 촌락금융조합은 외부 차입에 크게 의존하여야만 대출을 확대할 수 있었다. 전체적으로 대출초과액이 컸기 때문에 금융조합연합회가 조선총독부 재정보조나 식산은행 차입 없이는 금융조합 간의 자금수급을 해결할 수 없었다.

촌락금융조합의 예금의존도가 점차 높아졌으나, 아직 차입의존도가 30~60%에 이르고 있었다. 반면에 도시금융조합의 예금의존도는 급속히 높아져 1920년도 중반이면 70%를 넘어서고 있다. 이에 따라 차입의존도는 극히 낮아져 1920년도 중반에는 10%에도 못 미치게 되었다. 이와 같이 차입의존도나 정부보조금 의존도가 낮아지고는 있지만 금융조합의 예금만으로 대출수요에 대응하기 어려웠던 것은 대출초과액의 증가에서 알 수 있다.

금융조합의 외부 차입은 각 도 금융조합연합회(1933년부터 금융조합연합회)를 통해 단위금융조합 상호간에 유휴자금을 이용하는 것과 각 도 금융조합연합회를 통해 식산은행의 자금을 공급받는 것으로 구분된다. [표 9-11]을 보면, 단위금융조합에 대한 순자금 유출(c-a)은 1920년대 초반과 1920년대 말에는 증가하나, 대체로 1,000~2,000만 원 수준에 이르고 있고, 식산은행으로부터의 순자금 유입(d−b)도 1,000~2,000만 원에 이르고 있지만, 1932년까지는 전자가 후자보다 더 컸음을 확인할 수 있다. 따라서 금융조합연합회가 1932년까지는 식산은행 차입으로 자금을 동원하였지만 그 이후에는 유휴자금을 도리어 식산은행에 예치하였다고 할 수 있다.

그런데 금융조합연합회의 자금차입 의존도[b/(a+b)]는 1920년 91.6%에서 1936년 25.4%로까지 감소하였고, 자금운용액 중 식산은행 예치금[d/(c+d)] 비율이 다소 기복을 보였지만, 1920년대 초반과 1930년대 초반에 증가하고 있고, 전체적으로도 1932년에 이르면 그 비중이 차입 비율보다 높다. 이와 같이 1930년대 초반부터 금융조합이 식산은행 자금지원에 의존하지 않아도 되었으나, 정책기관으로서의 위치 때문에 식산은행이 배정하는 예금부 정책자금을 할당받아 대출하는 특별대부를 계속 담당하였다. 그 비중은 다소 기복이 있지만 전체 대부의 5% 정도가 되었다.[7]

이와 같이 식산은행은 금융조합연합회의 상부 기관으로서 연합회의 예금과 대출을 취급하였고, 금융조합연합회는 금융조합의 상부 기관으로 금융조합의 예금과 대출을 조절함으로써 금융조합 간의 자금중개를 맡았던 것이다. 결과적으로 금융조합이 금융조합연합회를 통해 식산은행과 계통화됨으로써 식산은행은 금융조합을 통해 식민지 조선의 농촌 말단까지의 일본 대부자본을 대출할 수 있는 길을 마련하였던 것이다.

4) 조선저축은행의 신설

식산은행은 조선총독부의 허가를 받아 우편국이 취급하던 저축 업무를 자사의 방대한 지점망을 이용하여 영세자금을 흡수하는 한 방편으로 1919년부터 시작하였다. 이 저축 업무는 점차 확대되어 저축예금이 1919년 39만 원에서 1927년 1,352만 원까지

7 조선총독부, 『조선금융사항참고서』, 1937년판 참고.

증가하였다.[8] 1927년 저축예금은 당시 식산은행 예금의 25.8%, 일반은행 예금의 13.1%나 되어 식산은행에서도 주요 업무가 되었다.[9] 조선총독부는 조선의 예금자를 보호한다는 명목하에 일반은행에 대한 규제를 강화하기 위해 「은행령」을 개정하면서 「조선저축은행령」[10]도 1928년 12월 공포하였다.

조선총독부는 「은행령」의 개정과 함께 "영세자금을 흡수하는 저축 업무에 의해 예금자를 보호한다"는 이유로 「조선저축은행령」을 공포하면서 다른 은행의 저축 업무를 금지하였다.[11] 그리고 조선저축은행은 1929년 7월 자본금 500만 원으로 출범하였는데 최대주주는 식산은행이었다.[12] 이 저축은행은 저축예금과 그와 관련된 소액 대출을 주요 업무로 하여 1/3 이상의 지불준비를 갖추었으나 그 준비금은 국채 등의 유가증권으로 충당하였다. 이와 같이 조선총독부는 저축자 보호를 명분으로 식산은행 산하에 저축은행을 설립하여 다른 은행의 저축자금을 흡수하여 이에 집중시켰던 것이다.

일제는 1928년부터 일반은행을 포함한 다른 금융기관의 저축 업무를 금지함으로써[13] 저축은행의 성장을 보장하였다. 그 결과, 저축은행의 예금은 크게 증가하였다. 즉, 일반은행 예금에 대한 저축예금 또는 저축은행 예금의 비율은 1919년 0.8%, 1923년 6.7%, 1927년 13.1%, 1931년 24.6%, 1936년 27.4%로 증가하였다. 이러한 점에서 저축은행의 설립은 식산은행의 저축 업무가 분화된 결과이지만, 조선총독부 산하의 특수금융기관의 저축 업무 독점을 강화한 것이라고 할 수 있다.

8 조선식산은행(1928), 「저축예금 취급에 관한 건」, 『조선식산은행십년지』, p. 83.
9 앞의 책, pp. 85~86.
10 일본 내 「저축은행령」이 확대·실시되지 않고 「조선저축은행령」이 별도로 제정된 것은 일본 내 「저축은행령」은 면허주의에 입각해 조선 내 다른 저축은행의 설립을 제한할 수 없었기 때문이었다(『제일은행사십년지』, pp. 37~38). 요는 조선저축은행의 설립만 허용하기로 제정한 것이 바로 「조선저축은행령」이다.
11 식산은행(1938), pp. 59~60.
12 동아경제시보사, 『조선은행회사요록』, 1931년판.
13 「조선저축은행령」 제2조, 제3조 참조.

2. 개별 금융기관의 대출 및 예금과 그 추이

1) 개별 금융기관의 대출과 그 추이

일제는 1910년대 식민지 금융기관을 재편성하면서 조선은행과 동척이 만주로 진출하자 이들 기관의 조선에서 대출은 [그림 9-2]에서 보듯이 정체 상태로 접어들고, 신설된 식산은행과 확장된 금융조합의 대출은 급증하고 있다. 전체적으로는 특수금융기관이 1910년대 말에는 대출의 70% 정도를 취급하였지만 1930년대 중반에는 대출이 85% 이상을 담당하게 되었음을 [표 9-12]에서 확인할 수 있다. 따라서 일제는 특수금융기관의 대출을 통제함으로써 식민지 조선의 금융 전체를 정책적으로 운용할 수 있는 기반을 확보하고 있었다.

[표 9-12]를 보면, 1918~1936년 동안 조선 내 대출에서 중심적 위치를 차지하고 있는

[그림 9-2] 각 금융기관의 대출액 추이(1918~1936)

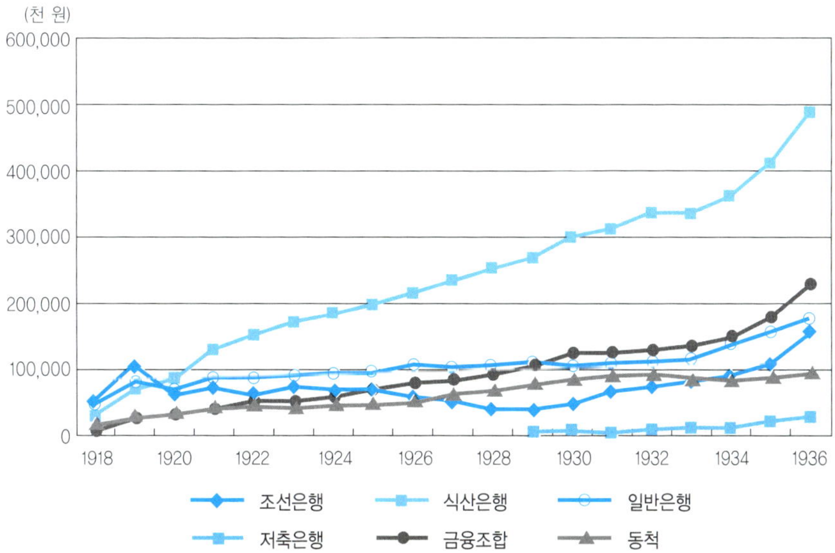

자료: 조선총독부(1938), 『조선금융사항참고서』.

[표 9-12] 조선 내 대출과 금융기관별 비중(1920~1936)

(단위: 천 원, ( ): %)

연도	조선은행	식산은행	저축은행	금융조합	동양척식	일반은행	합계[1)]
1920	(21.9)	(30.9)		(11.3)	(11.6)	(24.2)	278,256
1922	(16.0)	(39.1)		(13.2)	(10.3)	(21.4)	388,136
1924	(15.4)	(41.0)		(13.1)	(9.5)	(21.0)	444,656
1926	(11.3)	(42.7)		(15.2)	(9.9)	(21.0)	500,918
1928	(7.0)	(45.4)		(16.4)	(12.0)	(19.2)	557,506
1930	(7.3)	(44.8)	(1.0)	(18.5)	(12.4)	(15.7)	666,570
1932	(9.9)	(44.9)	(0.9)	(17.0)	(11.9)	(14.6)	752,882
1934	(10.7)	(42.8)	(1.3)	(17.8)	(10.0)	(16.6)	843,601
1936	(13.3)	(41.4)	(2.2)	(19.4)	(8.0)	(14.8)	1,179,506

주: 1) 신탁회사 및 무진회사 대출도 포함.
자료: 조선총독부, 『조선총독부통계연보』; 『조선금융사항참고서』(1938년판).

금융기관은 식산은행이고 그 다음으로 금융조합이며, 조선은행과 일반은행이 거의 비슷한 수준에서 대출을 취급하고 있었다. 동척은 만주 진출 이후 조선 내 대출의 비중뿐 아니라 1920년대 중반에는 절대액으로도 거의 증가하지 않는다. 특히, 식산은행과 금융조합은 조선 내 대출의 50% 이상을 차지함으로써 조선의 금융을 주도하는 위치에 있었다. 반면에 조선은행은 일본, 만주 등 해외 영업의 확대로 조선 내 영업의 비중은 계속 줄어들어 조선 내 대출에서 차지하는 위치는 매우 낮아져 거의 10% 수준에 그치고 있었다. 따라서 이 시기에 조선의 중추 금융기관은 식산은행과 금융조합으로 구성되는 식은계이었다.

조선의 금융기관이 전체적으로 가장 중요한 자금원천인 예금을 통해 대출에 필요한 재원을 얼마나 충당하고 있는가를 보여 주는 것이 [그림 9-3]이다. 조선의 금융기관 대출은 [그림 9-3]에서 보듯이 1920년 1년을 제외하고는 지속적으로 증가하고 있고, 예금도 매년 증가하고 있다. 금융기관의 대출 증가 폭이 예금의 증가 폭보다 훨씬 크지만, 당시 금융기관 대출의 주요 재원은 예금이었다. [그림 9-3]을 보면, 시기별로 차이는 있지만 대출/예금 비율은 50~60% 수준에 있는데, 예대율(대출/예금)로 보면 200~300%

[그림 9-3] 조선의 금융기관의 대출액, 예금액 및 그 비율(1918~1936)

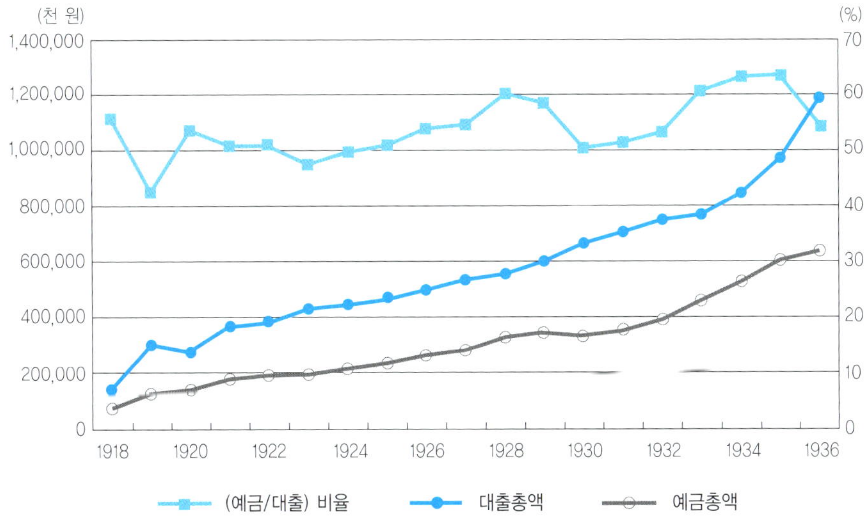

자료: [표 9-12].

정도의 수준이다. 이 예금/대출 비율은 자금원천에서 예금에 의존하는 비율이 늘어감에 따라 증가하지만, 전후 불황기인 1920년대 중반, 1930년대 초반에는 예금/대출 비율은 상대적으로 낮아지고 있는데, 그것은 대출 증가에 비해 예금 증가가 작았기 때문이다.

전체적으로 금융기관의 조선 내 예금과 대출 모두 급속히 증가하고 있지만 예금이 대출에 상응하여 증가하지 않고 예금이 대출재원에서 차지하는 비중도 매우 낮다. 그것은 무엇보다도 산업금융기관인 식산은행과 동척이 회사채 발행을 통해 대출재원을 마련하고 있었고, 조선은행 등은 차입에 의존하여 대춘재원을 확대하고 있었기 때문이다. 그럼에도 불구하고 일제가 금융기관의 예금 증가를 통해 대부자본의 현지조달에 주력하고 있었음은 예금의 지속적인 증가를 통해 확인할 수 있다.

2) 개별 금융기관의 예금과 그 추이

각 금융기관이 은행으로 성장할 기반이 되는 중심적인 수단은 예금이다. 그러면 [그림 9-4]에 의거하여 각 금융기관별 예금액의 규모와 추이를 검토해 보자.

예금 증가는 [그림 9-4]에서 보듯이 모든 금융기관에 공통되는 현상이지만 금융기관별로 차이를 보이고 있다. 조선은행은 1920년대 해외 진출의 실패로 위기에 직면하여 예금 증가도 정체되었지만, 1930년대에 와서 만주에서의 '통화공작'에 참가하게 됨으로써 영업 기반을 확대하여 위기에서 탈출할 수 있었다. 식산은행의 예금은 지속적으로 증가하였으나 1928년 식산은행 저축부가 조선저축은행으로 분리 독립됨에 따라 2년간 일시 감소하다 다시 증가하였다. 일반은행은 1920년대 후반 정리 대상이 됨에 따라 예금이 일시적으로 정체되었으나, 전체적으로 계속 크게 증가하고 있다. 금융조합은 다른 금융기관과 달리 지속적으로 예금을 증가시키고 있다. 우편국의 예금도 지

[그림 9-4] 조선의 금융기관별 예금액의 추이(1918~1936)

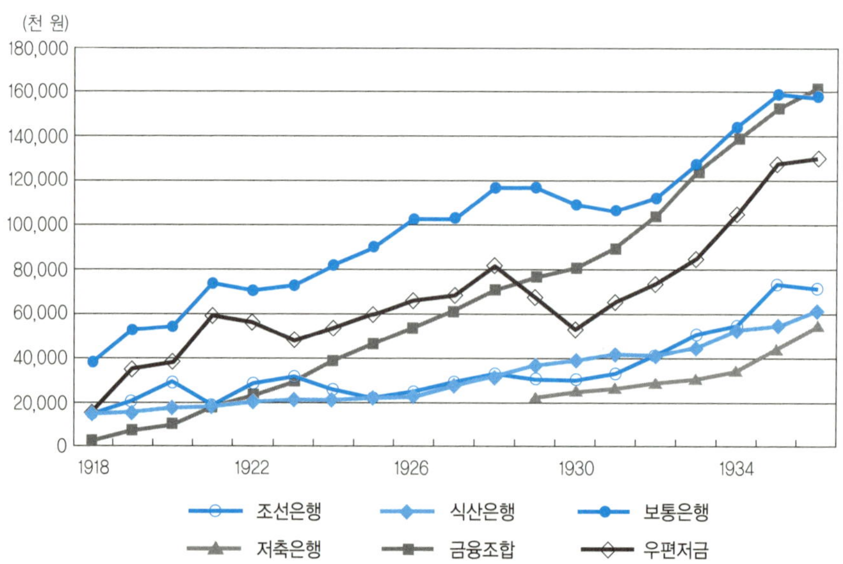

자료: [표 9-12].

[표 9-13] 조선 내 예금액과 금융기관별 비중(1918~1936)

(단위: 천 원, ( ): %)

연도	조선은행	식산은행	저축은행	금융조합	일반은행	우편저금	합계
1918	(16.8)	(18.3)		(2.4)	(45.1)	(17.3)	83,218
1920	(19.6)	(25.6)		(6.8)	(36.6)	(11.5)	148,731
1922	(14.5)	(28.3)		(11.5)	(35.7)	(10.1)	197,294
1924	(11.7)	(24.1)		(17.1)	(37.5)	(9.6)	220,086
1926	(9.2)	(24.5)		(19.7)	(38.2)	(8.4)	268,537
1928	(9.8)	(24.5)		(21.4)	(35.1)	(9.2)	333,836
1930	(9.0)	(15.7)	(7.3)	(23.8)	(32.6)	(11.6)	335,930
1932	(10.2)	(18.4)	(7.1)	(25.9)	(28.2)	(10.2)	400,346
1934	(10.4)	(19.8)	(6.4)	(26.2)	(27.2)	(9.9)	531,410
1936	(11.3)	(20.4)	(8.6)	(25.4)	(24.8)	(9.5)	638,307

자료: [표 9-12].

속적으로 증가하고 있으나 증가 폭은 금융조합에 비해 작은 편이다. 전체적으로 보면 예금이 증가하는 중에서도 식산은행, 저축은행, 금융조합 등 이른바 식은계로 불리는 금융기관으로 예금이 집중되는 현상이 나타났다. 조선의 금융기관에서 예금 비중이 높은 순위를 [표 9-13]을 통해서 보면 1920년에는 일반은행, 식산은행, 조선은행, 우편저금 순이었으나, 1936년에는 금융조합, 일반은행, 식산은행, 조선은행, 우편저금, 저축은행 순이었다.

조선은행은 중앙은행이지만 일반은행의 업무를 겸하고 있었고, 식산은행은 개발금융기관이지만 일반은행 업무를 겸하여 두 은행 모두 예금을 주요 자금원으로 하고 있었다. 그러나 조선은행과 식산은행의 예금이 전체 금융기관에서 차지하는 비중은 두 금융기관 모두 낮아지고 있었다. 일반은행은 조선에서 상업금융기관으로 1910년대 설립의 증가로 그 비중이 크게 높아졌다. 그러나 1920년대 금융조합이 상업은행화하고 전국적인 조직을 가지고 일반은행 영역을 잠식해 감에 따라, 일반은행의 예금 비중은 낮아진 반면에 금융조합의 비중은 점차 증가하여 1930년대 중반에는 일반은행의 비중보다 더 높아지게 되었다.

3) 개별 금융기관의 예금 기반과 그 차이

그러면 각 금융기관의 현지자본 동원방식인 예금 증가방법을 살펴보기 위해 [표 9-14]를 통해 예금원천의 차이를 검토해 보자.

조선은행은 하부 금융기관인 일반은행의 예금을 취급하고 있었다. 즉, 조선은행은 대장성 예금부, 동척, 식산은행, 한성은행 등의 예금을 예치하였으나, 공금예금 비중은 크게 줄었다. 식산은행은 금융조합 간 자금중개를 담당함에 따라 금융조합연합회의 예금을 취급하고 있었지만, 대출에 주력하여 금융기관의 예금 비중이 일반은행에 비해서는 높으나 조선은행에 비해서는 낮은 편이었다. 식산은행은 조선총독부 산하기관으로 조선총독부와 밀착하여 공공예금 비중도 다른 금융기관은 물론 조선은행에 비해서도 높은 편이다. 반면에 일반은행은 특수금융기관도 아니고 하부 금융기관이기 때문에 거의 민간의 예금에만 의존할 수밖에 없었다. 조선은행이나 식산은행 등은 특수금융기관으로서 정부의 지원으로 다른 금융기관 자금을 예치하거나 공공기관 자금을 예치하는 방법으로 예금을 증대시키고 있었다. 그럼에도 불구하고 모든 은행에 가장 중요한 예금원천은 민간예금이었다고 할 수 있다.

그러면 각 금융기관은 어떤 기관이나 계층의 예금을 유치하고 있는지 1925년 한 조사 자료를 통해 좀 더 구체적으로 살펴보자. [표 9-15]는 조선총독부가 각 금융기관의

[표 9-14] 각 은행의 예금원천(1920~1936)

(단위: %)

연도	조선은행			식산은행			일반은행		
	일반	금융기관	공공기관	일반	금융기관	공공기관	일반	금융기관	공공기관
1920	60.5	38.4	1.1	63.1	25.1	11.8	98.9	0.4	0.8
1924	51.2	22.2	26.5	76.9	8.9	14.3	97.7	0.5	1.7
1928	56.0	26.7	16.1	70.7	19.0	10.3	93.3	1.2	5.4
1932	61.6	35.9	2.0	56.5	27.7	15.8	89.4	2.2	8.4
1936	79.4	10.9	9.8	67.3	15.9	16.8	87.0	3.0	10.5

자료: 조선총독부, 『조선금융사항참고서』.

[표 9-15] 각 금융기관의 예금액과 예금 건수(1925년)

금융기관		특수은행	본점 일반은행	지점 일반은행	도시금융조합
공금예금	금액(천 원)	16,483(12.2)	1,600(3.0)	123(0.3)	3,487(25.1)
	건수(건)	3,126 (2.1)	1,276(0.7)	2(0.0)	22,613(20.9)
	건당액(원)	5,272	1,307	61,858	154
금융기관 (조합원) 예금	금액(천 원)	58,653(43.5)	338(0.6)	479 (1.2)	3,407(24.5)
	건수(건)	748(0.5)	22(0.0)	12(0.0)	26,699(24.7)
	건당액(원)	78,337	10,584	49,925	1,250.47
일반민간 (비조합원)	금액(천 원)	59,533(44.2)	50,414(96.4)	39,794(98.5)	6,996(54.2)
	건수(건)	147,418(97.4)	171,919(98.1)	31,626(99.9)	58,669(54.2)
	건당액(원)	403	293	1,258	118
합계	금액(천 원)	134,672 (100)	52,248(100)	40,396 (100)	13,891(100)
	건수(건)	151,290 (100)	175,217(100)	1,258 (100)	108,201(100)
	건당액(원)	890	301	1,270	128

주: ( ) 안은 구성 비율임.
자료: 정부기록문시, 「조선총독부 재무국문서」.

예금 실태를 조사한 결과로 예금과 관련된 다음과 같은 특징을 찾아볼 수 있다.

첫째, 일반은행은 앞서 살펴본 바와 마찬가지로 전적으로 민간예금에 의존하고 있으나, 특수금융기관인 특수은행은 공금예금, 금융조합은 조합원 예금에 크게 의존하고 있었다. 즉, 특수은행은 공금예금과 금융기관 예금에 50% 이상, 도시금융조합은 조합원 예금에 20% 이상, 일반은행은 민간예금에 95% 이상을 의존하고 있었다. 이것은 공공기관이 우선적으로 정부 산하에 있는 특수은행을 우선적으로 이용하고, 특수은행의 하부 금융기관이 여유자금을 그 상부 은행에 예치한 결과로 보인다.

둘째, 특수은행과 지점 일반은행은 상대적으로 고액예금을 취급하였고, 본점 일반은행과 도시금융조합은 상대적으로 소액 예금에 집중하였다. 즉, 각 금융기관의 건당 예금액을 보면, 지점 일반은행 1,207원, 특수은행 890원, 본점 일반은행 890원, 도시금융조합 128원 순이다. 특히, 본점 일반은행과 도시금융조합은 건당 금액은 작지만 그 건수가 매우 많았다. 이것은 본점 일반은행과 금융조합이 가장 널리 이용되었던 금융기관임을 말해 준다.

식민지 금융기관은 금융기관에 따라 자금동원 방식에서 차이를 보이고 있지만 동척을 제외하면 공통적으로 예금을 주요 자금원으로 삼고 있었다. 이들 금융기관의 예금 기반은 특수금융기관인가 일반금융기관인가에 따라서, 그리고 상부 금융기관인가 하부 금융기관인가에 따라서도 예금 기반을 달리 하지만 각자의 예금 기반에서 자금을 계속 집중시킨 결과로 [그림 9-4]와 [표 9-13]에서 보았듯이, 조선 내 금융기관의 예금액은 지속적으로 증가하였다. 즉, 1918년 예금액은 8,000만 원에 불과하였으나 1920년에는 1억 5,000만 원, 1926년에는 2억 7,000만 원, 1930년에는 3억 3,000만 원, 1936년에는 6억 4,000만 원에 이르렀다. 이와 같은 예금 증가는 1920년대 후반 금융공황기에 일시 정체되었지만 그 후 지속되었다. 따라서 조선의 현지자금 동원의 주요 방식인 예금은 금융조합과 일반은행이 소액 자금을 예치함으로써 크게 증가하였던 것이라고 할 수 있다.

3. 전간기 조선과 일본 간의 자본유출입과 금융기관

1) 전간기 일본과 조선 간의 자본유출입

일본은 제1차 세계대전 기간 중에 경상수지의 대폭 흑자를 통해 정화를 축적함으로써 1920년대 경상수지 적자를 겪었음에도 식민지로의 자본수출 여력을 가지게 되었다. [표 9-16]을 보면, 일본은 1914년에서 1919년까지, 즉 제1차 세계대전 중에 30억 엔의 경상수지 흑자를 누리고 이 기간에 이미 14억 엔의 자본수출을 하면서도 6억 엔의 금은과 11억 엔의 해외 자산을 구입하여 그 이후의 경상수지 적자에도 자본수출을 지속할 수 있었다.

[표 9-17]에서 보듯이, 일본은 1920년대 이후 유럽에 대해서는 만성적인 무역적자

[표 9-16] 일본의 국제수지와 조선의 역외수지의 기간별 추계액(1914~1936)

(단위: 백만 원(엔))

연도	일본의 대외국 국제수지[1]					조선의 대일본 역외수지[2]			
	경상 수지	금·은 수지	해외 정화 수지	장기 자본 수지	이상 합계	경상 수지	금·은 수지	장기 자본 수지	이상 합계
1914~19	3,035.2	-603.9	-1,096.9	-1,409	75.5	41.1	55.5	141.4	238.0
1920~24	-1,502.7	-541.3	1,017.4	35.7	273.5	313.7	42.6	395.8	752.1
1925~29	-798.5	89.3	70.6	-58.4	266.5	217.0	24.6	264.5	506.1
1930~31	-84.6	674.9	167.7	-380.5	-6.2	-52.0	66.1	265.9	280.0
1932~36	530.1	133.5	59.2	-945.5	-235.2	-334.1	346.5	695.1	399.8

자료: 1) 山本有造(1972), 「국제수지통계의 장기종합화에 대하여」, 『인문학보』, 36, 교토대.
2) 山本有造(1972), 「식민지하 조선·대만 역외수지(조선편)」, 『인문학보』, 35, 교토대.

[표 9-17] 일본의 지역별 무역수지(1920~1936)

(단위: 백만 엔)

	중국	아시아	미국	유럽	기타	합계
1920~1924	252	-777	-82	-1,345	230	-1,722
1925~1929	564	-931	1,142	-1,339	514	-1,050
1930~1931	50	32	146	-248	145	125
1932~1936	896	638	-1,091	-378	364	429

자료: 대장성 이재국 편, 『금융사항참고서』.

를 기록하였고, 중국에 대해서는 만성적인 무역흑자를 기록하였다. 그리고 미국에 대해서는 1920년대에는 무역흑자를, 1930년대에는 무역적자를 기록하였고, 다른 아시아 지역에 대해서는 1920년대에는 무역적자를, 1930년대에는 무역흑자를 기록하였다. 일본의 구미에 대한 만성적인 무역적자는 이 표에서 보듯이, 1920년대 초반부터는 해외 정화준비를 고갈시키고, 1920년대 중반부터는 금·은 준비를 고갈시켰다. 그 결과, 일본의 대외적인 자본수출은 어렵게 되었으나, 중국에 대한 무역흑자를 이용하여 자본수출을 할 수 있었고, 엔 블록 내에서 일본은행권으로 정화준비를 할 수 있었기 때문에 자본수출을 지속하였던 것으로 보인다.

일본은 미국과 유럽에 경공업 제품을 수출하고 중화학제품을 수입하였던 반면에,

중국과 아시아에는 경공품 제품을 수출하고 원료, 식량 등을 수입하였다. 일제는 만주사변을 계기로 만주 및 중국에 대해 일본의 경공업 제품 수출을 확대함으로써 중국에 무역흑자를 기록하고 이를 기반으로 자본수출을 확대하였다.[14] 자본수출에 따른 정화준비 고갈을 막기 위해 만주사변 이후 만주를 엔 블록으로 편입시킬 수 있는 조선은행권 등 엔계 통화의 유통을 시도하였던 것으로 보인다.

조선은 1920년대에는 일본에 쌀을 비롯한 농산물과 원료의 이출을 확대하였지만 공업화는 거의 진전되지 않아 일본 상품의 이입이 크지 않았으므로 1910년대와 달리 무역수지 흑자를 계속 유지할 수 있었다. 또한 일본 정부의 조선총독부 재정에 대한 지원은 3·1운동 이후 다시 증가하여 이전수지도 계속 흑자를 기록하였다. 그리고 일본 산업자본의 조선 진출은 1920년대에 부진을 면치 못하였지만, 일본 자본이 식산은행, 동척 등의 회사채 인수를 매개로 조선으로 밀려들어옴에 따라 장기 자본수지는 1920년대에 계속 흑자를 기록하였다. 그러나 일본의 자본투자와 일본과의 무역 증대에 따라 투자이익, 운임, 보험료 등의 일본 송금이 확대되어 서비스수지 적자 폭은 지속적으로 확대되어 갔다. 식민지 조선은 엔 블록 내에 있었기 때문에 일본 전체의 국제수지에 따른 정화준비 수준과 상관없이 자본을 수출할 수 있는 지역이었다. 따라서 일본 전체의 국제수지 악화에도 불구하고 일본의 자본과 재정자금이 이입되어 상품생산에 투자되고, 그 결과로 발생한 투자이익은 일본으로 유출되는 과정이 반복되고 있었던 것이다.

[그림 9-5]에서 보듯이, 1930년대에 접어들어 조선의 국제수지 구조는 별다른 변화를 보이지 않았지만, 무역수지가 큰 변동을 보이고 자본수지 흑자가 크게 증가한다. 즉, 일본은 대공황 여파로 경기침체에 빠지면서 농산물 수요가 감소하고 미곡의 과잉생산으로 미가가 폭락함에 따라 상품이출이 감소하여 일시적으로 무역수지 적자가

---

14 식민지를 제외한 일본의 대외투자액에 관한 한 통계를 보면, 일본의 대외투자는 거의 중국 및 남양에 집중되어 있었다. 즉, 일본의 대외투자액은, 1919년 중국 1,163백만 엔, 남양 80백만 엔, 아메리카 50백만 엔, 유럽 618만 엔이고, 1930년 중국 2,779백만 엔(그중 만주 1,472백만 엔), 남양 130백만 엔, 기타 50만 엔이고, 1936년 중국 3,000백만 엔(그중 만주 1,600백만 엔), 남양 300백만 엔, 기타 400만 엔이다(山本義彦, 「자본수출입의 추이와 위기격화」, 표 7-16 참조(三崎隆三 編, 『양대전간기의 일본자본주의(하)』, 1980)).

[그림 9-5] 조선의 대일본 역외수지의 추이(1918~1936)

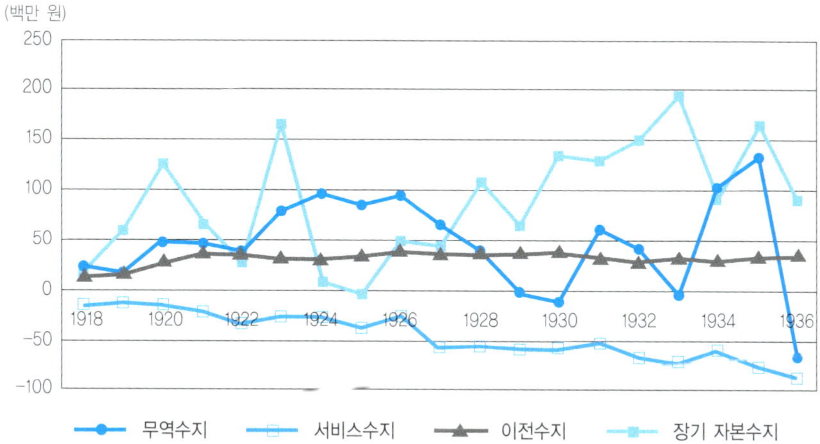

자료: [표 9-16], 자료 2).

나타났으나, 미가가 다시 상승하고 농산물 이출이 늘어남에 따라 무역수지 흑자로 되돌아갔다. 그러나 일제가 만주사변을 계기로 조선을 병참기지로 삼아 공업화를 시작하고, 특히 일본 독점자본이 조선에 진출함에 따라 자본수지는 큰 폭의 흑자를 기록하게 되는 반면에, 공업화에 필요한 원료, 기자재의 이입 증가로 무역수지는 적자로 돌아가게 되었다. 1930년대에는 비록 불안정하지만 일본 자본의 이입이 대일본 무역수지 적자를 보전하게 되어 1910년대 초반과 같은 정화준비 부족의 문제는 나타나지 않았다.

이와 같은 일본 자본의 식민지 조선으로의 이출은 엔 블록에서는 일본은행의 정화준비와 상관없이 이루어지지만 일본 내 과잉자본의 유출 과정임에 틀림없다. 이러한 과잉자본 중 상당 부분은 앞서 살펴본 바와 같이 조선은행, 식산은행, 동척 등의 식민지 특수금융기관을 통해 유입되고 있었는데, 1930년대에는 일본 산업자본의 조선 진출을 통해서도 이루어지고 있었다. 이러한 점에서 제1차 세계대전 이후에는 확장·재편된 식민지 특수금융기관은 일본의 과잉자본 수출의 주요 통로가 되었던 것이다.

2) 일본과의 자본유출입과 특수금융기관

[그림 9-6]을 보면, 일본의 금융기관 중에서 일본과 조선 간의 자본유출입에 관련되는 기관으로 일본의 일본은행, 대장성 예금부, 특수은행, 일반은행, 저축은행, 일본 증권회사 등이 있었고, 조선의 조선은행, 식산은행, 동척, 우편국 등이 있었음을 알 수 있다. 여기서 색으로 표시된 금융기관은 정책금융기관인 특수금융기관에 속한다.

일본은행은 일본 전체의 중앙은행으로서 정부대출뿐 아니라 각 식민지 정부의 대출도 담당하고 이들이 발행한 국공채도 인수하였고, 일본 내 일반은행뿐 아니라 식민지 중앙은행에 대한 대출도 담당하였다. 앞서 살펴본 바와 같이 조선의 금융기관 중에서 조선은행은 일본은행으로부터 대출 또는 재할인 방식으로 대출을 받았다. 조선은행은 일본은행권을 정화준비로 하여 은행권을 발행하기 때문에 일본은행은 필요한 경우 재할인 등으로 대출함으로써 조선은행의 정화준비 부족을 보전하기도 하고 조선은행에 대해 여러 가지 명목으로 구제금융을 전개함으로써 식민지 중앙은행이 정책적 기능을 발휘할 수 있도록 지원하고 있었다.

[그림 9-6] 일본과 조선 간의 자본유출입과 금융기관

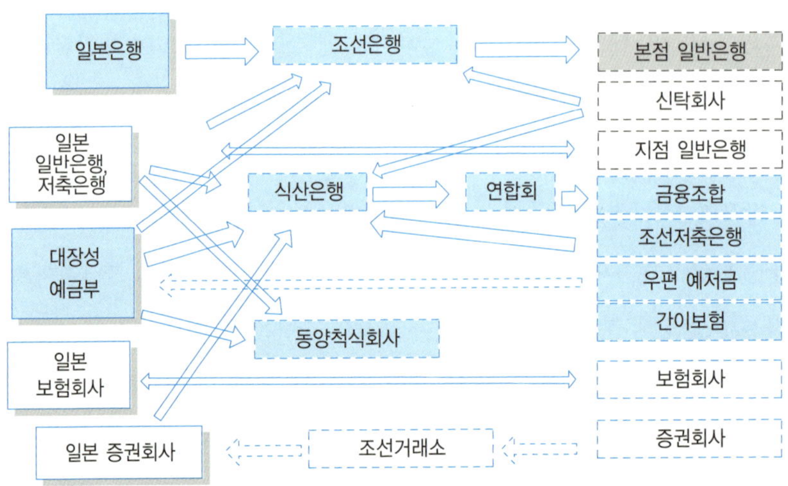

예금부는 일본 대장성 산하기구로 우편국을 통해 조성된 우편저금과 더불어 각 특별회계의 예금, 예금부 적립금 및 수입금, 그리고 부흥채권의 매각에 의해 조성된 자금을 공공사업에 투자하는 일종의 기금이었다. 그런데 이 자금의 70% 정도는 일본, 조선, 대만, 사할린 등 각지의 우편국 저금으로 조성되었다. 대장성은 이 자금을 예금부자금조성위원회에 자문하여 "가장 유리하고 확실한 방법으로 국가공공을 위해 운용"하기로 되어 있었다.[15] 이 예금부 자금의 용도는 구체적으로, ① 국채 및 지방채의 응모인수, ② 일반회계 및 특별회계 대부, ③ 특수회사의 발행 사채, 산업채권의 인수 및 매입, ④ 특수은행에 대한 대부, ⑤ 외국 국채의 응모 또는 매입, ⑥ 일본은행의 해외 지정예금 등으로 지정되어 있었다. 조선총독부는 ②, 식산은행과 동척은 ③, 조선은행은 ④에 해당되어 이 기관들이 모두 대장성 예금부의 자금을 공급받았다.[16] 조선의 금융기관 중에서 조선은행, 식산은행, 동척 모두 예금부 자금을 공급받았으나, 조선은행은 차입이나 예금 형식으로, 식산은행과 동척은 회사채 인수 형식으로 자금을 공급받았다. 그런데 조선의 우편국 예저금도 이에 편성되므로 예금부 자금이 일본 자본의 유출로만 보기는 어려울 것이다.[17]

일본 일반은행 중에서는 일부는 개항 이후부터 조선에 지점을 두고 영업을 하였지만 대다수 일반은행은 조선에서 영업하지 않고 조선은행에 대출을 하거나 식산은행과 동척의 회사채를 인수하는 방식으로 조선에 자금을 공급하였다. 그러나 일본 일반은행은 식산은행과 동척의 회사채 인수에는 개별적으로 매입하는 경우도 있었지만 일본 내 은행이 인수단을 조직하여 인수하는 경우가 빈번하였다. 여기에는 권업은행과 같은 특수은행이나 저축은행 등도 참여하였다. 그리고 일본의 증권회사는 식산은행과 동척의 회사채 공모에 참여하였는데, 식산은행의 경우에는 앞서 설명한 바와 같

15 石濱知行(1937), 『특수금융기관론』, p. 30.

16 1930년 자료에 의하면, 예금부는 조선총독부에 4,571만 원, 식산은행 7,525만 원, 동척에 2,828만 원, 조선은행에 6,900천 원을 공급하였다(石濱知行(1937), pp. 34~35).

17 예를 들어, 1930년 말 조선에 공급된 예금부 자금의 잔액은 2억 2,954만 원이고, 우편국 저금 잔액은 2,505만 원이고, 1940년 말 조선에 공급된 예금부 자금 잔액은 2억 8,783만 원이고, 우편국 예금 잔액은 1억 4,137만 원이다. 따라서 조선에 유입된 예금부 자금 중에서 조선 우편국에서 조성된 자금은 1930년에 11%이고, 1940년에는 49%이다(石濱知行(1937), pp. 34~35; 『식은월보』, 1942. 1, 「시국하 농업금융의 동향」).

이 신흥증권회사가 많이 참여하였다.

조선은행의 경우 조선에서는 은행권 발행을 담당하는 중앙은행이지만 일반은행 업무를 겸하고 있었고, 일본, 만주, 중국 등에서 대출과 예금을 취급하고 있었다. 조선은행은 중앙은행임에도 불구하고 엔준비의 확보와 조선 외 대출을 위해 일본은행에서뿐 아니라, 대장성 예금부, 일본에 있는 다른 은행으로부터 차입을 하고 있었고, 그 금융기관으로부터 예금을 유치하고 있었다. 조선은행은 주로 일본 금융기관과의 대출과 예금을 매개로 연계되어 있었다. 특히 조선은행은 조선, 일본, 만주, 중국 등에 지점을 두고 일본 경제권 전체를 연계시키는 역할을 담당하고 있었다.

식산은행은 (회)사채의 발행으로 장기 자금을 조달하여 산업·공공대부와 같은 장기 대출을 하는 개발금융기관의 역할을 수행하면서도 예금을 통해 자금을 조달하여 단기 자금을 대출하는 상업은행 업무도 겸하고 있었다. 식산은행이 발행한 회사채는 대장성 예금부가 인수하거나 일본 증권회사가 공모 형식으로 판매하였는데, 주로 일본 내 특수금융기관과 일반은행이 매입하였다. 동양척식회사도 일본에 본점을 두고 일본에서 회사채를 발행하여 소화하였는데, 이 회사채는 식산은행과 마찬가지로 대장성 예금부가 인수하거나 일본의 은행단이 인수하고 증권회사를 통해 판매하였다. 이와 같이 식산은행과 동척은 회사채는 물론이고 주식을 일본에서 소화함으로써 일본 자본시장에 진출하게 되었다고 할 수 있다. 그런데 식산은행은 금융조합연합회를 통해 금융조합을 산하의 금융기관으로 두고 일본에서 조달한 자금을 조선의 말단까지 공급할 수 있는 통로가 될 수 있었다.

우편국은 예저금을 취급하고 있었는데, 이 자금은 전부 일본 대장성 예금부로 예치된다. 대장성 예금부는 각 지역 우편국의 예저금과 재정자금으로 각종 공공·개발사업과 이를 지원하고 있는 특수금융기관에 대출을 하거나 채권을 인수해 준다. 대장성 예금부는 조선은행에 대해서는 예금을 하거나 대출을 함으로써 지원하고 식산은행과 동척에 대해서는 회사채를 인수함으로써 정책자금을 지원하고 있었다. 그러나 대장성 예금부는 조선의 우편국에서 취급하는 자금을 모두 그 계정으로 편입하고 있기 때문에 대장성 예금부는 일본과 조선에서의 우편국 예저금을 집중하여 그 일부를 식산은행, 동척, 조선은행 등을 통해 조선으로 다시 대출함으로써 일본과 일본 식민지 전체의 자금조정을 담당하고 있었다. 우편국은 1929년부터 간이보험을 취급하게 되었는데 이의 운용은 조선총독에게 위임되었다.

그리고 당시 조선에는 주식거래를 담당하는 조선주식거래소가 있었다. 조선에서 주식거래는 1920년 경성주식현물거래시장의 설립으로 이루어지기 시작하였지만 혼란을 거듭하다 1932년 「조선거래소령」이 제정됨에 따라 조선거래소(朝鮮取引所)로 재출범하였다. 조선거래소는 주식만 거래한 것이 아니라 미두(米豆) 선물도 거래하였다. 조선거래소가 주식만 거래하는 주식거래소로 재편되는 것은 1939년에 이르러서였다. 이 조선주식거래소도 조선에 본점을 둔 기업뿐 아니라 일본에 본점을 둔 일본 기업의 주식을 거래하는 지방거래소에 불과하였다. 1930년대 조선거래소가 있었지만 이 거래소도 주로 단기 청산거래만 하고 주식의 실제 거래는 조선에 지점을 둔 일본 증권회사 또는 신탁회사가 중개하는 장외거래, 즉 점두거래에 의해 대부분 이루어졌다.[18]

3) 증권거래의 확장과 조선거래소의 설립

우리나라에서는 1896년부터 회사가 설립되어 1904년까지 217개 정도로 매년 30~40개의 회사가 설립된 것으로 알려지고 있다.[19] 갑오개혁 이후 설립된 한국인 은행은 대부분 주식회사이었지만 설립 과정은 물론 운영을 잘 알 수 있는 경우는 드문데, 가장 잘 알려진 것은 대한천일은행이다. 주식은 대부분 발기인이 인수하였기 때문에 한국인 간에 주식거래는 드물었을 것으로 추측되지만 그 내용이 거의 알려져 있지 않다. 한국인이 농공은행 설립에 참여하고 주식을 소유하게 됨에 따라 시중에서 주식이 거래되고 담보로 활용되자 주식거래가 늘어났다. 우리나라에서 채권은 최초로 대한

18 이명휘(1999), 「식민지기 조선의 주식회사와 주식시장 연구」, 이화여대 박사학위 논문 참조.
19 전우용(1997), 「19세기 말~20세기 초 한인회사 연구」, 서울대 박사학위 논문 참조.

제국이 화폐정리사업 등 각종 정부사업에 필요한 자금을 조달하기 위해 1905년 6월 「국고증권조례」를 공포하고 이에 근거하여 국고증권 200만 원을 발행, 국고증권을 인수한 제일은행은 이를 준비금으로 제일은행권을 발행하였다.[20] 이 채권은 발행만 되었고 시중에 유통된 것은 아니었다.

구 한국에서 주식거래는 주로 일본인 간의 장외거래이었는데, 거래방식은 양복점, 전당포 등을 이용한 점두거래이었다. 1907년경에는 오사카 주식현물점인 노무라(野村)상점과 연결하여 주식을 거래하는 일본인 전문상인들이 등장하였고, 1909년경에는 한국인 최규상, 김응룡 등이 증권상점을 개설한 것으로 알려지고 있다.[21] 일제 강점 이후인 1911년 4월 일본인 주식거래업자인 문옥(問屋) 20여 개가 '경성유가증권문옥조합'을 결성하였다.[22] 이 조합은 임의단체이었지만 한시적으로 장외에서 거래소 역할을 대신하였다. 이 조합원들은 일정 장소에 모여 조합매매규칙에 따라 증권을 거래하고 주식시세표도 작성하였으나 결제불이행 사태로 해산된 후 1920년 5월 경성현물주식시장이 설립되자 해산되었다.[23]

조선에서도 제1차 세계대전 이후 경기가 호전되고 「회사령」이 폐지되어 회사 설립과 주식거래가 늘어나자 주식거래소 설립을 추진하였다. 일본인 경성상업회의소 부회장 후지모토(藤本)가 거래소 설립청원을 시작하였고 이에 이완용, 이운용 등의 한국인도 가세하여 경성거래소(京城取引所)를 신청하였다. 마침내 1920년 1월 자본금 300만 원으로 '경성주식현물취인시장'이라는 주식회사의 설립이 허가되었다.[24]

이 회사는 도쿄 및 오사카 증권거래소에 상장된 인기주식과 조선의 주식 일부 등 총 30여 종의 종목을 27명의 중개인이 참여하여 1920년 8월부터 거래를 시작하였다. 그러나 조선총독부의 규제로 3일 거래 및 주간 거래로 제한되어 거래가 계속 부진하였다. 1921년 이후 실물경기 침체로 인한 유휴자금이 증시로 유입되고 융자 업무를 취

20 이영훈·박기주·이명휘·최상오(2005), 『한국의 유가증권 100년사』, pp. 78~80.
21 앞의 책, pp. 97~98.
22 한국거래소(2016), 『한국거래소 60년사』, p. 45.
23 앞의 책, p. 46.
24 이영훈·박기주·이명휘·최상오(2005), pp. 103~104.

[표 9-18] 경성주식현물취인시장 주식거래 동향(1920~1931)

연도	장기 청산거래			단기 청산거래			합계		
	주식 수		거래액	주식 수		거래액	주식 수		거래액
	매매	수도	천 원	매매	수도	천 원	매매	수도	천 원
1920	184		4,090				184		4,090
1921	2,800		170,077	937		89,059	3,737		259,136
1922	944	492	46,767	1,749		98,401	2,693	492	145,168
1923	500	349	16,464	1,030		58,377	1,530	349	74,842
1924	71	64	964	858	166	50,106	929	230	51,070
1925	49	47	912	684	166	44,412	733	213	45,323
1926	26	17	765	995	192	77,594	1,020	209	78,359
1927	15	14	592	721	144	64,791	737	158	65,382
1928	12	16	284	690	69	80,847	702	86	81,131
1929	8		209	471		48,192	479		48,401
1930	7		144	387		27,438	394		27,582
1931	10		179	534		52,582	544		52,761

자료: 경성주식현물취인시장(1923), 『경성주식현물취인시장 연혁지-통계편』; 조선은행(1934년 각월호), 『조선은행통계월보』.

급할 주식회사 경성증권신탁이 1921년 4월 자회사로 설립되면서 일시적으로 주가가 폭등하는 사건이 발생하기도 하였다.[25] 이 시장의 주식거래 대부분은 경성주식현물취인시장(이하 경취) 주식이었고, 주가는 오사카 증권거래소 시황에 좌우되었다. [표 9-18]에서 보듯이 장기 거래는 1924년부터 급감하여 거래가 미미하였고 단기 청산거래 중심으로 시장이 운용되었다.

일본에서 1922년 4월 거래소법이 개정되자 경취 관계자들이 경취의 거래소 승격 운동을 시작하였다. 조선총독부는 「산미증식계획」이 시작되자 경성미곡거래소 설립에 관심을 가지고 총독부 직영의 거래소 설립을 시도하였으나 인천미두취인소와 경성주식취인시장의 반대로 실현되지 못하였다. 결국 금융제도조사회의 설립 이후 조

25 한국거래소(2016), p. 46.

[표 9-19] 조선거래소(취인소) 주식거래 동향(1932~1937)

연도	장기 청산거래			단기 청산거래			실물거래		주당 평균 가격
	주수(천 주)		거래액	주수(천 주)		거래액	주수	거래액	
	매매	수도	천 원	매매	수도	천 원	천 주	천 원	원
1932	11	10	229	1,007	246	89,269	1	34	89
1933	2	1	48	1,541	318	181,623	0	1	112
1934	2	2	53	1,851	314	217,596	123	3,468	118
1935	6	1	317	2,641	401	304,930	62	1,369	115
1936	17	16	803	2,814	390	307,116	66	1,693	109
1937	52	45	2,492	4,351	521	653,831	85	2,735	150

자료: 조선취인소(1935), 『조선취인소사』; 『조선취인소년보』, 각 연도.

사 업무가 시작되어 1931년 6월 「조선취인소령」이 제정되었는데, 이 영에 따라 미곡시장과 증권시장이 통합되어 거래가 이 거래소를 통할 수밖에 없게 되었다. 이 거래소는 유가증권만이 아니라 쌀, 콩 등 상품의 선물시장을 포괄하였다.[26] 이 거래소의 주요 업무는, ① 시장 개설, ② 거래원 감독 관리, ③ 거래방식의 지정과 관리, ④ 가격공시, ⑤ 상장기업의 선정과 상장증권의 관리 등이었다.

조선거래소는 거래방법을 청산거래와 실물거래로 구분하였는데, 실물거래는 자금결제를 하지 않은 거래이고 청산거래는 3개월 한도의 거래이지만 1개월 연장이 가능하였다. 장기 거래는 3개월 동안 반대거래를 하면 거래에서 벗어날 수 있었다. 단기 거래는 법률상으로 매매일로부터 7일 이내 수도해야 하지만 편의상 1개월은 연장할 수 있었다. 기한 전에 환매매가 가능하여 매매계약을 해소하거나 기한 내 수도도 가능하지만 대부분은 차손금만 주고받았다. [표 9-19]에서 보듯이 조선거래소에서 주식거래는 실물거래보다는 청산거래, 청산거래는 장기 거래보다는 단기 거래 중심으로 이루어졌다. 1933년에는 주가상승세를 따라 단기 청산거래가 2배 이상 증가하였고 그 이후에는 증가세를 보이다 1935년 이후 주가의 정체로 거래가 주춤해졌다.

26 경성주식현물취인시장은 증권부가 되고 인천미두취인소는 기미부(其米部)가 되고 이후에 미두시장은 조선미곡시장(주)이 설립되어 이관되었다.

조선거래소는 만주사변 이후 군수 관련 산업의 호경기로 투기적 거래가 성행하고 엔 블록 인기주식, 즉 도쿄주식거래소, 오사카주식거래소, 일본산업, 종연방직 등 4대 인기주를 중심으로 거래가 이루어졌다. 조선 주식으로는 조선거래소, 경성방식, 한성은행, 대한천일은행 등이 거래되었으나 조선거래소 이외에는 부진하였다.[27] 조선거래소뿐 아니라 다른 거래소도 4대 인기종목과 당거래소 주식 등을 중심으로 단기 청산거래가 이루어짐으로써 엔 블록 거래소는 대부분 도쿄주식거래소의 동향을 반영하는 사진(寫眞)시장으로 변하고 있었고 조선거래소도 예외가 아니었다.

4. 조선은행의 은행권 발행과 금리조정

1) 조선은행의 은행권 발행제도

조선은행의 보증준비 한도 내 은행권 발행은 무이자로 대출할 수 있는 특권을 부여받는 것으로, 영업상 이익 추구의 방법으로는 이 방법에 의한 은행권 발행이 가장 바람직한 것이다. 이 보증 한도는 일본의 국가권력이 식민지 중앙은행인 조선은행에게 식민지 정책을 수행하는 대가로 주는 특권에 해당한다. 이 보증발행 한도의 조정은 「조선은행법」에 의거하고 있었기 때문에 일본 제국의회, 즉 의회의 견제를 받는다. 또한 이 한도를 넘어선 제한 외(한도 외) 발행은 발행세라는 대가를 받고 부여하는 것으로 조선총독부(1924년 이후 대장성)의 인가를 필요로 하는데, 발권이익의 일부는 발행세로 납부해야 한다. 법적으로 발행세는 연 5% 이상으로 되어 있었으나 1935년 8월부터는 연 3% 이상이었다. 이와 같은 발행세율이 인하된 것은 전비지출을 위해 발행된 적자공채를 인수하기 위해서였다. 그런데 조선총독부 또는 대장성이 적용한 발행세율은

27 이영훈·박기주·이명휘·최상오(2005), 『한국의 유가증권 100년사』, pp. 103~104.

은행권 발행 규제장치로 일시적이지만 법적 하한세율보다 높은 수준에서 결정되어 왔다.

보증준비에 의한 발행은 지폐 발행 체계로 일본 국가권력의 행사이고 이 방식에 의한 은행권 발행은 조선은행의 은행권 발행이 식민지적 관리통화제 특성을 가지고 있음을 보여 주는 것이다. 일제는 식민지 조선의 통화정책은 식민지 화폐경제권의 확장, 조선은행권 유통권의 확장, 조선은행권의 군용통화로의 이용, 그리고 전쟁물자 동원 등 조선은행에 정책적 임무가 부여되는 것을 근거로 하여 보증준비 발행 한도를 증가시켜 왔다. 그 결과로 [그림 9-7]에서 보듯이 보증발행 한도가 확장되고 이에 따라 보증준비 발행액도 증가하여 왔다.

한도 외 발행은 조선은행이 조선총독, 1924년부터 대장성의 인가를 받아 각종 이유로 발생한 화폐수요 증가에 대응하는 수단으로 활용되었다. [표 9-20]에서 한도 외 발

[그림 9-7] 조선은행권 유형별 발행액과 정화준비율 추이(1911~1940)

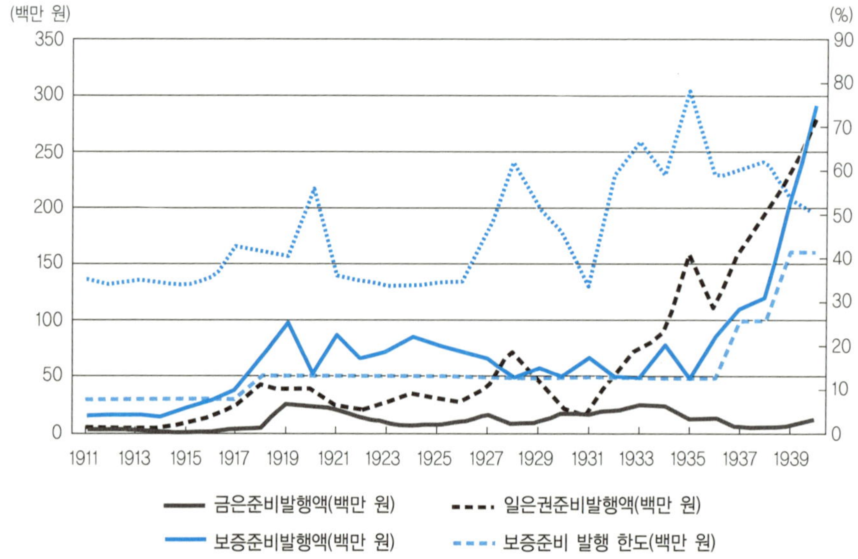

자료: 조선총독부 재무국(1939), 『조선금융사항참고서』; 조선은행(1949), 『경제연감』.

[표 9-20] 조선은행권 한도 외 발행 사유(1932년 말까지)

인가 사유	인가 연월일						
곡물과 특산물 거래	17. 11. 30	18. 10. 12	21. 12. 07	23. 12. 07	25. 02. 27	26. 09. 28	27. 01. 27
	27. 07. 26	27. 09. 23	27. 11. 14	28. 01. 30	28. 07. 25	28. 09. 25	29. 01. 19
	29. 11. 30	30. 09. 26	31. 11. 19	31. 09. 29	32. 01. 29	32. 02. 25	32. 11. 30
	32. 12. 28						
수이출입	20. 03. 28	23. 12. 07	24. 12. 11	25. 02. 27	25. 08. 28	25. 09. 29	25. 10. 30
	25. 11. 30	26. 01. 29	26. 03. 01	26. 03. 31	26. 05. 26	26. 07. 28	26. 09. 28
	26. 11. 27	27. 01. 27	27. 03. 25	27. 07. 26	27. 09. 23	28. 03. 26	28. 05. 26
금융경색 구제자금	19. 12. 17	20. 04. 30	25. 05. 06	25. 07. 27	27. 04. 27	27. 05. 26	30. 04. 26
	30. 05. 26	30. 10. 18	31. 12. 36	32. 04. 25			
기타 사유	17. 11. 30	정금은행 금권인수		18. 10. 20	시베리아 출병		
	21. 12. 07	업무 확장	27. 05. 26	토목공사 대금		31. 09. 29	만주사변

자료: 『명치대정재정사』, 제13권, pp. 464~465; 『조선은행사』(1987), pp. 848~849.

행 사유를 보면, 가장 많은 생산물거래, 또는 무역에 필요한 상업자금 공급을 위한 자금확보이지만, 자금난 구제를 목적으로 한 자금수요도 적지 않았다. 특히, 금융공황과 대공황 시기에 자금난 해소를 위한 화폐 발행이 적지 않았던 것이다. 그 밖에도 요코하마정금은행 금권인수, 시베리아 출병, 만주사변 등 정치·경제적인 급변 상황에 대처하기 위해서 이 발행제도를 활용하였다.

2) 조선은행의 자금차입과 은행권 발행

조선은행은 예금에만 의존하였던 보통은행과는 달리 은행권 발행은 물론 다양한 차입선을 가지고 있다. 조선은행이 자금수요가 있는 경우 한도 외 발행은 물론 일본 금융시장으로부터의 차입도 적극적으로 활용하였다. 조선은행의 일본 내 주요 차입선은 대장성 예금부, 일본은행, 흥업은행, 기타 일반은행이었다. 특히, 조선은행은 단기 자금 조달에 상업어음 재할인, 콜시장을 적극적으로 활용하였음을 [표 9-21]에서 확인할 수 있다.

[표 9-21] 조선은행의 차입금과 은행권 발행액 추이(1918~1936)

연도	차용금				은행권 발행		
	차입금	재할인	콜머니	소계	정화준비	보증준비	한도 외
1918	3,000	-		3,000	47,921	67,602	17,602
1919	15,000	16,100	56,402	87,502	65,869	97,731	47,731
1920	7,000	4,200	59,150	70,350	64,102	49,932	
1921	18,800	17,315	55,461	91,576	48,634	87,726	37,726
1922	21,007	21,090	62,189	104,286	35,080	65,464	15,464
1923	44,100	33,500	62,464	140,064	36,744	73,489	23,489
1924	64,610	33,516	42,550	140,676	43,839	85,278	35,278
1925	127,128	26,670	33,500	187,298	41,658	78,882	28,882
1926	86,500	21,267	36,350	144,117	38,135	72,801	22,801
1927	53,076	2,147	2,000	57,223	57,330	67,197	17,197
1928	116,986	3,001	6,000	125,987	82,507	49,937	
1929	139,696	6,551	6,200	152,447	61,227	57,474	7,474
1930	132,140	1,652	4,050	137,842	41,117	49,498	
1931	129,111	1,479	3,700	134,290	34,183	66,726	16,726
1932	119,027	4,991	3,850	127,868	74,789	49,833	
1933	133,350	1,632	9,350	144,332	98,753	49,422	
1934	170,967	7,189	17,250	195,406	113,799	78,658	28,658
1935	121,291	7,465	8,960	137,716	172,518	48,258	
1936	120,452	6,961	7,900	135,313	123,269	87,385	37,385

자료: 『조선은행사』(1987), pp. 866~883.

조선은행이 초단기 자금 부족 시 은행 간 시장인 콜시장을 적극적으로 활용하였음은 콜거래 연말 잔액이 많은 것에서도 확인할 수 있다. 조선은행 영업보고서를 보면 연중에서 콜머니 금액이 상당액에 달하였지만 연말에는 줄어드는 경우가 많은 것을 감안하면 [표 9-21]에 나타난 것보다 훨씬 많았을 것으로 보인다. 그런데 콜머니는 단기자금 차입으로서 대장성이 매월 변경하는 한도외 발행과 경쟁적 위치에 있어 일본 콜시장 내의 콜금리(call rate)는 조선은행의 한도 외 발행에 큰 영향을 주었다고 할 수 있다.

[그림 9-8] 일본 금융시장의 콜금리와 조선은행권 한도 외 발행세율(1911~1943)

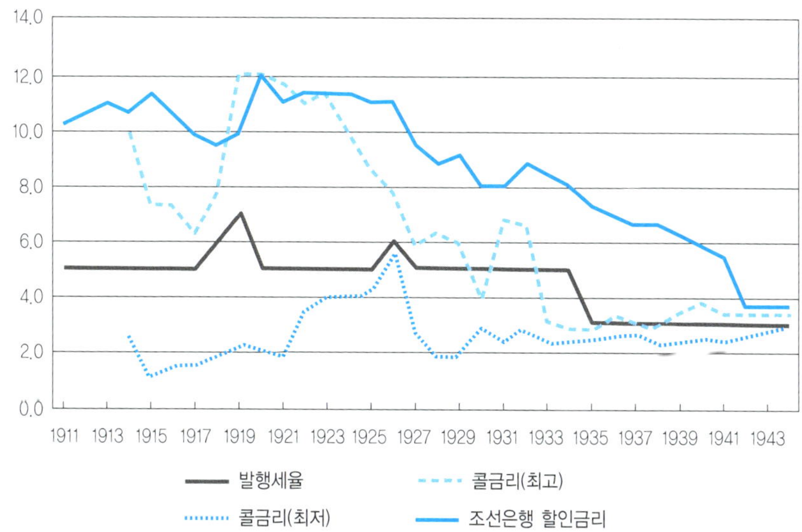

자료: 대장성, 『금융사항참고서』; 조선총독부, 『조선금융사항참고서』, 발행세율은 『조선은행사』 연표.

[그림 9-8]에서 보듯이 조선은행 한도 외 발행세율은 일본 콜시장의 연중 최고금리보다는 낮지만 연중 최저금리보다는 항상 높았다. 조선은행은 콜금리가 낮아질 시기에 단기 자금이 필요한 경우에는 번거롭게 일본 대장성의 인가를 얻어 한도 외 은행권을 발행하는 것보다는 금융비용 면에서 저렴하였기 때문에 적극적으로 활용하였던 결과 이 콜거래 금액이 많이 남아 있었던 것으로 보인다.

[그림 9-8]에서 보듯이 조선은행이 발행세를 납부하더라도 조선은행의 상업어음 금리는 이보다 훨씬 높기 때문에, 발행세 납부 여부와 상관없이 보증준비에 의한 은행권 발행은 조선은행의 주요 수입원이 되었던 것이다. 그리고 조선은행이 일본으로부터 자금을 차입할 경우에 이것은 일본은행권으로 전환 가능한 정화준비를 활용할 수 있다. 조선은행이 낮은 금리로 일본에서 자금을 차입하게 되면 정화준비 부족 문제 해결에도 적지 않은 도움이 된다. 이와는 다르지만 만주에서 일본엔 대신 조선은행권을 인출하는 것도 물론 정화준비 부족 문제를 해결하는 방안이었다. 조선은행의 해외은

행화는 엔준비에 의거하는 은행권 발행제도와 직결되어 있었다.

3) 일본은행의 공정이율과 조선은행의 금리조정

조선은행은 일본은행권을 주요 준비로 하여 조선은행권을 발행하고 있었을 뿐 아니라 조선은행권과 일본은행권은 1:1 등가로 교환되고 있어서 조선은 일본의 통화권에 포섭되어 있다. 엔화의 원화로의 교환은 완전히 자유로웠으며, 원화의 엔화로의 교환은 조선은행의 정화준비에 의해 제약되어 있었다. 그리고 조선은행이 발행하는 원화의 환율은 일본은행이 발행하는 엔화의 환율에 의해 결정되므로 조선에서 별도의 외환시장이 존재하지 않았고, 엔화의 이동은 완전히 자유화되어 있었다. 따라서 조선은 일본 통화권의 외연에 지나지 않았지만 일본과 조선 간의 자금이동에는 아무런 제약이 존재하지 않았다. 이러한 조건하에서 금리격차는 점차 줄어들 수밖에 없을 것이고 금리도 점차적으로 비슷한 추이를 보이게 될 것이다.

조선은행은 식민지 중앙은행으로서 일본은행이나 대장성 예금부로부터 정책자금을 시중금리보다 낮게 대출을 받고 있었기 때문에 정책자금의 금리는 일본은행이 결정하는 재할인 금리나 대장성 예금부의 정책자금 금리에 따라 달라지겠지만 그보다는 더 높은 수준에서 결정되었다. 그런데 조선은행은 이와는 별도로 일본의 일반은행으로부터 차입을 하여 대출을 하고 있었기 때문에 조선은행의 대출금리는 일본의 일반은행 대출금리에 따라 조정할 수밖에 없었지만 그보다는 높은 수준에 있었다. [그림 9-9]는 조선의 기준금리가 되는 조선은행의 상업어음 할인율은 대체로 일본의 기준금리인 일본은행의 공정이율을 따르고 있지만 조선은행의 일반대출 이자율은 일본의 일반은행에서 적용되는 일반대출 이자율보다 높은 수준에서 그와 비슷한 움직임을 나타내고 있음을 보여 주고 있다. 조선은행은 일본은행의 금리 추이를 따라가기보다는 그와 경쟁관계에 있는 일본 전국은행 금리 추이를 따라가고 있는 것으로 보인다.

일본은행은 1911년부터 긴축기조에 들어가면서 금리를 인상하기 시작하였고 조

[그림 9-9] 일본은행 공정이율과 조선은행 금리의 조정(1911~1943)

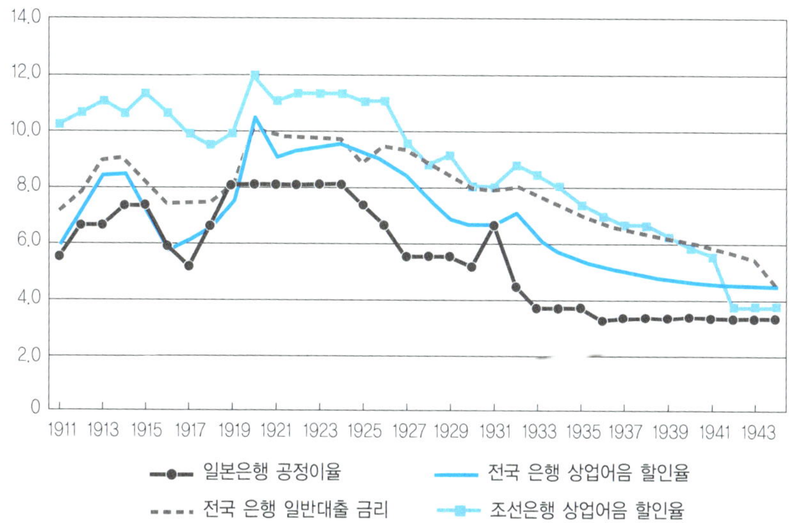

자료: 일본은 일본통계협회(1988), 『일본장기통계총람』, 제3권, pp. 160~161; 조선은 『조선금융사항참고서』, 『조선은행통계월보』.

선은행은 1~2개월 정도 시차를 두고 금리를 인상하였다. 일본은행은 1914년부터 다시 금리를 인하하였다. 그런데 조선은행은 1915년 7월 일본은행의 금리 변경이 없었음에도 금리를 인하하였다. 일본은행이 전쟁 이후 1918년부터 금리를 인상하자 조선은행은 상당한 시차를 둔 1919년에야 금리를 인상하였다. 조선은행은 1920년에는 일본은행의 금리 인상이 없이 인상하였는데, 그것은 금리 인상을 통해 일본으로의 자금유출을 줄이기 위한 것이었다. 1921년에는 조선은행은 단독으로 금리를 소폭 인상하였다.

일본은행은 전후 불황에 직면하여 [그림 9-9]에서 보듯이 5년 정도 금리를 고정하였다가 1925년 4월 전격적으로 인하하였다. 이 시기는 조선은행 등의 정리로 인한 금융시장 경색을 완화하기 위한 조치이었다. 일본은행은 불황 타개를 위해 연이어 금리를 인하하였다. 조선은행은 일본은행의 금리 인하를 따라감에 따라 1920년대 말까지 금리는 계속 하락 추세를 보이게 되었다.

1931년 9월 영국의 금본위제 정지에 따라 일본도 이것을 피할 수 없게 되자 해외로의 자본유출이 심해지고 이를 저지하기 위해 1931년 금리를 두 차례 대폭 인상하였다. 조선은행은 시차를 두고 인상하였지만 일본과 조선의 관계에 변화를 주는 것이 아니었기 때문에 소폭 인상에 그쳤다. 일본은행은 1932년 사태가 안정됨에 따라 인상했던 금리를 다시 낮추었지만 하락 폭은 인상 폭보다 더 컸다. 1933년부터 금융시장 안정화에 따른 세계적인 금리 하락 추세에 따라 일본은행은 금리를 서서히 낮추었고 조선은행도 일본은행을 따라서 점차로 인하하였는데 인하 폭은 일본은행보다 더 컸다. 이러한 조선은행의 금리 인하로 상업어음 할인율에서 조선은행과 일본 전국 은행 간의 차이가 거의 사라지기까지 하였다.

4) 조선 내 금융기관 간 금리격차와 추이

식산은행은 식민지 개발은행으로서 회사채를 발행하여 장기 자금을 조달하였는데, 대장성 예금부는 이 회사채가 정책자금 공급과 관련되는 경우 높은 가격, 다시 말해 저리로 인수하였지만 대부분은 공모에 의해 소화하였다. 일본의 일반은행이나 저축은행은 식은 채권을 예금부 자금보다 낮은 가격, 즉 높은 금리로 구입하지만 금리, 회사채 수익률도 일본 자본시장에서 결정되는 것이었다. 식산은행은 이렇게 조달한 자금을 조선에서 대출하였기 때문에 식산은행의 대출금리는 일본의 은행 대출금리보다 높았지만 그 금리의 변동은 조선은행과 마찬가지로 일본의 은행 대출금리와 같은 움직임을 보이고 있음을 [그림 9-10]에서 확인할 수 있다.

특기할 것은 조선의 대출에서 중심에 있었던 식산은행이 조선은행보다 높은 대출금리를 적용하고 있다는 것이다.[28] 조선의 특수금융기관이 일본에서보다 높은 금리로

28 식산은행이 항상 조선은행보다 높은 대출금리를 적용하는 원인은 분명하지 않지만 다음과 같은 원인이 작용하고 있었던 것으로 보인다. 첫째, 식산은행은 조선은행에 비해 상대적으로 장기 자금을 주로 대출하고 있었기 때문이다. 둘째, 식산은행은 조선은행에 비해 상대적으로 소액 대출을 취급하고 있었다. 셋째, 식산은행이 은행의 여유자금을 차입하기보다는 기간이 정해진 회사채 발행에 의존하여 자금조달 비용이 더 높았기 때문이다. 넷째, 식산은행은 조선에서 장기 대출시장을 거의 독점하고 있었으므로 높은 금리로도 대출자를 쉽게 확보할 수 있었기 때문이다.

[그림 9-10] 조선과 일본의 은행의 일반대출 이자율 추이(1918~1936)

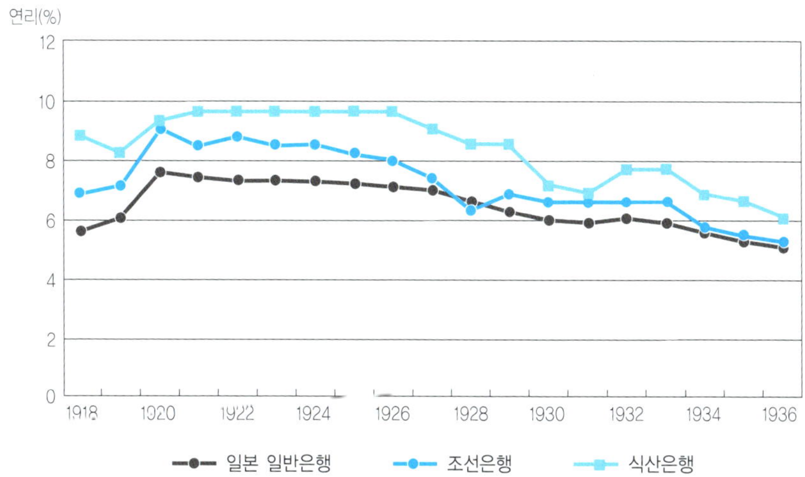

자료: 조선총독부, 『조선금융사항참고서』; 일본 대장성, 『금융사항참고서』.

대출할 수 있기 때문에 일본 금융시장에 적극적으로 진출하였다고 할 수 있다. 조선의 금리가 일본의 금리보다 높은 것은 조선의 투자위험이 일본의 투자위험보다 더 큰 것에서 비롯되는 것이다. 당시 자본투자는 일본에 비해 식민지 조선에서 더 위험할 수 있기 때문에 일본의 자본은 그에 대한 가산금리를 요구하거나 채무상환 보장을 추가적으로 요구하였다. 조선의 특수금융기관은 높은 금리와 더불어 일본 정부와 조선총독부 보호와 감독을 내세워 일본 투자자의 요구를 충족시킬 수 있었기 때문에 일본 금융시장에 진출할 수 있었던 것이다. 결과적으로 일본의 투자가는 조선은행, 식산은행, 동척과 같은 일본 정부 또는 조선총독부의 보호와 감독을 받는 특수금융기관이 있었기 때문에 식민지 조선에까지 투자를 할 수 있었던 것이다.

[그림 9-10]을 보면, 일본의 금리와 조선의 금리는 거의 비슷한 움직임을 보이고 있을 뿐 아니라 그 격차는 점차 줄어들어 간다. 일본과 조선의 금리 연동성 증가와 금리 격차의 축소는 조선의 금융시장이 점차 일본의 금융시장에 편입 또는 통합되어 가고 있었다는 것을 말해 준다. 말하자면, 식민지 조선의 금융시장은 이 시기에 일본 금융

[그림 9-11] 조선 각 금융기관의 일반대출 금리 추이(1918~1936)

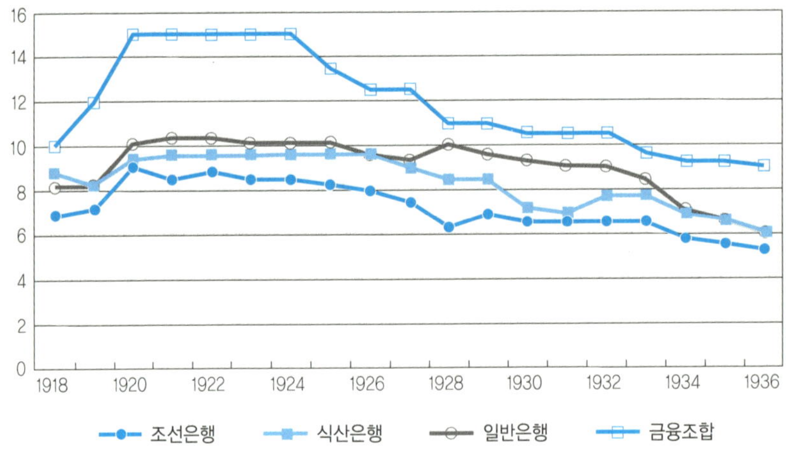

자료: 조선총독부, 『조선금융사항참고서』.

시장의 외연으로 빠르게 편입되고 있었던 것이다.

앞서 제시된 [그림 9-10]을 보면, 일본과 조선의 은행금리가 비슷한 추이를 보이면서 그 격차가 줄어들고 있지만, 이러한 현상은 조선에서 마찬가지로 나타나고 있다. [그림 9-11]을 보면, 일반대출 금리는 거의 비슷한 추이를 보이고 있다. 하지만 금융조합, 일반은행, 식산은행, 조선은행 순으로 금리격차가 존재한다. 이러한 금리격차가 금융기관별 대출 대상 및 규모의 차이 때문에 존재하는 것이다. 그래도 [그림 9-11]을 보면 조선의 금융기관 간 금리격차가 점차로 줄어들고 있다. 이러한 금리격차의 축소는 식민지 조선의 금융시장도 상호간의 경쟁으로 점차 통합되고 있는 결과로 보인다. 조선에서 조선은행, 식산은행, 일반은행, 금융조합 모두가 일반은행 업무를 겸하고 있었기 때문에 이러한 경쟁은 금리 인하를 초래하고 있는데, 특히 불황기인 1920년대 중반, 1930년 초반에 금융기관 간 경쟁이 치열하였기 때문에 이 시기에 금리 하락이 두드러진다. 특히, 식산은행과 금융조합의 금리 인하가 두드러진다. 그것은 식은계로 불리던 식산은행과 금융조합이 상업대출을 선점하고 있던 조선은행, 일반은행과의 경쟁에서 우위를 확보하기 위해 금리 인하를 단계적으로 시도하였던 결과로 보인다.

조선은행, 식산은행, 동척의 일본 금융시장 진출은 식민지 조선이 일본의 금융 체제 속으로 강력하게 편입되는 계기가 되었음은 물론이고, 제1차 세계대전 이후 그리고 대공황 후의 일본 내 과잉자본 해소에 도움이 되었고, 나아가 일본 대부자본의 조선 진출 확대에 크게 기여하였다. 그러나 일본은 만주사변 이후에는 구미에 대해 무역적자를 기록하게 되고, 조선에 대해서는 특수금융기관을 통한 자본수출뿐 아니라 만주와 조선에서 직접 투자를 확대하였다. 그 결과, 식민지 조선은 자본수지 흑자와 무역수지 적자를 기록하게 되었고, 이 기간 동안 특수금융기관의 일본 금융시장 진출은 식민지 조선이 일본의 금융 체제로의 더 강력한 편입을 초래하여 양 지역 간 금융시장 통합에 의한 금리연동을 강화하고 그 격차도 줄였다. 그리고 특수금융기관 확장에 따른 일반은행 업무에서 경쟁 격화는 조선 내 금융기관 간의 금리연동은 물론이고 금리 격차 감소, 금리 하락을 초래하였다.

일제는 정부가 설립하고 경영하는 특수금융기관 중에 중추 기관을 일본 금융시장에 진출시켜 자금동원력을 극대화하면서 이 금융기관을 통해 일본의 대식민지 투자를 확대시키는 동시에 식민지 금융정책을 강화할 수 있게 되었다. 즉, 일본 정부가 현지 금융기관이 가지고 있는 신용이나 자력의 부족을 해결하는 수단이 이 특수금융기관이었던 것이다. 말하자면, 특수금융기관은 낮은 자본축적의 수준을 일본의 과잉 대부자본의 유입을 통해 식민지 조선의 금융적 수탈을 강화하는 조직이었던 것이다. 그 결과, 특수금융기관을 축으로 한 일제의 금융 지배는 이 시기에 더욱 강화되었고, 이러한 변화는 일제가 재정과 함께 금융을 주요 정책수단으로 삼는 배경이 된다.

제 10 장

일반금융기관의 재편과 일반은행의 정체

1. 일반은행의 제도적 개편

1) 일본 내 금융공황과 금융제도의 개편

제1차 세계대전 중에 찾아온 호경기가 전쟁의 종결과 함께 끝나면서 이른바 '반동공황'이 1920년 초반에도 지속되었고, 1923년 발발한 관동대지진은 일본 경제를 더욱 침체의 늪으로 빠뜨렸다. 일본의 장기적 경기침체 속에서 은행의 부실대출이 증가하면서 금융불안이 가중되었다. 일본의 지방은행 예금이 도시은행의 지점으로 이동하기 시작하였고, 지방은행의 휴업도 빈번해지고 있었다. 1927년 3월 15일 도쿄 와타나베(渡邊)은행의 파탄을 계기로 영세은행의 휴업이 속출하는 가운데 각 은행의 자금회수가 진행되었다.

일제의 식민지 특수금융기관인 조선은행과 대만은행은 주로 일본은행과 대장성 예금부의 자금원조와 일본 금융시장 차입에 의존하여 만주와 대만에 진출한 신흥기업에 대출을 확장시켜 나갔지만 부실대출의 증가로 두 은행은 위기에 직면하였다.[1] 조선은행은 구제금융을 전제로 이미 구조조정에 들어가고 있었고, 일본 정부는 1923년 9월 관동대지진이 발발하자 지진피해 지역의 금융기관을 구제한다는 명목으로 조선은행에 대한 구제금융을 전개하려고 하였다. 그러나 이미 부실대출이 누적되어 회복불능의 상태에 있던 대만은행이 스즈키(鈴木)상점에 대한 대출정지로 사실상 파탄을 인정한 상태에서 일본 정부도 대만은행에 대한 구제금융을 거부함으로써 대만은행은 그해 4월 18일 휴업하게 되었다. 이에 따라 일본 내 5대 은행을 포함한 일본 내 군소은행은 예금인출 사태로 휴업하였고 일본 정부는 그 대응책으로 4월 22일 지불유예령(moratorium)을 발포함으로써 전국적으로 휴업이 확산되었다.[2]

1 金子文夫(1979), 「제일차대전기에 있어서 식민지은행체계의 재편성」, 『토지제도사학』, 82; 波形昭一(1979), 「제일차대전후의 대만은행과 조선은행」, 『사회과학토구』, 24-2.
2 明石照夫·鈴木憲久(1958), 『일본금융사(3)』, 동양경제신문사, pp. 26~29.

일본 내 금융공황이 지불유예령으로까지 발전된 상황에서 조선에서도 일본으로의 예금인출을 저지하기 위해 지불유예령이 동시에 실시되었다. 조선은행은 물론 한성은행, 조선상업은행까지 일본 정부 구제금융에 의존한 것[3]은 당시 조선 내 주요 은행의 신용 기반이 일본 내 대은행에 비해 취약하였기 때문이다. 그럼에도 불구하고 조선 내 개별 은행 수준에서 예금인출 사태는 나타나지 않았다. 이러한 금융공황은 일본은행의 구제금융 – 사실상 통화증발 – 확대로 진정되었으나, 일본은 영국의 금본위제 포기에 따라 1931년 12월에 금본위제를 포기하여 통화 발행의 제약을 풀고, 만주사변 이후 일본의 재정적자에 따른 통화증발로 자금사정이 완화되기 전까지는 금융불안이 지속되었다.

일본의 금융공황이 표면화되기 전인 1926년 9월 군소은행의 신용 기반을 강화하는 조치의 하나로 일본에서 금융제도조사회가 설치되어 일본 내 금융제도의 개편을 위한 조사 활동을 전개하였고, 그 결과 1927년 3월 「은행법」이 개정되었다. 이의 시행으로 은행업은 100만 원 이상의 주식회사에 한정하고 예금자 보호를 위해 1/10 지불준비제도가 채택되고 은행감독도 강화되었다. 이 개정은 일본 내 금융공황과 함께 파탄에 이른 군소은행을 흡수·합병함으로써 자본금 증액과 법정지불준비금 도입을 통해 은행의 신용 기반을 강화하기 위해 실시된 것이었다.[4] 이와 같은 금융제도의 개편은 조선에서도 확대되어 실시되었다.

2) 「은행령」과 「조선금융조합령」의 개정

조선총독부는 1927년 6월 금융제도조사준비위원회를 결성하고,[5] 1928년에 접어들

3 1927년 5월 실시된 「일본은행특별금융통급손실보상법」에 의한 조선 각 금융기관에 대한 대출액을 보면, 조선은행 1,800만 원, 조선상업은행 310만 원, 한성은행 1,282만 원이었다(조선은행사연구회(1987), p. 279).

4 일본 내 일반은행은 1926년 1,420개, 1927년 1,283개, 1928년 1,031개, 1929년 881개, 1930년 782개, 1931년 683개로 급격히 감소하였다(일본 대장성, 『금융사항참고서』).

5 『동아일보』, 1927년 2월 25일자 보도를 보면, 처음 상정된 안건은 ① 일본태환권과의 통일, ② 금융조합중앙회 조직, ③ 부동산 금융기관 조정, ④ 서민금융기관 개선 등과 같은 특수금융기관의 개편과 관련된 문제이었다.

어 조선총독부 관리와 금융관계자를 위원으로 임명하고 조선 내 금융제도를 전면적으로 검토하게 하였다. 이 조사를 기초로 1928년 1월「은행령」,「조선저축은행령」, 1929년 4월「조선금융조합령」이 개정되거나 공포되면서 조선 내 금융제도의 개편이 시작되었다. 이 과정에서 일반은행과 경쟁관계에 있는 금융조합의 개편방향이 관심의 초점이 되었다.

일반은행 측 위원은, ① 도시금융조합을 해체하여 일반은행으로 전환하거나, ② 도시금융조합의 조합원 예금을 전폐하고, ③ 촌락금융조합의 예금을 제한함으로써 일반은행의 성장을 도모하고 금융조합의 일반은행 업무를 축소하고자 하였다. 반면에 조선총독부 측 위원은, ① 종래 조합원 예금의 제한은 조선총독부의 허가를 받아 철폐하고, ② 그 대신 조합원의 예금은 저축예금에 한정하여 조합원 예금의 1/3 이상을 안전하게 관리하고, 예금자에 우선 취득권을 주고 금융조합의 일반은행 업무를 존속시키면서 일반은행의 예금자 보호를 강화하고자 하였다.[6]

이러한 일반은행 측과 조선총독부 간의 의견 대립에도 불구하고 조선총독부안이 큰 수정 없이 관철되었다. 당시의 보도에 의하면, 금융조합을 주로 하고 일반은행을 종으로 하는 금융제도 개편의 기본 방침이 먼저 결정되었다.[7] 이러한 점에서 금융제도 조사위원회 설치도 조선총독부안의 실행을 위한 절차에 지나지 않았던 것이다.

[표 10-1]에서 보듯이 개정된「조선금융조합령」에 따라 금융조합의 이사를 모두 조선총독부에서 임명하기로 하여 금융조합을 관조직의 일부로 완전히 포섭하였다. 그리고 지불준비금 예치은행은 저축은행에 한정하고, 비조합원의 당좌예금을 금지하는 대신 비조합원의 예금제한규정을 철폐하였다. 금융조합은 이와 병행하여 장기 대출을 실시하고 1925년에 발족된 산업조합에 금융기관 이외의 업무를 양도하도록 하여 일반은행 측의 요구와는 정반대로 금융조합의 일반은행화가 완료되었다.

그리고 [표 10-1]에서 제시된 바와 같이「은행령」개정 내용을 보면, 일반은행은 원

6 『동아일보』, 1926. 10. 19.
7 『동아일보』, 1926. 8. 6.

[표 10-1] 일반은행의 업무상 변천

시행법규	은행조례[1]	한국에 있어서[1] 은행업에 관한 규칙	은행령[2]	은행령[3]
시행연월	1906. 3	1907. 5	1912. 12	1928. 12
적용 대상	한국인 은행	일본인 은행	조선 내 본점 일반은행	
은행업 규정	예금, 대출, 증권할인, 환 업무	없음	예금, 대출, 증권할인, 환 업무	전과 동일
은행 설립 최소요건	없음	없음	없음	주식회사 자본금 200만 원 이상
은행겸업	탁지부 대신 허가	총감(총독) 허가	총독 허가	총독 허가
지불준비	없음	없음	없음	1/10 이상. 준비금은 현금, 외국 통화, 공공채, 지정 유가증권, 은행예금
회사임원 겸직 규제	없음	없음	없음	총독 허가
합병, 해산	없음	통감(총독) 허가	없음	총독 허가
은행 업무 규제	법률, 정관, 공익 위배 시 벌금	법률, 정관, 공익 위배 시 업무제지	법령, 면허조건 위반, 공익 저해 시 업무제지, 면허취소	법령, 정관, 명령 위반 시 업무제지, 임원개선, 면허취소

자료: 1) 『조선산업지(下)』, 통화편, 부록. 2) 동경은행집회소 편(1919), 『은행법규(전)』. 3) 山口吸一 編(1941), 『개정 조선제재법규집(완)』.

칙적으로 자본금 200만 원 이상의 주식회사에 한정하고 예금자 보호 장치로 1/10 지불준비제도를 처음으로 채택하였다. 그리고 은행의 업무 결정과 은행 간의 합병은 조선총독부의 허가사항으로 하고, 합병 시 조선총독부가 직접 개입하도록 하여 조선총독부가 일반은행의 합병을 직접 추진할 수 있는 법적 근거도 마련하였던 것이다.

이와 같이 일제는 1928년 말 조선 금융제도의 개편을 통해 금융조합의 일반은행 업무와 관련된 제한규정을 철폐함으로써 일반은행으로서의 지위를 확립한 반면, 일반은행 최소자본금을 일본의 2배인 200만 원으로 하는 등 일본에 적용된 「신은행법」보다 요건을 강화하여 실시함으로써, 더 많은 일반은행을 흡수·합병할 수 있는 근거를 마련하였던 것이다. 따라서 금융조합의 확장과 일반은행의 축소가 당시 조선 내 금융제도 개편의 기본 방향이었다고 할 수 있다.

2. 일반은행 합병, 지배구조 및 경영의 변화

1) 「은행령」 개정 이전

일반은행은 1910년대 지방상업은행으로서 설립·확장되었으나, 조선총독부 방침에 따라 1920년 이후에는 더 이상 설립되지 못하고 점차로 상호간에 합병되어 갔다. 이러한 일반은행 간의 합병은 대은행자본을 중심으로 한 은행자본 간의 집중 과정이자 한국인 은행자본의 도태 과정[8]이기도 하다. 그리고 조선은행이 은행합병 과정에 개입하여 조선의 금융계열이 이원화되기 시작하였다. 그러면 은행의 합병 과정을 검토하고 그 결과로 변화하는 소유자, 경영자 및 계통을 검토해 보자.

일제하 일반은행 합병의 전 과정은 [표 10-2]에 제시되어 있으므로 이를 참고로 검토해 보자. 조선총독부가 1920년부터 일반은행의 설립 허가를 중단한 이후 1920년대 불황하에서는 일본과 같이 은행합병을 추진하였으나 자금지원을 매개로 본격적으로 추진한 것은 1928년 「은행령」을 개정하면서부터였다. 특히, 조선총독부는 중일전쟁 이후에는 개별 은행을 대상으로 은행합병을 강요하였다. 이러한 점에서 일반은행 합병은 [표 10-2]에서 보듯이, 세 단계로 구분할 수 있다. 마지막 단계는 전시 통제하에서 이루어진 것으로 다음에 검토하고 여기서는 두 단계로 구분하여 합병 과정과 그 귀결을 검토할 것이다.

[표 10-2]에서 보듯이, 「은행령」 개정 이전에는 조선상업은행이 중심축이 되어 1923년에는 원산상업은행, 1924년에는 조선실업은행이, 1925년에는 1921년 이미 삼화

8 堀和生(1985. 5)은 일반은행의 합병 문제가 한국인 자금의 예속화라는 시각에서 검토하면서 일본인과의 합작과 조선총독부의 강권적 대응의 산물로 한국인 은행의 소멸을 설명함으로써 한국인 은행의 변질은 일제 금융정책의 소산이라는 견해를 제시하고 있다.

[표 10-2] 일반은행 설립 및 합병 계통도

<table>
<tr><th>은행설립기
(1912~1920)</th><th>은행령 개정 이전
(1921~1928)</th><th>은행령 개정 이후
(1929~1936)</th><th>전시통제기
(1937~1943)</th></tr>
<tr><td>◎ 경상공립(20. 7)</td><td></td><td>경일에 합병(30. 8)</td><td></td></tr>
<tr><td>◎ 경일(20. 5)</td><td></td><td rowspan="2">◎ 대구상공(33. 12)으로 재출범</td><td rowspan="2">조선상업에 합병(41. 10)</td></tr>
<tr><td>◎ 선남(12. 9)</td><td></td></tr>
<tr><td>● 삼남(20. 3)</td><td>조선상업 합병(27. 6)</td><td></td><td></td></tr>
<tr><td>◎ 조선실업(20. 7)</td><td>조선상업 합병(24. 8)</td><td></td><td></td></tr>
<tr><td>● 원산상업(19. 4)</td><td>조선상업 합병(23. 6)</td><td></td><td></td></tr>
<tr><td>● 칠성(12. 8)</td><td>원산상업 매수(19. 4)</td><td></td><td></td></tr>
<tr><td>○ 대한천일(1889. 1) 조선상업 개칭(05. 6)</td><td>● 일본인 은행으로 전환(21. 6)</td><td></td><td></td></tr>
<tr><td>● 삼화(16. 6)</td><td rowspan="2">● 대동은행(21. 10) 조선상업 합병(25. 9)</td><td rowspan="2"></td><td rowspan="2"></td></tr>
<tr><td>◎ 평양(20. 4)</td></tr>
<tr><td>○ 북선상업(18. 11)</td><td></td><td>조선상업 합병(33. 12)</td><td></td></tr>
<tr><td>● 부산상업(14. 3)</td><td></td><td>조선상업 매수(35. 8)</td><td></td></tr>
<tr><td>○ 동래(18. 9)</td><td></td><td></td><td>호남에 합병(38. 1)</td></tr>
<tr><td>○ 호남(20. 3)</td><td></td><td></td><td>동일에 합병(42. 5)</td></tr>
<tr><td>○ 한일(06. 8)</td><td></td><td rowspan="2">○ 동일로 재출범(31. 1)</td><td rowspan="2">한성에 합병(43. 9)</td></tr>
<tr><td>○ 호서(13. 7)</td><td></td></tr>
<tr><td>○ 한성(03. 12)</td><td>● 일본인 은행으로 전환(28. 3)</td><td></td><td>조흥은행으로 개칭(43. 9)</td></tr>
<tr><td>○ 해동(20. 7)</td><td></td><td></td><td>한성이 매수(38. 1)</td></tr>
<tr><td>○ 구포(12. 6): 경남(15. 1)</td><td rowspan="3">○ 경상합동으로 재출범(28. 8)</td><td rowspan="3"></td><td rowspan="3">한성에 합병(38. 1)</td></tr>
<tr><td>○ 주일(18. 6): 경남합병</td></tr>
<tr><td>○ 대구(13. 7)</td></tr>
</table>

주: ○ 한국인 소유, ● 일본인 소유, ◎ 한일 공동소유.
자료: 『한국상업은행육십년지』, 『조흥은행육십년지』, 『조선금융사항참고서』 연표.

은행과 평양은행이 합병되어 발족한 대동은행이, 1927년에는 삼남은행이 각각 조선상업은행과 합병되었다. 여기서 삼남은행만 한국인이 중심이 되어 설립되었으며 「은행령」 개정과 관련되어 합병된 은행이었다. 나머지는 대체로 1920년대 불황에 따른 경영난과 직결되어 있었던 것으로 보인다.

원산상업은행, 대동은행은 계속적인 경영난 타개방안으로 조선상업은행과의 합병을 시도하였다.[9] 그리고 조선실업은행은 서울 내 일본인 상인의 은행으로서 조선상업은행과의 합병을 통해 자사의 경영난을 타개하면서 조선상업은행의 경영권 장악을 위한 방편으로 합병을 시도하였다.[10] 즉, 양 은행이 이미 소유상으로는 일본인의 주식 소유가 지배적이었기 때문에 양 은행의 합병은 경영권 장악보다는 일본인 은행화가 더 중요한 의미를 가지게 되었다고 할 수 있다. 그리고 한국인 은행이었던 삼남은행은 「은행령」 실시 예고로 그 존속이 어렵게 될 것이라는 판단하에 조선상업은행과의 합병을 추진하였는데, 이 합병은 조선상업은행이 지점망을 확보한다는 이점을 갖고 있었기 때문에 큰 어려움 없이 실현되었다.[11] 이와 같이 「은행령」 개정 이전에는 경영난을 겪고 있던 일본인 은행이 합병을 통해 경영상의 파탄을 회피하려고 자발적으로 합병한 것이 중심을 이루고 있었다.

여기에서 합병의 축이 된 조선상업은행은 1911년 대한천일은행이 명칭을 변경한 은행이다. 이 은행은 화폐정리사업으로 일시 폐업하였다가 그 기금으로 구제된 이후 파견된 일본인 지배인을 통해 감독을 받으면서 운영되어 왔다. 그렇지만 이 은행은 한국인 상공인을 대표하는 성격이 있어서 일제하에서도 주주와 중역은 한국인으로 한정되었다. 그러다 1916년 2월 임시총회에서 조선총독부 지원 아래 자본금을 57만 5,000원에서 100만 원으로 늘리면서 일본인에게도 주주자격을 부여함으로써 일본인 은행화가 시작되었다.[12] 그리고 1921년 7월 정기주주총회에서는 일본인 주주의 증가를 빌미로 일본인 중역 참여가 결정됨에 따라 일본인 지배인제가 폐지되면서 일본인 이와사키(岩崎虎次郎)가 취체역(이사)으로 선임되었다.[13] 이렇게 된 이면에는 [표 10-3]에서 보듯이, 조선총독이 이미 최대주주가 되어 있었다는 점에 유의해야 할 것이다. 말하자

9 『대판은행통신록』, 336호, pp. 98~99.

10 즉, 조선실업은행과 조선상업은행의 합병 시 주식 소유 현황을 보면, 전자의 경우 한국인(이왕직 포함) 35명에 12,089주, 일본인(조선총독부 포함) 59명에 24,608주이고, 후자의 경우 한국인 5인에 1,207주, 일본인 154인에 89,251주이다. 납입자본은 상은이 2,567천 원, 실은이 2,067천 원이다(『동아일보』, 1924. 5. 14, 5. 15).

11 『동아일보』, 1928. 4. 25.

12 한국상업은행(1959), 『한국상업은행육십년지』, p. 69.

13 앞의 책, p. 71.

[표 10-3] 조선상업은행의 대주주 변화(1921~1933)

연도	1921년		1925년		1929년		1933년	
대주주명	조선총독	2,679	中村再造	11,258	상은행우회	14,868	昭和證券	54,593
	박우현	2,185	古成梅溪	4,615	박영철	7,000	박영철	10,100
	식산은행	1,778	山口太兵衛	4,200	仁川米豆	6,697	조선거래소	6,697
	條崎畔助	1,600	古城管堂	4,173	中村イセ	5,153	상은행우회	5,840
	小杉謹八	1,490	梶原木太郎	3,762	古城梅溪	4,200	中村イセ	4,520
	齊藤久太郎	1,370	廣澤居太郎	3,762	山口太兵衛	4,200	古城憲治	4,300
	이왕직장관	1,010	和田常市	3,650	古城管堂	4,173	古城管堂	4,175
	조진태	900	조선총독	2,697	和田俊一	3,650	조선화보	2,820
	唐川立造	764	釘本藤次郎	2,428	昭和證券	2,894	조선총독	2,679
	송병준	745	中村伊勢子	2,400	조선화보	2,820	釘本藤次郎	2,428
소계(A)	14,521		38,165		54,437		90,863	
총자본(B)	40,000		145,000		178,500		178,500	
A/B	(36.3)		(27.0)		(30.5)		(50.9)	

자료: 『조선은행회사요록』, 해당 연도판.

면, 조선상업은행은 이미 소유 면에서는 일본인 은행으로 변질되어 있었던 것이다.

조선상업은행의 일본인 은행화는 일본인 지배인 파견, 일본인 주주 허용, 조선총독부 보호와 감독 강화, 조선총독부의 주식인수, 일본인 중역 선임 등 단계적으로 진행되었다. 그런데 1920년대 중반까지는 이 은행의 영업성적이 양호하고 또한 한국인 상공인 대표금융기관이라는 전통을 갖고 있어 이름을 유지하는 것이 바람직할 뿐 아니라 이미 조선총독부 관리를 받고 있었기 때문에 이 은행을 중심에 두고 다른 은행을 이 은행에 합병시켜 갔던 것이다.[14]

일본인은 이 은행합병을 통해 경영권을 점차 장악해 갔다. 즉, 원산상업은행과의 합병은 일본인 은행을 구제하기 위해 단행된 것이다. 이 과정에 조선은행 임원인 도리이(鳥居千三郎)가 기용되었다.[15] 그리고 조선실업은행과의 합병에서 일본인 중역이 대

14 『동아일보』, 1924. 8. 29, 8. 30.
15 한국상업은행(1959), p. 73.

[표 10-4] 한성은행의 대주주 변화(1921~1933)

연도	1921년		1925년		1929년		1933년	
대주주명	이왕직장관	23,232	이왕직장관	23,232	식산은행	28,000	식산은행	28,094
	이준공	10,290	이준공	10,290	이평	2,155	이평	2,226
	이강공	3,697	이완용	5,293	內藏頭	1,000	內藏頭	1,000
	이완용	5,283	이강공	3,657	집성사	1,000	집성사	1,000
	이항구	3,510	이항구	3,611	淺野太三郎	835	淺野太三郎	835
	박부양	2,880	박부양	2,880	한상룡	808	한상룡	750
	이윤용	2,776	이윤용	2,766	공제신탁	800	釘本次郎	800
	이달용	2,500	조선상은	2,200			전창록	750
	조선상은	2,200	한창수	2,048			이만복	684
	한창수	2,048	內藏頭	2,000				
소계(A)	60,744		57,877		34,588		36,039	
합계(B)	120,000		120,000		60,000		60,000	
A/B	(50.6)		(48.2)		(57.6)		(60.1)	

자료: 『조선은행회사요록』, 해당 연도판.

폭 기용되면서 은행의 경영권은 한국인 주주로부터 일본인 실업인과 관리에게 넘어갔다. 즉, 이 합병 과정에 조선총독부 이재국장이었던 와다(和田一郎)가 두취가 되고 조선은행 부산지점장이었던 吉宇田嚴, 조선실업은행의 중역을 역임한 山口太兵衛, 古城梅溪, 和田常市, 中村再造, 若松兎三郎 등이 중역으로 임명되었다.[16] [표 10-4]에서 보듯이, 바로 이들이 대주주로 등장한 반면에 한국인 대주주는 점차 중소주주로 전락하였다.

한성은행도 화폐정리사업 전후로 일제의 보호와 감독을 받아 왔지만, 특히 강점 이후에는 한국인 귀족의 자산관리은행으로 지정되었다. 이를 뒷받침한 조치의 하나가 조선총독부로부터 교부된 이른바 은사급 공채를 한성은행의 증자에 이용하되, 주식의 양도는 제한하는 것이었다.[17] 이와 같은 맥락에서 1913년 한국인에 한해 주주와

16 한국상업은행(1959), pp. 79~81.
17 「한성은행의 자본증가 및 업무감독에 관한 건」(조선총독부 부령 제2호, 1911 1).

중역의 자격이 부여되어 왔다.[18] 그런데 1920년 2월 일본인 주주참여 제한이 철폐되고 1923년 7월부터는 일본인이 최초로 중역에 임명되었다.[19] 그렇지만 [표 10-4]에서 보듯이, 이 은행의 대주주는 전부 한국인이었다. 따라서 한성은행은 1920년대 중반까지도 한국인 은행의 틀을 유지하였다고 할 수 있다.

한성은행이 전후 불황 속에서 부실화되어 금융공황에 이르러서는 위기에 직면하였다. 이 은행의 수익률은 1924년부터 저하되어 다른 일반은행에 비해서도 낮은 수준이었다. 특히, 관동대지진으로 인한 일본 지점 화재와 일본 내 부실대출로 위기에 직면하였다. 진재어음 형태로의 일본 정부 구제금융을 조건으로 마침내 식산은행이 한성은행을 인수함으로써 1928년 3월 주주와 임원도 재편되었다.[20] 그 결과 [표 10-4]에서 보듯이, 식산은행이 주식의 46.7%를 소유하고 두취(은행장)로 조선은행의 즈쯔미나가이(提永市)를 임명하고 이 은행의 경영권을 실질적으로 장악하였다.[21] 이로부터 1941년 식산은행의 주식이 조선은행으로 넘겨지기까지 한성은행은 식산은행의 산하 은행으로 남게 되었다.

이상에서 검토된 바와 같이, 「은행령」 개정 이전에는 전후 불황 속에서 부실화된 일본인 은행이 당시의 일본인 은행화되었던 조선상업은행에 합병되었고, 이 과정에서 일본인 은행으로 완전히 변모되었다. 그리고 한성은행도 부실대출로 파탄에 이르러 식산은행에 인수됨으로써 한국인 은행으로서의 성격을 상실하게 되었다. 이 시기의 은행합병은 한편으로는 상대적으로 대규모인 은행자본으로의 집중이었고, 다른 한편으로는 이 은행의 일본인 은행화가 진전되는 과정이었으나, 이로 인해 군소 한국인 은행이 곧바로 소멸된 것은 아니었다.

18 조흥은행(1957), 『조흥은행육십년지』, pp. 412~413.

19 앞의 책, p. 50.

20 이와 관련된 당시의 회고담-「지나간 한은시대를 추억하면서」에 의하면, "당시 한성은행은 계속되는 경제의 변동과 불황으로 업적이 저하일로에 있었고 한편 동경 지진 시에는 지점 점포를 소실하는 일방 일본 정계인에 대한 거액 대출금의 교착으로 심각한 경영난에 빠져 있었던 차이라, … 자본금 반멸, 동경 대판 지점의 폐지, 법정적립금 기타를 손실에 충당하는 것 외에 대표자의 인책사퇴 등의 제 조건으로 하는 가혹한 정리안을 부득히 수락하고 일본은행 특별융자금 1천여만 원을 받아들이게 되어"(조흥은행(1957), pp. 412~413).

21 앞의 책, p. 229.

2) 「은행령」 개정 이후

일반은행의 중심축이었던 조선상업은행은 1920년대 초반에, 한성은행은 1920년대 중반에 일본인 은행으로 변질되었고, 다른 은행들은 이 은행에 합병되었다. 이로써 조선 내 본점 일반은행은 한편으로는 일본인 자본으로 포섭되고, 다른 한편으로는 대자본으로 포섭될 수밖에 없게 되었다고 할 수 있다.

그렇지만 [표 10-5]에서 보듯이, 한국인 은행은 해동은행과 동래은행을 제외하면 일반은행 평균수익률을 상회하고 있었다. 이것은 은행합병의 직접적인 계기가 한국인 은행의 경영화는 아니었음을 말해 준다. 일본인 은행으로 변한 한성은행의 경영 상태가 악화된 상황에 있었음은 [표 10-5]에서도 확인할 수 있다. 그리고 한국인 은행 중에서는 해동은행의 경영이 가장 악화되어 있었으나, 이 은행의 합병은 1938년에야 진행된다. 따라서 「은행령」 개정 이후 일반은행의 합병은 경영 문제와는 다른 맥락에서 진행되고 있었다고 할 수 있다.

한국인 중추 은행이었던 조선상업은행과 한성은행도 앞서 설명한 방식으로 일본인 은행으로 변질됨에 따라 지방의 한국인 은행도 일본인 은행에 흡수·합병되어 갈 가능성이 점차 증대하였다. 이러한 상황에서 개정된 「은행령」의 시행은 이런 방향의 합병이 강력 추진될 것임을 예고하는 것이었다.

조선총독부의 합병정책은 소자본 은행의 대은행 자본으로의 집중을 통한 예금자 보호를 내세우면서, 내용적으로 소자본 은행일 수밖에 없는 지방의 한국인 소자본 은행과 경성의 일본인 대자본 은행과의 합병을 요구하는 것이었다.[22] 개정된 「은행령」에서 은행 허가는 일본 내 100만 원보다 2배인 200만 원 이상인 주식회사에 한정하여 당시 조선 내 본점 일반은행의 2/3가 합병 대상으로 되었다. 즉, 당시 수권자본이 200만 원 이상 되는 은행은 8개 은행이었고 납입자본이 200만 원 이상 되는 은행은 조선상업,

22 당시에도 "조선의 현상으로는 횡적 합병은 없고 종적 합병만 실현된다면 조선인 경영의 은행은 어떻게 될 것인가"라는 지적이 있었다(『동아일보』, 1927. 3. 31).

[표 10-5] 한국인 일반은행의 수익률[1] 동향(1918~1936)

(단위: %)

연도	동일		경상합동		호남		삼남	북선	경일	해동	전체 평균	조선 상업	한성 은행
	한일	호서	대구	경남	호남	동래							
1918	10.7	7.9	11.4	10.4		2.3		7.2			10.4	11.1	8.1
1919	16.3	11.4	10.7	10.4		8.0		10.4			10.2	10.4	7.9
1920	20.8	16.6	16.0	13.0	0.5	16.4	9.2	11.6	1.6	-4.8	10.7	14.9	10.2
1921	13.5	13.2	15.1	8.7	6.4	13.6	12.8	14.0	8.4	0.8	12.3	15.3	11.1
1922	12.3	12.7	10.7	7.7	13.3	10.4	13.0	17.2	8.7	5.2	11.8	14.7	11.1
1923	11.0	11.9	7.7	7.3	7.9	6.8	7.3	14.4	8.4	3.6	10.6	15.3	10.6
1924	9.4	44.0	7.4	2.0	12.0	8.4	9.3	17.2	8.2	4.2	11.5	14.7	9.4
1925	8.7	40.8	7.8	5.2	12.3	13.2	9.5	24.4	10.9	3.8	9.0	13.2	8.6
1926	8.7	11.4	7.8	5.1	13.0	12.0	12.3	18.8	10.9	3.6	8.5	8.2	6.2
1927	7.6	9.5	9.5	3.5	13.0	13.2	13.5	9.4	10.9	0.8	5.3	8.1	5.5
1928	7.3	9.7	9.9		13.5	12.4		10.6	7.0	0.6	8.0	8.3	3.1
1929	7.6	9.1	8.3		11.5	12.4		11.0	4.7	0.6	8.3	8.4	6.6
1930	8.0	9.6	6.1		12.2	11.6		11.2	2.2	0.0	7.9	8.3	3.3
1931	6.0		7.0		12.0	10.0		9.4	3.1	6.2	6.5	8.6	6.2
1932	6.2		8.1		10.9	7.2			-1.0	6.2	6.5	7.8	6.5
1933	4.6		9.0		10.1					8.8	8.2	2.9	6.6
1934	4.6		9.4		11.7					20.2	6.6	5.4	6.5
1935	4.7		10.1		13.2					8.8	7.1	4.7	6.5
1936	5.1		10.9		14.3					6.4	7.8	6.4	6.6

주: 1) 순이익률은 연간 당기순이익을 납입자본으로 나눈 값임.
자료: 『조선금융사항참고서』(1937년판).

한성·한일·대구은행 등 4개 은행뿐이었다. 이와 같이 「은행령」 개정으로 군소은행은 해산되거나 대은행에 흡수 또는 합병될 수밖에 없었다고 할 수 있다.

그런데 이 「은행령」 개정 이후에는, [표 10-5]에서 보듯이, 호서·동래·경일·경남은행의 수익률이 점차 하락하였다. 그러나 당시의 일반은행 전체의 수익률은 그보다 더 큰 폭으로 하락하였으므로 경일은행을 제외하면 경영악화가 합병의 직접적인 계기는 아니었다고 할 수 있다. 도리어 조선총독부의 합병정책과 이를 뒷받침한 「은행령」의 일본보다 높은 최소자본금 규정이 합병의 결정적 계기가 되었다고 할 수 있다.

1928년 경남은행은 합병에 반대하였으나 조선총독부는 조선은행의 대출 125만 원을 조건으로 자본금을 1/4만큼 감소시키고 일본인 전무로 조선은행 출신의 우에다(上田直秀)를 기용하기로 하고, 대구은행을 설득하여 두 은행을 합병하여 한국인 은행인 경상합동은행으로 발족하였다.[23] 호서은행과 동래은행은 증자가 불가능하여 호서은행은 한일은행(구)과 합병하여 동일은행이 되고 동래은행은 호남은행과 합병되어 각각 한국인 은행 간의 합병으로 한국인 은행의 존속을 도모하였다.[24] 북선상업은행은 조선상업은행에 이어 1933년 합병되었다. 경일은행은 같은 대구의 은행인 경상공립은행과 1930년 합병한 다음, 수익률 저하에 직면해 있던 일본인 은행 선남은행과 1933년 합병하여 대구상공은행으로 재발족함으로써 일본인 은행화되었다.[25] 그리고 조선상업은행이 일본인 은행으로 대은행인 부산상업은행을 조선상업은행 지점 확장책의 일환으로 1935년 바로 매수하였다.[26]

대부분의 한국인 은행은 자본금 충족을 위해 합병하지 않으면 안 되는 상황에서 한국인 은행과 합병을 도모함으로써 한국인 은행 중 동일은행, 경상합동은행, 해동은행 그리고 호남은행만 존속하게 되었던 것이다.

이 은행들마저도 전시 체제하 금융통제를 위한 강권적인 은행 합병책으로 상호 합병되면서 결국 소멸하였다. 즉, [표 10-2]에서 보았듯이 해동은행은 1938년 한성은행에, 경상합동은행은 1941년 한성은행에, 호남은행은 1942년에 동일은행에, 연이어 동일은행은 1943년에 한성은행에 합병되는 등 한성은행에 모두 합병되어 한국인 은행은 합병 과정에서 소멸하였다. 이와 같이 전시 체제하에 합병정책은 대은행으로의 집중과 일본인 은행자본으로의 집중이고 강권적인 합병이었는데 이는 다시 자세히 검토될 것이다.

이러한 은행의 합병은 대은행으로의 자본집중과 함께 예금집중을 가져오는 것이

23 『동아일보』, 1928. 4. 9, 4. 10.
24 조흥은행(1957), pp. 333~334.
25 『동아일보』, 1933. 3. 16, 3. 17.
26 한국상업은행(1959), pp. 413~414.

[표 10-6] 주요 은행의 예금과 대출 비중의 변화(1920~1936)

(단위: %)

연도	대출금							예금						
	조선상업	한성은행	한일동일	대구경상	호남은행	부산상업	이상소계	조선상업	한성은행	한일동일	대구경상	호남은행	부산상업	이상소계
1920	18.8	30.9	11.2	3.2	1.5	3.7	69.3	22.9	41.7	9.1	1.5	1.0	2.6	78.8
1922	20.2	31.6	10.0	4.2	1.9	3.8	71.7	26.9	42.2	9.6	2.1	1.7	4.1	86.6
1924	29.1	32.6	8.8	3.6	2.9	4.6	81.6	25.3	44.6	8.9	2.2	2.0	5.0	88.0
1926	36.3	30.3	9.2	3.5	3.5	4.9	87.7	37.1	30.1	10.2	2.3	2.8	5.7	88.2
1928	42.6	24.2	10.4	4.3	4.0	4.5	90.0	45.1	21.8	11.5	3.1	3.9	5.7	91.1
1930	37.4	24.1	12.9	4.1	4.4	4.5	87.4	44.6	19.7	13.4	2.6	3.7	5.8	89.8
1932	38.9	22.0	15.0	4.7	3.6	4.3	88.5	40.2	22.2	16.2	3.4	3.5	5.4	90.9
1934	34.0	23.5	16.6	4.1	4.8	2.8	85.8	39.7	23.7	14.5	2.7	4.9	4.9	90.4
1936	42.2	22.6	15.5	4.6	6.0		90.9	46.1	24.8	13.2	3.4	5.6		93.1

자료: 『조선금융사항참고서』(1937년판).

었다. [표 10-6]을 보면, 조선상업은행의 예금점유율은 1920년 22.9%에서 계속 증가하여 1935년 46.1%까지 된다. 반면에 한성은행은 1924년까지는 예금점유율이 40~45%에 이르렀으나, 그 이후 감소하여 1930년 19.7%까지 하락한 후 회복되고 있다. 그동안 뚜렷한 예금의 신장을 보이는 은행은 동일(1931년까지 한일)은행과 호남은행이었다.

이와 같이 은행의 합병으로 예금이 점차 소수 은행에 집중되고 있다. 그리고 본점 일반은행은 예금에 절대적으로 의존한 만큼, 각 은행의 대출점유율도 예금점유율에 상응하여 변하고 있음을 [표 10-6]에서 확인할 수 있다. 이러한 맥락에서 보면 일반은행의 합병에 의한 대은행화는 소수의 은행으로의 자금집중을 가져온 것이었다. 이것이 일반은행 합병에 대한 조선총독부 개입의 주요 동기였고 또한 그 일단의 결과였다.

3. 일반은행의 상대적 정체와 그 원인

1910년대에는 특수금융기관이 상업은행 업무의 겸업에도 불구하고 지방 상업은행 시설의 미비로 민간이 각지에 일반은행을 계속 설립하였다. 이러한 조건하에서 한국인과 일본인 민간이 설립한 일반은행은 지방의 상업은행으로 성장하였다. 즉, 조선상업은행, 한성은행 및 한일은행을 제외하면 대부분의 일반은행은 1920년대 초반까지 지방에 5개 이하의 지점이나 출장소를 지닌 영세은행이었지만[27] 지방의 영세 중소상공업자의 자금공급을 담당한 금융기관으로서는 중요한 금융기관이었다.

> "합병 혹은 합동으로 인하야 중소은행이 존재치 못하게 되면 금일 대규모 상공업의 틈새에서 근근히 그 명맥을 잔존하고 있던 약소한 상공업은 필연적으로 상공업 융통의 길을 잃게 될 것이므로 약소은행의 멸망은 약소 상공업의 멸망을 초래할 것이다."[28]

일반은행은 [표 10-7]에서 보듯이 주로 상업대출에 주력하였기 때문에 농업대출이나 공업대출 비중은 매우 낮았다. 그러나 일반은행도 1930년대에 접어들자 특수금융기관과의 경쟁에 직면하면서 대출 기반 확대를 위해 농업 및 공업에 대한 대출 비중을 높이고 있었다.

일반은행은 상업은행으로서 상업대출에 주력하였기 때문에 [표 10-7]에서 보듯이, 1920년까지도 대출 형태가 주로 어음할인이었다. 그런데 어음할인 대출 비율이 1920년을 정점으로 비중과 절대금액에서 감소하고 있는데, 이러한 감소는 이른바 '반동공황'으로 경기침체가 지속되면서 어음의 신용도가 떨어지자 일반은행이 대출기한이 단기인 어음할인 대출을 줄이는 대신에 장기인 증서대출을 확대할 수밖에 없었던 것에서 비롯된 것이다.

그리고 일반은행은 상업은행으로서 무담보 대출을 주로 하였지만 부실대출의 손

27 5개 이상 지점 또는 출장소를 둔 은행은 1920년에는 조선상업(11), 한성(7), 한일(6), 1928년에는 조선상업(11), 한일(8), 경상합동(7), 부산상업(7), 호서(5), 1936년에는 조선상업(40), 한성(15), 동일(20), 경상합동(9), 대구상공(8), 호서(7)뿐이다. 각 은행 지점의 증가는 주로 합병에서 비롯된다.

28 『동아일보』, 1927. 5. 7.

[표 10-7] 일반은행의 대출액과 구성(1918~1936)

(단위: 천 원, ( ): %)

연도	대출 총액	주요 용도별			주요 대출 형태별			주요 담보별		
		상업	공업	농업	증서 대출	어음 할인	당좌 대월	부동산	상품	무담보
1918	44,968	(87.9)	(2.5)	(1.1)	(21.6)	(69.1)	(9.3)	(14.7)	(20.3)	(54.3)
1920	67,477	(88.6)	(3.7)	(0.9)	(7.6)	(82.0)	(10.4)	(26.0)	(13.9)	(41.5)
1922	83,196	(87.2)	(2.8)	(1.4)	(52.2)	(38.7)	(9.1)	(33.9)	(9.9)	(41.0)
1924	93,429	(86.4)	(2.5)	(1.1)	(69.9)	(24.3)	(6.1)	(34.5)	(15.6)	(36.6)
1926	105,013	(84.1)	(2.5)	(1.9)	(71.9)	(22.6)	(5.6)	(34.3)	(14.1)	(38.4)
1928	107,183	(80.1)	(3.2)	(5.1)	(74.4)	(21.3)	(4.2)	(32.1)	(14.5)	(45.2)
1930	104,359	(68.9)	(3.3)	(9.2)	(82.7)	(13.2)	(4.0)	(43.9)	(6.9)	(39.9)
1932	109,934	(68.9)	(5.6)	(10.9)	(81.2)	(14.7)	(4.0)	(37.8)	(12.0)	(39.1)
1934	139,848	(63.3)	(6.1)	(11.7)	(79.6)	(17.1)	(3.3)	(37.3)	(15.1)	(34.8)
1936	174,979	(67.7)	(5.7)	(12.6)	(81.9)	(15.0)	(3.2)	(43.7)	(10.1)	(32.0)

자료: 조선총독부, 『조선금융사항참고서』.

실을 줄이기 위해 부동산, 상품, 유가증권 등으로 담보대출을 확대하고 있었다. 당시의 일반은행은 1910년대까지 상품담보에 많이 의존하고 있지만 1920년대부터는 부동산담보 대출방식에 주로 의존하고 있었다. [표 10-7]에서 보듯이 부동산담보 비율이 계속 증가하고 있다. 일반은행이 상업적 지주에게도 대출을 늘려 영업 기반을 확대하는 동시에 대출손실을 줄이기 위해 자금고정화의 위험을 무릅쓰고 증서에 의한 부동산담보 대출을 확대하였다.

조선총독부나 일본 정부의 보호와 감독을 받고 있던 특수은행은 공공단체, 금융기관, 산업단체를 대상으로 무담보 대출을 확대하였으나, 조선총독부로부터 별다른 보호를 받지 않는 일반은행은 대부분 개인 대상으로 대출을 하고 있기 때문에 무담보로 대출할 대상은 많지 않았다. 그럼에도 일반은행은 특수금융기관과 경쟁에 직면하여 대출을 확대하기 위해 연대보증이나 신용에 의한 무담보 대출을 할 수밖에 없었기 때문에 무담보 대출의 비중이 높아졌던 것이다. 따라서 일반은행의 무담보 대출은 대출 기반 확대를 위한 불가피한 선택이었다고 할 수 있다.

[표 10-8] 각 금융기관의 산업별 대출액과 대출 건수

산업별		특수은행	본점 일반은행	지점 일반은행	도시금융조합	합계
상업	금액(천 원)	93,745(49.9)	62,521(33.3)	25,658(13.7)	7,848(4.2)	189,772
	건수(건)	37,360(34.8)	32,964(30.7)	9,258(8.6)	13,892(12.9)	107,268
	잔액(원)	2,495	1,896	2,779	565	1,767
공업	금액(천 원)	6,547(47.7)	1,438(10.4)	1,287(9.4)	4,454(32.4)	13,727
	건수(건)	845(9.1)	389(4.2)	25(0.3)	7,991(86.4)	9,250
	잔액(원)	7,448	3,697	51,493	557	1,484
농업	금액(천 원)	92,574(97.0)	1,897(2.0)	207(0.2)	732(0.8)	95,392
	건수(건)	13,681(80.0)	1,466(8.4)	33(0.2)	1,747(10.2)	17,087
	잔액(원)	67,673.01	1,299	6,284	419	5,582
기타	금액(천 원)	41,937(41.9)	8,876(15.6)	2,945(5.2)	3,226(5.7)	56,982
	건수(건)	6,736(73.4)	3,371(21.0)	305(1.9)	5,619(35.2)	16,061
	잔액(원)	6,225	2,632	8,536	571	3,548
합계	금액(천 원)	334,803(73.4)	74,714(16.4)	30,178(6.6)	16,262(3.6)	445,959
	건수(건)	58,833(43.3)	38,170(28.1)	9,258(7.1)	29,258(21.5)	135,922
	잔액(원)	3,991	1,957	3,115	555	3,280

자료: 정부기록문서, 『조선총독부 재무국 자료』.

1926년 말 자료인 [표 10-8]을 보면, 상인의 자금창구로서는 특수은행과 본점 일반은행이 대출 건수로는 비견할 만한 상황에 있었으나, 본점 일반은행의 자금동원력의 한계와 대출 기반의 한계로 전체 대출액은 특수은행에 비해 매우 적었다. 하지만 본점 일반은행이 상업대출에 있어서만 그 비중이 상대적으로 매우 컸다. 또한 건당 대출액을 비교해 보면 지점은행, 특수은행, 본점은행, 도시금융조합 순이다. 이러한 상황에서 특수은행의 대출선 확대나 도시금융조합의 대출 한도 인상은 본점은행의 대출 기반을 잠식하는 것이 된다. 도시금융조합의 대출상한이 1919년에는 1,000원으로 인상되고 1928년에는 2,000원이 됨에 따라 본점 일반은행의 평균대출액에 근접할 수 있게 되었다. 그리고 상업대출 이외의 분야에서는 건수나 건당 대출 잔액의 차이에서 알 수 있듯이 금융기관별로 대출 기반이 어느 정도 분화되어 있었다. 하지만 상업금융에 주력하고 있는 본점 일반은행으로서는 상업금융 업무를 취급하는 특수은행이나 금융조합과의 경쟁을 피할 수는 없었다.

일반은행은 1920년대 초반의 불황 속에서도 대출을 확대하여 왔으나, 1920년대 중반에 이르면 정체 상태에 이른다. 특히, 1926년부터 1934년까지에는 일반은행의 대출은 거의 정체 상태에 있다. 이 시기에 다른 특수금융기관 중 조선식산은행과 금융조합의 대출은 증가 추세에 있었다. 식산은행의 대출은 1926년 2억 1,372만 원에서 1934년 3억 6,092만 원으로, 금융조합은 1926년 7,608만 원에서 1934년 1억 5,011만 원으로 크게 증가하고 있었으나, 일반은행의 대출은 1926년 1억 501만 원에서 1934년 1억 3,984만 원으로 증가하는 것에 그치고 있다. 따라서 일반은행의 대출 기반의 확장은 식산은행과 금융조합의 대출 기반 확장에 의해 점차 어려워졌다고 할 수 있다.

일반은행도 상업은행으로 어음할인 대출에 주력해야 함에도 불구하고 당시의 산업금융기관인 식산은행이나 금융조합과 마찬가지로 부동산담보에 의한 증서대출에 크게 의존하고 있었다. 이러한 대출은 대부분 장기 대출이므로 장기 자금의 동원 없이는 대출을 확대하기 어려웠다.

일반은행의 자금원천은 [표 10-9]에서 보듯이, 자본금, 차용금, 예금으로 구성된다. 일반은행의 자본금은 은행의 합병 과정에서 도리어 감소하고 있었다. 일반은행은 당시에 주로 차입할 수 있는 곳은 조선은행이었다. 일반은행의 차용금은 점차적으로 늘어나고 있으나, 예금에 비하면 비교가 안 될 정도로 그 금액이 매우 적었다. 따라서 일반은행은 예금을 증대시키지 않고서는 대출을 확대시킬 수 없는 상황에 있었다.

당시 일반은행은 상업은행으로서 부동산담보 대출을 확대하여 장기 대출을 늘려가고 있었지만, 다른 금융기관의 자금공급 길도 막혀 있을 뿐 아니라 이 은행의 신용으로는 일본 금융시장의 진출도 어렵고, 또한 상부 금융기관이 될 수 있는 조선은행은 금융기관 대출에 적극적이지도 않았다.[29] 본점 일반은행이 장기 대출을 할 수 있는 자

29 "조선은행에서 일본은행이나 대장성에서 3천만 원 또는 5천만 원의 정리자금을 끌어내린다고 자금에 목마른 보통은행에 아모 소용없을 것이다"(『동아일보』 1924. 5. 8). "현재의 각 보통은행의 신용으로는 도저히 외지 금융시장에 가서 현재에 있는 저리의 신용을 비러올 수가 없다"(『동아일보』, 1924. 5. 9).

[표 10-9] 일반은행의 자금원천과 순이익률(1918~1936)

(단위: 천 원, ( ): %)

연도	본점 은행		자본계정			예금		차용금	순이익률
	은행 수	조선 내 지점 출장소	자본금		순이익	소계	정기 예금		
			수권	납입					
1918	15	30	9,993	5,678	593	37,572	(34.5)	6,661	(10.4)
1920	21	44	33,350	14,950	1,606	54,422	(34.1)	10,033	(10.7)
1922	20	56	34,350	16,500	1,945	70,370	(46.7)	16,563	(11.8)
1924	17	57	33,475	16,700	1,753	82,508	(44.3)	13,729	(10.5)
1926	16	59	32,275	16,525	1,409	102,609	(55.7)	16,179	(8.5)
1928	14	65	29,025	15,056	1,221	117,201	(53.9)	24,520	(8.1)
1930	13	76	26,425	14,721	1,168	109,576	(61.5)	29,180	(7.9)
1932	12	86	26,425	14,721	961	112,733	(34.5)	29,629	(6.5)
1934	8	93	25,675	14,231	940	144,541	(34.5)	39,673	(6.6)
1936	7	100	25,175	13,486	1,050	158,448	(34.5)	43,963	(7.9)

자료: [표 10-7].

금원천은 정기예금에서 구할 수밖에 없었기 때문에 특수금융기관의 정기예금 유치에서 격렬한 경쟁을 할 수밖에 없었다.

> "조선은 농업국이고 은행의 방자물건의 대부분이 부동산인 고로 보통은행의 대출은 부동산에 고정되고, 게다가 부동산의 자금화 길이 없어 정기예금에 의뢰할 수밖에 없는 고로 예금쟁탈은 필연적인 추세가 되어 일방 금융조합의 조합원 외 예금이 그 위협으로 됨은 면치 못하게 되어 있었다."[30]

일반은행은 특히 금리가 하락되는 상황에서는 예금확보가 어려워지므로 예금금리를 높여야 하고, 그에 따른 예대마진 감소를 막기 위해서는 대출금리를 높여야 하지만 일반대출에서는 도시금융조합보다 낮은 금리를 적용시킬 수밖에 없었다. 이에 따

30 『동아일보』, 1928. 2. 4.

[표 10-10] 도시금융조합과 일반은행 대출, 예금 및 이자율(연리)(1918~1936)

연도	예금액(천 원)		대출액(천 원)		정기예금 금리(%)		일반대출 금리(%)	
	도시금조	일반은행	도시금조	일반은행	도시금조	일반은행	도시금조	일반은행
1918	84	13,177	329	22,064	7.0	5.7	14.6	11.0
1920	2,426	30,343	5,423	45,626	8.5	6.8	15.7	13.5
1922	5,569	38,309	9,197	62,470	8.5	7.0	15.7	13.9
1924	10,752	59,678	12,246	76,175	8.5	7.1	18.3	13.5
1926	16,858	62,311	16,334	81,008	8.0	7.1	15.7	12.8
1928	23,315	62,439	19,013	80,006	7.0	7.0	15.4	13.5
1930	23,960	63,665	21,800	86,689	7.0	6.1	13.5	12.4
1932	33,417	67,112	22,825	93,310	7.0	6.1	13.5	12.1
1934	44,235	89,519	27,783	117,008	4.6	4.9	11.0	9.5
1936	51,465	111,506	39,271	150,159	4.6	4.3	10.2	10.2

자료: 조선총독부, 『조선금융사항참고서』.

라 대출금리를 적용할 수 있는 장기의 부동산 대출을 확대하지 않으면 안 되었다.[31] 일반은행은 소액 민간자금에 전적으로 의존하였고, 그것도 다른 특수은행보다 높은 금리의 정기예금에 의존할 수밖에 없었기 때문에 다른 저리의 장기 자금원에 접근할 수 있는 특수금융기관에 비해 수익성이 더 낮아질 수밖에 없었던 것이다.

금융조합의 성장은 일반은행의 대출은 물론 예금에도 막대한 타격을 주었다. 즉, 금융조합이 동일한 자금이용자에게 저리의 자금을 공급하여 본점 일반은행의 대출 기반을 잠식하였음은 물론 비조합원 예금까지 취급하여 본점 일반은행의 예금 기반을 잠식하였던 것이다. 그리고 금융조합이 1920년대 들어 금리를 단계적으로 인하해 감에 따라 [표 10-10]에서 보듯이, 일반은행의 예금을 급속히 잠식해 갔다.

당시 도시금융조합과 일반은행 간의 대립의 초점이 되었던 예금 문제를 보자. 금

31 「보은의 경영곤란」이라는 보도를 보면, "보은으로서 금조와 예금협정도 당초에 난색이 있었는데, 이제 대출에서까지 동률로 하면 양자의 대항은 더욱이 노골적으로 되어 보은의 입장은 점점 곤고하야 가는 일방이다. 그뿐 아니라 보은은 지방에 있어서 특수은행으로 고경에 입하야 있고 자금의 운용에 비교적 장기의 부동산금융에 금일까지 보다 이상 적극적으로 착수하지 아니하면 채산이 맞지 아니한 상태로 되어 있다"(『동아일보』, 1928. 9. 28).

융조합의 비조합원 예금 비중을 보면, 1921년 23.2%, 1928년 26.2%, 1940년 31.7%이었다.[32] 이와 같이 비조합원 예금 비중의 증가세는 예금의 빠른 증가로 인한 것이었다. 그리고 일반은행과 직접적인 경쟁관계에 있는 도시금융조합은 [표 10-10]에서 보듯이 일반은행보다 높은 금리로도 대출을 증가시킬 수 있기 때문에 높은 금리로 정기예금을 유치하여 예금을 일반은행보다 더 빨리 증가시킬 수 있었다. 도시금융조합이 이렇게 일반은행을 대출과 예금에서 압도하게 됨에 따라 일반은행의 자금동원력은 더욱 제한될 수밖에 없었다.

이와 같이 도시금융조합이 비조합원 예금도 고금리로 흡수하면서 일반은행 예금을 잠식하자 1926년부터는 예금초과를 기록하였다. 이로써 금융조합은 이 자금을 금융조합연합회를 통해 상대적으로 금리가 높은 농촌지역으로 방출할 수 있었다. 이와 같이 도시금융조합은 농촌에서의 고금리 대출을 배경으로 자금을 최대한으로 집중한 것이다. 또한 도시 및 촌락 금융조합은 일본 대장성 예금부→조선식산은행→금융조합연합회를 통해 공급되는 저리의 정책자금까지 방출함으로써 일반은행의 대출 기반까지 잠식하면서 성장하고 있었던 것이다.

그런데 본점 일반은행은 금융조합의 확장으로 인해 타격을 받은 것은 물론 상업은행 업무를 겸영하는 조선은행과 식산은행의 확장으로도 대출 기반을 잠식당하였다. 더욱이 식산은행은 금융조합과 밀착하여 대출을 확대함으로써 상업금융에서 일반은행의 대출도 잠식하고 있었다.

조선은행은 식민지 중앙은행으로서 일반은행에 대한 자금원조를 할 수 있었다. 그렇지만 조선은행은 1920년 전반기에 조선 외에서 대량의 부실채권으로 파탄에 이른 결과, 납입자본의 1.4배가 넘는 3,532만 원이라는 금액을 1925년에 손실로 처리하게 되었다. 이런 조건하에 있었던 조선은행은 「은행령」 개정 이전까지는 일반은행에 대한 자금보조를 하지 않았다.[33] 그러다 조선은행의 자금보조는 은행합병정책을 추진하는

32 『금융조합요람』 및 농협중앙회(1964), 『한국농업금융사』, pp. 93~94.
33 조선은행연구회(1987), 『조선은행사』를 보면, 1918년에서 1928년간에는 조선 내 은행에 대한 대출이 없다.

[표 10-11] 금융기관의 자기자본 순이익률의 동향(1918~1936)

(단위: 천 원, ( ): %)

연도	조선은행			식산은행			금융조합			일반은행		
	납입 자본	순 이익	순이 익률	납입 자본	순 이익	순이 익률	납입 자본	순 이익	순이 익률	납입 자본	순 이익	순이 익률
1918	25,000	2,917	(11.7)	4,197	74	(3.5)	784	143	(18.3)	5,678	593	(10.4)
1920	50,000	6,794	(11.4)	15,000	1,224	(8.2)	2,551	462	(18.1)	14,950	1,606	(10.7)
1922	50,000	4,749	(9.5)	15,000	2,280	(15.2)	4,299	1,401	(32.6)	16,550	1,945	(11.8)
1924	50,000	3,294	(6.6)	15,000	2,161	(14.4)	5,380	1,869	(34.7)	16,400	1,481	(9.0)
1926	25,000	1,543	(6.2)	15,000	2,408	(16.1)	6,510	1,920	(29.5)	16,950	1,403	(8.3)
1928	25,000	1,584	(6.3)	15,000	2,474	(16.5)	8,561	1,896	(25.2)	15,221	1,272	(8.3)
1930	25,000	1,827	(7.3)	20,000	3,023	(15.1)	9,311	920	(9.9)	14,721	1,168	(7.9)
1932	25,000	1,847	(7.4)	20,000	3,016	(15.1)	9,362	1,348	(14.4)	14,721	962	(6.5)
1934	25,000	1,846	(7.4)	20,000	3,067	(15.3)	10,597	1,760	(16.6)	14,231	940	(6.6)
1936	25,000	1,871	(7.5)	25,000	3,750	(15.0)	12,462	2,868	(23.0)	13,491	1,052	(7.8)

자료: 조선총독부, 『조선금융사항참고서』.

과정에서야 합병을 전제로 자금을 공급하고 합병을 추진한 대은행에만 행하였다.[34]

조선에 본점을 둔 일반은행은 1920년에 설립이 완료되면서 21개가 되었다. [표 10-9]에서 보았듯이, 이 일반은행은 1920년대 초반까지 식산은행은 물론이고 조선은행과도 별다른 연계 없이 전후 불황 속에서도 지점과 출장소를 증가시키고 예금과 대출도 순조롭게 증가시킬 수 있었고, [표 10-11]에서 보듯이 평균적으로 10% 정도의 순이익률을 기록하였다.

1920년대 중반부터 일본의 금융공황이 일본 내 지점을 두고 있던 조선은행은 물론 한성은행으로 파급되었다. 특히, 한성은행의 자본금, 예치금, 대출 및 수익률이 감소되고 이를 일본은행 차입금으로 보전하는 등 큰 변화가 나타났다. 일반은행 전체로도 1924년을 기점으로 자기자본의 순이익률이 감소하였다. 특히, 특수금융기관 중 식산은행과 금융조합이 예금과 대출 양 측면에서 영업 기반을 확충해 감에 따라 [표 10-

34 조선은행의 대출선을 보면, 1928년에서 1936년간 대출선은 조선상업은행, 한성은행, 경일은행, 동일은행이었다. 특히, 합병축인 조선상업은행에 거액의 대출이 이루어졌다(조선은행사연구회(1987), pp. 392~393).

10]에서 보았듯이, 일반은행의 영업 기반인 예금과 대출 모두 1926년부터 정체를 보이고, [표 10-11]에서 보았듯이 자기자본 순이익금도 감소 추세를 보이고 있다. 이러한 추세는 식민지 조선의 경기가 회복세를 보였던 1934년경에 접어들어서야 예금과 대출이 함께 증가하면서 반전된다.

조선은행은 파탄 이후 부실채권 처리에 이익금을 이용한 만큼, 이 은행의 순이익률은 당연히 식산은행에 비해 낮아졌지만, 그 이익금은 일반은행과 달리 1926년 이후 다시 증가하고 있었음을 [표 10-11]에서 확인할 수 있다. 따라서 식산은행, 금융조합과 일반은행의 순이익률 차이는 점차 확대되었다. 따라서 조선은행과 일반은행 간의 수익률 차이가 감소하는 것은 특수금융기관의 침투 영역 확장에 따른 일반은행의 경영조건상 상대적 악화가 자기자본 순이익률의 하락으로 귀결된 것이었다고 할 수 있다.

조선총독부는 「은행령」 개정 이후 일반은행 경영조건의 악화를 구실로 '은행합동정책'을 적극적으로 추진하였다. 이 정책은 일반은행의 대형화를 통해 예금집중을 목표로 하였지만, 본점 일반은행 자본금은 도리어 감소하고, 자기자본 순이익률도 하락하였다. 그리고 일반은행의 대출 비중은 1920년 21.0%, 1928년 19.2%, 1936년 14.8%로 크게 감소하였을 뿐 아니라 예금 점유 비중도 1920년 36.6%, 1928년 35.1%, 1936년 24.8%로 크게 감소하고 있는데, 은행합병정책이 시행되었던 1928년 이후 그 감소가 더 두드러지고 있다.

이와 같이 일반은행은 식산은행과 금융조합에 비해 낮은 수익률을 기록하고 있었고, 이러한 격차는 「은행령」 개정 이후 일반은행 합병정책이 강화되었음에도 불구하고 더 뚜렷해지고 일반은행의 자본력도 합병으로 더 위축되었다. 따라서 조선총독부는 은행합병책을 통해 일반은행의 자본력을 증대시키고 경영을 개선하기보다는 특수금융기관을 중심으로 하는 금융 체제의 귀결로 일반은행 정체가 심화됨에 따라, 일반은행의 수를 줄이면서 대형화하고 전국은행화하는 길을 선택하고 있었다고 할 수 있다.

4. 기타 금융기관의 등장과 개편

1) 신탁회사의 등장과 개편

식민지 조선에서 신탁을 취급하는 일종의 금융회사는 계속 증가하여 1930년 7월에는 29개사에 달하였다. 이른바 신탁회사는 1908년에 설립된 불이흥업 전신인 후지모토(藤本)합명회사가 그 효시로 알려져 있다.[35] 이 회사는 토지신탁에서 출발하여 곡물신탁, 나아가 금전신탁까지 담당하였지만, 이 업무를 행하던 회사는 금전대출, 금전대차, 중개, 채무보증 등의 금융 업무와 함께 부동산 및 상품의 매매와 중개, 신탁판매 등의 업무도 겸하는 상업회사들이 대부분이었다. 특히, 이 회사들은 대부분 대금업을 겸하였지만[36] 조선에 본점을 둔 신탁업 전업 회사는 존재하지 않았다.

그러나 조선은행은 1918년 4월부터, 식산은행은 설립부터 주식이나 채권 등의 유가증권 인수를 위해 신탁 업무를 취급하였다. 그런데 일본 내 신탁업의 분화는 늦어져 1922년에야 「신탁업법」이 제정되었다. 이 법에 근거한 신탁회사 중 일본근업증권이 1930년에, 야마이치(山一)증권은 1936년에 조선에 지점을 설치하고 진출하였다.[37]

일본 내 금융공황을 계기로 강화된 금융통제는 신탁업에도 적용되었다. 즉, 조선에서는 일본 「신탁업법」을 준용하다가, 1931년 6월 「조선신탁업령」이 발포되고 그해 12월부터 시행되었다. 이 신탁업령에 의하면, 조선총독부는 200만 원 이상의 주식회사에 한정하여 신탁업을 허가해 주게 되어 있었다. 신탁업을 겸하던 대금회사 중 5개 회사만 인정되었는데, 이 회사는 모두 일본인에 의해 설립된 회사였다. 이와 같이 「조선신탁업령」에 의거 유수 신탁회사는 공히 금전신탁을 취급함으로써 일반은행과 경쟁 관계에 놓이게 되었다.

35 高杉東峰(1939), 『조선금융기관발달사』, p. 788.
36 齊藤淸治 편(1931), 『조선에 있어서 서민금융의 현황』, pp. 72~73.
37 동아경제시보사, 『조선은행회사요록』(1931년판, 1937년판).

[표 10-12] 조선 내 본점 금융회사의 동향(1921~1937)

(단위: 천 원)

연도	일반은행		무진업		보험업		신탁업		대금업	
	회사 수	납입 자본	회사 수	납입 자본	회사 수	납입 자본	회사 수	납입 자본	회사 수	납입 자본
1921	20	15,323	6	531	1	125			33	4,222
1925	16	23,275	27	963	2	1,375			79	6,211
1929	14	28,425	32	1,173	2	1,375			112	6,789
1933	8	26,075	34	1,601	2	1,375	5	3,823	147	5,447
1937	7	24,175	23	3,443	2	1,375	1	2,500	172	12,398

자료: 『조선은행회사요록』, 『조선금융사항참고서』.

1931년 6월 「조선신탁업령」이 제정됨에 따라 [표 10-12]에서 보듯이, 신탁업을 겸하던 회사 5개가 인정되었으나, 1932년 12월에 설립된 조선신탁회사가 매수하여 1934년 11월에 조선 내 본점 신탁회사는 결국 1개로 통일되었다. 이 과정에서 유일하게 잔존한 조선신탁회사는 조선은행과 식산은행이 한국인 구 귀족자산의 보호라는 명목하에 주식의 37.5%를 각각 출자하여 설립한 자본금 1,000만 원의 대신탁회사이다. 이 회사의 초대 사장은 조선총독부 관리와 조선화재보험 사장을 역임하였던 다니(谷多喜卓)가 임명되고 한국인으로는 한상룡, 박영철, 민대식, 김한규, 장직상, 김연수 등 금융 관련 인사들이 주로 기용되었다. 이 회사는 설립 당시 세금혜택으로 금전신탁이 많아 출발부터 급성장하였다.[38]

그런데 식산은행과 조선은행이 신탁업을 부대 업무로 취급하였음은 물론 회사자본금의 75%를 출자하였기 때문에 이 회사의 설립은 사실상 조선은행과 식산은행의 신탁 업무의 분리를 의미한다. 또한 신탁회사를 조선 내 특수금융기관의 계열하에 있던 조선신탁회사가 그들의 지원하에 다른 신탁회사를 매수한 것은, 신탁업 분리에 따른 양자 간의 경쟁을 사전적으로 배제함으로써 일반은행처럼 특수금융기관의 금융독

38 高衫東峰(1939), p. 192.

[표 10-13] 일제하 신탁회사의 주요 계정(1932~1936)

(단위: 천 원)

연도	대출금	유가 증권	부동산	현금 예치금	신탁			
					소계	금전신탁	증권신탁	토지·건물
1932	1,558	258	1,225	395	9,171	8,166	3	985
1933	1,247	1,212	3,517	2,121	20,612	17,496	8	3,101
1934	902	1,381	10,596	448	40,135	29,780	133	10,216
1935	577	1,240	17,240	556	56,298	38,934	192	17,126
1936	241	1,517	17,635	569	67,038	43,542	5,930	17,486

자료: 조선총독부, 『조선금융사항참고서』.

점을 강화하고자 하였던 것이다. 이와 같이 초기의 신탁회사는 자연발생적으로 나타난 금융업이었으나, 일제는 증권시장을 육성하고 부동산, 증권 등 자산시장에 대한 독점력을 강화하기 위해 조선은행과 식산은행의 신탁 업무를 분리하여 조선신탁회사를 설립하고, 이 회사로 하여금 영세한 기존 신탁회사를 매수하여 특수금융기관으로 육성시키고 있었다.

[표 10-13]을 보면 이 신탁회사는 출발 당시 신탁액이 900만 원을 넘었고 신탁회사의 활발한 설립과 적극적인 영업으로 1934년에는 4,000만 원을 넘어설 정도로 빠르게 성장하였으나 1935년 조선신탁으로 통합되면서 성장세가 다소 둔화되었다. 이 신탁자산은 대부분 금전신탁이었으나 부동산신탁도 점차 늘고 증권신탁도 1936년부터 다소 늘어났다. 이 신탁회사가 가장 선호한 자산운용은 부동산이고 그 다음이 유가증권이었으나 중일전쟁 이후에는 부동산보다 대출이 급증하는 현상이 나타났다.

2) 무진회사의 등장과 개편

무진업의 기원은 일본인 간에 자금의 상호 융통을 목적으로 운영되던 무진강에서 찾을 수 있다.[39] 이와 같은 무진강이 회사 형태로 변한 것은 1922년 8월 「조선무진업령 및 동시행규칙」이 발표된 이후, 이 법령의 발효를 전후로 무진회사가 전국 각지에 설립되면서부터였다.

무진회사의 가입자 현황을 보면, 1932년 말 현재 총가입자는 43,306명인데, 그중에 한국인이 9,999명이고, 일본인 33,423명이다. 직업별로 보면 농업자 1,619명, 상업자 27,586명, 공업자 2,320명, 봉급자 14,029명이었다.[40] 이러한 가입자 분포를 보면, 가입자는 주로 일본인으로서 상공업자와 봉급자가 중심이 되고 있었다. 한국인 가입자도 만 명에 이르렀지만 농촌인구 비중의 1%도 되지 않았다.

이 무진회사는 도시 노동자 및 영세 상공업자 간의 자금융통을 담당하였던 금융기관이고, 이에 한국인의 일부가 포섭되어 있으나 그 중심은 일본인이었던 것을 알 수 있다. 그런데 [표 10-14]를 보면, 무진강에 가입 건수는 1922년 3,978건, 1928년 32,820건, 1932년 59,146건, 1936년 113,572건으로 증가하였고, 급부 결제액도 1922년 204만 원에 불과하였지만 1930년에는 2,080만 원, 1936년 6,192만 원으로 증가하였다. 무진회사의 대출액은 1922년에는 17만 원에는 불과하였지만 1930년는 315만 원, 1936년 1,051만 원으로 증가하였다. 하지만 이 규모는 신탁회사보다 컸지만 저축은행보다는 훨씬 작은 수준에 그쳤다. 이와 같이 무진업이 일본인에 이식된 이래, 자력이 부족하여 은행 등으로부터 소외될 수밖에 없었던 계층을 대상으로 상호금융을 확대하여 성장한 금융기관이었다.

1921년에 대구무진, 부산무진이 설립되고 1922년에 김천무진, 목포무진, 원산무진, 공제무진, 인천무진 등이 설립되어 [표 10-12]에서 보았듯이, 1929년경에는 무진회사가 32개에 이르게 되었다. 이 무진회사는 금전대차뿐 아니라 토지·건물 임대차, 생산물 위탁판매 등의 재산관리를 겸하여 사실상 다른 금융회사와 명확히 구분되지는 않았으나, 무진강을 취급한다는 점에서 구분되는 금융회사였다.

이 회사는 1933년이면 전성기가 되어 34개 회사에 납입자본이 418만 원에 이르렀

39 藤戶計太 編(1932), 『조선금융경제총서』, pp. 21~22.
40 조선무진협회 편(1934), 『조선무진연혁사』, pp. 59~260에 수록된 각 무진회사 가입자 분포를 집계.

[표 10-14] 조선 내 무진회사 업무 동향(1922~1936)

(단위: 천 원)

연도	계약구 수	급부금 계약고	급부결제금	미불무 진급부	미수무진 급부금	대부금	납입 자본
1922	3,978	9,043	2,037	21	52	169	280
1924	15,045	20,583	8,040	208	454	930	841
1926	22,031	27,910	12,188	360	801	1,367	958
1928	32,820	44,908	18,308	497	716	2,397	1,080
1930	43,260	59,506	20,798	581	1,342	3,150	1,183
1932	59,146	81,127	31,921	1,528	2,286	4,270	1,508
1934	79,091	111,080	44,857	2,135	2,257	6,168	1,757
1936	113,572	163,705	61,916	3,692	2,799	10,505	2,176

자료: 조선총독부, 『조선금융사항참고서』.

다. 이 회사는 신탁회사보다 영세한 회사로 조양무진을 제외하면 그 기원상 일본인 회사가 전부이다. 1931년 「조선무진업령」이 개정되어 최소자본금이 10만 원으로 규정되면서 합병이 진행되어 그 수가 줄어들었지만 1937년에는 23개에 이르렀다.

3) 보험기관의 확장과 신설

일본 내에서 과당경쟁과 규제 강화에 직면한 보험회사들이 식민지 조선을 새로운 시장으로 편입하고자 활발히 진출한 결과로 [표 10-15]에서 보듯이, 손해보험회사의 수가 늘어나고 계약 건수나 금액이 제1차 세계대전 경기를 배경으로 크게 늘어났다. 이 시기에 빠르게 성장한 보험은 화재보험이고 해상보험은 서서히 성장하고 있었다. 해상보험은 일본 기업의 한국 진출에 따라 확장되었는데 당시 1910년대 「회사령」에 의해 일본 기업의 조선 진출이 제약되었다. 대만이나 관동주와는 달리 이 시기에 보험업도 제정되어 있지 않아 「회사령」에 의해 보험회사 설립이 규제되고 있었으나 「회사령」이 1920년 4월 폐지되었다. 그럼에도 조선에서 보험관계 법령은 별도로 제정되지 않았다.[41]

[표 10-15] 조선 내 손해보험회사의 업무 동향(1911~1936)

연도	회사 수	신규 계약		연말 계약건	보험료 수입 (천 원)
		건수	금액(천 원)		
1911	14	16,654	23,307		152
1913	20	27,673	47,716	19,425	180
1914	24	65,637	81,604	14,180	286
1916	38	73,334	107,660	16,632	348
1918	41	71,789	192,315	25,007	595
1920	58	72,077	379,045	29,169	1,194
1922	68	87,241	203,711	65,092	8,187
1924	53	169,114	528,139	45,584	2,203
1926	58	233,833	756,812	145,211	5,010
1928	61	295,252	1,106,346	186,818	7,125
1930	44	337,474	926,473	202,172	3,045
1932	45	500,012	1,338,546	233,220	4,047
1934	45	577,201	1,830,846	233,186	4,821
1936		546,474	1,279,011	298,731	3,829

주: 손해보험은 화재보험, 해상보험, 운송보험, 신용보험 합계.
자료: 대한손해보험협회(1987), 『조선보험통계연보(1910~1943)』.

조선에 본점을 둔 화재보험회사의 설립은 1919년 11월 조선상업회의소연합회에서 구체적으로 논의되었으나 본격화된 것은 조선식산은행이 설립사무소를 두고 「회사령」에 의거하여 설립을 진행한 주식회사 조선화재는 몇 가지 조건 이행을 전제로 보험업 인가를 받았다. 조선화재는 조선실업은행을 설립하였던 일본인 고쥬(古城管堂)가 대표로 하는 발기인 대회를 열었는데, 일본인 실업자가 중심이었지만 한국인 한상룡, 이병학, 백인기 등도 참여하였다. 조선식산은행은 31,445주, 조선은행은 15,000주를 소유하여 전체 지분의 46%를 차지함으로써 대주주로의 역할을 수행할 수 있었다.[42]

41 이 법령이 제정될 경우 영업이나 송금 등 조선 내 보험회사들의 지점 또는 대리점 업무에 대한 규제가 늘어나면서 일본 회사들의 영업이 어려워지는 것을 조선총독부가 원하지 않았기 때문이다(대한손해보험협회(1977), 『손해보험협회삼십년사』, p. 61).

42 앞의 책, pp. 63~64.

조선은행과 식산은행은 함께 손해보험 회사를 자회사로 설립함으로써 은행 업무와 관련된 보험 업무를 일본 지점 보험회사에 맡기지 않고 원활하게 처리하면서 이익도 낼 수 있었다.

조선화재는 1922년 10월 수권자본금 500만 원(납입자본 125만 원)으로 경성에서 개업하였고 화재·해상·운송 보험을 취급하면서 이와 관련된 재보험의 수재, 출재 업무도 취급하였다. 이 회사는 출범 초기 일본 지점과의 경쟁은 물론 불황으로 인해 실적이 좋지 않았다. 그러나 영업 기반을 확장하기 위해 만주 진출을 시도하여 1923년 8월 관동주, 1927년 8월에는 봉천에 진출하였다. 1931년 이후 일본 독점자본의 조선 진출이 활발해지면서 손해보험시장도 확대되었으나 이 자본은 대부분 보험회사를 소유하고 있었고 조선에서의 지점영업을 강화하였기 때문에 조선화재는 큰 수혜를 누리지는 못하였다.

일본 생명보험회사는 일본인 거류민을 대상으로 1890년대부터 활동하여 통감부 시대에도 대리점과 출장소가 96개에 이르렀다. 일제 강점기에 들어서 보험회사 진출이 확대되고 1910년대 중반 이후에는 생명보험회사가 30여 개에 이르렀다. 1920년「회사령」철폐 이후 일본 회사의 조선 진출이 활발해짐에 따라 일본 생명보험회사 수가 증가하였다기보다는 대리점과 출장소가 특히 많이 늘어났다. 본사는 1919년 29개, 1936년 33개로 큰 차이가 없었으나 대리점과 출장소는 1919년 692개에서 1936년 2,630개로 크게 늘어났다. [표 10-16]에서 보듯이, 이러한 영업망 확충과 함께 신규 계약이 늘어나면서 누적된 계약도 늘어나고 이에 따라 보험료 수입도 계속 증가하였다.

일반 생명보험회사는 영업조직이 지부, 지점, 대리점, 출장소, 주재원 등 다양하게 있었으나 대리점이 가장 일반적이었다. 이들 회사는 대도시 일본인을 주요 대상으로 영업을 하고 있었다. 1934년 말 조선생명을 제외한 일본 생명보험회사의 모집조직은 지점 7개, 지부 및 지사 28개, 대리점 2,083개, 기타 79개이었고, 실적을 보면, 사망보험 210,696건, 생존보험 5,456건, 징병보험 13,909건, 기타 101건이었다. 당시 생명보험상품은 사망보험, 생존보험 이외에 상해보험, 여행상해보험 등이 있었고, 만주사변 이

[표 10-16] 조선 내 생명보험회사의 업무 동향(1911~1936)

연도	회사 수	신규 계약		연말현재 계약고		보험료 수입 (천 원)
		건수	금액(천 원)	건수	금액(천 원)	
1911	11	6,005	4,527		-	240
1913	20	10,859	9,229	25,947	20,821	681
1914	23	9,726	8,116	30,884	24,598	819
1916	30	8,833	7,410	30,388	23,556	807
1918	33	13,861	13,423	46,511	41,290	1,869
1920	35	16,245	18,913	54,078	50,781	1,789
1922	39	16,190	18,539	60,327	66,009	3,108
1924	38	33,388	47,279	138,715	135,265	2,573
1926	40	23,428	36,570	89,380	115,739	5,267
1928	43	33,938	46,196	109,035	158,462	6,608
1930	32	36,021	66,906	140,290	214,548	8,313
1932	32	39,054	64,449	169,371	262,237	9,001
1934	30	69,311	112,805	230,162	356,454	12,697
1936	33	98,848	163,639	346,453	159,359	17,579

자료: 조선총독부, 『조선총독부통계연보』, 각 연도.

후 징병보험이 있었는데 이 보험은 징병의무 때문에 생겨난 보험이었다. 보험의 압도적인 다수는 사망보험이었고 그 다음이 생존보험이었는데, 신설 징병보험은 생존보험의 2배 이상으로 급증하였다.[43]

일본에서 조선으로 진출한 생명보험업자들이 일본의 생명보험협회 경성지부로 경성생명보험동업회를 조직하면서부터 조선에도 생명보험회사를 설립하려는 움직임이 나타나기 시작하였다. 평양부윤과 진남포 영사를 거친 일본인 아키모노(秋本豊之進)와 한성은행 전무인 한상룡이 주도하여 조선총독부로터 생명보험회사 설립인가까지 받았으나 양자 간의 의견충돌로 무산되었다. 한익교는 1921년 2월부터 조선총독부 담당과장과 상의하여 가칭 '조선제일생명보험주식회사' 설립을 추진하였다. 마침내

43 생명보험협회(2010), 『생명보험협회60년사』, pp. 18~22.

1921년 10월 한상룡을 대표로 하는 조선생명보험주식회사의 설립이 허가되었다.

자본금 50만 원, 납입자본 12만 5,000원으로 출범한 이 회사는 조선에 본점을 두는 최초의 생명보험회사가 되었다. 이 회사는 주식회사와 상호회사를 혼합하는 형태로 운영하기로 하였고, 보험증권을 담보로 한 대출을 취급하고, 은행과 금융조합 조직을 이용하여 보험금 납입을 취급하기로 하였다. 이 회사는 설립 당시 양로보험, 상해애보험, 위안보험 등을 판매하였고 이익을 낸 이후로는 8% 정도 배당하였다. 이 회사는 한상룡이 보험으로 조성한 자금을 한성은행에 활용하려는 목적으로 설립되었는데, 일본인의 기피와 한국인의 생명보험에 대한 무관심 등으로 영업실적은 좋은 편이 아니었다.[44]

4) 우편저금과 간이생명보험

영국에서 실시된 우편저금제도는 1875년경 일본에 도입되었고 대장성 예금국이 우편저금을 관리하였다. 일본의 우편저금제도는 우편기관을 이용하여 전국의 소액자금을 흡수하여 정책자금으로 활용하는 제도이었다.[45] 우리나라에서도 일본인이 우편국이나 우편소를 설치함에 따라 우편저금제도가 자연적으로 도입되었는데 그 시기는 1880년대로 알려져 있다. 1901년 6월 일본 공사가 재한 일본 우편국 철폐를 반대하면서 한국 우편국은 우편저금, 우편환, 소포 등의 업무를 보지 않는다는 이유를 들고 있는 것[46]으로 보아 우편저금은 통감부 시기에 제도화된 것으로 보인다. 조선총독부는 1911년 3월 「우편저금규칙 속달우편규칙」을 공포하였고 연이어 1911년 4월 「우편저금규칙」을 공포함으로써 우편저금은 제도로써 도입되었다.

식민지 조선에서 조성된 서민의 우편저금은 조선에서 직접 운용되는 것이 아니라

44 생명보험협회(2010), p. 37.
45 石濱知行(1937), 『특수금융기관사론』, pp. 18~22.
46 「노한전선접속에 관한 건」, 『일본외교문서』, 제34권, pp. 624~646.

일본 대장성 예금부로 편입되어 조선은행, 조선식산은행, 동양척식회사를 통해 이자부 자금으로 다시 조선으로 공급되었다. 1930년 말 기준으로 이 자금은 산미증식자금, 미곡자금, 한해구제자금, 수해구제자금 등 정책자금으로 운용되고, 일부는 수리조합, 금융조합, 산업조합 등에도 대출되었는데, 1930년 3월 기준으로 예금자 207만 8,602인이고 예금액은 3,628만 417원에 달하였다.[47]

간이보험은 일본이 우편저금제도를 도입하면서 실시하려 하였으나 뜻을 이루지 못하다가 1914년 11월 간이보험 관련 법령을 완비함으로써 도입된 제도이다. 이 보험제도는 보험회사가 실시하기 어려운 소액 보험을 국가가 운영하는 것이었다. 이 자금도 우편저금과 마찬가지로 대상성 예금부에 편입되어 서민 정책자금으로 활용하고, 그 수익으로 보험금을 지급하는 것이다.[48]

조선총독부는 일본의 간이보험이 실시되자 곧바로 조선에서 실시하려 하였으나 시기상조라는 이유로 지체되다가 1921년에 체신국이 실시안을 제출하였고, 1925년에는 조선총독부에 조선의 자금난과 저축장려를 이유로 사업계획안을 다시 제출하여 1927년 12월 승인을 받았으나 준비기간을 거쳐 1929년 10월에야 「조선간이생명보험령」(1925년 4월 공포)에 의거하여 시행하게 되었다. 간이생명보험은 민족 구분 없이 근로자를 주요 대상으로 하는 비영리 소액 생명보험제도이었다.[49] 1937년 말 조선간이보험 적립금은 2,830만 5,000원이었는데, 그 용도를 보면 공공대부로 1,742만 3,000원, 계약자 대부 91만 원, 채권인수 853만 1,000원, 예금부 예금 43만 원, 제국정부 공채 101만 원 등이었고, 공공대부는 서민용 대출이라기보다는 각종 정책자금으로 활용하는 것이었다.[50]

47 조선금융조합협회(1931), 『조선에 있어서 서민금융의 개황』, p. 31.
48 石濱知行(1937), pp. 52~53.
49 생명보험협회(2010), p. 39.
50 鈴木武熊(1939), 『조선금융론십강』, p. 173.

제 11 장

한국인의 금융 상태와 고리대금업의 변성

1. 근대적 금융기관 이용의 민족별, 계층별 격차

일제는 식민지 조선을 금융적으로 지배하기 위해 한편으로 조선총독부가 직접 지배·경영하는 특수금융기관을 설립하거나 확장하였고, 다른 한편으로 일본인, 한국인을 막론하고 민간금융기관 설립을 허용하였다. 그러나 조선총독부는 1920년대부터 민간금융기관, 특히 일반은행의 정체를 계기로 일반은행 간 합병을 추진하는 동시에 한국인 은행의 일본인 은행화도 동시에 추진하여 일부 한국인 은행만 남게 되었다.

일본인이 식민지 조선의 거의 모든 금융기관을 직접 소유·경영함에 따라, 민족적 차별이 존재하는 당시에 한국인이 일본인 금융기관을 통해 금융 문제를 해결해야 하는 상황은, 일본인과 한국인의 금융기관 이용에 있어 격차를 확대시킬 수 있다. 그뿐 아니라 같은 한국인이더라도 자력이나 신용에 따라 금융기관 이용은 달라질 수 있기 때문에 이 시기에 어떤 식으로 금융포용 격차, 바꾸어 말해 금융소외가 존재하였는가를 살펴볼 필요가 있다. 일제가 많은 근대적 금융기관을 설립하고 확장하였지만 여기서 소외된 한국인이 어떤 금융업자에 접근하여 금융 문제를 해결하려 하였는가도 살펴볼 필요가 있다.

근대적 금융기관에서 소외당한 한국인이 쉽게 접근할 수 있는 대상은 거리의 금융기관인 대금업자들이다. 그러면 이 대금업자들이 어떤 형태로 존재하고 있었으며 어떤 계층을 대상으로 어떤 방식으로 영업하고 있었는가를 구체적으로 검토해 보아야 할 것이다. 그리고 일본인이 식민지 조선의 주요 금융기관을 직접 지배·경영함에 따라 한국인의 금융업 진출은 양상을 달리할 수밖에 없게 되었다. 따라서 일제의 금융지배 강화에 따라 한국인이 금융업에 어떻게 진출하고 있는가를 구체적으로 검토해 보아야 할 것이다.

식민지 조선의 금융기관은 일본인의 자본출자로 일본인 금융기구의 일부로 변질되어 갔지만, 다른 한편으로 한국인까지 금융적으로 포섭함으로써 그 성장 기반을 구축하고 있었다. 특히, 식민지 조선의 중추 금융기관들은 일본인 예금에 주로 의존하여 자금을 동원하면서 이에 상응하여 일본인에게 대출을 집중함으로써 식민지의 일본인 금융기관으로 변모하고 있었다.

> "조선의 금융계에는 금융이용자 측에 관하야 대용도, 소용도로 구분되어 있다. 금융이용자 측으로 일류자가 있고 이류자가 있다는 것은, 조선은행이나 식산은행과 같은 대금융기관에서 비교적 저리의 자금을 이용하는 자는 자실력이 큰 일류상인 일류실업가 – 그도 대부분이 조선인이 아니다 – 들이오, 소금융기관으로 보통은행 혹은 금융조합에서 비교적 고리의 자금을 이용하는 자는 자실력이 적은 소상인과 소규모 사업가 – 그도 대부분 조선인이다 – 들이라는 것이다."[1]

먼저 은행별 한국인 예금과 대출의 상태를 [표 11-1]을 근거로 하여 검토해 보자. 우선 시기적으로 앞의 보도와 조사시기가 유사하여 1920년 중반의 각 금융기관 민족별 대출 구성을 더 구체적으로 파악할 수 있다. 한국인에 대한 대출 비중은 조선은행이 9.8%, 식산은행이 50.2%, 지점 일반은행이 6.0%, 본점 일반은행이 49.0%이다. 이 중에서 당시 한국인 은행에 가깝다 할 수 있는 한성은행이 72.8%, 한일은행이 95.6%, 해동은행이 95.6%, 호서은행이 88.2%, 호남은행이 82.05%, 경일은행이 70.6%, 대구은행이 28.2%, 경남은행이 87.9%, 북선상업은행이 83.8%, 삼남은행이 55.7%이었다. 일본인 은행에 가깝다 할 수 있는 조선상업은행이 18.1%, 밀양은행이 76.7%, 부산상업은행이 5.9%, 선남은행이 5.8%이었다.

조선은행, 식산은행, 지점 일반은행 등 일본인 은행은 일본인의 예금에 절대적으로 의존하였다. 조선은행과 지점 일반은행은 일본인에게 대출을 집중하였으나, 식산은행만은 전체 대출의 1/2 정도를 한국인에게 대출하고 있었다. 그리고 일반은행의 경

1 『동아일보』, 1924. 5. 23.

[표 11-1] 각 은행의 한국인 예금 및 대출의 비중(1925년 말)

(단위: 천 원, ( ): %)

은행별		대출액			예금액		
		전체(A)	한국인(B)	B/A	전체(C)	한국인(D)	D/C
특수 은행	조선은행	62,053	6,064	(9.8)	13,022	508	(3.9)
	식산은행	111,127	55,815	(50.2)	43,055	5,272	(12.2)
	소계	173,180	61,855	(35.7)	56,077	5,780	(10.3)
지점 일반 은행	第一銀行	7,208	133	(1.8)	16,449	269	(1.6)
	安田銀行	5,136	198	(9.6)	9,951	192	(1.9)
	山口銀行	1,656	87	(5.3)	2,156	117	(5.4)
	十八銀行	11,096	796	(7.2)	9,498	298	(3.1)
	소계	25,121	1,514	(6.0)	38,014	876	(2.3)
본점 일반 은행	조선상업	24,811	4,489	(18.1)	18,565	2,243	(12.1)
	한성	15,994	13,059	(72.8)	15,099	5,014	(33.8)
	한일	8,030	7,693	(95.6)	5,762	5,150	(89.4)
	해동	848	774	(91.3)	537	506	(94.2)
	호서	1,714	1,511	(88.2)	915	567	(62.0)
	삼남	831	463	(55.7)	534	171	(32.0)
	호남	2,563	2,020	(82.0)	1,592	1,167	(73.3)
	경일	1,696	1,196	(70.6)	693	256	(36.9)
	대구	6,867	1,934	(28.2)	1,193	654	(54.8)
	동래	522	478	(91.6)	233	184	(79.0)
	경남	1,550	1,363	(87.9)	703	567	(80.7)
	밀양	309	237	(76.7)	221	155	(70.1)
	부산상업	3,667	218	(5.9)	2,344	202	(8.6)
	경상공립	922	436	(44.0)	583	38	(6.5)
	북선상업	840	704	(83.8)	240	221	(92.0)
	선남	1,114	65	(5.8)	853	36	(4.2)
	소계	74,892	36,702	(49.0)	50,067	17,211	(34.4)
합계		296,377	99,710	(33.6)	144,200	24,202	(16.8)

자료: 조선총독부, 「조선금융경제조사자료 기일」에 의거 정리.

우도 대체로 주주의 민족별 구성에 따라 민족별 예금과 대출이 달라지고 있었다. 즉, 일본인 일반은행은 일본인 예금과 대출에 의존하고, 한국인 일반은행은 한국인 예금과 대출에 의존하고 있었다. 예외적인 은행이 대구은행과 밀양은행이었다. 그러면 이

[표 11-2] 각 은행의 한국인에 대한 대출초과액, 예금 및 대출의 비중(1918~1936)

(단위: 천 원, ( ): %)

연도	조선은행			식산은행			일반은행			전 은행[1]		
	금액	예금	대출	금액	예금	대출	금액	예금	대출	금액	예금	대출
1918	3,662	(6.6)	(8.6)	12,248	(24.9)	(46.4)	14,446	(21.7)	(32.4)	31,257	(19.0)	(27.3)
1920	6,477	(3.2)	(14.4)	22,432	(14.9)	(52.8)	25,783	(19.1)	(38.3)	65,682	(15.1)	(37.4)
1922	6,084	(2.0)	(14.4)	51,159	(13.1)	(49.5)	31,304	(17.6)	(37.8)	88,549	(13.8)	(38.6)
1924	6,147	(5.4)	(11.7)	51,046	(13.9)	(42.1)	34,970	(20.5)	(37.5)	92,163	(17.0)	(34.5)
1926	6,061	(5.2)	(14.3)	59,867	(16.1)	(41.9)	39,508	(18.7)	(38.3)	105,135	(16.9)	(36.6)
1928	5,287	(8.7)	(19.2)	103,399	(20.0)	(57.8)	41,849	(19.9)	(39.9)	151,135	(18.8)	(48.4)
1930	2,501	(4.4)	(7.7)	117,814	(16.7)	(60.4)	47,872	(19.7)	(46.0)	170,617	(17.6)	(50.5)
1932	4,672	(6.3)	(8.5)	130,635	(18.7)	(59.4)	50,951	(21.5)	(47.3)	188,836	(19.1)	(48.4)
1934	5,193	(5.1)	(7.9)	150,629	(22.9)	(60.1)	68,863	(24.5)	(53.4)	229,236	(21.2)	(50.2)
1936	10,688	(5.2)	(9.1)	176,851	(26.3)	(49.2)	110,864	(27.1)	(48.1)	301,475	(23.9)	(44.6)

주: 1) 조선저축은행도 포함.
자료: 조선총독부, 『조선금융사항참고서』.

와 같은 각 은행의 대출과 예금의 민족별 구성이 1920년 중반 전후에도 유지되고 있었는가를 검토해 보자. 1918년에서 1936년까지 각 은행의 대출과 예금의 민족별 구성과 한국인에 대한 대출초과액이 표시되어 있는 것이 [표 11-2]이다. 각 은행의 예금에서는 공히 한국인 예금의 비중은 작았다. 즉, 조선은행은 예금의 5% 정도만 한국인 예금에 의존하였고, 식산은행과 일반은행은 예금의 15~25% 정도만 한국인 예금에 의존하였다. 전 은행의 총예금 15~20% 정도만 한국인 예금이었다. 그리고 조선은행을 제외하면 한국인 예금의 비중은 점차로 증가하였으나 아직도 20% 수준에 머물고 있었다. 한국인이 일본인에 비해 적은 예금을 금융기관에 예치하였다는 것은 한국인이 일본인에 비해 자금력이 취약하였다는 것을 말해 준다.

[표 11-2]에서 각 은행의 대출 상황을 보면, 조선은행은 대출액의 10% 정도만 한국인에게 대출하고 그 비중은 대체로 감소하는 추세에 있었다. 식산은행은 대출액의 40~60% 정도를 한국인에게 대출하고 있었으니 그 비중은 1918년 이후 증가하다 1930년을 정점으로 도리어 감소하였다. 일반은행이 일본인 은행화함에도 불구하고 한국

인에 대한 대출 비중은 증가 추세로 30~60% 수준에 있었다. 그렇지만 일본인은 1930년대 중반까지도 은행 전체 대출의 50% 이상을 차지하고 있었다.

[표 11-2]에서 보듯이, 당시 모든 은행이 한국인에 대한 대출초과를 기록하고 있다. 한국인에 대한 대출초과액을 보면, 조선은행은 1920년대 이후 정체 상태이지만, 식산은행과 일반은행의 한국인 대출초과액은 계속 증가하고 있었다. 그것은 식산은행과 일반은행이 한국인 자금력의 부족을 해소하는 데 중추적 역할을 담당하고 있었음을 말해 준다. 앞서 1920년대 중반과 비교해 보면 한국인의 조선은행 대출은 어려워지는 반면 식산은행과 일반은행의 대출은 용이해지고 있었음을 알 수 있다. 이것은 식산은행이 한국인 지주에 대해 대출을 확장하고, 본점 일반은행이 한국인 중소상인에 대한 대출을 증가시킨 결과로 보면 될 것이다.

금융조합의 민족별 대출 구성의 변화를 시사하는 자료는 없지만, 조합원 구성을 보면 도시금융조합원의 절반 정도가 일본인이고, 촌락금융조합원은 거의 한국인인 것으로 알려져 있다.[2] 금융조합의 대출 대상이 거의 조합원인 점을 고려하면, 촌락금융조합의 경우는 대체로 한국인에 대한 대출이 압도적이었다고 할 수 있을 것이다. 이와 같이 한국인은 조선은행과 지점 일반은행보다는 식산은행, 본점 일반은행 및 금융조합의 자금 공급에 절대적으로 의존하였다.

당시 각 금융기관의 한국인과의 관계를 보자. 한국인의 대출, 예금, 그리고 조합원 비중에서 알 수 있듯이, 한국인은 금융조합, 본점 일반은행과 식산은행을 주로 이용하였고, 이 금융기관들이 대출자금의 50% 정도를 한국인에게 공급한 것으로 보인다.

당시 담보상의 제약을 고려하고, 한국인은 상대적으로 저리의 대출을 행하는 금융기관부터 이용한 점을 고려하면, 한국인 최상층은 식산은행으로부터 상대적으로 저리의 자금을 공급받은 반면, 중간층은 일반은행과 금융조합으로부터 상대적으로 고리의 자금을 공급받은 것으로 보아야 할 것이다. 반면에 비교할 수 없을 정도로 소

2 금융조합원 중 한국인 비중은 1927년 말 전남의 촌락조합 95.5%, 도시조합 45.1%, 1931년 말 평남의 촌락조합 99.3%, 도시조합 66.6%이다(波形昭一(1978), 「조선금융조합의 구조와 전개」, 『금융경제』, 170).

수의 일본인이 저리의 자금을 공급받았을 것이다.

[표 11-2]에서 보았듯이, 일본인이 전 은행 예금의 80% 이상을 제공하고, 대출의 50% 이상을 점유한 것으로 보아 일본인의 금융상 지위가 우월하였을 것이다. 그러면 각 금융기관이 중요시하는 것은 민족도 있었지만 그에 못지 않게 중요한 것이 대출자의 상환 가능성인데 이를 가장 잘 보여 주는 것이 담보력과 신용이었다. 그러면 각 금융기관이 어떠한 계층을 주요 대상으로 영업을 확장하였는가는 대출자가 제공하는 담보나 1인당 평균대출금액을 통해 살펴볼 수 있다. 이를 예시하는 자료가 [표 11-3]이다.

[표 11-3]을 보면, 부동산담보 대출 건당 잔액은 특수은행(조선은행과 식산은행)이 5,053원, 본점 일반은행이 2,985원, 지점 일반은행이 6,343원, 도시금융조합이 889원이었다. 1926년 답(논)의 단보당 전국 평균가격이 119원이고 대출 한도가 시가의 2/3 이내이므로 이를 감안하여 저당토지 규모를 답을 기준으로 추정해 보면, 특수은행이 6.3정

[표 11-3] 각 금융기관의 대출 건수와 건당 잔액

담보별		특수은행	본점 일반은행	지점 일반은행	도시 금융조합	합계
부동산	건수	22,874	10,149	903	8,616	42,542
	대출액(천 원)	115,599	30,302	5,730	7,630	159,262
	건당 잔액(원)	5,053	2,985	6,346	889	3,473
동산	건수	12,423	5,696	2,810	520	21,449
	대출액(천 원)	37,235	15,139	13,109	292	66,176
	건당 잔액(원)	2,997	2,728	4,665	562	3,085
신용	건수	26,406	22,970	5,948	20,122	75,445
	대출액(천 원)	114,386	28,873	11,458	8,342	163,020
	건당 잔액(원)	2,997	1,256	1,926	414	2,1261
합계	건수	61,703	38,815	9,661	29,258	139,437
	대출액(천 원)	267,108	74,714	30,298	16,262	388,457
	건당 잔액(원)	4,000	1,934	3,136	555	2,786

자료: 山根譓(1929), 『금융조합개론』, p. 147.

[표 11-4] 식산은행과 금융조합 대출 건당 잔액(1921~1937)

(단위: %)

연도	식산은행[1)			금융조합[2)			추정 토지저당 규모[3)	
	대출 건수 (건)	대출액 (천 원)	건당 잔액(A) (원)	대출 건수 (건)	대출액 (천 원)	건당 잔액(B) (원)	식산은행 (정보)	금융조합 (정보)
1921	16,140	73,711	4,567	13,607	6,935	510	7.7	0.9
1924	19,053	125,250	6,574	22,675	12,246	540	9.3	0.8
1927	24,703	174,570	7,067	31,937	17,713	550	10.1	0.8
1932	35,336	267,277	7,564	923,329	118,296	128	14.2	0.2
1937	48,499	363,695	7,499	1,637,233	193,456	118	8.0	0.2

주: 1) 식산은행 대출은 산업·공공대출에 한정된 자료임.
2) 금융조합 대출은 보통대출에 한정된 자료임.
3) 추정 토지저당 규모 = [건당 잔액/답가격(시가)]/[최고저당률(2/3)].
자료: 1) 조선식산은행(1938), 『식산은행이십년지』, pp. 72~73.
2) 『금융조합요람』, 『금융조합연감』.

보, 본점 일반은행이 3.8정보, 지점 일반은행이 8.0정보, 금융조합이 1.1정보가 된다. 이 추정 토지저당 규모를 보면, 조선은행, 식산은행, 본점 일반은행은 지주층과 유착되어 있는 것으로 보이고 금융조합만 그와 다른 양상을 보인다. 이와 같은 분석은 한 연도에 국한되어 그 추세를 가늠하기 어렵다.

그러면 이를 보완하는 것으로 [표 11-4]를 살펴보자. 이 표에 따르면, 식산은행과 금융조합의 대출 규모가 우선 큰 격차를 보인다. 대출 규모를 저당토지 규모로 역산해 보면, 대출계층을 식산은행은 계속 대중지주 이상으로 국한하고, 금융조합은 중농 이상으로 국한한 것으로 보인다. 특히, 양 금융기관의 대출 대상은 1930년대 중반까지는 양극화되고 있었다. 앞서 살펴보았듯이, 식산은행은 식민지 농업정책의 일환으로 지주에 대한 농업자금의 공급을 확대함으로써 건당 대출액이 점차로 증가하였던 반면에, 금융조합은 농촌위기 해소라는 사회정책의 일환으로 고리채 정리자금, 자작농 토지매입자금 및 수재구제자금 등을 소농에게까지 확대·공급함으로써 건당 대출액이 감소하였다고 할 수 있다.

각 은행의 건당 대출액 누적분포를 [표 11-5]에서 보면, 조선은행, 식산은행, 조선

[표 11-5] 각 은행 거액 대출의 금액별 누적분포(1926년)

(단위: %)

대출 규모 (만 원)	조선 은행	식산 은행	조선 상업	한성 은행	한일 은행	해동 은행	호서 은행	호남 은행	삼남 은행
20 이상	72	14	12	17	8	0	0	0	0
15~20	75	21	22	23	10	0	0	0	0
10~15	79	31	40	29	11	0	0	0	0
5~10	84	42	56	45	17	0	9	9	11
1~5	89	69	87	76	38	30	27	27	34
대출 규모 (만 원)	대구 은행	경일 은행	경상 공립	선남 은행	부산 상업	경남 은행	동래 은행	북선 상업	밀양 은행
20 이상	0	0	0	0	0	0	0	0	0
15~20	0	9	0	0	9	0	0	0	0
10~15	0	9	0	0	22	7	0	0	0
5~10	10	26	8	27	41	12	0	0	0
1~5	41	52	25	65	79	50	17	41	0

자료: 정부기록문서, 「조선총독부 재무국 문서」.

상업은행과 한성은행 등 상대적으로 대은행이면서 조선총독부와 밀착된 은행은 거액 대출을 취급하였고, 지방의 군소 일반은행은 소액 대출을 취급하였다. 특히, 한국인 은행이었던 한일·해동·호서·호남·동래 은행은 소액 대출에 의존하여 자금을 운용하고 있었다. 이것은 각 은행의 규모와 대출 규모는 대체로 상응하였음을 말해 준다.

이상의 검토 결과를 종합해 보면, 대상공업자는 주로 조선은행과 지점 일반은행을, 지주는 주로 식산은행과 동척을, 중소상공업자나 소농은 본점 일반은행과 금융조합을 이용하였음을 확인할 수 있다. 이러한 금융기관별 대출계층의 차이는 각 금융기관의 민족별 편향으로 귀결되었다. 즉, 특수은행과 지점 일반은행은 일본인이 중심이 되는 대상인과 대지주와 유착하였고, 일반은행과 금융조합은 주로 한국인으로 구성되어 있는 중소상인과 중소지주와 유착하였다. 이와 같이 각 금융기관의 계급적 편향과 민족적 편향이 대체로 중첩되었다. 따라서 담보력과 신용에 우위가 있는 일본인을 주요 대상으로 하는 금융기관은 거액 대출을 주로 취급하고 그렇지 못한 한국인을 주요 대상으로 하는 금융기관은 소액 대출을 주로 취급하고 있었던 것이라고 할 수 있다.

이와 같이 민족별, 계층별로 금융기관 접근에서 차이, 간단히 말해 금융격차가 현저한 것은 일제의 금융 지배를 담당하고 있던 금융기관이 자력이 있는 지배층의 자금력을 확대시킨 동시에 자금력에서 우위에 있는 일본인의 자금력을 더 확대시켜 준 결과이다. 각 금융기관이 자력이 있는 유산층과 밀착하여 영업 기반을 확보하는 것은 당연한 것이지만, 다른 한편으로는 식민지 금융정책의 한계를 제시해 준다고 할 수 있다. 즉, 식민지 금융 지배가 식민지 특수금융기관을 중심으로 확립되고, 한국인의 상층과 유착되었다. 이에 따라 한국인 상층은 일제의 금융기관에 의존할 수밖에 없게 되었다. 그런데 근대적 금융기관의 자금공급의 확장에도 불구하고 한국인 중하층은 이로부터 금융적으로 소외되어 있어 여전히 고리대 자본의 수탈 대상이 될 수 있었던 것이다

2. 고리대금업의 존재 기반

근대적 금융기관의 대출 잔액은 1918년 1억 5,745만 원에서 1928년 5억 5,750만 원, 1936년 12억 2,800만 원으로 급팽창하였다. 특히, 상대적으로 소액의 대출과 예금을 취급하던 금융기관 중 본점 일반은행은 1918년 2,206만 원에서 1936년 1억 3,238만 원으로 대출을 확대하였고, 금융조합은 1918년 693만 원에서 1936년 2억 2,846만 원으로 대출을 확대하였다. 이와 같은 근대적 금융기관의 자금공급 확대에도 불구하고 근대적 금융기관과 전통적 대금업 간의 금리격차는 물론 근대적 금융기관 간의 금리격차도 온존하고 있었다. 일제하 금융기관 간 금리격차를 [그림 11-1]에서 보면, 조선은행, 식산은행, 일반은행, 금융조합, 대금업자 순으로 대출금리가 높다. 그리고 대금업자 대출금리도 일본인에 비해 한국인이 더 높았다.

[그림 11-1] **각 금융기관 일반대출 금리의 추이(1918~1940)**

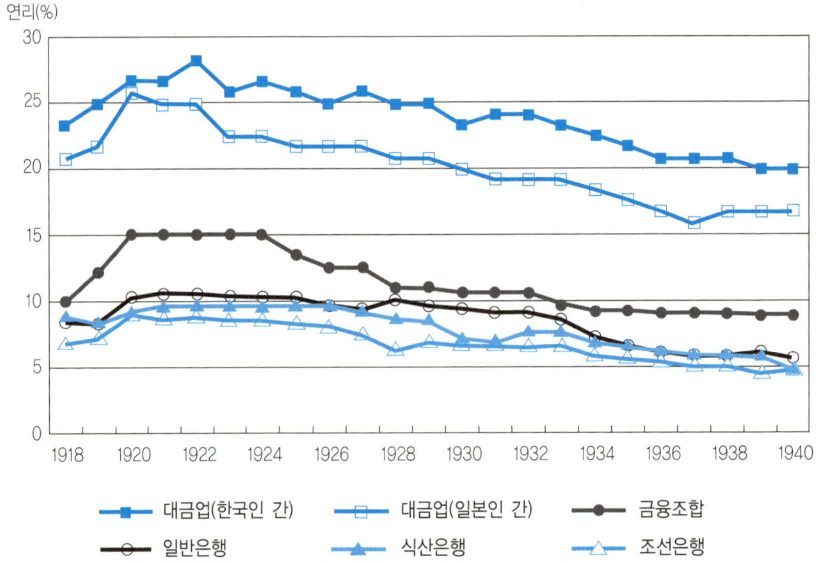

자료: 『조선금융사항참고서』, 『조선금융연보』.

당시 담보나 신용을 가진 기관, 회사, 개인은 조선은행, 식산은행, 일반은행, 금융조합 순으로 접근하여 대출을 받았지만, 특정 금융기관으로부터 필요한 모든 자금수요를 충족시킬 수는 없기 때문에 대금업자는 충족되지 못한 자금수요를 이용하여 영업을 확대하였다. 즉, 대금업자는 근대적 금융기관으로부터 상대적으로 저금리 대출을 받을 담보나 신용이 없는 중·하층민을 대상으로 매우 높은 금리로 대출하였다. 이와 같이 대금업자는 은행이나 금융조합으로부터 원하는 대출을 받지 못한 층을 상대로 하기 때문에 은행이나 금융조합의 금리보다도 높은 금리, 말하자면 고금리로 대출하되, 대출 대상이나 대부조건에 따라 대출금리를 달리 하고 있었다. 한국인이 일본인보다 자력이나 신용이 낮아 한국인 간 대금업 금리가 일본인 간 대금업 금리보다 높았던 것은 그 예가 될 것이다.

근대적 금융기관이 대출자금이 부족하거나 대출 대상이 제한되어 있다면 언제 어디서든 대금업은 항상 존재할 수 있다. 당시 대금업도 각 은행이나 금융조합으로부터 대출을 받을 수 없는 계층이 광범위하게 존재하였기 때문에 온존하고 있었다. 이 대금업자는 여러 경로로 형성한 자금, 심지어 근대적 금융기관으로 차입한 자금을 이들에게 더 높은 금리로 대출할 수 있기 때문에 금융수탈의 최저변에 있었다고 할 수 있다. 1920년대 초반의 고리대금업의 성장에 관한 한 기사에 의하면,

> "금융시장은 재계 동요에 따라 경계를 가하고 금융긴축에 노력한 결과 재계는 비상히 핍박을 고하는 중, 매입자금 수요의 왕성함에도 불구하고 거래은행이 이러한 상태에 있음으로 전당이나 혹은 고리대차로써 이 초미의 급(急)을 면하려는 결과 고리대금업자가 격증하야"[3]

1930년대 중반의 한 기사도 당시의 고리대의 만연을 지적하고 있다.

> "각 은행에서는 유자처분이 곤란할 만치 저금리 시대가 되었지마는 일반 세민 간의 유일한 금융기관인 전당포와 고리대금업자와 장변(長辨) 등은 너무나 높은 금리로 일반 민중을 중압하고 있다. … 조선 농촌의 부채는 약 4억 원에 달하는바, 이 중에는 금융조합 대출금도 있으나 대부분은 개인 간의 대차금인데 춘궁기를 맞이한 농가에서는 또한 농자금을 얻기 위하야 이 같은 고리대금을 받지 않으면 안 되는 것이 작금의 형편이다."[4]

당시의 조사에 따르면, 1931년 9월 농촌 부채, 4억 2,855만 원 중 차입선은 은행 55.5%, 금융조합 24.5%, 신탁·무진업 7.5%, 개인대금업 13.5%이었고, 1935년 1월 농촌의 부채 4억 4,586만 원 중 차입선은 은행 59.0%(동척 16.2% 포함), 금융조합 42.8%, 신탁·무

3 『동아일보』, 1920. 4. 28.
4 『동아일보』, 1935. 2. 20.

진업 0.4%, 개인대금업 13.9%이었다.[5] 그런데 1930년대에는 정책대출의 증가로 금융조합의 대출은 획기적으로 증가하여 건수로는 1927년 31,937건, 1932년 118,296건, 1937년 1,637,233건이었고, 대출액으로는 1927년 8,517만 원, 1932년 1억 2,383만 원, 1937년 2억 3,217만 원이었다.

이와 같이 금융조합이 금융적으로 포섭, 바꾸어 말해 포용한 비중이 높아졌음에도 불구하고 고리대 자본이라고 할 수 있는 개인대금업에 의존한 비중은 14% 정도로 일정하다. 이러한 고리대금업자의 온존은 식민지 금융의 민족별, 계층별 차별과 한국인 빈민층에 대한 가혹한 수탈 사례로 식민지 조선의 근대적 금융기관의 발전의 한계를 보여 주는 것이다.

3. 대금회사와 개인대금업자의 번성

1) 대금회사

일반은행과 금융조합이 중소상공업자와 농민 금융기관으로 활동하였으나 중하층의 금융난을 해소하는 데는 한계가 있다. 이러한 중하층은 자금난에 부딪혔을 때 일반대금회사를 자주 이용하였기에 대금회사도 성장하고 있었다.

조선에서 대금업은 1910년대에 이르면 회사 형태를 띠고 나타난다. 1911년 말 현재 농업겸업회사 4개, 상업겸업회사 16개, 금융전업회사 9개에 이르렀다.[6] 당시 금융업을 주요 업무로 하는 회사를 보면, 경성기업, 조선신탁, 경성융흥, 광장사, 일한식산, 강경신탁, 한국식산, 조선산업, 부산공익, 마산금융, 칠성사 등이다. 경성기업을 제외하면 10만 원 미만의 영세한 회사들이었다. 당시의 대금회사는 전업한 경우도 있지만

5 『동아일보』, 1931. 9. 6.
6 조선총독부(1911), 『조선총독부통계연보』에 수록된 「회사요록」 참조.

대부분 부동산 임대, 매매업, 신탁업까지 겸하는 미분화된 회사였다.

이 대금회사는 1921년 33개, 1925년 79개, 1929년 112개, 1933년 147개, 1937년 172개로 그 수가 증대하나 평균납입자본은 불과 5만 원에서 10만 원 내외에 머물렀다. 이와 같이 조선 내 대금회사는 계속 증가하였지만 대부분 영세한 대금회사이었다. 대출 규모는 자료가 미비하여 파악할 수 없으나, 이 대금회사의 예금이 금지되어 있었고, 다른 업종까지 겸하고 있었고, 또한 다른 금융기관으로부터 차입금이 크지 않았다. 이러한 점을 고려할 때, 대출은 다른 금융기관으로부터 차입이 쉽지 않았다고 한다면 납입자본 규모를 크게 벗어나지 않았을 것이다. 따라서 대출도 총 1,000만 원을 크게 넘지 못하였다고 할 수 있다.

이와 같이 영세 자본가가 여러 방식으로 축적한 자금을 중소상공업자에게 대출하는 대금회사라는 것도 사실상 개인대금업자와 크게 다를 바 없는 것이었다. 그럼에도 불구하고 한국인 중소상공업자의 자금원인 일반은행이나 도시금융조합을 이용할 수 없는 상황에서 이의 이용은 불가피하였다. 이러한 계층이 늘어감에 따라 고리대적 수탈을 배경으로 개인업자나 다름없는 영세 대금회사들이 성장할 수 있었던 것이다.

이상에서 살펴본 대금회사 이외에도 대금업을 겸영하던 회사는 적지 않았다. [표 11-6]을 보면, 운수창고회사, 농업회사, 상업회사, 정미회사, 광업회사, 수산회사 등 제조업, 전기업, 철도업을 제외한 거의 모든 회사들이 대금업을 부대 업무로 취급하였음을 알 수 있다. 이들 회사에서는 유휴자금을 이용하는 방편으로 또는 하청업자에게 선대자금을 공급하는 방편으로 대금업을 겸하였다고 할 수 있으나 구체적인 대출 규모는 부업이므로 파악하기가 매우 어렵다. 하지만 많은 회사가 대금업을 주업 또는 부업으로 영위하면서 축재하였던 것은 확인된다.

당시 대금업은 금리가 연 20% 내외에 이른 만큼, 다른 업종에 비해 수익성이 매우 높아 부 축적의 주요 기반이 될 수 있어 확산된 것으로 보인다. 또한 중소상공업자도 전문적인 금융회사나 대금업자에 의존하지 않고서는 안정적 자금을 확보할 수 없었을 것이다. 따라서 대금회사는 중소상공농업자에 대한 안정적 자금공급을 매개로 하

[표 11-6] 본점 일반회사 중 금융업 겸업회사의 동향(1921~1940)

	1921년			1933년			1940년		
	전체 회사	금융업 겸업	한국인 회사	전체 회사	금융업 겸업	한국인 회사	전체 회사	금융업 겸업	한국인 회사
운수·창고	79	25	6	178	55	16	317	56	28
상업	208	51	32	372	78	48	1,164	162	89
농림업	55	25	5	136	53	8	245	92	33
수산업	16	9	0	36	15	0	123	34	5
광업	6	0	0	20	0	0	85	14	0
정밀업	19	0	0	30	4	0	78	17	9
양조업	38	3	0	107	7	5	354	27	11
인쇄업	21	0	0	41	2	1	64	2	0
제조업	79	5	1	97	3	1	349	23	7
전기업	19	0	0	50	0	0	15	0	0
철도업	8	0	0	8	0	0	17	0	0
합계	548	122	44	1,075	217	79	2,281	427	182

자료: 『조선은행회사요록』, 각 연도.

여 발생·성장하였고 일반회사도 대금업을 부대 업무로 할 정도로 그 수익성이 높았던 것으로 보인다.

2) 개인대금업자

앞서 설명한 대금업은 대금회사 형태가 아닌 개인대금업자들에 의해서도 광범위하게 확산되고 있었다. [표 11-7]을 보면, 개인대금업자는 1927년 8,212명, 1930년 12,154명, 1934년 10,013명, 1938년 9,144명에 이르렀다. 이 중에 한국인이 1927년 6,002명, 1930년 8,663명, 1934년 7,498명, 1938년 7,090명에 이르렀다. 대금업자의 대출액도 1927년 4,874만 원, 1930년 5,819만 원, 1934년 5,488만 원, 1938년 6,855만 원으로 거액에 이르렀다. 개인대금업자는 금융공황의 여파가 조선에 미치면서 금융사정이 경색되었던 1930년에 가장 번성하였지만 그 이후로는 금융시장의 완화로 쇠퇴하고 있다.

[표 11-7] 개인대금업자의 동향(1927~1938)

조사 연월	대금업자 수			대출액(A) (천 원)	총건수 (B)	A/B (원)	금융기관 대출액(C) (천 원)	A/C
	일본인	한국인	전체					
1927. 9	2,174	6,002	8,212	48,746	396,308	123	594,646	(8.2)
1928. 9			10,323	52,921	437,778	122	696,259	(7.6)
1929. 9	3,386	8,156	11,583	53,091	397,077	134	740,264	(7.2)
1930. 9	3,453	8,663	12,153	58,194	422,443	138	757,682	(7.7)
1931. 9			12,088	59,072	401,850	147	795,292	(7.4)
1932. 9			12,393	64,679	417,283	155	858,782	(7.5)
1934. 9	2,503	7,408	10,013	54,880	368,355	149	933,314	(5.9)
1938. 9	2,047	7,090	9,144	68,550	427,516	160	1,513,671	(4.5)

자료: 1927. 9 「조선의 서민금융」, 『금융과 경제』, 제102호.
1928. 9~1932. 9 조선식산은행 편(1932), 『조선의 금융』, 129~131; 조선총독부 편, 『조선총람』(1933), pp. 173~175.
1934. 9 『조선에 있어서 서민금융의 현상』, 『조선총독부조사월보』, 제7권 제5호, 1936. 5.
1938. 9 鈴木武雄, 『조선금융론십강』, p. 165.

전체 대출액 중에서 개인대금업자가 담당한 대출액 비중은 1927년 8.2%, 1930년 7.7%, 1934년 5.9%, 1938년 4.5%로 점차 감소하였지만 절대액은 증가하고 있었다. 이와 같이 대금업자는 대출액을 확대함으로써 그 영역을 확대하지만 근대적 금융기관의 성장에 비해서는 점차 위축되고 있다.

그리고 개인대금업자의 건당 대출액도 1927년 123원, 1930년 138원, 1934년 149원, 1938년 160원으로 점차 증가하고 있었다. 당시 금융조합의 건당 대출액은 1927년 550원, 1932년 128원, 1937년 118원이다. 대금업자의 건당 대출액은 1930년대 이후에는 금융조합의 건당 매출액보다 적지 않았음을 알 수 있다. 이러한 현상은 많은 한국인이 금융조합 대출상의 한계로 금융조합으로부터도 자금을 차입하지 못한 경우 개인대금업자로부터 소요자금을 차입하였기 때문일 것으로 보인다.

특히, 대금업자의 대출 건수가 40만 건 내외에 이른다는 것은 이 개인대금업자의 수탈 대상이 매우 광범위하였음을 보여 주는 것이다. 그런데 개인대금업자로부터 자금을 차입하는 계층의 건당 차입금액이 100~150원으로 금융조합 건당 금액과 큰 차이를 보이지 않는다는 점은 이 이용자가 중소농업자 및 중소상공업자였음을 말해 준다. 따라서 고리대금의 이용자는 대체로 소상품 생산자층이었다고 할 수 있다. 반면에 이 대금업자는 그것이 본업이든 부업이든 간에 금융기관 자금을 이용할 수 있는 담보력이 있는 자이거나 여유자금을 갖고 있던 중소지주 및 중대 상인층이었던 것으로 보인다.

당시 공식 통계에 근거해 보더라도, 이 대금업자가 1930년대 초반까지 증가하여 1932년 1만 2,000여 명에 이르렀다. 조선총독부가 1911년 제정한 「이식제한법」을 개정한 후인 1935년에는 30% 이상의 금리를 받는 고리대금업자를 단속함에 따라[7] 음성화하여 다소 감소하였으나 1930년대 중반까지도 그 수가 1만여 명에 이른다. 이러한 고리대금업의 온존은 일제의 근대적 금융기관의 한계와 식민지 금융의 중층적 수탈구조의 존재를 단적으로 말해 준다고 할 수 있다.

앞서 설명한 개인대금업자로부터도 신용이나 담보의 부족으로 차입할 수 없는 최빈민층이 이용하는 대금업자가 전당포(質屋)이었다. 이 전당포는 가재도구, 유가증권, 장신구 등 일상에 필요한 용품이나 채권을 담보로 잡고 높은 금리로 대출해 주었다. 이 전당포는 대출액수는 매우 소액이지만 그 이용자 수가 매우 많았다.

[표 11-8]에서 보듯이, 개인전당업자 수는 1,200~1,400개에 이르렀고 금융기관의 조선 내 매출액에 대한 비중은 1927년 0.6%, 1930년 0.6%, 1934년 0.3%, 1938년 0.1%에 불과하였지만 그 이용건수가 1927년에 80만 건, 1930년 103만 건, 1934년에 101만 건, 1938년 273만 건으로 급증하고 있었다. 그러나 건당 금액은 1930년 4원, 1934년 3원, 1938년 5원에 그치고 있었다. 이 건수와 건당 금액을 볼 때, 전당업은 금융적으로 완전히 소외된 최하층민을 수탈 대상으로 하여 온존하던 최저변의 금융기관이었음을 알 수 있다.

이와 같이 전당포를 이용한 계층은 주로 부동산담보도 가지지 못하였던 영세 소

7 『동아일보』, 1935. 2. 5, 「고리대금업자에 대철퇴」; 『부산일보』, 1936. 4. 10, 「고리대의 박리 조선에도 취체」; 『경성일보』, 1937. 5. 5, 「악덕고리대퇴치」.

[표 11-8] 개인전당업자의 동향(1927~1938)

조사 연월	전당업자 수			대출액 (D)(천 원)	총건수 (E)	D/E (원)	금융기관 대출액(C)	D/C (%)
	일본인	한국인	전체					
1927. 9	608	799	1,406	3,450			594,646	(0.6)
1930. 9	578	699	1,261	4,206	1,038,303	4	757,682	(0.6)
1934. 9	535	713	1,208	3,523	1,012,577	3	933,314	(0.3)
1938. 9	481	781	1,266	14,563	2,732,271	5	1,513,671	(0.1)

자료: [표 11-7].

상공인, 즉 영세 자영업자와 노동자였다. 1930년 공익질옥 이용자 34,763명 중 소상인 32.2%, 봉급생활자 18.5%, 노무자 8.8%, 소공업자 6.5% 순이고, 전당물의 구성은 가구 43.3%, 유가증권 37.1%, 장신구 13.7%이었다.[8] 이와 같이 금융적으로 소외된 최하층은 5원 미민의 차입을 위해 생활용품까지 전당하였던 것이다. 이와 같이 소액의 차입은 하층민에게까지 광범위하게 확산되어 1930년 103만 건, 1934년 101만 건, 1938년 273만 건까지 증가하였다. 이것은 물론 근대적 금융기구가 하층민을 포섭하지 못한 결과이다. 이와 같이 당시의 전당업은 식민지 금융의 최저변에 위치한 금융적 수탈기구로서 고리대자본의 한 형태로 확산되고 있었던 것이다.

이상에서 살펴본 전근대적 대금업의 성장은 대금회사, 전당업, 개인대금업자의 성장에서 보는 바와 같이, 근대적 금융기구 포섭의 한계로 인해 진행된 것이었다고 할 수 있다. 결국 담보물건은 결핍되어 있고 자금수요는 큰 중소상공업자와 도시 및 농촌의 빈민층이 이용할 수 있는 금융기관이 한정된 만큼 이상과 같은 전근대적 금융업의 계속적인 발생 및 성장은 필연적이있다고 할 수 있다.

8 금융조합연합회 편(1931. 9), 『조선에 있어서 서민금융의 개황』, pp. 72~73.

4. 한국인의 금융업 진출과 그 한계

[표 11-9]를 보면, 한국인 은행은 일반은행의 합병으로 감소하였고, 그에 따라 한국인은 주로 일반대금업에 진출하고 있지만, 무진업과 보험업에도 새로 참여하고 있음을 알 수 있다. 조선총독부가 1928년 일본의 금융공황을 계기로 은행업의 합병을 적극적으로 추진하고 대금업을 제외한 다른 금융업의 설립 요건도 강화함에 따라 한국인의 금융업 진출은 새로운 양상을 보이게 되었다.

이러한 한국인 은행의 감소는 한국인 본위의 자금운용을 제한함으로써 한국인은 자금조달에 더 큰 어려움에 처하게 되었다. 1920년대 후반의 한 보도에 의하면,

> "환언하면 약소은행의 몰락은 동시에 약소상공업의 쇠퇴를 초래하게 될 것이다. 이를 자세히 말하면, 약소한 상공업자는 자연히 자기와 유가 같은 약소은행을 상대방으로 상공업 자금을 운전하여 얻은 것인데 금후로 합병 및 합동으로 약소은행은 그 존재를 잃고 일류의 큰 은행만 존재하게 되면 약소한 자금으로 사업을 경영해 가는 약소한 상공업자는 자금융통의 길을 잃게 되는 고로 결국 약소은행의 쇠퇴와 동시에 쇠퇴할 수밖에 없을 것이다."[9]
>
> "이같이 조선의 실제 사정을 무시한 대은행제를 채용한다면, 첫째 조선 내 중소은행업자의 금융의 도(途)를 절(切)하여 그들의 융자에 대한 곤란을 더욱 심하게 할 뿐 아니라 고리대금업의 발호를 촉진할 것이며, 둘째 중소상공업자를 대상으로 경영하는 소은행은 도태 당하게 되는 결과로 잔존한 소수의 대은행 발호의 폐해를 초래할 고로 어느 점으로 보나 조선 경제의 단계적 발전을 저해하는 것밖에 될 것이 없다."[10]

9 『동아일보』, 1927. 5. 7.
10 『동아일보』, 1928. 12. 12, 「또 한번 은행령에 대하여」.

[표 11-9] 한국인의 금융업[1] 진출 동향(1921~1937)

(단위: 천 원)

연도	은행업[2]		무진업		보험업		일반대금업	
	회사 수	납입자본	회사 수	납입자본	회사 수	납입자본	회사 수	납입자본
1921	11	9,778					5	613
1925	11	10,725	1	58			24	1,925
1929	7	5,990	1	68	1	125	26	5,098
1933	4	6,281	1	68	1	125	37	2,786
1937	4	6,781	1	100	0	0	53	3,906

주: 1) 주주 구성을 고려하여 분류. 1925년은 한성, 한일, 경남, 호서 대구, 동래, 북선상업, 삼남, 경일, 호남, 해동, 1929년은 한일, 호서, 경상합동, 호남, 해동, 북선상업, 동래, 1933년은 동일, 경상합동, 호남, 해동.

자료: 『조선은행회사요록』, 각 연도.

이와 같은 한국인이 고리대자본의 수탈로부터 벗어나는 정상적인 방법은 한국인이 근대적 금융기관의 설립과 확장이었다. 1921년 은행 설립 허가가 중단되었음에도 불구하고 이 요구는 잔존하고 있었다.[11] 이 요구는 기설 한국인 은행의 성장 또는 특수은행의 한국인에 대한 대출 확장에 의존해 해결될 수밖에 없었다. 그러나 1920년대 접어들어서는 한국인 은행이 설립되지 않았음은 물론 한국인 상공업자 자금창구로서의 중심 역할을 담당하던 조선상업은행과 한성은행도 일본인 은행화되었고, 다른 한국인 은행도 점차 일본인 은행과 합병됨에 따라 한국인 본위의 자금운용은 기대하기 어려워졌다.

한국인은 일차적으로 특수금융기관에 접근하여 소요자금의 상당 부분을 조달하고 있었던 것이다. 그렇지만 특수금융기관의 대출은 주로 농업 분야에 치중되어 상공업자는 일반은행 대출에 의존할 수밖에 없게 되었다. 이 때문에 한국인 은행은 이른바 약소상공업자와 유착하려 하였고, 한국인 상공업자는 특수은행보다 일반은행과 유착하여 자금조달을 극대화할 방안을 강구하게 되었다.

11 "조선산업이라 함은 조선 및 조선인을 본위로 하지 아니함이 불가하니 금융에 대하여 조선인 금융기관의 설치함을 희망하는 바이며 … 조선 측 은행에도 공채 발행권을 부여함도 한 방법으로 생각하는 바이라."(『동아일보』, 1921. 6. 12).

당시의 한국인 상공업자가 대출을 보장받는 한 방편이 일반은행 임원으로 진출하는 것이었음을 유의하고 [표 11-10]과 [표 11-11]을 검토해 보자. [표 11-10]을 보면, 1928년 현재 한국인 은행 임원의 상당수가 타 회사의 임원을 겸직하고 있었다. 그런데 1928년 개정된 「은행령」에서는 겸직이 총독부 허가사항이 됨으로써 한국인의 은행 임원과 회사 임원의 겸직은, [표 11-10]에서 보듯이, 1933년이면 급속히 감소하였다. 이와 같이 일반회사 임원이 은행 임원을 겸직함으로써 인적 연줄망을 통해 자금난을 해결해 보려는 관행이 개정된 「은행령」으로 제한되었던 것이다.

그런데 이와 같은 방식으로 은행과 유착된 업종으로는 제조업과 대금업이 주종을 이루었다. 이 분야가 바로 상대적으로 자본이 많이 필요한 업종이었다. 물론 이와 같은 현상은 은행과 일반회사가 동일 계열인 결과로 나타날 수 있다. 이러한 은행과 회사 임원의 겸직은 이 관련 업체에 대한 대출 편중을 초래하여 은행의 부실화를 초래할 수도 있었지만, 은행으로서는 대출 기반의 확장을 도모할 수 있고, 회사로서는 소요자금을 인맥을 통해 적시에 조달하는 방편이 될 수 있었기 때문에 확산되었던 것으로 보인다. 특히, [표 11-11]에서 보는 바와 같은 대금업과 은행업 간의 겸직 증가는 은행에 집중된 자금이 고리대 자금으로 전용되는 길을 터놓은 것이었다는 점에서 주목되는 것이다.

이러한 은행과 타 부문의 인적 결합은 조선총독부가 은행합병을 추진하고 겸직을 허가사항으로 하게 됨에 따라 소수의 기업이나 자본가에 한정될 수밖에 없었다. 그동안 한국인 은행은 상호간의 합병을 통해 한국인 은행으로서 잔존하였지만, 상당수는 소멸되었다. 그리고 [표 11-9]에서 보았듯이 대상 은행도 감소하였고, 그것도 소수의 한국인 은행가에만 허용되고 있었다. 특히, 한국인 은행이 한국인 대자본가와 대지주의 자금창구이었던 것은 이들의 관련 기업과 인물을 통해서도 알 수 있다. 이러한 점에서 한국인 은행은 한국인 지주, 자본가의 자본축적의 축이었지만, 극소수 지주·자본가의 성장의 축에 그쳤던 것이었다고 할 수 있다.

은행업에 종사하였던 한국인은 1920년 은행 설립이 차단된 이래 주로 대금회사

[표 11-10] 한국인 은행 임원의 회사 임원 겸직 동향(1928년 말)

이름	은행 내 직책[1)]	회사 내 직책[2)]
박영효	식산(리)	경성방직(제, 사), 경성흥업(금, 사), 조선서적인쇄(인, 사), 조선토지개량(농, 리)
유치형	한성(사)	경성흥업(금, 리)
백완혁	한성(리)	경성융흥(금, 사), 호전농구(농, 리), 조선농업(농, 리), 동산축산흥업(농, 리)
김용집	한성(리)	공동무역(상, 감)
이해창	한성(감)	선일직물(상, 감)
장두현	상업(감)	광장(금, 사), 경성융흥(금, 사), 서울고무공(제, 사), 인천미두취인소(상, 리), 종일직물(상, 감)
민대식	한일(사)	조선토지개량(농, 리)
김한규	한일(리)	광장(금, 사), 경성가축(농, 리), 조선미술품제작소(제, 리)
민규식	한일(리)	조선견직(제, 사), 조선제사(제, 리)
민형기	한일(리)	남창사(금, 사), 조선견직(리), 조선제사(제, 리)
윤고병	한일(리)	남창사(금, 리)
정재학	대구(사)	동양기공(농, 리)
서병원	대구(리)	조양무진(금, 사)
이병하	조남(리) 경일(리)	조선토지개량(농, 감), 호전농구(농, 감), 동양축산(농, 감), 영흥탄광(광, 감), 경성주식현물시장(상, 감), 조선미술품제작소(제, 리), 인천미두취인소(상, 감)
장길상	경일(사)	왜관금융(금, 감)
장직상	경일(리)	왜관금융(금, 사), 영흥탄광(광, 감)
이영면	경일(감)	동양기공(농, 감)
인창환	삼남(리)	전주무진(금, 리)
성낙규	호서(리)	충남제사(제, 리)
장석구	호서(리)	충남제사(제, 리)
이경세	호서(리)	경성식산(금, 사), 조선제사(제, 리), 이문당(상, 사)
김성권	호서(감)	충남제사(제, 감)
김병로	호서(리), 해동(감)	동아양조(양, 리)
차남진	호남(리)	목포금융(금, 감)
문재철	호남(리)	목포금융(금, 리), 동아고무공업(제, 리)
고광준	호남(리)	경성방직(제, 감)
박종덕	호남(감)	목포금융(금, 감)
김연수	해동(리)	경성방직(제, 리), 중앙상공(상, 리)
문상우	해동(리), 경남(리)	삼산자동차(운, 감)
이명여	북선상업(리)	북선창고(창, 사)
김기정	북선상업(리)	함남상공(정, 사)
주종로	북선상업(감)	함흥양조(양, 사)
박종한	북선상업(감)	함남상공(정, 리)

주: 1) 사: 두취, 리: 취체역, 감: 감사역.
2) 농: 농업, 상: 상업, 제: 제조업, 금: 대금업, 철: 철도업, 전: 전기업, 창: 창고업, 광: 광업, 정: 정미업, 양: 양조업, 운: 운수업.
자료: 『조선금융경제총람』(1928년).

[표 11-11] 한국인 은행 임원의 회사 임원 겸직 동향(1933년 말)

이름	은행 내 직책[1)]	회사 내 직책[2)]
박영철	상업(사)	조선신탁(금, 리)
장두현	상업(감)	광장(금, 리), 경성융흥(금, 리), 선일직물(상, 감)
백완혁	한성(사)	경성융흥(금, 사),
민대식	동일(사)	조선신탁(금, 리), 재녕상사(상, 리), 재녕재림(재, 리), 조선토지개량(농, 리)
김성권	동일(리)	충남제사(제, 감)
이승우	동일(감)	경성식산(금, 감), 철원창고(창, 리), 이문당(인, 감)
백남복	동일(감)	충남제사(제, 리)
이병학	선남(리)	조선서적인쇄(인, 감), 조선토지개량(농, 감)
고형준	북선상업(리)	함흥산업(상, 리)
김기점	북선상업(리)	함흥산업(상, 사)
장직상	경일(리)	조선신탁(금, 리), 왜관금융(금, 사)
김연수	해동(사)	경성방직(제, 리), 중앙상공(제, 리), 조선신탁(금, 감)
김재수	해동(리)	경성방직(제, 리), 중앙상공(제, 리), 조선서적인쇄(인, 리)
김병로	해동(감), 호남(감)	조선상공(제, 감)
현준호	호남(사)	조선생명보험(금, 감)
고광준	호남(리)	경성방직(제, 감)
최남진	호남(리)	전남주곡(양, 리)
문재철	호남(리)	남일운수(운, 사), 동아고무공업(제, 리), 목포양조(양, 리), 전남백화점(상, 리), 경인상공(제, 리)
차남진	호남(감)	전남백화점(상, 리), 목포양조(양, 리)
정재학	경상합동(사)	조선미곡(상, 사)

주: 1) 사: 두취, 리: 취체역, 감: 감사역.
2) 농: 농업, 상: 상업, 제: 제조업, 금: 대금업, 철: 철도업, 전: 전기업, 창: 창고업, 광: 광업, 정: 정미업, 양: 양조업, 운: 운수업, 인: 인쇄업.
자료: 『조선은행회사요록』(1933년).

설립에 참여함으로써 금융업에 계속 진출하고 있음을 [표 11-9]를 통해 확인할 수 있다. 즉, 한국인이 경영한 대금회사는 1921년 5개, 1925년 24개, 1929년 26개, 1933년 37개, 1937년 53개이었다. 특히, 「은행령」 개정 이후 한국인 은행이 격감하던 시기에 한국인 대금회사가 급증하였다. 대금업은 은행업보다는 적은 자본으로 경영할 수 있으며 업종 자체가 매우 수익성이 높았으며, 부대 업무도 가능하고 이에 대한 총독부의 규제도

적었기 때문에 이 분야의 진출이 꾸준히 증가하였던 것이다. 그러나 [표 11-9]에서 보듯이 1937년 말 현재 14개 회사만 납입자본이 10만 원을 넘고 대부분은 5만 원 정도의 영세 대금회사로 다른 업종도 겸하는 미분화된 상태였다. 이것은 조선총독부의 은행합병정책이 한국인의 금융업 진출을 은행에서 대금업으로 퇴행하게 하였음을 말해 준다. 한국인이 1910년대에는 스스로 은행을 설립하였으나, 1920년대부터 군소은행이 대은행에 합병되는 과정에서 대부분 소주주로 전락하였고 일부만이 일시적이지만 합병된 은행의 임원이 되었다. 그러나 이들도 곧 도태하였음을 [표 11-11]과 [표 11-12]를 비교해 보면 확인할 수 있다. 이와 같이 한국인은 실질적인 은행 경영에서 점차 도태되어 갔기 때문에 독자적으로 대금회사를 설립함으로써만 금융업에 진출할 수 있었던 것이다.

특히, 1921년 이후 은행의 설립허가가 중단됨으로써 한국인의 금융업 진출은 대금업에 한성될 수밖에 없었다. 더욱이 한국인 은행도 합병 과정에 일본인 은행으로 변질되어 감에 따라 한국인은 은행업 경영으로부터 점차 축출되어 갔고, 이로 인해 [표 11-12]에서 보듯이, 대금업의 진출은 더욱 증가하였다. 이와 같이 일제의 금융정책 변화는 한국인 금융업의 존재 형태를 변질시키고 있었다고 할 수 있다.

「은행령」 개정 이후에도 한국인의 대금업 진출은 계속 허용되어, [표 11-12]에서 보듯이, 대금업 회사 설립에는 적극적으로 참여하고 있었으며, 이 대금회사는 대부분 다른 사업을 하면서 대금업을 겸하고 있었다. 이와 같이 조선 내 근대적 금융 부문인 일반은행이 점차 일본인에 의해 장악됨으로써, 한국인 자산층이 전근대적 고리대금업을 통해 부를 축적하는 상태로 퇴행하고 있었던 것이다.

그리고 한국인 상당수가 개인대금업자로 활동하고 있었다. [표 11-7]에서 보았듯이, 한국인 개인자금자 수는 1927년 6,002명, 1930년 8,663명, 1934년 7,498명, 1938년 7,093명이었고, 그 비중도 전체 개인대금업자의 70%를 넘어서고 있었다. [표 11-8]에 보았듯이, 한국인 전당업자는 700~800명이나 되었는데, 전체의 40% 수준에 이르렀다. 이와 같이 한국인은 대금회사뿐 아니라 개인으로 대금업에 참여하고 있었던 것이다.

[표 11-12] 「은행령」 개정 이후 한국인의 대금 관련 회사 설립(1936년 말까지)

회사명	설립연월	납입자본	대표자	대출액	업무 영역
오가식산	1929. 01	30	신동섭		대금업, 유가증권, 동산, 부동산업
산업금융	1929. 05	60	이기일		대금, 창고, 운수업
화성흥산	1929. 05	100	이광현	92	대금업
완도금융	1930. 02	37	김상근		금융, 창고, 위탁매매
공립식산	1930. 02	50	임대규		대금업, 부동산매매
창평상회	1930. 03	15	고광준		대금업, 상품매매
해동흥산	1930. 05	75	이환용		대금업, 해운업, 위탁매매
제일사	1931. 04	125	양규봉	180	대금업, 창고업, 상업
장호원식산	1931. 07	45	조성달		대금업, 상품매매, 위탁판매
경성기업	1931. 11	14	한문원		대금업, 상품위탁판매
영익사	1932. 01	300	신광희	412	부동산임대업, 대금업
남선금융	1932. 03	12	정현모		대금업, 부동산, 증권매매
마산농공금융	1933. 03	80	이우식		대금업, 보험대리업
영주흥업	1933. 03	12	김길준		대금업, 창고업, 상업
보정사	1933. 04	200	김상형		부동산업, 대금업, 상업
동인사	1933. 04	50	홍종완		대금업, 상업
동산사	1933. 07	20	김갑배		금융업
문학사	1934. 02	23	이원선		부동산업, 대금업
불이산업	1934. 03	12	박용인		대금업, 상업, 운수업
동신사	1934. 11	400	박춘근		대금업, 부동산업
홍원사	1934. 12	85	홍원균		부동산업, 대금업, 광업
공신흥업	1935. 10	50	박대혁		부동산업, 금융업
선만토지광산	1935. 02	50	양재욱		부동산업, 대금업
진명사	1935. 06	18	허진경		부동산업, 상업, 대금업
남선흥업사	1935. 07	15	박상주		대금업, 상업
금광흥업사	1935. 10	100	김광준		부동산업, 대금업
인천흥업사	1935. 11	37	최승우	142	금융업
산업상조사	1935. 11	15	정규창		대금업
신동흥업	1935. 11	25	김준인		금융업, 창고업, 부동산업
대광산업	1935. 12	75	이천응		부동산업, 창고, 금융업
사리원금융창	1936. 02	75	최기항		창고, 대금업, 상업
제일식산	1936. 05	125	조준호		부동산업, 대금업
진영금융	1936. 07	20	송성학		대금업
우익상사	1936. 07	50	김용덕		대금업, 부동산업
응덕사	1936. 09	250	박기효		부동산업, 대금업
화부사	1936. 11	23	홍고수		대금업, 부동산업
협동사	1936. 11	20	이기황		부동산업, 대금업
마산협동사	1936. 12	30	안장수		대금업

자료: 『조선은행회사요록』(1937년판).

[표 11-13] 금융조합 임원의 민족별 분포

연도별	1929				1933				1937		1940	
직책별	이사		조합장		이사		조합장		이사		이사	
민족별	한국	일본	한국	일본	한국	일본	한국	일본	한국	일본	한국	일본
연합회	0	13	0	0	0	13	0	0	0	13	0	13
경기	10	49	55	4	12	56	63	4	12	59	18	53
충북	7	22	28	1	9	25	33	1	12	25	12	25
충남	11	29	32	4	8	36	41	3	9	39	8	51
전북	11	38	39	3	8	41	45	4	8	45	15	38
전남	6	51	59	5	12	57	64	4	18	55	23	54
경북	13	46	61	3	18	59	69	6	21	59	20	61
경남	19	48	57	6	20	56	70	5	17	61	14	64
강원	15	29	42	6	14	32	44	0	14	32	19	28
황해	14	36	49	0	14	41	55	0	19	39	20	40
평남					7	34	39	2	11	35	11	35
평북					13	33	46	0	14	35	10	40
함남	8	25	31	2	10	27	36	1			11	31
함북	6	19	22	2	6	22	25	2			9	23

자료: 『조선은행회사요록』, 각 연도판.

한국인의 은행경영 참여는 은행의 합병과 더불어 한국인 은행이 감소함에 따라 점차 줄어들고 있었지만 한국인의 금융조합 경영참여는 그와는 다른 양상을 보이고 있었다. 조선총독부가 1928년 「조선금융조합령」을 개정하면서 이사는 임명하도록 하고 조합장을 조합원의 선출로 바꾸었다. 그에 따라 금융조합 이사는 주로 일본인이 되고 조합장은 주로 한국인이 되었음을 [표 11-13]에서 확인할 수 있다. 물론 금융조합의 의사결정기구는 이사였지만 많은 한국인이 조합장으로서 농업조직과 금융기관 경험을 쌓을 수 있는 길은 아직은 남아 있었다고 할 수 있다.

제4부

일제 말 전시 금융·통화정책의 전개와 그 귀결

제4부

식민지 조선의 일제 전쟁배후지, 이른바 병참기지 역할이 만주사변 이후 강조된 이래 일본 독점자본의 진출과 조선의 공업화가 진행되었지만, 조선 내 군수공업화 정책은 중일전쟁 직전에야 본격적으로 시행되었다. 식민지 조선에서 전시 경제 체제로의 재편은 조선총독부 주도하에 재정, 금융, 무역, 산업 및 노동 등 전 부문에 걸친 통제 강화로 전개되었다. 중일전쟁 직후부터 실시된 무역과 금융에 대한 직접적 통제는 그 시발점이었다. 일제는 1941년 물자 부족에 직면하여 '중점주의'를 주창하고 거의 모든 자금을 통제하였다. 이러한 금융통제는 모든 금융기관에 적용되어 개별 금융기관의 자금운용에 큰 변화를 초래하고 전체적으로 식민지 정책금융의 방향도 달라졌다. 일제의 금융통제 전개는 식민지 조선에서 자본형성뿐 아니라 산업금융의 변화를 초래하였고, 금융기관의 자금운용 방식의 변화까지 초래하였다.

일제가 전쟁을 수행하기 위해 1938년부터 「국가총동원법」을 제정하고 국가총동원 체제를 가동하는데, 이에 앞서 실시한 「임시자금조정법」과 「은행등자금운용령」에 근거한 금융통제는 식민지 조선에게 부여된 산업으로 자금을 집중하고 다른 부분으로 자금배분을 차단하는 것이었다. 일제는 군수 부문으로 더 많은 자원이 배분되기 위해서 민간소비를 최대한으로 억제하도록 해야 했는데 이러한 정책은 '저축장려운동'이란 이름으로 시작되어 저축강권정책 및 저금리정책 등으로

일제 말 전시 금융·통화정책의 전개와 그 귀결

추진되었다. 일제가 전쟁의 격화에 따라 전쟁비용과 군수 관련 자금수요는 증대하였지만 이를 뒷받침할 재원의 한계에 직면하게 됨에 따라 발권은행인 일본은행, 조선은행, 대만은행뿐 아니라 점령지에 급조된 중앙은행까지 통화 발행을 활용하여 전비지출과 자금공급을 확대하였다. 일제 말 조선은행의 통화증발은 재정과 금융의 불균형을 해소하고 나아가 점령지에서 조선으로의 통화이동 등 다양한 요인과 결합되어 있었다. 일제는 통화를 남발하면서도 자원동원을 극대화하기 위해, 한편으로 저축강권정책을 시행하면서 다른 한편으로 가격통제 및 물자배급 등으로 물가상승을 최대한 억제하는 방식으로 통화·금융적 수탈을 지속하였다.

제4부에서는 일제가 중일전쟁부터 일제 말까지 전쟁을 수행하기 위해 통화·금융정책을 어떻게 전개하였으며 그 결과로 나타난 문제들이 무엇인가를 설명하고자 한다. 첫째, 중일전쟁 이후 전시 금융통제의 전개와 금융기관 재편 내용을 파악하기 위해 전시 금융통제 관련 법의 시행과 변화를 살펴보고, 조선금융단을 중심으로 하는 금융통제기구의 설치를 살펴보고, 금융기관의 역할 변화를 살펴보고, 금융기관의 통·폐합까지 살펴본다. 둘째, 전시 금융통제하의 자금운용과 그 귀결을 파악하기 위해 전시하의 산업자본에 대한 통제를 살펴보고, 대출을 중심으로 군수 관련 산업금융의 확장을 살펴보고 금융기관의 유가증권 보유 실태와 농업 및 중소상공업의 금융 상태까지 살펴본다. 셋째, 일제가 전쟁수행을 위해 자금을 어

떻게 동원하고 그 결과는 무엇인가를 파악하기 위해, 조선총독부의 저축강권정책을 살펴보고, 이어서 군수 관련 사업체의 자금조달을 살펴보고, 중국까지 확대되는 일본 식민지 통화권의 확장과 조선은행권 남발의 문제를 살펴본다. 마지막으로, 일제의 통화적 수탈기구를 설명하기 위해 일제 말 통화팽창 경로와 그 결과일 수 있는 인플레이션이 억제되는 배경과 이를 실현하기 위해 실시하였던 가격통제 및 물자배급 문제까지 살펴본다.

제 12 장

일제 말 전시 금융통제의 전개와 금융제도의 재편

拾
錢

1. 전시 금융통제 관련 법의 시행과 변천

일제는 1937년에 발발한 중일전쟁이 본격화된 이후에 전쟁 수행을 위해 일본을 중심으로 한 엔 블록을 강화하면서 엔 블록 차원에서 전쟁을 위한 주요 물자의 계획적 생산, 유통 및 배분을 위한 전시 통제 체제를 구축하고 각 지역에 그 역할을 부여하였다. 엔 블록은 일본엔과 직·간접으로 결제되는 통화권의 확장을 의미하는 것으로 엔을 중심으로 식민지 또는 점령지 경제를 일본 경제의 외연으로 통합하였다. 일본은 중심부가 되고 조선, 대만, 사할린 등은 제1환으로, 만주 등 반식민지를 제2환으로, 중국 내 점령지를 제3환으로, 남방 점령지를 제4환으로 그 외연을 동심환으로 삼아 일본 경제를 중층적으로 뒷받침하고 보호하는 시스템을 구축해 갔다.

일제는 1939년부터 '생산력확충계획' 등 각종 조치를 남방을 제외한 엔 블록 경제를 계획적으로 통제하고 각 지역에 고유의 역할을 부여하였다. 일제는 식민지와 점령지로부터 선철, 철광석, 면화, 양모, 펄프, 공업염 등 원자재를 주로 수입하고 철강제, 비철금속, 생고무, 기계류 등을 생산하여 공급하기로 하였다. 그러나 제2차 세계대전 발발로 구미로부터 수입 차질이 생기면서 일본의 생산 차질이 확대되고 이에 따라 엔 블록은 계획대로 작동하지 못하기 시작하였다. 제1환에 속하는 조선, 대만, 사할린이 주로 공급할 철광석, 알루미늄, 납, 자동차휘발유, 중유, 무수알코올, 공업염, 펄프, 금 등의 생산도 순조롭지 못하였다.[1]

전쟁을 위한 국가권력의 경제에 대한 적극적인 개입을 의미하는 전시 경제통제는 중일전쟁 이래 자금, 무역 등 유통 과정에 대한 규제로부터 출발하였지만, 전선이 점차 확대되면서 생산 과정을 포함한 전 과정에 대한 규제로 파급되었다.[2] 1937년 7월 중일전쟁이 발발한 이후 일제는 본격적으로 전시 경제 체제로 돌입하기 위해 그해 9월

1 이영훈(2016), 『한국경제사 II』, pp. 223~229.

2 일본 내 전시하 경제통제 과정에 관해서는 加藤俊彦(1958), 『일본에 있어서 자본주의의 발전(전)』, 제2편 「제국주의의 발전과 붕괴」, 제3편 「전시경제의 형성과 붕괴」 참조.

第72회 제국의회에서 「임시자금조정법」과 「수출입 등 임시조치법」을 제정하고 다음 해 3월에는 전시 경제 체제를 총괄적으로 규정하는 「국가총동원법」을 제정하였다. 그런데 일본에서는 만주사변 이후부터 소폭이지만 전쟁에 대비한 금융정책이라고 볼 수 있는, ① 저금리정책의 강화, ② 일본은행의 공개시장조작, ③ 국가자금의 방출, ④ 외환관리정책의 강화 등의 조치를 시행하였다.[3] 그렇지만 금융의 양적 통제가 아닌 질적 통제는 중일전쟁이 발발한 이후, 「임시자금조정법」의 시행으로 본격화되었다. 이 법의 시행과 관련된 전시 금융 체제의 정비와 관련된 여러 조치는 항상 조선으로 확대·적용되는 형태로 시행되었으나, 필요한 경우에는 부분적으로 수정하여 시행하였다. 이와 같이 조선에서 시행된 전시 금융 관련 법은 일본의 전시 금융 관련 법이 조선으로 확장되어 시행된 것이었다.

「임시자금조정법」의 기본 내용은, [표 12-1]에서 보듯이, ① 설비자금에 대한 통제, ② 흥업채권과 저축채권 발행제도의 확장, ③ 시국 관련 회사의 설비자금 집중, ④ 금융사항의 조사 등이다. 이 법은 설비자금 운용에 대한 통제를 통해 군수생산력 확충에 자금을 집중하되, 채권 발행의 확장을 통해 소요자금을 조달한다는 것을 기본 골격으로 하였다. 여기서 설비자금의 조정은 회사의 자금수요 조정과 금융기관의 자금공급 조정으로 구분된다.

「임시자금조정법시행령」에 의하면, 금융기관은 사업설비자금에 있어서 설비의 신설, 증설, 개량 등을 이유로 한 10만 원 이상의 대출은 원칙적으로 일본에서는 일본은행, 조선에서는 조선총독부의 허가를 받아야 한다. 또한 회사는 수권자본 50만 원 이상의 회사인 경우에는 제2회 이후의 주금납입의 신설, 증자 및 합병, 그리고 10만 원 이상의 회사 발행 또는 자기자금에 의한 사업설비의 신설, 확장, 개량 등은 원칙적으로 일본에서는 일본은행, 조선에서는 조선총독부의 허가를 받도록 되어 있었다.[4]

「임시자금조정법」에 의한 조선 내 자금 조정은 물론 조선총독부가 관장하는 것이

3 일본은행 조사국(이하 일본은행으로 통일)(1970), 『일본금융사자료 소화편 제27권 전시금융관계자료(일)』, pp. 401~402.

4 대장성 재정사편찬실(이하 대장성으로 통일)(1961), 『소화재정사』, 제11권, 금융(하), pp. 417~419; 조선총독부, 「임시자금조정법을 조선에 시행하는 건」, 『관보』, 1937. 10. 19.

[표 12-1] 「임시자금조정법」의 주요 내용과 그 변천[1]

제1조 중일전쟁 관련 물자수급 조절을 위한 자금 조정
제2조 일본: 은행, 신탁회사, 보험회사, 산업조합중앙금고, 신용조합연합회, 증권업자, 상공조합중앙금고
(제4차 개정: 「전시금융금고」 추가)
조선은행, 신탁회사, 보험회사, 동척, 금융조합연합회(43. 9. 금융조합 포함)
위 금융기관의 사업설비 신설, 확장, 개량과 관련된 자금의 대출, 유가증권의 응모, 인수, 모집은 정부(조선에서는 조선총독부)의 허가.
제3조 자치 조정 시에도 전항의 규제 가능.
제4조 회사의 설립, 증자, 합병, 목적 변경은 인가 또는 허가 1) 2회 이후 납입.
2) 주금납입, 사채모집, 차입에 의한 한도초월 설비의 신설, 확장, 개량.
3) 타인을 위한 사채모집도 허가 또는 인가.
(제1차 개정: 금융기관의 차입금, 타인을 위한 사채모집, 1회 주금납입, 허가 후 주금납입, 사채수입은 예외)
제6조 흥은사채 한도 외 은행과 차환은 5억 원 한도 내 가. 일본 정부 5억 원 내 보증.
(제1차 개정: '5억 원'을 '10억 원') (제3차 개정: '10억 원'을 '20억 원')
(제4차 개정: '20억 원'을 '50억 원' 20억 원 한도 삭제)
(제7차 개정: '50억 원'을 '100억 원')
제8조 시국사업 관련 회사 정부 허가하 납입종료 이전에도 증자 가능.
제9조 시국 관련 회사는 정부 인가하 한도 외 사채 발행 가. 단 납입자본 2배 이내.
제10조 정부는 제8조 규정에 의한 회사의 증자, 사채모집, 회계에 대한 명령 가능.
(제5차 개정) 명령에 따른 방식으로 금융기관의 자금흡수 명령 가. 저축에 필요한 명령과 저축에 필요한 증권모집 명령 가. 추첨 할증부사채 발행과 예금 명령 가능.
(제6차 개정) 토지매각 대금, 보상금으로 결제 가. 명령에 따른 예금인출 가 등.
(제7차 개정) 당첨금 지불 가. 국민저축위원회 설치 가능 등.
제11조, 제12조 중요 사항은 임시자금 조정위 및 임시자금위원회가 조사 심의.
제13조, 제14조 흥업채권 2억 원 저축채권 발행 가능.
(제1차 개정: '2억 원'을 '5억 원') (제2차 개정: '5억 원' 보국채권 발행가)
(제3차 개정: '10억 원'을 '20억 원') (제4차 개정: '10억 원'을 '20억 원', 보국채권 발행 '5억 원'을 '10억 원')
제17조, 제18조, 제19조, 제20조 벌칙 규정.
(제1차, 제4차, 제6차 개정) 처벌 강화.
제21조 조선, 대만, 사할린 칙령 별도 제정 가능.[2]

주: 1) 제1차 개정(1939. 4. 21) 법률 제86호, 제2차 개정(1941. 3. 29) 법률 제90호, 제3차 개정(1941. 3. 1) 법률 제18호, 제4차 개정(1942. 3. 31) 법률 제84호, 제5차 개정(1943. 3. 31) 법률 제87호, 제6차 개정(1944. 2. 1) 법률 제16호, 제7차 개정(1945. 2. 13) 법률 제8호.
2) 조선에서는 제5조(일본은행 인허가사무 규정), 제7조(흥업은행 금융취급 규정), 제11~15조(부흥채권법의 권업은행법 준용 규정)는 시행되지 않음.

자료: 대장성(1961), 『소화재정사』, 제11권, pp. 413~417; 조선총독부, 『관보』 1937. 10. 19, 1939. 5. 27, 1942. 4. 17, 1943. 5. 13.

었지만, 그 기준은 「임시자금조정법에 기초한 사업자금조정표준」에 의해 제도화된 것이었다. 이는 「임시자금조정법」과 동시에 제정되고 시행되었지만, 조선에서는 1937년 10월 「조선에 있어서 사업자금조정표준」이 별도로 제정되었다. 그렇지만 이것은 일본 내에서 시행된 것과 거의 같다. 이 표준은 전시하 일본 경제권 전체의 자금운용 방향, 넓게는 엔 블록의 산업재편 방향을 규정한 것이었기 때문이다.

「임시자금조정법 시행령」에서 주금납입과 사채모집에서 예외적으로 취급한 시국에 긴급한 사업을 영위하는 회사로는, ① 항공기 제조업, ② 금속, 기계제조업, ③ 병기 및 병기부품 제조업, ④ 철강 제조업, ⑤ 제련업, ⑥ 산금업, ⑦ 석탄광업, ⑧ 석유광업, ⑨ 석유정제업, ⑩ 석유수입업이 지정되었다.[5] 여기에서도 알 수 있듯이, 일본은 군수생산력 증강과 관련된 광업 및 중화학공업을 이른바 '시국사업'으로 규정하여 이 부문으로 자본을 집중하고자 하였다.

이러한 산업재편성 방향이 구체화되어 정밀하게 규정된 것이 「사업조정표준」이었다. 이 표준에 의하면, "군수에 직접 관계된 산업 및 그와 밀접히 관련된 기초 산업으로서 현재 설비 부족 또는 시국 관련상 수요가 급증한 결과, 설비 부족이 예상되어 사업설비의 확장 또는 개량을 필요로 하는 것"이 갑(甲)사업이고, "생산력 과잉 사업, 사치품, 기타 국가 전반의 견지에서 필요도가 낮은 물품에 관련된 것"이 병(丙)사업이고, "갑 및 병에 속하지 않은 사업 또는 경우에 따라 사업설비의 신설 또는 개량을 필요로 하는 것"이 을(乙)사업으로 규정되었다. 그리고 그 중요도에 따라 갑은 2단계, 을은 3단계로 다시 세분하였다.[6] 이 중에서 최우선 사업을 정리한 것이 [표 12-2]이다. 여기에는 물론 이른바 '시국사업'으로 분류된 군수 관련 산업이 모두 망라되었다. 이와 같이 「임시자금조정법」의 시행은 국가의 자본형성에 대한 적극적인 통제에 의한 군수 관련 산업의 확장을 도모하는 것이었다.

이와 동시적으로 제정되어 시행된 「수출입 등 임시조치법」도 마찬가지 성격을 가

5 대장성(1961), p. 419.
6 「사업조정표준에 관한 건」(앞의 책, pp. 427~428).

[표 12-2] 「조선에 있어서 사업자금조정 표준」에 의한 중요 산업[1)]

부문	업종	해당 품목
광업	금속광업	**금광**, **동광**, **연광**, **석광**, 아연광, **철광**, 유화철강, **크롬강**, 망간광, 텅스텐광, 사리분광, **니켈강**
	석유광업	전체
	석탄광업	**석탄**
	기타광업	인광
	토석채취	마그네사이트
제조업	제철업	**제련**, **제강**, **선철제조**, **사철**, 철합금, **저인철광**, **단광**, **주강**, **특수강**
	비제철광업	**금**, **동**, **연**, 주석, **아연**, **니켈**, **알루미늄**, **마그네슘**
	기계, 기구	공구류, *내연기관(가솔린, 중유), 채관선광기
	공작기계	전체
	차량제조	철도(기관차, **객차**, **화차**), 자동차(소형자동차 이외)
	조선업	전체
	항공기제조업	전체
	병기 및 부품	전체
화학공업	공업약품	**유산**, **초산**, **소다회**, **가성소다**
	석유정제업	**인조석유**, **대용액체연료**
	펄프제조업	전체
	비료제조업	유안
	공업염제조업	
전기가스	**전력공급업**	전체
농림업	축산업	면양

주: 1) 여기서 중요 산업이란 위의 표준에 갑(イ)으로 분류된 업종을 지칭. 이 중에서 생산력 확충 사업으로 분류된 것은 굵게 표시하였음.
자료: 대장성(1961), 『소화재정사』, 제11권, 금융(하), pp. 434~466. 사업자금조정표준안에 의거.

진 법이었다. 이 법에서도 수출입 대상 품목을 갑, 을, 병, 정으로 분류하였는데, 갑 품목은 "국민의 경제생활에 필요하지만 수입액이 많아 수입을 억제하는 수입억제품"이고, 을 품목은 "시국에 불요불급한 수입 금지품"이고, 병 품목은 "수입 곤란한 군수자재 확보를 위한 수출금지품"이고, 1938년 8월부터는 "수입허가를 요하는 품목으로 군수상 필요해 별도로 지정된 품목"이 정 품목으로 규정되었다.[7] 이 법은 엔 블록 외부와

7 일본은행(1970), p. 164.

의 무역을 직접 규제함으로써, 「임시자금조정법」과는 달리 실물 측면에서 국가의 적극적인 통제에 의한 군수 관련 산업의 확장을 도모하는 것이었다고 할 수 있다. 중일전쟁 직후에 시행된 두 법은 일본은 물론 조선에서도 전시 체제로의 산업재편성의 기본 방향을 규정하는 것이었다.[8]

이상에서 살펴본 「임시자금조정법」은 7차례 개정된다. 전시 금융 체제의 전개에 따른 일본 내 산업자금의 경색을 타개하기 위해 제1차 개정에서는 금융기관의 차입과 일반회사의 사채모집, 주금납입에 관한 규정을 다소 완화한다. 그리고 군수 관련 산업의 자금조달을 위해 흥업채권과 저축채권의 발행 한도는 제1차 개정 시부터 계속 인상되었다. 이와 같이 자금동원력을 높이는 방향에서 계속 개정되었음을 [표 12-1]에서 확인할 수 있다. 다만 1943년 3월 제5차 개정에서 금융기관의 자금조달 방법까지 지정하여 금융기관 활동을 크게 제약하였다.

그렇지만 「임시자금조정법」의 개정과는 별도로 행해진 그 시행령의 개정은 자금운용 통제 폭을 확대시키는 데 초점을 맞추고 있었다. 1938년 8월의 개정에서 규제 대상 회사를 종래 수권자본 50만 원 이상의 회사에서 수권자본 20만 원 이상의 회사로 변경하였고, 또한 금융기관의 대출 및 회사의 사채 발행 규제 범위를 원칙적으로 10만 원에서 5만 원으로 낮추어 금융통제의 범위를 대폭 확대시켰다.[9] 이것은 1938년 중반을 기점으로 일제의 금융통제가 한층 강화되었음을 말해 준다.

「임시자금조정법」의 시행으로 설비자금의 운용이 국가의 통제를 받게 됨에 따라 군수생산력 증강에 관한 금융정책이 큰 추진력을 갖게 되었다. 그러나 통제권 밖에 있던 운전자금이 설비자금으로 전용되거나 운전자금의 일부가 투기자금으로 전용됨에 따라 원래 목적에 따른 금융통제가 점차 형해화하는 등 금융통제력은 발권력 확장으

8 이와 같이 중일전쟁을 계기로 전시 체제로의 산업재편성의 구체적인 방향이 제시되었지만, 경제규제가 본격화되는 것은 1939년부터인 것으로 알려져 있다(일본은행(1970), p. 402). 그렇지만 1937년 말부터 전시 계획금융의 기본 틀은 이미 마련되었다고 할 수 있다. 즉, 첫째 이 시기부터 이전의 금융통제가 양적 통제에 편중된 반면 「임시자금조정법」 실시 이래로 금융통제는 질적 통제까지 포괄하고 있고, 둘째 이 시기를 기점으로 금융통제기구가 형성되고 있고, 셋째 자금공급은 물론 자금수요에 대한 통제가 새로이 실시되었고, 넷째 저축의 계획적인 배분이 재정과 산업 간에 재조정되기 시작하였기 때문이다.

9 대장성(1961), p. 420.

로 일본 내 금융이 완만화된 1939년 초반부터 약화되기 시작하였다. 특히, 1939년에는 전시 인플레이션 압력이 서서히 나타남에 따라 일본에서는 물론 조선에서도 부동산 및 생사 등의 현물투기가 가속화되었고, 거기에다 제2차 세계대전의 발발로 금융통제에 대해 반발하는 일이 잦아졌다.[10]

그리고 1939년 7월 미국은 6개월 예고로 「미일통상조약」을 파기하고 1940년 6월부터는 공작기계의 수출을 금지하고 그해 7월에는 철강의 대일수출까지 금지하였다. 일본은 이에 대처하여 이른바 '중점주의'를 제창하지 않으면 안 될 정도로 광공업 생산력 기반이 약화됨에 따라 군수생산력의 증강을 위한 자원배분의 재편성을 시도해야만 하였다.[11] 이러한 상황에서 금융통제력 약화를 재정비하고 중요 군수품 생산을 증강시키는 조치의 일환으로 운전자금도 금융통제 범위 내로 포함시키면서, 이와 동시에 강제융자를 실시하는 것을 주요 골자로 하는 「은행 등 자금운용령」을 제정하여 1940년 12월부터 일본과 조선에서 시행하였다.

이 영이 시행되기 이전인 1939년 4월, 일본은 군수생산력 관련 산업에 자금을 보다 원활히 공급하기 위해 「국가총동원법」 제11조에 의거한 「회사이익배당급자금융통령」을 공포·실시하였다. 이 영과 함께 흥업은행에 대해 융자명령을 실시하였다.[12] 조선에서도 조선총독부는 1940년 10월부터 식산은행에 대해 융자명령을 실시하였다.[13] 이 「회사이익배당급자금융통령」은 「은행 등 자금운용령」의 시행과 함께 자연 폐지되었다. 이러한 「은행 등 자금운용령」의 실시는 결국 지정금융기관 이외의 금융기관으로까지 융자명령의 확대를 초래하였다. 또한 이에 앞선 「임시자금조정법」 개정에서 흥업은행의 회사채 발행 한도의 확장과 회사채의 정부의 지급 보증은 융자명령을 받는, 이른바 '수명(受命)은행'의 자금동원력 강화와 직결되어 있음은 물론이다. 마침내 1940년 8월부터는 군사어음제도[14]까지 실시됨으로써 군수 관련 산업에 대한 융자는

10 일본은행(1970), p. 119; 『식은월보』, 1939. 4, 조선경제개황 「투기거래의 금융자제희망」.
11 대장성(1961), p. 203.
12 앞의 책, pp. 122~125.
13 조선총독부, 「조선식산은행의 중요 산업 공급에 관한 건」, 『관보』, 1939. 11. 8.

[표 12-3] 「은행 등 자금운용령」의 주요 내용과 그 변천[1)]

제1조 「국가총동원법」 제11조 규정에 근거. 은행, 신탁회사, 보험회사, 산업조합중앙금고, 상공조합중앙금고, 북해도부현 또는 화태 신용조합연합회, 조선금융조합연 동양척식, 대만척식, 남선척식, 유가증권인수법증권회사, 콜자금대차 및 어음 매매중개자업에 대해 주무대신이 지정하는 자금의 운용(제1차 개정 이후 은행에 대한 채무의 인수와 보증)에 대한 명령.
제2조 주무대신은 필요시 금융기관의 자금운용에 관한 계획의 변경을 명령하고 자금운용 방법을 지정.
제3조 금융사업 설비자금 이외에 자금을 명령에 따라 재출 시 주무대신의 허가 요.
어음할인과 당좌대월도 이와 동일.
제4조 증권업자 또는 필브로커도 제3조와 동일.
제5조 제3조, 제4조 규정에 의한 허가에 관한 처분 중 중요 사안은 임시자금조사위 경과.
제7조 대장대신은 생산력 확충자금, 기타 시국에 긴요한 자금의 공급을 원활히 하기 위해 필요시 은행에 대한 자금융통(제1차 개정 이후 유가증권의 응모, 인수 및 채권의 인수와 보증을 추가)을 명령.[2)]
제8조 수령은행의 손실보상은 대장대신이 결정.
제9조 제8조에 의거한 손실보상은 국채로도 가능.
제10조 수령은행은 명령에 의한 대출, 보증을 받은 기업의 업무감독.
제11조 주무대신의 구체적 규정.
은행·보험·신탁·증권회사는 대장대신, 중앙금고는 상공대신, 척식회사는 척식대신.[3)]
제12조 조선, 대만, 화태를 본점으로 하거나 주요 업무지로 한 금융기관은 조선총독, 대만총독, 화태청장관이 주무대신이 됨(조선은행과 대만은행은 예외).

주: 1) 제1차 개정(1941. 7. 15) 칙령 제772호, 제2차 개정(1941. 12. 13) 칙령 제1106호, 제3차 개정(1941. 11. 1) 칙령 제724호, 제4차 개정(1943. 9. 13) 칙령 제713호, 제5차 개정(1944. 10. 23) 칙령 제602호.
2) 조선 내 수령은행은 식산은행이 됨(1940. 12. 26, 조선총독부 고시 제1492호).
3) 이 규정은 계속 개정됨.
자료: 대장성(1961), 『소화재정사』, 제11권, pp. 472~476; 조선총독부, 『관보』, 1940. 12. 26.

거의 무조건적으로 실시되기에 이르렀다.

조선에서는 조선총독부가 이와 같은 군수 관련 산업으로의 자금집중을 주도하고 있지만, 식산은행이 군수생산력 확충을 위한 자금공급의 대부분을 관장하였다. 즉, 식산은행은 「임시자금조정법」이 시행된 그해 이와 관련된 자금의 69.2% 정도를 이미 공급하였고,[15] 1939년 11월에는 중요 산업자금을 담당하는 금융기관으로 지정되었고,

14 이 제도는 "군 자체가 사업회사에 주문하는 제품에 대하여 전도금을 교부하는 것"을 기본 내용으로 하고 있다. 보다 상세한 내용은 대장성(1961), pp. 125~129 참조.
15 식산은행, 「임시자금조정법과 조선경제(삼)」, 『식은월보』, 1938. 8.

1940년 12월 식산은행은 조선총독부 고시 제1492호로 수명은행으로 지정되었다. 말하자면, 식산은행이 일본 내 흥업은행과 같이 군수 관련 산업으로 자금을 집중하는 데 중추적인 위치를 차지하였던 것이다.

「은행 등 자금운용령」은 [표 12-3]에서 보듯이 운전자금 및 유통자금의 대출허가와 명령융자를 주요 내용으로 하고 있다. 모든 금융기관이 이 규제 대상에 포함되어 있고, 이로부터 제외되는 자금이 거의 없었다는 점을 고려할 때, 이 영의 시행은 결국 소액 대출을 제외한 모든 대출에 국가가 개입하는 것을 합법화하는 조치이었던 것이다.

조선에서 시행된 이 시행규칙을 보면, 금융기관의 자금이 대장성 예금부 예금과 국채매입자금으로 시성될 수 있게 되었으며(제3조), 운전자금의 경우 대출 잔액이 5만 원 이상이면 조선총독의 허가를 받도록 되었으며(제4조), 이와 마찬가지로 당좌대월 또는 어음할인에 의한 유동자금의 대출도 건당 3만 원 이상이면 조선총독의 허가를 받도록 되었다(제5, 6, 7조).[16] 이와 같이 조선에서도 소액의 운용자금은 물론 단기성 자금까지 규제 대상이 되었다.

2. 전시 금융통제기관의 설치와 조선금융단

1) 금융통제기관의 신설

1937년 말 「임시자금조정법」이 조선으로 확대·실시되면서 조선 내 주무대신으로 조선총독이 지정되어, 조선총독부는 조선 내 금융통제의 정점에 놓이게 되었다. 조선 내 금융계통은 이른바 '선은계'(鮮銀系)와 '식은계'(殖銀系)로 양분되어[17] 상업은행의 업

16 조선총독부, 「은행등자금운용령시행규칙」, 『관보』, 1940. 12. 26.

17 조선은행은 1924년 조선은행의 재편작업의 결과로 일본 대장성의 직접적인 통제하에 있게 되고 식산은행은 계속 총독부의 직접 통제하에 있게 되었다. 또한 1928년 9월 조선은행 본점이 다시 서울로 이전되고 「은행령」이 실시된 이후부터 이 은행이 일반은행 합병을 본격적으로 추진하는 중심 기관이 되면서 일반은행과 밀착하여 영업 기반을 확장하였다. 이에 반

무에서 상호 대립하고 있었다. 그런데 만주사변 이후 조선은행이 만주 내 식민지 중앙은행 업무를 관장하였으나, 만주중앙은행이 설립되자, 1935년 조선은행은 만주 내 식민지 중앙은행 업무를 이 은행에 양도하였다. 중일전쟁 직전인 1936년에 조선은행이 만주 내 지점을 만주흥업은행에 양도한 것을 계기로 조선의 금융제도 재편이 1937년 초반에 일본 대장성 내에서 검토되었다.

이와 같은 검토의 결과, ① 조선은행은 발권은행 기능을 현재와 같이 가지면서 상업은행 업무까지 겸하는 조선 내 중추 금융기관으로 하고, ② 식산은행은 상업은행 분야에 진출하는 것을 억제하고 부동산금융에 전념하며, ③ 동척은 주로 부동산 이외의 산업금융에 전념하고, ④ 일반은행의 업무가 촉진되도록 조선총독부는 현재 일반은행의 활동을 조장할 수 있는 방책을 강구하며, ⑤ 금융조합은 일본의 신용조합과 같이 전적으로 조합원에 대한 업무에 한정하여 일반은행 업무를 압박하는 여러 문제점을 시정하기로 하였다.[18]

이러한 개편은 조선 내 금융이 특수금융기관에 의해 장악되어 있기 때문에 우선 식은, 선은, 동척 간의 분업과 협업을 도모함으로써 중추 금융기관 간의 대립을 최대한 해소하면서 일반은행과 금융조합의 균형적인 성장을 도모하고자 하였다. 여기에서 특기할 점은 조선은행을 중추 금융기관으로 한다는 점과 조선의 경제성장에 상응하여 각 금융기관 간의 분업화를 강화하려 하였던 것이다. 그런데 이와 같은 개편작업은 식산은행 수뇌부의 반발로 곧바로 진전되지 못하였다.[19] 「임시자금조정법」 시행을 계기로 조선 내 금융기관의 통제가 새로운 과제로 부각됨에 따라 다시 각 금융기관 간의 업무 조정이 조선총독부에 의해 검토되었다.

「임시자금조정법」이 실시되면서 일본에서는 일본은행이 그 사무를 총괄하였지

해 식산은행은 설립 당시부터 금융조합을 그 하부 기관으로 두고 금융기구상으로도 상호 통합된 모습을 갖추고 있었다. 이런 이유로 근대적 금융기구는 이른바 '선은계'와 '식은계'로 양분되고 그 대립도 첨예화되기 시작하였다. 특히, 「은행령」 개정 이후에는 조선은행이 일반은행을 하부 기관으로 두는 과정의 하나로 일반은행의 합병에 참여함으로써, 금융조합과 일반은행 간의 대립은 조선은행과 식산은행 간의 대립으로까지 발전하였던 것이다(高橋龜吉(1935), 『현대조선경제론』, pp. 494~496; 鈴木正文(1935), 『조선경제의 현단계』, pp. 329~339).

18 八尾板正雄(1943), 『소화금융정책사』, p. 323.

19 『조선신문』, 1937. 2. 18; 『부산일보』, 1937. 3. 28, 1937. 7. 13.

만 조선 내 특수사정, 첫째 법리상으로 조선 내 금융기관에 대한 감독권이 대장대신과 조선총독으로 분리되어 이원화되어 있고, 둘째 현실적으로도 조선 내 금융시장의 부재로 조선 내 소요자금의 상당 부분이 일본에서 조달되어 왔고, 셋째 조선 내 화폐 발행은 엔준비에 의해 제약되어 왔던 결과, 조선은행의 중앙은행적 금융통제력이 취약하다는 점 때문에, 일본과 같이 중앙은행인 조선은행이 당장 조선 내 금융통제 업무를 총괄하기는 어려웠다.

이러한 연유로 조선총독부는 조선은행과 식산은행, 동척 등의 역할을 재조정하여 전시 금융통제를 실시할 수밖에 없었던 것이다.[20] 이와 같은 맥락에서 각 금융기관이 금융통제의 책임을 분담하면서 자금운용 조정을 제도화한 조선자금자치조정단이 1937년 말에 조직되었다.[21] 이 단체에는 조선 내 은행, 동척, 금연, 조선신탁, 조선화재해상보험, 조선생명보험 등이 가입되었다.[22] 이 금융기관은 소수의 일반은행을 제외하면 특수금융기관이고 이 금융기관이 조선 금융의 대부분을 포괄하고 있었다. 이 때문에 조선총독부는 일본과는 달리 조선에서는 정책금융의 방향만 전환하여도 전시 금융통제의 효과를 거둘 수 있었던 것이다. 그럼에도 조선총독부의 개입을 상설화할 필요는 있어 협의기구라는 명칭이었지만 사실상 통제기관인 조선자금자치조정단이 「임시자금조정법」 실시에 이어 곧바로 조직되었던 것이다.

20 "조선에 있어서 임시자금조정의 특징은 … 제11조 임시자금조정위원회와 제12조 임시자금조사위원회를 설치하지 않고 조선총독부 재무국이 그 사무를 직접 행하기로 하였다. 일본과 같이 성청 간의 마찰은 조선에서는 적어 이러한 조정장치는 불필요하였기 때문이다"(조선은행사연구회 편(1987), 『조선은행사』, pp. 561~562). 조선은 일본과는 달리 금융기관의 감독권이 이원화된 것에 그치고 있고, 해당 금융기관이 적기 때문에 금융통제기구는 바로 조선총독부 내로 일원화할 수 있었던 사정을 말하고 있다.

21 "「임시자금조정법」의 조선 내 시행은 10월 15일경으로 예정되어 있었지만, 동법 제3조에 의한 각 금융기관의 자치적 조정과 관련하여 대장성은 조선총독부에 대해 조정기관의 설치를 종용하고 있다. 목하 조선총독부 재무국이 입안 중이며 성안 상으로 각 금융기관으로 하여금 자주적 금융기관 단체를 결성코자 한다. 위 자주적 조정은 동법 정신에 근거한 대출제한 책임의 일부를 금융기관에 분담시키는 것을 의미하고"(『조선신문』, 1937. 9. 3).

22 조선금융조합연합회 편(1939), 『조선에 있어서 자금조정의 현황』, pp. 37~38.

2) 조선금융단의 설치

조선자금자치조정단을 통한 대출통제는 일정 규모 이상에 한정된 것이었지만, 1938년 8월 「임시자금조정법」의 개정으로 규제범위가 대폭 확대되어 금융통제의 추진력이 제고되어야만 했다. 특히, 국채의 대량 소화, 저리의 생산력 확충자금 공급의 전제조건이 되는 저금리정책을 추진하기 위해 조선 내 금리의 평준화와 가맹자 간의 중요 사항 협의와 처리가 필요해졌다.[23] 마침내 이 사업의 추진체로서 조선금융단이 1938년 12월 조직되었다. 이 단체에는 무진회사를 제외한 전 금융기관이 가입하였다.

이 단체는 금리 인하, 국채 소화, 저축권장, 시국 관련, 융자 확대, 불요불급한 융자억제 등 전시 금융통제와 관련된 문제를 협의하였다.[24] 그간의 조선금융단 활동에 대한 당시의 단체장이었던 조선은행 총재의 회고는 다음과 같다.

> "종래 조선금융단은 1938년 말 결성을 보았고 그 당시로서는, 특히 예금이자의 협정 등에 중점을 두었지만, 시국의 진전에 따라 저축권장, 공채 소화, 투기자금의 억제 혹은 중요 산업에 대한 공동융자 조정 등에 관해서도 당국의 지도하에 가맹 금융기관 상호간에 지극히 원활한 협조를 얻어 상당한 성과를 보였지만"[25]

1940년 군수물자의 대한 미국의 대일 수출금지 조치가 발효된 이후, 일본 내 경제통제의 필요성이 더욱 증대하였다. 일본 내 경제 통제책의 일환으로 1941년 7월에 접어들어 발표된 「재정금융기본방책요강」이 발표되면서 금융정책의 방향이 재조정되었다.[26] 이 중에서 「금융제도의 개혁」의 기본 방침으로서 "금융은 국가자금에 관한 계

23 조선은행(1939), 『선만지재계휘보』, 1939. 1.
24 『조선신문』, 1939. 5. 27, 1940. 5. 26.
25 조선금융단(1942), 『조선금융단발회식기사』, pp. 2~3.
26 대장성(1961), pp. 206~212.

획경제의 운영을 확보하기 위해 자금이 공채 소화 및 물자, 동력, 노력의 확보를 가능하게 하는 것을 주안으로 하여 공익적·계획적·통일적으로 사용될 수 있도록 한다"는 것이 제시되었다. 그리고 '금융기관의 조직화'의 기본 방침은 "금융기관은 일본은행을 중핵으로 하여 조직체를 결성하고 정부지도하에 동업이 연대 일체적으로 기능을 발휘하여 금융통제의 실시에 협력하고 금융과 산업 간 연락의 긴밀을 도모하기 위해" 그 조직체로서 금융통제회를 조직하는 것이었다. 결국 1942년 4월 일본에서 「금융통제단체령」이 공포·시행됨으로써 그 모습이 드러났다.

조선에서는 이미 일원화된 금융통제조직으로서 조선금융단이 이미 조직된 바 있고 또한 특수금융기관이 중추 금융기관이 되어 있었던 만큼, 업태별 금융통제회나 금고 등은 별도로 결성되지 않았다. 그렇지만 이 「금융통제단체령」에 근거한 전국금융통제회가 결성됨에 따라 지방금융통제회의 일원으로서 조선금융단이 이에 포섭되었다. 그 결과 법적 단체로서 조선금융단은 1942년 6월 새출범하였다. 조선총독부는 이 조선금융단을 통해, ① 자금의 흡수와 운용에 관한 지도 체제, ② 지역에 있어서 금융사업 정비, ③ 지역에 있어서 금융사업 기능의 증진, ④ 그 외 필요로 하는 사업 등에 관한 사항을 명령할 수 있게 되었다.[27] 이 단체에는 조선 내 은행, 조선신탁, 동양척식회사(이하 동척), 금융조합연합회(이하 금연), 조선중앙무진이 포함되었다. 그해 12월 조선총독부는 고시로 「자금 흡수 및 운용에 관한 건」, 「유가증권의 응모, 인수매입 등에 관한 건」, 「자금융통에 관한 건」, 「금리조정에 관한 건」을 각각 발하여 조선금융단 이사장이 이에 관한 전권을 행사할 수 있도록 하였다.[28] 이와 같이 「금융통제단체령」이 조선에서 확대·시행됨에 따라 조선의 금융통제권은 조선금융단 이사장에 고도로 집중되었다.

27 '조선금융단 정관'(조선금융조합연합회(1942), 『금융통제단체령에 관한 자료』, pp. 36~37).
28 조선총독부, 『관보』, 1942. 12. 9.

3. 금융기관 역할의 재조정

식민지 조선의 금융기관은 조선 내 금융시장의 취약성과 통화제도의 특징상 일본 내 금융시장으로부터 소요자금을 보완해 왔던 관계로 조선 내 금융기관의 자금계통별로 분열·대립되어 있었다. 조선총독부는 중일전쟁 직전 이 문제점을 해소하기 위해 조선 내 금융기구를 조선은행을 중추 금융기관으로 하면서 다른 금융기관은 업종별로 상호 분업화된 영역을 갖는 방향으로 개편하기로 하였다.

그러나 「임시자금조정법」의 시행으로 조선에도 금융통제가 필요해짐에 따라 금융기관은 다른 방향으로 개편되었다. 즉, 융자명령을 받는 식산은행을 비롯하여 조선은행과 동척은 군수생산력 확충을 위한 자금공급기관으로서의 역할을 강화하고 있었다. 반면에 그렇지 못한 저축은행, 일반은행 및 금융조합 등은 독자적으로 대출을 취급하기는 하였지만 점차로 군수산업금융기관의 자금공급을 위해 소요자금을 조달하는 저축기관으로 변모하고 있었다.

1) 조선은행의 발권력 확장과 금융통제 강화

중일전쟁의 발발과 함께 조선은행권이 중국 북부(화북) 점령지의 군용통화로 지정되면서 조선은행권의 보증준비 발행 한도가 5,000만 원에서 1억 원으로 일약 2배 증가하였다. 이에 따라 조선은행권 발행이 증가하면서 자금원에서 은행권 발행이 차지하는 비중이, [표 12-4]에서 보듯이, 1936년 21.3%에서 1938년 27.6%로 증가하였다. 그리고 조선은행은 중일전쟁 이후 군사비가 연합준비은행과 「예금협정」에 의해 중국 지점에 예금되었다. 이에 따라 자금원천에서 예금, 특히 중국 지점에서의 예금이 급격히 늘어나 자금원천에서 차지하는 비중이 1938년에는 20%를 넘고 1944년에는 60%를 넘어서고 있었다.

조선은행은 군사비 송금으로 얻게 된 막대한 자금으로 차입금을 청산하고 대출을

[표 12-4] 일제 말 조선은행의 자금원천과 자금운용(1936~1944)

(단위: 천 원, ( ): %)

연도			1936	1938	1940	1942	1944
자금원천	자본금, 적립금		(4.8)	(4.2)	(2.5)	(1.7)	(0.6)
	은행권 발행		(21.3)	(27.6)	(28.3)	(25.7)	(19.3)
	정부보조금		(8.2)	(6.7)	(4.0)	(1.8)	(0.1)
	일반차입금		(12.2)	(6.2)	(6.1)	(0.2)	(4.6)
	재할인어음		(0.7)	(0.0)	(0.1)	(0.0)	(0.6)
	콜머니		(0.8)	(0.0)	(0.0)	(0.0)	(0.0)
	일반예금		(13.7)	(6.2)	(6.1)	(0.2)	(4.6)
	조선		(8.0)	(12.5)	(11.7)	(8.8)	(5.2)
	만주		(27.3)	(6.0)	(4.1)	(3.5)	(1.8)
	중국		(2.8)	(21.1)	(31.1)	(48.3)	(61.9)
	일본		(3.4)	(6.4)	(5.4)	(4.7)	(2.4)
	예금 소계[1)]		(41.5)	(46.0)	(52.3)	(65.3)	(71.3)
자금운용	정화준비		(14.6)	(19.1)	(16.5)	(10.5)	(8.2)
	유가증권		(22.8)	(24.1)	(20.0)	(44.5)	(24.8)
	(국채)		(16.6)	(18.8)	(24.8)	(38.8)	?
	정부, 별도대출		(4.8)	(4.0)	(2.3)	(1.3)	(0.4)
	일반대출	조선	(20.8)	(20.2)	(25.2)	(18.1)	(31.8)
		만주	(12.4)	(6.7)	(8.0)	(6.4)	(2.6)
		중국	(1.2)	(5.3)	(7.8)	(12.3)	(26.6)
		일본	(16.0)	(11.0)	(5.6)	(4.9)	(5.2)
	대출 소계[1)]		(50.4)	(43.2)	(46.6)	(41.7)	(66.2)
자산(부채+자본) 총계			990,023	1,173,230	2,053,356	3,533,474	11,716,058

주: 1) 예금 및 대출에 경성본부분을 포함.

자료: 조선은행사연구회(1987), 『조선은행사』, 자료편 대차대조표, pp. 443, 558~559, 580~581, 590~591, 609에 의거 작성.

확대하는 동시에 잔여금으로 유가증권, 특히 국채에 투자하여 [표 12-4]에서 보듯이 전체 운용자금에서 국채 비중이 급증하였다. 또한 이 과정에서 국고송금 담당 및 「예금협정」으로 대량의 엔자금을 확보하였다. 조선은행권의 한도 외 발행이 급증하여 1939년 5월 보증준비 발행 한도가 다시 1억 6,000만 원으로 증액되었다. 1941년 4월에는 일본에서 최고발행한도제가 실시되고 이것이 조선과 대만으로 확대됨에 따라 조선은행권의 발행 한도 변경이 연례화되어 조선은행은 통화 발행을 통해 군수 관련 자금수요 증대에 적극적으로 대응할 수 있게 되었다.

이와 같이 조선은행의 군사비 송금 취급과 발행제도 개편의 당연한 귀결로 조선은행의 운용 가능한 자금이 확대됨에 따라 조선에서의 금융상 지위는 강화되고 있었다. 조선금융단에서 조선은행이 주도적인 위치에 있게 되는 것도 이러한 배경 때문이라고 할 수 있다. 조선은행은 조선신탁회사를 지배하였고, 식산은행과 일반은행에 대해서도 대출을 증가시키면서[29] 1939년에는 한성은행을 인수하였고, 1942년에는 조선상업은행을 조선신탁을 통해 지배함으로써 일제 말에는 조선 내에 본점 일반은행은 모두 조선은행에 의해 지배되었다. 따라서 조선은행은 중일전쟁을 계기로 일본 정부와 「예금협정」을 통해 군사비를 역외예금으로 이용할 수 있게 되고, 또한 발행제도도 변경됨에 따라 정화준비 제약을 거의 받지 않고 발권력을 적극적으로 이용할 수 있게 됨으로써, 식민지 중앙은행으로서 조선의 다른 금융기관에 대한 통제력을 비로소 강화할 수 있게 되었다고 할 수 있다.

조선은행이 식민지 중앙은행으로서는 발권 업무, 국고관리 업무는 물론 상업은행 업무, 해외 금융 업무까지 취급하였으나, 중일전쟁 이전까지는 발권제도상의 제약과 예금상의 한계로 은행의 은행으로서 통제력을 거의 가지지 못하였을 뿐 아니라 조선에서의 금융상 영향력은 식산은행보다도 작았다. [표 12-5]를 보면, 1936년 현재 조선은행의 대출은 전체 중에서 13.6%에 불과하였다. 그러나 조선은행은 중일전쟁을 계기로 조선에서 대출을 급격히 확대하여 그 비중이 20%를 넘어서고 있었음을 확인할 수 있다. 조선은행의 조선 내 대출액은 아직은 식산은행의 대출액에 이르지 못하고 있었지만 증가속도는 식산은행을 능가하고 있었다.

29 당시 주요 대출자는 식산은행과 동일은행이었다(조선은행사연구회(1987), 『조선은행사』, p. 574).

2) 식산은행의 군수자금 공급기관화

식산은행은 [표 12-5]에서 보는 바와 같이 조선 내 산업금융기관뿐만 아니라 상업금융기관으로서 중심적인 지위를 가지면서 1936년 말 현재 대출의 41.8%를 담당할 정도로 중추 금융기관이었다. 또한 식산은행은 금융조합, 저축은행, 한성은행 등을 지배하고 있었고, 조선의 중추 정책금융기관으로서 조선총독부와 밀착하여 식민지 정책을 금융적으로 뒷받침하고 있었다. 식산은행은 발권은행은 아니었지만 다른 금융기관을 통제하는 위치에 있었음은 물론이고 식민지 조선의 정책금융에서 중심에 있었다.

식민지 조선의 금융 중심에 있던 식산은행이 중일전쟁이 발발한 후 조선에도 금융통제가 실시되면서 자연스럽게 농업금융기관에서 군수관련산업금융기관으로 전환되었다. 식산은행은 「임시자금조정법」 실시 직후인 1937년 말 현재 이와 관련된 대출의 69%를 담당하게 되었다.[30] 이와 같이 식산은행은 전시 금융통제가 실시됨과 동시

[표 12-5] 일제 말 주요 금융기관의 대출 비중(1936~1944)

(단위: 천 원, ( ): %)

연도	조선은행	식산은행	일반은행	금융조합	동척
1936	156,681(13.4)	488,221(41.8)	174,977(15.0)	228,464(19.5)	94,365(8.1)
1937	207,860(16.1)	527,162(40.9)	195,658(15.2)	232,177(18.0)	100,514(7.8)
1938	235,778(16.6)	580,488(40.9)	210,148(14.8)	257,915(18.2)	108,417(7.6)
1939	361,277(18.4)	789,284(40.2)	320,766(16.3)	330,174(16.8)	125,843(6.4)
1940	577,784(23.3)	948,256(38.3)	391,554(15.8)	364,141(14.7)	147,377(6.0)
1941	580,720(21.1)	1,105,523(40.3)	438,071(16.0)	408,762(14.9)	159,921(5.8)
1942	618,136(19.8)	1,248,824(40.0)	572,435(18.3)	498,762(16.0)	122,849(3.9)
1943	854,246(22.8)	1,449,938(38.7)	677,635(18.1)	549,540(14.7)	130,571(3.5)
1944	1,000,058(23.1)	1,647,736(38.1)	864,387(20.0)	527,819(12.2)	202,260(4.7)

주: 대출액 합계에는 저축은행분을 포함. 저축은행 대출은 2% 수준임.
자료: 『조선금융사항참고서』, 『조선금융사정개관』, 『조선은행 통계월보』.

30 「임시자금조정법과 조선경제(삼)」(『식은월보』, 1938. 9).

에 조선총독부 직속기관으로서, 군수 관련 금융에서도 중추 기관이 되었다.

1939년 4월 「회사이익배당급자금융통령」에 따라 융자명령이 흥업은행에 의해 실시된 다음 달, 이에 근거하여 제공된 생산력 확충자금 2억 원의 배분을 식산은행과 동척이 담당하게 되었다.[31] 이와 같이 일본에서 흥업은행의 역할이 조선에서는 식산은행, 동척에 부여되었다. 또한 1938년 11월에는 식산은행의 수권자본이 2배 증가하여 6,000만 원이 되었다. 그리고 1939년 11월에는 조선총독부가 「중요산업 자금공급에 관한 건」을 공포한 이래, 식산은행은 2억 원 한도 내에서 정부 원리 보증 회사채를 발행할 수 있게 되었고, 이에 의해 조달된 자금을 군수 관련 산업에 공급하도록 되었다.[32]

1940년 말 「은행 등 자금운용령」이 시행됨과 동시에 식산은행이 조선총독부의 융통명령을 받는 수명은행이 되면서 조선 내 군수 관련 자금공급기관으로서의 역할이 법제화되었다.[33] 1941년 9월에는 자금동원령을 강화하기 위한 조치로서, ① 정부보증 회사채 발행 한도가 철폐되고, ② 채권의 할인판매가 시행되고, ③ 연부상환이 할부상환으로 변경되었다. 또한 군수 관련 산업에 대한 자금공급을 원활하게 하기 위한 조치로, ① 10인 이상 연대보증은 5인 이상 연대보증으로 하였고, ② 중요 산업자금 담보로서 선박이 포함되었고, ③ 주택영단의 채권인수도 가능하도록 하였다.[34] 그리고 1942년 9월 일본에서 「전시금융금고」가 설치된 이후 이의 조선 진출이 확정된 결과, 융자 업무는 식산은행이, 유가증권 시세조작은 조선은행이 담당하게 되었다. 이를 계기로 「조선식산은행령」이, ① 자금공급에 있어서 제한조치 철폐, ② 「전시금융금고」의 업무대리에 초점을 맞추어 개정되었다. 이 중에 전자와 관련되는 조치로, ① 조선총독부 허가하에 무담보 대출이 영리법인에도 가능하게 하였고, ② 부동산담보 가격도 시세대로 평가하도록 하였고, ③ 정기예금을 장기 대출에 이용한다는 제한을 철폐하였다.[35]

31 「조선경제개황: 금융편」(『식은월보』, 1939. 6).
32 조선총독부, 『관보』, 1939. 11. 8.
33 조선총독부, 「조선식산은행령 개정」, 『관보』, 1941. 10. 6.
34 「조선경제개황: 금융편」, 식산은행령 개정(『식은월보』, 1941. 11).
35 앞의 글.

[표 12-6] 일제 말 식산은행의 자금원천과 자금운용(1936~1944)

(단위: 천 원, ( ): %)

연도			1936	1938	1940	1942	1944
자금원천	자본금, 적립금		(7.9)	(6.7)	(7.4)	(5.6)	(4.5)
	회사채 발행		(61.0)	(55.3)	(51.8)	(48.1)	(45.7)
	정부보조금		(0.3)	(0.2)	(0.1)	(0.1)	(0.1)
	차입금		(2.7)	(5.8)	(5.4)	(6.5)	(1.5)
	예금		(24.0)	(27.1)	(30.1)	(35.3)	(44.1)
자금운용	현금, 예치금		(1.5)	(1.7)	(1.8)	(1.9)	(2.0)
	유가증권		(6.9)	(9.9)	(7.6)	(16.4)	(24.8)
	(그중 국채)		(6.0)	(8.4)	(4.2)	(14.7)	(15.3)
	대출	산업공공대부	(61.0)	(50.2)	(44.4)	(33.3)	(35.6)
		상업대부	(24.8)	(27.8)	(26.7)	(57.6)	(42.0)
	소계		(85.8)	(82.9)	(85.3)	(78.7)	(77.0)
자산(부채+자본) 총계			493,456	705,096	1,113,395	1,590,260	2,072,576

자료: 「조선식산은행 영업보고서」.

식산은행이 군수 관련 자금공급기관으로 지정되는 데에 상응하여 자금동원력을 높이기 위해 자본금과 회사채 발행액을 증액하였지만, 그 비중은 크게 증가하지 않았다. 식산은행의 자금동원은 그보다는, [표 12-6]에서 보듯이, 예금 증가에 크게 의존하고 있었다. 또한 자금운용에 있어서 단기 상업자금 운용을 제한하는 조치의 하나인 상업대부와 산업·공공대부의 구분을 사실상 철폐시켰으나, 자금운용에서도 장기 자금동원상의 한계로 단기 자금 운용을 주로 하는 상업대부의 자금공급이 더 압도적이었음을 [표 12-6]에서 확인할 수 있다. 그리고 국채 및 군수업체의 회사채와 주식의 인수 증가로 유가증권 보유 비중도 계속 높아졌다. 식산은행이 군수 관련 자금을 원활히 동원할 수 있게 개편되었음에도 불구하고 산업금융기관으로서의 활동에 필수적인 장기자금 동원상의 난관에 부딪혀 단기 상업자금까지 만기 연장을 통해 장기 산업자금으로 전용하였던 것이다.

이상에서 살펴본 바와 같이 식산은행은 「임시자금조정법」이 실시되는 것을 계기로 조선 군수금융의 중추 역할을 담당하게 되었다. 식산은행에 이러한 역할이 주어지는 것은, 조선총독부와 밀착되어 있었고, 당시 일본 내 흥업은행과 같이 산업금융기관으로서 틀을 이미 확보하고 있었던 반면에, 조선은행은 발권은행으로서 장기 자금공급을 담당하기 어려웠고 대장대신의 직접적인 통제를 받아 중국에서의 전비조달을 주로 담당하였기 때문이었다. 여하튼 식산은행은 중일전쟁 이래 식민지 농업정책의 중추 금융기관보다는 식민지 군수공업화정책의 중추 기관으로 곧바로 전환하면서 이를 위한 제도적 정비가 이루어졌던 것이다.

3) 일반은행과 금융조합의 저축기관화

조선은행, 식산은행은 대장성과 조선총독부의 융자명령을 받아, 군수 관련 자금공급을 담당함으로써 두 은행의 대출은 일반은행이나 금융조합에 비해 더 큰 폭으로 증가하고 있음을 [표 12-5]에서 확인할 수 있었다. 그러나 일반은행 금융조합의 경우도 이 시기에 대출이 감소하거나 정체 상태에 있었던 것은 아니기 때문에 대출량만으로 이 금융기관의 역할 변화를 말할 수는 없다. 그러나 [표 12-7]에서 각 금융기관의 대출초과액(예금초과액)을 보면, 이 시기의 금융기관 역할이 실제로 크게 변화하고 있었음을 알 수 있다.

저축은행은 대출 업무를 제한적으로 담당하고 있었고, 우편국은 저축 업무만 취급하고 있었기 때문에 예금초과를 기록할 수밖에 없었다. 또한 금융조합 중에서 도시금융조합은 1930년 중반부터 도시의 예금을 농촌에 대출하는 역할을 수행하고 있어 예금초과를 기록하고 있었고, 지점 일반은행은 조선에서 예금을 흡수하여 일본에서 대출하는 역할을 수행하고 있었기 때문에 예금초과를 기록하고 있었다. 그러나 본점 일반은행과 촌락금융조합은 중일전쟁 이전은 물론이고 1939년까지도 대출초과를 기록하고 있었지만 1940년부터는 예금초과를 기록하게 되었다. 이러한 예금초과 상태는 예금 증가에 따라 그만큼 대출이 증가하지 않았던 결과이다. 그 원인은 물론 일반은행이나 금융조합이 자금운용에 대한 통제 강화로 유가증권 투자를 확대할 수 있었던 반

[표 12-7] 일제 말 각 금융기관의 대출초과액과 예금초과액(-)(1937~1944)

(단위: 천 원, ( ): %)

연도		1937	1938	1939	1940	1941	1942	1943	1944
조선은행[1]		142,494	135,466	208,762	336,749	317,779	306,906	734,668	3,131,792
식산은행		396,447	389,363	534,678	614,696	694,830	688,429	887,398	830,014
저축은행		-32,031	-41,093	-54,669	-82,367	-117,570	-149,783	-216,143	-282,995
일반은행	본점	42,285	823	1,470	-45,212	-85,079	-142,346	-334,608	-478,170
	지점	-18,985	-18,663	-20,675	-10,078	-30,818	-21,931	-1,286	-34,077
	소계	23,300	-17,826	-19,199	-55,283	-119,303	-174,170	-215,196	-409,134
금융조합	촌락	69,341	57,658	60,324	-3,880	-86,186	-180,903	-285,407	-745,901
	도시	-16,676	-28,779	-38,765	-64,768	-91,768	-119,266	-159,689	-280,482
	소계	52,662	28,879	21,560	-68,001	-177,954	-255,169	-445,096	-1,206,384
동양척식		90,296	100,693	111,124	130,124	159,921	122,849	130,571	202,260
우편국		-64,388	-80,308	-104,240	-127,821	-157,164	-201,648	-290,374	-488,190

주: 1) 조선은행은 조선 내 값임.
자료: [표 12-5].

면에 대출은 계속 확대하기 어려웠던 것에 있었다.

1938년부터 총독부가 이른바 '저축장려운동'을 추진함에 따라 급증한 저축이 일반은행과 금융조합의 예금으로 유입되고 있었다. 이러한 '저축장려운동'과 함께 시행되고 있었던 「임시자금조정법」으로 조선 내 금융기관의 대출이 조선총독부의 허가사항이 되어 금융조합과 일반은행 모두 대출규제로부터 벗어나기 어렵게 되었다. 이러한 자금운용상 제한이 상부 금융기관에 대한 예치금의 증가 또는 유가증권 보유의 증가로 파급되었다.

1938년의 한 보고에 의하면, 금융조합과 일반은행의 방자난의 주요 원인은, ① 전시통제에 따른 상업금융의 제한 및 축소, ② 전시 후 특수은행으로의 금융집중과 이에 따른 일반은행 거래선 잠식, ③ 금리저하에 따른 채산성 악화 등이 그 원인으로 지적되고 있다.[36] 또한 1939년의 보고에서도, ① 「자금조정법」에 의한 신규 방출 분야의 제

36 「조선경제개황: 금융편」(『식은월보』, 1938. 7).

[표 12-8] 금융조합의 자금원천과 자금운용(1936~1944)

(단위: 천 원, ( ): %)

연도		1936	1938	1940	1942	1944
자금 원천	자본금, 적립금	(11.9)	(9.8)	(8.4)	(7.2)	(4.3)
	정부보조금	(1.1)	(0.9)	(0.6)	(0.4)	(0.2)
	차입금	(28.7)	(23.5)	(16.8)	(9.9)	(4.9)
	예금	(41.4)	(48.1)	(59.1)	(70.6)	(81.6)
자금 운용	현금	(1.1)	(1.1)	(2.9)	(1.4)	(1.6)
	예치금	(20.4)	(25.2)	(32.0)	(39.2)	(66.6)
	미납출자금	(2.3)	(1.9)	(1.6)	(1.2)	(0.6)
	매개대출	(5.5)	(4.8)	(3.4)	(1.9)	(0.4)
	대출	(58.2)	(54.2)	(49.8)	(46.2)	(22.8)
자산(부채+자본) 총계		392,533	476,062	731,533	1,067,534	2,421,040

자료: 『조선총독부통계연보』(1942년판), 『조선금융조합연합회십년사』, 부록; 1945년 3월은 『한국농업금융사』, p. 100.

한, ② 투자 대상으로서의 유가증권의 부적합성, ③ 현지의 자금 완화 등에 대한 불신이 그 원인으로 지적되었다.[37] 이와 같은 당시의 금융조합과 일반은행의 예금초과 상태로의 전환은 전시 체제하의 저축권장, 대출규제, 저금리 추세 등 전시 금융통제정책의 산물이었던 것이다.

그러면 이러한 문제를 금융조합의 자금조달과 자금운용의 변화를 통해 확인해 보자. [표 12-8]을 보면, 이 시기 금융조합의 자금조달 특징은 예금의 급증이고 자금운용의 특징은 예치금 급증이다. 금융조합은 증가하는 자금을 대출로 운용하기보다는 금융조합연합회에 대부분 예치하였다. 상부 예금기관인 금융조합연합회는 이 자금의 상당 부분을 식산은행에 예치하거나 식산은행 채권이나 다른 국채를 구입하는 것에 이용하였다.

이와 같이 많은 금융기관이 예금초과 상태에 놓임에 따라 이 여유자금이 어떠한 형태로든 처리되어야만 하였다. 각 금융기관은 계통을 달리 하였으므로 그 처리방식

37 「저축장려와 선내은행의 입장」(『식은월보』, 1938. 6).

도 다를 수밖에 없었다. 조선의 금융기관은 각기 그 계통에 따라 조선은행에 예금하거나 식산은행에 예금하는 외에 그 유가증권, 즉 일본 정부 국채, 지방채 및 회사채, 주식을 구입하는 데 이용하였다. 저축은행, 신탁회사 및 무진회사도 마찬가지로 예금초과 상태에 직면하여 전비조달과 직·간접으로 관련된 유가증권을 인수해야만 하였다. 그렇지만 우편국은 그 자금을 전부 대장성 예금부에 예입하고 지점 일반은행은 일본 내 본점으로 보내어 그곳에서 처리하였다.

이와 같은 상황에서 일반금융기관의 활동을 강화하는 조치의 하나로 저축 업무와 신탁 업무의 겸업이 검토되기 시작하였다.[38] 1943년 8월에 이와 관련된 금융관계법의 개정[39]은 전시금융통세의 진전에 따라 조선 내 금융기관이 자금공급을 주요 업무로 하는 금융기관과 자금흡수를 주요 업무로 하는 금융기관으로 양분된 현실로 인정하는 조치였다.

4. 금융기관의 합병과 재편

1) 일반은행과 무진회사의 합병

「임시자금조정법」이 실시됨과 동시에 금융업은 병종산업, 즉 과잉투자된 분야로 규정되어 조선총독부가 일본 내 금융공황 이후 꾸준히 추진하여 오던 금융기관의 흡수 및 합병정책이 새로운 힘을 얻게 되었다. 일본에서도 지방은행의 합병은 일본 정부의 일관된 정책이었다. 일본 정부는 1938년부터 본격적으로 가동되는 전시 금융 체제하에서 이 은행의 저축기관 역할이 매우 중요해진 점과 현재의 지방은행 과잉이 국채

38 「보통은행의 겸영업무의 문제」(『식은월보』, 1943. 5).

39 조선총독부, 『관보』, 1943. 8. 26, 「보통은행 등의 저축은행 업무 또는 신탁 업무에 관한 건」, 1943. 8. 30, 「저축은행령시행규칙」 개정, 「조선신탁업령시행규칙」 개정.

[표 12-9] 일제 말 금융업의 현황과 한국인의 진출 현황(1937~1944)

(단위: 개, 천 원)

업종별	소유자별	1937년		1941년		1944년	
		회사 수	납입자본	회사 수	납입자본	회사 수	납입자본
은행업	전체[1)]	10	72,731	7	104,081	5	107,206
	한국인[4)]	4	7,131	3	5,981		
신탁업	전체[1)]	1	2,500	1	2,500	1	2,500
	한국인[4)]						
보험업	전체[1)]	2	1,375	2	1,375	3	1,387
	한국인[4)]	1	125	1	125		
무진업	전체[1)]	23	3,443	5	5,937	1	5,937
	한국인[4)]	1	100				
대금업	전체[3)]	172	18,934	152	17,506	190	20,226
	한국인[4)]	53	3,906	70	5,282		
합계	전체[2)]	208	98,983	167	131,399	200	137,256
	한국인	59	11,262	74	11,388		

자료: 1) 『조선금융사정개관』(1942년), 『조선은행통계월보』(1944년 12월).
2) 『조선총독부통계연보』, 『조선은행통계월보』.
3) 타 업종 회사 수와 납입자본에서 공제한 추계치임.
4) 『조선은행회사요록』(1937년, 1941년, 1942년)에 의거 계산.

소화에 필수적인 저금리정책의 장애물이 된다는 점을 이유로 지방은행 합병을 재천명하였다. 전시 체제를 더욱 강화하기 위해 1941년 7월에 발표된 「재정금융기본방책요강」에서 금융기관의 정리·통합이 발표되었고, 1942년 5월에는 「금융사업정비령」까지 시행됨으로써 금융기관의 흡수·합병은 완전히 강권적으로 추진될 수밖에 없게 되었다. 조선총독부도 이에 따라 조선의 금융기관 흡수·합병을 강권적으로 추진하였다.

조선총독부는 금융기관 합병을 1928년 「은행령」 개정 이후 일관되게 추진하였다. 그 결과 [표 12-9]에서 보듯이, 1929년 말에는 은행 17사, 무진회사 32사였으나 1937년 말에는 은행 10사, 무진회사 23사로 감소하였고, 신탁회사는 1933년에 5사에서 1937년 말에는 1사로 감소하였다. 이와 같이 금융기관 합병은 전시 금융통제 이전에도 이미 상당히 진척되었지만 [표 12-9]에서 보듯이, 일반은행 및 무진회사를 대상으로 하는 금융기관 합병은 계속 진행되어 일반은행은 2사, 무진회사는 1사로 줄어들고, 이 과정에서 한국인 일반은행과 무진회사는 완전히 소멸되기에 이른다.

조선에서 금융통제를 강화하기 위한 금융기관의 합병은 이종 금융업자 간의 흡수·합병이 아닌 동종 금융업자 간의 흡수·합병을 추진하되, 대자본이 중심 자본을 흡수·합병하는 것을 기본 방향으로 하였다. 그런데 전시 체제에서 자금운용에 대한 규제가 본격화되기 이전인 1930년대 말까지는 일반은행은 저축 강화에 힘입어 자금난을 타개하면서 영업을 호전시켰기 때문에 조선총독부가 일반은행의 경영난을 빌미로 하여 은행 간 합병 정책을 추진하는 것이 도리어 어려워졌다. 이와 같이 상황이 급변함에 따라 조선총독부는 군소 은행업자 및 무진업자에게 금융기관 합병이 대세임을 강조하면서 이를 종용하는 방식으로 합병·흡수를 추진할 수밖에 없었다.

대구에 있던 고쿠라(小倉)계의 대구상공은행과 정재학의 경상합동은행도 다른 일반은행과 마찬가지로 전시 금융통제하에서도 영업수지를 호전시키고 있었다.[40] 그러나 일본 내 금융기관의 통합방침이 결정된 이후여서 조선총독부는 호남은행과 이 두 은행의 흡수·합병을 결행할 시기만 탐색하고 있었다.[41] 결국 경상합동은행은 1941년 9월 한성은행에 흡수되고, 대구상공은행은 1941년 10월에 조선상업은행에 흡수되었다.[42] 이와 같이 대은행인 조선상업은행과 한성은행이 이 두 은행을 각각 흡수함으로써 경북지방에서 지점망을 확충할 수 있게 되었다.

호남은행은 「은행령」 개정 이후 1933년 동래은행과 합병하여 수권자본금을 법정 한도인 200만 원까지 높여 영업을 지속할 수 있었다. 그런데 전시 금융 체제의 진전에 따라 이 은행도 앞의 두 은행과 마찬가지로 정리 대상 은행으로 지정되었다. 조선총독부는 이른바 '현준호의 일황에 대한 불경사건'을 계기로 합병을 추진하였으나, 여의치 못해 '강제합동명령'이라는 조선총독부 지시로 이 은행의 합병을 종결지었다.[43] 결

40 한국상업은행(1957), 『한국상업은행육십년지』, p. 100.
41 「조선경제개황: 금융편」, 금융신체제의 동향(『식은월보』, 1940. 11, p. 112).
42 한국상업은행(1977), 『한국상업은행팔십년사』, p. 82.
43 호남은행의 강제해산과 비운의 편리(『조흥은행육십년지』, pp. 440~443).

국 1942년 5월 이 은행은 동일은행에 합병되었다.

1942년 5월 호남은행과 합병한 동일은행은 유일한 한국인 은행으로 존속하였지만, 1943년 7월 이미 일본인 은행이 되어 있던 한성은행과 합병되어 조흥은행으로 재출범하였다. 그런데 이 은행도 이에 앞서 조선은행과의 밀착 과정에서 일본인이 경영권을 장악하게 되었다. 즉, 1934년 4월 조선은행 추천 일본인을 상무로 기용하고, 1937년에는 일본인을 전무로 기용하였다.[44] 이 과정에서 조선은행은 이 은행에 대출을 확대하여 선은계로 포섭하였다.[45] 그런데 조흥은행의 출범 시 두취에는 일본은행 간부이었던 이와쯔보(岩坪友至), 전무에는 조선은행 간부 및 추천 인사가 기용됨으로써 이 은행은 완전히 일본인 은행으로 변모하였다.[46] 이렇게 한국인이 지배하고 경영하는 근대적 은행업은 완전히 소멸되었다.

무진회사도 은행과 마찬가지로 총독부의 방침에 따라 합병이 추진되었다. 처음에는 한 도에 한 회사라는 원칙하에 추진되었으나, 전시 금융 체제가 실시되면서 전선일사(全鮮一社)가 추진되어 1941년에 조선중앙무진회사만 남고 모두 소멸하게 되었다. 그런데 조선중앙무진회사는 1937년 말 서울 내 4개 무진회사 중 공제, 공립, 흥업 등 3개 회사가 합병되어 설립되었으나, 이 회사도 조선은행과 식산은행이 공유한 조선신탁이 소유하게 되었다. 이로 인해 이 회사도 사실상 조선총독부 산하의 특수금융기관의 하나처럼 변하였던 것이다.

그런데 이 회사는 1941년 8월 최후로 경북무진회사를 합병하여 조선 내 유일한 무진회사가 되고, 1942년 8월에는 조선무진회사로 재출범하였다.[47] 경북무진회사는 비록 일본인이 최대주주로 되어 있던 회사였지만, 조양무진회사와 함께 한국인이 경영하던 회사였다. 결국 전시하 무진업 합병 정책으로 한국인 경영의 무진회사도 이 시기에 전부 소멸되었던 것이다.

---

44 조흥은행(1979), 『조흥은행팔십년사』, p. 83.
45 조선은행사연구회(1987), p. 574.
46 조흥은행(1959), 『조흥은행육십년지』, p. 277.
47 한일은행(1977), 『한일은행사십년사』, pp. 68~70.

2) 전시하 주식거래와 조선증권거래소의 설립

일제는 중일전쟁이 발발한 이후 자원을 군수산업으로 이동하기 위해 자금 이동의 통제에 그치지 않고 실물 이동을 통제하였다. 일제는 1937년부터 「임시자금조정법」에 의거하여 장기 자금을 통제하면서 「수출입 등 임시조치법」에 의거하여 실물 이동을 통제하고 1940년부터는 「은행 등 자금운용령」에 의거하여 단기 자금을 통제하였다. 그리고 일제는 「임시자금조정법」에 의거 일정 규모 이상의 회사의 증자, 납입, 기업허가 등 기업 활동에 대해서 직접 통제하였고, 1941년 12월 「기업정비령」 이후에는 기업의 시설이 제한되고 1942년에는 국가의 명령에 따라 조직을 개편하고 배당, 임금도 조정하도록 하였다.

중일전쟁 이후 기업 활동의 통제가 강화되면서 기업의 수익성이 악화되어 주가가 하락세를 나타냈지만 주식거래는 [표 12-10]에서 보듯이 그게 줄어들지 않았다. 단기 청산거래는 활발하였고 실물거래는 도리어 늘어나고 있었다. 주식거래의 통제는 태평양 전쟁 발발 이전까지는 강화되지 않아 중일전쟁 이후 주식시장은 점진적이지만 성장세를 멈춘 것은 아니었다.

중일전쟁 이후 다른 금융기관은 통·폐합 또는 조직화를 통해 큰 변화를 보이고

[표 12-10] 일제 말 주식거래 동향(1937~1942)

연도	장기 청산거래			단기 청산거래			실물거래		주당 평균 가격
	주수(천 주)		거래액	주수(천 주)		거래액	주수	거래액	
	매매	수도	천 원	매매	수도	천 원	천 주	천 원	원
1937	52	45	2,492	4,351	521	653,831	85	2,735	150
1938	177	150	8,071	4,867	467	605,881	79	2,309	149
1939	227	227	11,596	5,708	411	756,640	220	6,260	133
1940	204	197	13,845	7,719	640	883,101	915	33,919	114
1941	138	148	9,181	7,075	572	749,852	1,281	46,386	106
1942	208	142	16,027	9,012	717	979,491	2,471	114,994	109

자료: 조선취인소, 『조선취인소연보』, 각 연도.

있었지만 조선거래소의 설립으로 이미 증권시장과 상품선물시장이 통일되었기 때문에 조선거래소의 개편보다는 조선거래소 육성을 통한 증권거래의 통제 강화로 가고 있었다. 1942년에는 주식거래가 확대되고, 특히 실물거래 급증 현상까지 나타나 증권거래의 통제와는 먼 움직임을 보였다.

그런데 일본에서 1942년 5월부터 「금융사업정비령」까지 시행되고 엔 블록 11개의 거래소를 통합하려는 움직임이 나타나자, 조선거래소는 그 일정에 맞추어 전쟁수행에 적합한 형태로 전환시키는 개편이 논의되기 시작하였다. 이 당시에 요구된 역할은 다음과 같은 것이었다.[48] 첫째, 주식시장은 생산력 확충자금 조달처인 동시에 국민의 투자처가 되어야 한다. 둘째, 이미 금융기관이 자금공급과 자금흡수로 이원화되어 주식시장을 보완해야 하고, 그렇게 되려면 발행시장과 유통시장이 통합되어야 한다. 셋째, 투기적 청산거래를 지양하고 유가증권 소화를 위한 실물거래가 중심이어야 한다는 것이다.

전비조달을 위한 국공채 소화, 주식·채권의 인수·매매, 증권가격의 안정이라는 요구를 충족할 목적으로 1943년 7월 「조선증권취인소령」이 제정·공포되었다. 이 법령은 조선증권거래소 설립에 필요한 법령으로 주요 내용은, ① 거래소의 공영화, ② 거래소 주식의 상장 폐지, ③ 단기 청산거래의 폐지, ④ 발행시장의 도입, ⑤ 국공채 유통의 강화를 통한 가격형성과 가격안정 등이었다. 이 「조선증권거래소령」은 증권시장 활성화보다는 전비조달을 위한 시장 기능 억제를 위한 것이었지만 법령 자체만 보면 제도적으로 앞선 내용도 포함되어 있었다.[49]

이 조선증권거래소는 조선거래소보다 더 많은 자본금 1,000만 원의 주식회사로 출범하였고 조선총독부와 민간의 공동출자로 다른 특수금융기관과 비슷한 운용 체제를 가지게 되었다. 이 조선증권거래소는 유가증권의 발행·유통을 통합하여 관리하였

48 이영훈·박기주·이명휘·최상오(2005), 『한국의 유가증권 100년사』, pp. 191~193.

49 예를 들어, 거래소의 정의를 분명히 하고 거래소 설립 목적을 분명히 하고 거래소 주식의 상장을 금지하고 발행시장 기능을 겸하도록 하고 주식시장 감독 기능이 강화되고 주식시장의 투기적 요인을 억제하고 내부자거래의 규제가 있다는 점 등이다(앞의 책, pp. 194~195).

지만 단순히 국공채를 소화하는 전비조달기관으로 변질되고 조선총독부가 관리하는 영단조직이 되었다. 조선총독부는 1943년 9월 「유가증권업취체령」을 공포하여 우편국에서 매출한 국채 등은 식산은행, 근업은행, 금융조합이 매입하도록 하고, 이를 매입가격보다 낮은 가격으로 증권업자가 유통하는 것을 단속하고, 주식현물업자의 주식거래를 합법화하여 채권·주식 가격의 하락을 막아보고자 증권업자는 면허 없이는 중개 업무를 할 수 없도록 하였다.[50] 결과적으로 장외 증권업자가 면허를 받아 채권과 주식을 유통하는 역할을 수행하는 제도가 정착되었던 것이다.

3) 금융기관 간의 상호 출자 확대

조선의 금융기관은 1920년대부터 계속된 합병과 정리 과정에서 상호 출자의 결과로 금융기관 간의 상호 지배망이 구축되고 있었다. 특히, 조선은행과 조선식산은행은 다른 일반금융기관에 출자를 통해 지배주주로 변함으로써 일반금융기관의 특수금융기관화를 주도하였다.

일제는 특수금융기관 간의 상호 출자와 특수금융기관의 일반은행에 대한 출자로 소유 면에서 전 금융기관을 국가자본의 일부로 재편성하였다. 물론 전시 금융통제가 전개되기 이전에도 이러한 금융기관 간의 상호 출자는 특수금융기관이 분화됨으로써 자연발생적으로 나타나기 시작하였다. 그렇지만 특수금융기관은 경영위기에 직면한 일반은행 등의 금융기관에 구제금융을 전개하면서 특수금융기관이 일반은행까지 소유 면에서 지배하는 동시에 경영진을 직접 파견하여 특수금융기관으로 변모시키고 있었다.

그 결과 [표 12-11]에서 보듯이, 조선은행은 한성은행과 조선신탁의 최대주주가 되었고, 식산은행은 조선저축은행과 조선화재해상보험의 최대주주가 되었다. 조선은행

50 이영훈·박기주·이명휘·최상오(2005), p. 190.

[표 12-11] 일제 말 금융기관의 최대주주와 상호 출자 현황(1942년 말)

금융기관	최대주주		조선은행	식산은행	조선신탁	저축은행	금조연합	일반은행	총주식 수
	1937. 6	1942. 4							
조선은행	조선총독	조선신탁			16,306			14,594	400,000
식산은행	저축은행	저축은행			36,240	95,904	45,753		200,000
저축은행	식산은행	식산은행		51,270				1,000	100,000
상업은행	소화증권	조선신탁		1,800	87,618			1,345	198,500
한성은행	식산은행	조선은행	45,551		6,308				105,000
동일은행	계성사	계성사			2,036				80,000
동양척식	대장대신	대장대신							200,000
조선화보	식산은행	계성사		19,765	19,765			3,100	100,000
조선신탁	조선은행	조선은행	60,100	59,990				1,580	200,000
조선무진		조선신탁	7,870	10,000	13,080				296,990

자료: 『조선은행회사요록』(1937년판, 1942년판)에 의거 정리.

과 식산은행이 공동 소유한 조선신탁은 조선은행, 조선상업은행, 조선무진의 최대주주가 되었다. 그리고 저축은행은 식산은행의 최대주주가 되었다. 이와 같이 조선은행과 식산은행이 각 계통의 은행을 지배하였거나, 조선신탁을 매개로 하여 지배하였다. 이러한 방식의 상호 출자의 결과로 동척을 제외한 식민지 조선의 금융기관이 마치 하나의 금융그룹인 것 같은 모습을 보이고 있었다.

제 13 장

전시 금융통제하 자금운용과 그 귀결

1. 전시하 산업자본에 대한 통제

일제는 중일전쟁 이후 전시 경제 체제로 전환하면서 군수 관련 산업의 생산력을 증강시키고 전비조달을 위해 화폐 및 실물의 순환을 동시적으로 통제하기 시작하는데, 자금은 「임시자금조정법」에 의거해, 물자는 「수출입 등 임시조치법」에 의거해 통제하였다. 일제는 1941년 물자 부족에 직면하여 중점주의를 주창하고 「은행 등 자금운용령」에 의거하여 단기 운영자금까지 통제함으로써 거의 모든 자금을 통제하게 되었다. 이러한 금융통제는 모든 금융기관에 적용되어 개별 금융기관의 자금운용에 큰 변화를 초래하고 전체적으로 정책금융의 방향도 달라지게 되었다. 일제의 금융통제 전개는 식민지 조선에서 자본형성뿐 아니라 산업금융의 변화를 초래하였고, 금융기관의 자금운용 방식의 변화까지 초래하였다. 즉, 식민지 조선의 금융기관이 금융통제를 받게 됨에 따라 대출방향을 전환하지 않을 수 없고, 그 역할에 따라 자금운용 방법도 달리하지 않을 수 없었다.

전시 금융통제의 출발점이 되었던 「임시자금조정법」은 조선총독부가 수권자본 50만 원 이상인 회사의 신설, 사업설비, 주금납입, 증자, 합병, 목적변경, 조항변경 등은 허가받도록 하여 산업자본의 형성과 확장에 직접 개입할 수 있도록 하였다. 이 지침으로 이용된 「사업조정표준」은 제정된 이래 1938년 1월, 8월, 1939년 12월 세 차례 개정된 바 있지만, 이 개정으로 기본 골격이 수정된 것이 아니라 지원할 군수 관련 산업의 범위를 전쟁 확산과 물자 부족으로 축소하는 것에 그쳤다.[1]

이 지침이 조선에서 시행됨에 따라 조선 내 산업구조의 변화에 미칠 영향을 보기 위해 1935년 조선 내 생산액 또는 자본액을 「사업조정표준」에 의거 분류한 [표 13-1]을 검토해 보자. 군수 관련 산업이라 할 수 있는 갑종에 포함된 비율은 전기·가스업 100%, 광업 95.7%, 화학공업 39.1%, 철강공업 38.5%, 운수(철도 포함) 21.9%, 금속공업

1 대장성(1961), 『소화재정사』, 제11권, 금융(하), pp. 79~87.

[표 13-1] 조선 내 산업의 「사업조정표준」에 의한 업종별 분류

업종별	「임시자금조정법」에 의한 분류[1]			50만 원 이상의 회사[2]		
	갑	을	병	회사 수	사수비	자본비
광업	(95.7)	(4.0)	(0.3)	41	(38.7)	(94.7)
금속	(1.3)	(35.7)	(44.6)			
기계	(16.8)	(53.8)	(27.4)	4	(3.6)	(85.1)
화학	(8.6)	(38.9)	(22.0)	19	(22.4)	(98.1)
전기	(100.0)			12	(70.6)	(99.7)
교통	(21.9)	(14.6)	(63.5)	15	(3.4)	(52.3)
방적		(35.7)	(74.3)	15	(22.4)	(87.1)
요업	(1.5)		(98.4)	4	(9.3)	(83.7)
제재		(89.8)	(10.2)	7	(6.7)	(55.7)
식료		(79.5)	(18.7)	3	(3.9)	(61.6)
인쇄			(100.0)	17	(70.6)	(99.7)
농림업		(100.0)		41	(16.9)	(60.3)
어업		(100.0)		6	(9.5)	(52.7)
상업		(45.0)	(55.0)	60	(3.3)	(31.0)
금융			(100.0)	23	(12.2)	(91.1)
전체	(8.7)	(61.0)	(30.3)	342	(7.1)	(79.4)

주: 1) 1935년 생산액을 기준으로 분류된 것임. 단, 유통관련업은 자본 규모.
2) 1936년 말 수권자본을 기준으로 함.
자료: 『식은월보』, 1938. 6, 7, 8, 「임시자금조정법조선경제」 (일) (이) (삼).

1.3%, 요업 1.5%이었다. 그런데 당시 일본의 경우, 군수 관련 산업에 관련된 갑종에 포함된 비율은 광업 96%, 금속 29.5%, 기계 25.2%, 화학 23.1%, 요업 8.3%이었다. 이와 같이 조선에서도 일본에서와 마찬가지로 군수생산력 증강을 위해 광업에 속한 사업체는 자금조달 규제에서 제외되었지만, 중화학공업에 속한 일부 사업체는 자금조달 규제를 받게 되었다.

조선에서 비계획산업 또는 과잉설비산업으로 규정된 병종산업은 인쇄업·금융업 100%, 요업 98.4%, 방직업 74.3%, 교통업 63.5%, 상업 55.0%이었고, 그 중간으로 분류된 을종산업은 농업·임업·어업 100%, 제재목재업 89.8%, 식품제조업 79.5%, 상업이 45%

[표 13-2] 1943년 말 각 자금의 용도별 배분

(단위: 금액: 천 원, 비율: %)

원천별	용도별	생산력 확충자금		군수산업자금		비계획산업자금		합계
		금액	비율	금액	비율	금액	비율	금액
내부자금	보유자금	79,518	7.2	380	1.2	45,113	10.5	125,011
	유보자금	90,563	8.2	7,034	21.4	44,254	10.3	141,851
	소계	170,081	15.4	7,414	22.5	89,367	20.8	266,862
외부자금	주식납입	289,183	26.2			109,471	25.5	398,654
	사채	70,000	6.3					70,000
	금융기관	488,996	44.3	25,000	76.0	185,629	43.2	696,625
	기타 차입	86,169	7.8	474	1.4	45,104	10.5	131,747
	소계	934,348	84.6	25,474	77.5	340,284	79.2	1,300,106
합계		1,104,429	〈70.5〉	32,888	〈2.1〉	429,651	〈27.4〉	1,566,968

주: 〈 〉 안은 전체 금액에 대한 비율.
자료: 대장성(1946), 『일본인의 해외활동에 관한 역사적 조사』, 조선편, 칠분책, p. 55.

이었다. 그리고 1936년 말 현재 조선 내에 납입자본 비중을 보면, 상업 21.4%, 금융업 13.1%, 농림수산업 12.3%이었다. 이와 같이 과잉설비로 규정된 산업만도 46% 정도가 되었다. 이러한 산업들이 전시 금융통제의 전진에 따라 자금조달상의 규제를 받게 되었다.

군수 관련 산업인 '계획산업'과 이에 속하지 않은 '비계획산업'의 자금조달계획을 보여 주는 자료가 [표 13-2]이다. 1943년 말의 산업자금은 생산력 확충 산업에 70.5%, 군수산업 2.1%, 비계획산업에 27.4%씩 배분되었다. 여기에서 전시 금융통제의 전개는 군수산업 및 군수 관련 산업, 이른바 생산력 확충 산업에 대한 집중적인 지원으로 귀결되고 있었음을 알 수 있다. 그런데 1943년까지 내부자금은 생산력 확충 산업에 63.7%, 비계획산업에 33.4% 배분되었지만, 외부 자금은 생산력 확충 산업에 71.8%, 비계획산업에 26.2% 배분되었던 것이다. 이것은 생산력 확충 산업이 비계획산업에 비해 상대적으로 외부 자금 동원에 크게 의존하여 성장하였음을 말해 준다.

그렇지만 [표 13-2]에서 보듯이, 산업별 주식발행액은 생산력 확충 산업에 43.4%,

[표 13-3] 일제 말 조선 내 본점회사 회사 수와 납입자본의 산업별 구성(1936~1944)

(단위: 회사 수: 개, 납입자본: 백만 원, ( ): %)

연도		광공업		가스·전기업	이상 소계	농·임·수산업	은행, 금융, 보험	철도·운수업	상업, 기타	전체
		광업	제조업							
1936	회사 수	106	1,127	32	1,265	311	210	454	2,719	4,959
	납입자본	(12.3)	(21.0)	(11.2)	(44.5)	(12.3)	(13.1)	(8.7)	(21.4)	664
1938	회사 수	146	1,323	20	1,489	353	200	508	2,945	5,282
	납입자본	(15.1)	(21.8)	(18.5)	(55.4)	(9.0)	(9.3)	(8.1)	(18.2)	853
1940	회사 수	205	1,541	20	1,766	400	195	465	3,067	5,893
	납입자본	(17.5)	(24.4)	(21.4)	(63.3)	(6.8)	(7.5)	(8.4)	(14.0)	1,579
1942	회사 수	218	1,880	22	2,120	418	189	440	3,327	6,496
	납입자본	(16.3)	(24.4)	(24.2)	(64.9)	(6.1)	(6.7)	(8.1)	(14.2)	1,998
1944	회사 수	277	2,304	18	2,599	476	197	380	3,372	7,004
	납입자본	(14.2)	(28.5)	(28.8)	(71.5)	(4.8)	(4.5)	(7.9)	(11.3)	3,018

자료: 『조선총독부통계연보』; 1942년 이후는 『조선은행통계월보』.

비계획산업에 56.6% 배분되었다. 반면에 금융기관의 대출은 생산력 확충 산업에 70.2%, 비계획산업에 26.6% 배분되었던 것이다. 이와 같이 생산력 확충 산업은 금융기관 대출은 물론이고 주식 및 회사채 인수에 힘입어 확장되었던 반면, 군수산업의 확장은 대출이나 다른 차입에만 의존하고 있다. 그리고 비계획산업은 대출에도 의존하였지만, 주로 증자를 통해 확장하고 있었다. 이것은 전시 금융통제가 주식 발행 규제보다는 대출 규제에 크게 의존하였던 결과일 것이다. 여기서는 각 기업이 전시 금융통제 하에서 주식 발행을 통해 산업별로 얼마나 소요자금을 조달하였는지만 살펴본다.

일본 독점자본 및 일본 국가자본의 진출 분야가 군수생산력 확충 분야, 주로 광업, 중화학공업, 전기, 철도 분야이었던 것만큼, 금융통제는 그 분야의 자본규제뿐 아니라 자본 비중을 상대적으로 높이게 된다. [표 13-3]을 보면 광업, 제조업, 가스·전기업, 철도·운수업은 그 자본의 규모가 빠르게 커지면서 그 비중도 높아지고 있었다. 다만 당시 합병이 진행되던 가스·전기업과 철도·운수업 분야의 수는 감소하였다. 조선 내 본점회사 납입자본 중 광공업 분야의 비중이 1936년 44.5%, 1940년 63.3%, 1944년 71.5%로

[표 13-4] 조선 내 본점 제조업 회사의 민족별 구성(1937~1941)

(단위: 천 원)

업종별	1937년[1]					1941년[2]				
	한국인 회사		일본인 회사		A/(A+B)	한국인 회사		일본인 회사		C/(C+D)
	사수	자본금(A)	사수	자본금(B)		사수	자본금(C)	사수	자본금(D)	
방직	37	10,277	39	23,103	(30.8)	35	6,948	56	40,770	(14.6)
금속, 기계	58	1,852	95	23,654	(7.3)	65	8,646	169	142,124	(5.7)
주조, 식품	321	12,054	128	13,772	(46.7)	345	15,787	46	18,269	(46.4)
제약	33	1,678	24	784	(68.2)	44	2,782	38	2,810	(49.7)
요업	12	432	40	15,791	(2.7)	16	988	61	25,504	(3.7)
정곡, 정미	94	2,526	70	9,860	(20.4)	89	2,827	86	11,558	(19.7)
식료품	17	630	75	9,621	(6.1)	19	401	103	12,957	(3.0)
제재, 목재	19	594	82	19,212	(3.0)	17	3,018	86	17,034	(15.1)
인쇄	44	1,438	42	1,461	(49.6)	39	475	45	2,283	(17.2)
화학	37	2,594	75	100,736	(2.8)	43	3,767	101	189,143	(2.0)
기타	68	1,193	132	5,170	(18.7)	102	3,294	259	24,993	(11.6)
합계	740	35,268	802	223,164	(12.3)	814	48,033	1,150	407,792	(9.1)

자료: 「조선투하내지자본과 그에 의한 사업」, 『식은조사월보』, 제23호, 1940. 6; 『조선경제연보』(1948년판), I-138.

증가하였고, 금융통제로 자본형성이 규제되었던 농림업은 1936년 13.1%, 1940년 6.8%, 1944년 4.8%로 감소하였다. 그리고 상업은 1936년 21.4%, 1940년 14.0%, 1944년 11.3%로 감소하였다. 결국 군수생산력 확충이 광공업 육성으로 기울어진 결과, 즉 육성 대상 부문인 군수산업과 생산력 확충 산업에 속한 산업자본은 확장되었던 반면에 이로부터 배제된 비계획 부문, 즉 농림어업, 상업, 금융업 등 규제 대상 부문의 산업자본 확장은 물론이고 정상적인 설비교체까지 통제되어 그 비중이 점차 감소하게 되었던 것이다.

군수생산력 확충을 위한 산업의 재편성 방향이 광업 및 중화학공업의 육성으로 귀결됨으로써 경공업 분야는 상대적으로 낙후될 수밖에 없었다. 그런데 바로 경공업 분야 중에서 한국인의 진출이 활발한 분야는, [표 13-4]에서 보듯이, 제조, 인쇄, 주조, 식품, 정제, 정미, 방직 분야였다. 이 분야는 바로 비계획산업으로 분류된 업종이었는데, 그 수에 있어서나 자본 규모에 있어서도 도리어 감소하였다. 특히, 한국인의 납입 자본금 비중도 1937년에는 12.3%, 1941년에는 9.1%로 도리어 줄어들었다. 이와 같이 그 수와 규모에서 우세한 일본인 공업자에 비해 한국인 공업자의 성장은 상대적으로 정체되고 있었다.

2. 전시 금융통제하의 군수 관련 산업금융의 확장

1) 군수공업화를 위한 금융통제의 방향

「임시자금조정법」은 자금수요 증가의 원천인 설비자금을 조정하여 군수생산력 증강을 위한 자금공급에 주력할 수 있는 근거를 확보하면서, 비군수 부문의 자금공급을 줄이는 동시에 군수 부문에 필요한 자금을 최대한 공급하는 것을 기본 내용으로 하고 있었다. 그런데 식민지 조선의 생산력 확충 산업의 증강은 일본 독점자본의 조선 진출에 크게 의존한 결과, 이 분야의 금융기관 차입 의존도는 1943년 말 44.3%이었으나, 조선 내 금융기관 차입 의존도는 불과 22.0%밖에 되지 않았고, 군수산업은 100% 조선 외 금융기관 차입에 의존하고 있었다.[2] 그렇지만 군수생산력 강화에 필요한 자금을 조선 내 금융기관이 제대로 공급하지 않는 것은 아니었다. 즉, 1943년 말 소요자금의 62.6%를 일본 자본 유입에 의존하면서까지 군수생산력 확충 산업이 급속히 확장된 결과, 조선 내 금융기관의 자금공급처 역할이 상대적으로 줄어들었던 것이다.

[표 13-5]에서 「사업자금조정표준」에 의한 전 금융기관의 대출 상황을 보면, 갑종산업의 대출은 1938년 69.3%, 1939년 58.9%였고, 을종산업 대출은 1938년 22.9%, 1939년 37.1%였다. 그리고 설비자금 허가액은 갑종산업의 경우 1938년 80.2%, 1939년 71.0%이

2 대장성(1946), 『일본인의 해외활동에 관한 역사적 조사』, 조선편, 칠분책, p. 47.

[표 13-5] 「조선에 있어서 사업자금조정표준」에 의한 설비 및 대출 허가액

(단위: 천 원, ( ): %)

조정표준[1)]		사업설비자금 허가액				금융기관 대출 허가액			
		1938년		1939년		1938년		1939년	
갑	(イ)	258,910	(75.5)	148,511	(66.0)	92,408	(64.7)	82,178	(57.1)
	(ロ)	16,268	(4.7)	11,203	(5.0)	5,172	(3.6)	2,586	(1.8)
을	(イ)	14,856	(4.3)	22,296	(9.9)	11,370	(8.0)	6,318	(4.4)
	(ロ)	3,335	(0.9)	23,303	(10.3)	20,270	(14.2)	43,499	(30.2)
	(ハ)	1,865	(0.5)	9,361	(4.2)	1,055	(0.7)	3,563	(2.5)
병		47,052	(13.9)	10,522	(4.7)	12,706	(8.9)	5,566	(3.9)
합계		342,286	(100.0)	225,196	(100.0)	142,982	(100.0)	143,710	(100.0)

사료: 조선경제조사연합회 편, 『조선경제연보』(1940년판), pp. 138, 140.

고, 을종산업의 경우 1938년 5.7%, 1939년 24.4%였다. 이 통계에 의하면, 1930년대 말까지는 규제가 완화되고 있기는 하지만 군수 관련 산입, 즉 갑(イ)의 설비자금 허가액과 대출 허가액이 압도적이었다. 이와 같이 일제는 설비투자 및 자금 대출을 규제함으로써 비군수산업의 자금수요 발생을 원천적으로 차단하면서 이와 동시에 군수산업에로의 설비투자와 자금공급을 확장하였다고 할 수 있다.

그러면 전시 금융통제가 산업금융에 미쳤던 영향을 검토해 보자. [표 13-6]을 보면, 설비자금 대출에서 광업 대출은 1939년까지는 증가하지 않았지만, 그 이후부터는 급증하게 되었다. 그러나 그 비중은 1938년 20.3%, 1939년 19.0%, 1944년 12.0%로 감소하고 있었다. 공업 대출도 마찬가지로 1939년까지는 증가하지 않지만 그 이후 급증하였다. 그러나 비중은 1938년 54.6%, 1939년 44.2%, 1944년 31.2%로 감소하였다. 당시의 일본 내 설비자금 대출 상황을 보면, 광업의 경우 1938년 15.0%, 1939년 18.7%, 1940년 10.6%, 1941년 12.8%였고, 공업의 경우에는 1938년 60.0%, 1939년 58.5%, 1940년 49.2%, 1941년 66.1%였다.[3]

3 일본은행(1970), 『일본금융사자료: 소화편』, 제27권, 전시금융관계자료(일).

[표 13-6] 「임시자금조정법」에 의한 산업별 설비자금과 운전자금의 대출

(단위: 천 원, ( ): %)

	1938년[1]		1939년[1]		1944년 3월[2]			
	설비자금		설비자금		설비자금		운수자금	
광업	29,089	(20.3)	26,576	(19.0)	116,185	(12.0)	102,062	(4.2)
공업	78,016	(54.6)	61,847	(44.2)	301,640	(31.2)	623,053	(29.9)
농림업	2,036	(1.4)	2,673	(1.9)	279,200	(28.9)	112,054	(5.4)
수산업	1,100	(0.8)	576	(0.4)	10,190	(0.1)	69779	(3.4)
교통	14,746	(10.3)	23,052	(16.5)	74,889	(7.7)	37.043	(1.8)
상업	65	(0.0)	3,253	(2.3)	39,902	(4.1)	811,067	(39.0)
잡업	1,720	(1.2)	1,305	(0.9)	14,838	(1.5)	83,766	(4.2)
기타	16,210	(11.3)	24,646	(17.6)	129,955	(13.4)	241,896	(11.6)
합계	142,982	(100.0)	139,910	(100.0)	966,809	(100.0)	2,081,838	(100.0)

자료: 1) 『조선경제연보』(1940년판), pp. 138, 140.
2) 대장성(1946), 『일본인의 해외활동에 관한 역사적 조사』, 조선편, 칠분책, p. 57.

이와 같이 광공업 대출은 계속 증가하였지만, 그 비중이 1938년부터 도리어 감소하는 추세가 나타났다. 그것은 물자난, 인력난으로 이 부문의 생산력 기반이 약화됨에 따라 이 부문 자금수요의 비중이 상대적으로 감소하였던 반면에, 식량 및 원료의 조달을 위한 농림어업의 투자가 다시 재개됨에 따라 이 부문 자금수요의 비중이 상대적으로 증가하였던 결과이기도 하다.[4] 특히, 물자배급 통제기구의 강화에 따라 물자 매집과 관련된 농업 부문과 상업 부문에 자금수요가 급팽창함으로써 이 부문에 자금배분이 증가하여 광공업 대출의 비중이 상대적으로 줄어들었던 것이다.

이와 같이 전쟁물자 동원과 관련된 상업과 농업에 대한 자금공급 확대를 예외로 하면, 전시 금융통제의 일차적인 결과는 역시 군수 관련 산업이 집중되어 있는 광공업으로의 자금집중이었다. 그런데 이러한 자금배분도 군수생산력 확충과 직결되어 있던 몇몇 품목에 제한된 것이었다. 즉, [표 13-7]에서 1943년 말 생산력 확충자금 대출을

4 예를 들어, 1940년 1월부터 6개년계획으로 「신증미계획」이 실시되었다. 이 계획요소자금 74,073천 원 중 정부 주선 금융자금이 91.5%나 계상되었다(「조선산미증식계획의 경과와 신증미계획의 검토」, 『식은월보』, 1940. 3).

[표 13-7] 1943년 말 조선 내 생산력 확충자금의 품목별 구성

(단위: 천 원, ( ): %)

품목별	설비자금	운전자금	간접산업자금	합계
전력	(42.3)	(1.2)	(76.7)	(44.8)
철강	(23.9)	(56.9)	(0.5)	(22.4)
석탄	(6.1)	(5.5)	(0.0)	(5.3)
경금속	(13.7)	(17.1)	(20.3)	(14.6)
비철금속	(5.5)	(6.0)		(4.7)
석유, 석유대용품	(1.5)	(7.5)	(2.4)	(1.9)
화학, 비료	(0.9)	(3.3)		(0.1)
유기합성품	(1.4)	(3.1)		(1.3)
선박	(4.7)	(3.5)		(4.1)
시멘트	(0.0)	(0.0)		(0.0)
합계	935,672	41,175	12,681	1,566,968

자료: [표 13-6]과 같음.

품목별로 보면, 전력사업 44.8%, 철강사업 22.4%, 경금속사업 14.6%, 석탄사업 5.35%, 계 90.1%이다. 이와 같이 몇몇 업종에 대출이 국한된 것은 이른바 「중점주의」의 귀결이다. 따라서 전시 금융통제는 군수생산력 증강으로 광공업 금융의 확장은 초래하였지만, 전쟁이 진행되고 물자·인력 부족이 심화됨에 따라 대상은 군수품 생산과 관련되는 일부 업종으로 점점 좁아지고 있어 식민지 조선의 경제구조는 더욱 왜곡될 수밖에 없었다.

2) 중추 금융기관의 자금운용과 식민지 금융정책의 변화

[표 13-8]을 보면, 공업대출은 식산은행과 조선은행이 주로 공급하고 있지만 일반은행의 공업대출 비율도 크게 증가하였다. 일제 말 공업대출 비중이 격감하기 전까지 조선은행의 경우 1936년 28.7%에서 1942년 50.5%로, 식산은행의 경우 1936년 12.4%에서 1942년 26.3%로, 일반은행의 경우 1936년 5.7%에서 1942년 20.1%로 증가하였다. 광업대

[표 13-8] 일제 말 각 금융기관 광공업 대출액과 그 비중(1936~1944)

(단위: 천 원, ( ): %)

산업	연도	조선은행[1]		식산은행		일반은행		저축은행		금융조합	
		금액	비율	금액	비율	금액	비율	금액	비율	금액	비율
공업	1936	33,305	(28.7)	57,058	(12.4)	10,111	(5.7)			3,198	(1.4)
	1938	107,725	(45.7)	105,445	(18.2)	40,114	(19.0)	3,603	(13.4)	3,106	(1.2)
	1940	228,219	(44.4)	221,441	(23.4)	80,636	(20.6)	6,738	(14.8)	7,558	(2.1)
	1942	283,113	(50.5)	327,448	(26.3)	114,751	(20.1)	11,384	(17.7)	7,914	(1.6)
	1944	742,759	(9.6)	51,920	(3.5)	158,484	(16.1)	26,529	(34.1)		
광업	1938	16,987	(7.2)	23,261	(4.0)	7,632	(3.6)	276	(1.0)		
	1940	29,984	(5.8)	48,868	(5.2)	29,085	(7.4)	559	(1.2)		
	1942	31,905	(5.7)	120,310	(9.6)	26,268	(4.6)	496	(0.8)		
	1944	62,796	(0.8)	84,575	(5.7)	19,643	(3.6)	1,135	(1.5)		

주: 1) 조선은행 대출액은 조선 내 대출액.
자료: 『조선금융연보』; 1944년 값은 『조선경제연보』(1948년판).

출은 식산은행과 조선은행이 주로 담당하였다. [표 13-8]을 보면, 그 규모는 커지고 있지만 전 대출에서의 비중은 식산은행을 제외하면 도리어 감소하였다.

이와 같이 조선 내 금융기관 중 금융조합을 제외한 모든 금융기관이 공업대출의 비중을 높이고 있었다. 이와 같이 광공업대출의 비중이 높아진 반면에 농업대출의 비중은 감소하였다. 특히, 농업대출에 중심적 위치에 있었던 식산은행의 농림어업대출은 비중이 1936년 48.0%이었지만 1944년에는 11.1%로 줄었고 절대액도 1942년을 정점으로 감소세를 보였다([표 13-25] 참조). 그런데 일반은행의 공업대출 증가는 독자적으로 군수 관련 대출을 확장시킨 결과라기보다는 조선금융단을 통해 공동융자 또는 협조융자(syndicate loan)를 확대한 결과이었다.[5]

전 금융기관의 광공업대출과 비중을 간단히 살펴보았지만, 각 금융기관의 거액 대출자에 관한 검토 없이는 당시의 산업금융 대상을 구체적으로 이해하기 어렵다. 이

5 『경성일보』, 1941. 8. 28.

에 관한 자료로는 조선은행의 거액 대출자 명단이 있으니 이를 살펴보자.

조선은행의 경우, 1937년에서 1941년까지 거액 대출자를 보면, 농업 대출자는 조선정미, 조선제분, 조선미곡시장, 양곡배급조합 등이었고, 무역 대출자는 삼정물산, 삼릉상사, 정자옥상점 등이었고, 광공업 대출자는 조선송전, 압록강수전, 장진강수전, 남선합동전기, 서선합동전기, 북선합동전기 등이었고, 철도 관련 대출자는 삼척철도 등이었고, 그리고 금융 관련 대출자는 동척, 식산은행, 동일은행 등이었다.[6]

1942년부터 1945년 3월까지 거액 대출자를 보면, 농업대출자는 조선미곡창고, 조선식량영단 등이었고, 무역 대출자는 삼정물산, 삼릉상사, 동양면화 등이었고, 중화학공업 대출자는 일본질소, 조선질소, 조선유지, 조선이연금속, 조선경금속 등이었고, 전력 관련 대출자는 조선전업, 압록강수전, 조선송전, 조선수전, 남선합동전기, 북선합동전기, 서선합동전기 등이었다. 그리고 금융 관련 대출자는 식산은행, 조선상업은행, 조흥은행 등이었다.[7]

이와 같이 조선은행은 전력, 화학, 금속 등과 같은 중화학공업에 대출을 집중시키면서, 식량 확보를 위한 농산물 매집기관, 그 외 무역 및 금융 관련 사업체에도 거액을 대출하였다. 그리고 조선은행은 전시 물자통제기구의 설립도 적극적으로 지원하였다. 즉, 조선산금매입, 조선광업진흥, 조선미곡시장, 조선식량영단, 조선무역진흥, 조선동아무역 등에 전시하 물자배급 등 경제통제와 관련된 특수회사의 설립에도 적극 참여하였다.[8] 이와 같이 조선은행이 전시 체제로의 전환을 위한 경제통제기구의 구축에 자금을 적극 공급함으로써 당시 군수생산력 증강을 위한 물자수탈을 금융적으로 뒷받침하였다고 할 수 있다.

식산은행과 동척의 대출자에 관해서는 「임시자금조정법」에 의거한 1938년분 대출승인서에서 그 일단을 알 수 있다. 이 자료를 보면, 조선은행, 식산은행, 동척과 삼화

6 조선은행사연구회(1987), 『조선은행사』, pp. 570~574.
7 앞의 책, pp. 627~631.
8 앞의 책, pp. 569, 631~632.

[표 13-9] 「임시자금조정법」에 의한 금융기관별 대출승인 현황(1938년분)

금융기관	대출자	승인 연월	자본계통	대출승인(천 원)	대출용도
조선은행	선만척식	38. 01	동척/만철/식은	5,000	이민사업
	삼척철도	38. 06	일전	3,500	철도부설
	삼척개발	38. 06	일전	6,500	탄전개발, 요소공장 건설
	조선연탄	38. 06	동척, 삼릉	280	경성공장 이전·확장
	삼릉곡물	38 .08		60	기승인분 증액
	조선운송	38. 11	식은	400	자동차영업권 매수, 평남육운 투자
	환본곡물	38. 11		60	곡물검사소 신축
	소화주류	38. 12		250	소실공장복구
	삼척개발	38. 12	일전	4,000	대출 증액
	삼척철도	38. 12	일전	1,000	대출 증액
식산은행	조선평안철도	38. 01	제등	250	철도부설
	조선국산자동차	38. 01	식은	240	운수사업
	조선평안철도	38. 02	제등	500	철도부설
	경춘철도	38. 03	식은	160	자동차 매수
	경춘철도	38. 03	식은	5,468	철도부설
	조선서적인쇄	38. 06	식은	160	인쇄기계 증설
	조선협동유지	38. 09	삼정	2,930	글리세린 제조
	경춘철도	38. 09	식은	292	자동차영업권 매수
	경춘철도	38. 11	식은	2,020	철도부설
	묘본세차	38. 12		70	임대건물 건축
	서선중앙철도	38. 12	삼릉, 삼정	2,800	탄광철도 부설
동양척식	영화사	38. 01		300	산림과 농경지 구입
	조선직물	38. 02		200	설비확장
	풍전종송	38. 08		180	아파트 건축자금
삼화은행	삼척개발	38. 02	일전	2,500	석탄개발

자료: 정부기록문서, 조선총독부 재무국, 「자치조정대부승인지령서」(1938년).

은행이 자금공급을 담당하고 있으나, 조선은행과 식산은행이 「임시자금조정법」에 근거한 대출의 대부분을 담당하였다. 그리고 식산은행은 계열회사를 중심으로 대출하였다. 그런데 식산은행은 1938년 말 「임시자금조정법」에 의한 대출의 69%를 지급하였으나, [표 13-9]의 자료에 의거하면, 조선은행이 54%를 취급한 반면, 식산은행은 38%를

[표 13-10] 일제 말 조선은행, 식산은행, 동척의 투자회사의 산업별 분포

업종	조선은행		식산은행[1]		동양척식회사							
	1938	1945	1939	1942	1938. 12				1945. 6			
	전체	전체	조선	조선	조선	중국	기타	합계	조선	중국	기타	합계
척식업	2	5	1	1	1	4	3	8	1	3	6	10
금융업	1	6	3	3	0	2	0	2	0	1	0	1
부동산업	0	0	0	0	1	2	0	3	1	4	1	6
상업	0	0	0	0	0	1	3	4	0	0	1	1
창고업	0	0	0	0	1	0	0	1	1	0	0	1
전기	2	3	1	1	6	3	0	9	2	1	0	3
철도·운수	1	1	2	2	1	1	0	2	3	1	0	4
제조업	0	3	5	8	3	6	1	10	14	13	1	28
광업	0	2	1	6	5	3	0	8	13	1	3	17
농림어업	0	0	2	3	2	0	1	3	0	0	1	1
전체[2]	5	20	15	24	20	23	9	52	39	27	16	82

수: 1) 식산은행 관련 회사 중에서 위 자료에 누락되었으나 『조선은행회사요록』에서 최대주주가 식산은행이 되어 있는 경우는 첨가.
2) 겸업 등으로 단순합계보다 적음.
자료: 1) 『조선은행사』(1987), pp. 554, 630. 2) 『전시하의 국책회사』(1940), pp. 271~272, 285~286; 『조선은행회사요록』(1939). 3) 동양경제신문사(1942), 『연간조선』(1942), pp. 78~169. 4) 『동양척식회사 삼십년지』(1938), pp. 99~107. 5) 『자료선집 동양척식회사』(1976), pp. 144~159.

취급하고 있는 것에서 알 수 있듯이, 두 금융기관이 정책대출을 거의 독점하고 있었다. 이와 같이 전시 금융통제에 있어서 조선은행과 식산은행이 자금공급의 중심에 있었는데, 조선은행은 중일전쟁 이후 자금동원력의 획기적인 증강으로 자금공급에서 더 우위에 있었던 것이다.

조선은행, 식산은행, 동척 등은 전시 금융통제하에서 군수 관련 대출을 담당하고 있었을 뿐 아니라 주식 및 회사채 등의 인수를 통해 자금을 직접 공급하였다. 이 금융기관의 투자회사는, [표 13-10]에서 보듯이, 철도, 운수, 전기, 광업, 제조업 등 군수 관련 업종에 집중되었다.

조선은행은 주로 군수 관련 또는 기타 특수회사의 주식 및 회사채를 인수하고 있었다. 조선은행이 회사채를 인수한 회사는 만철, 만주척식공사, 북지개발, 선만척식,

일본제철, 일본질소, 만주전업, 중지나진흥, 제국연료광업, 본계호매탄, 전시 금융금고, 산업설비영단 등 주로 조선 외 특수회사 또는 일본 독점자본 계열회사이다.[9] 그리고 조선은행이 직접 지배한 회사는 [표 13-10]에서 보듯이, 대부분 금융기관이고 척식회사, 철도회사 등도 있었다.

그런데 식산은행과 동척은 군수자금 공급기관으로 지정되어 있었고 회사채 발행을 통해 자금을 조달한 기관이었기 때문에 이들의 회사채 보유는 물론 주식 보유도 관련 사업체에 소요자금을 공급해 준 결과라고 보아야 할 것이다. 식산은행이 계통회사에 주로 대출하고 있었다는 사실을 염두에 두고 식산은행 계통 회사를 보자. [표 13-10]을 보면, 식산은행은 1939년 말 척식업 1사, 금융업 3사, 전력 1사, 철도 2사, 제조업 5사, 광업 1사와 직·간접으로 관계하였고, 1941년 말 척식업 1사, 금융업 3사, 전력업 1사, 철도·운수업 2사, 제조업 8사, 광업 6사, 농림어업 3사와 직·간접으로 관계하였다. 이와 같이 식산은행 관련 회사가 1937년에 15개에서 1941년 말 23개로 증가하고, 그 증가는 광업, 공업, 전력에 집중되어 있었다. 이것은 식산은행이 군수 관련 기업을 직접 인수하는 경우가 늘어나고 있었음을 말해 준다.

이와 같이 전시 체제하에서 식산은행이 군수생산력 확충과 직결된 광공업, 전력 관련 회사와 밀착함으로써 조선 내 군수생산력 증강뿐 아니라 산업에 대한 지배력을 강화하고 있었다. 식산은행이 바로 이러한 회사의 투자자인 점과 '중요산업'에 대한 자금공급 기관으로 지정되어 있었던 점을 고려하면, 특히 군수 관련 산업에 자금을 적극적으로 공급하였다고 볼 수 있을 것이다.

동양척식회사는 군수산업에 대한 대출을 통한 자금공급보다는 주식 및 회사채 인수를 통해 군수산업에 자금공급을 주력한 회사였다. [표 13-11]을 보면, 대출보다는 주식 보유가 압도적이고 관련 회사는 1930년대 중반 이후 급증하였다. 그리고 [표 13-10]을 보면, 동척은 조선 내 금융기관 중에 가장 광범위한 지배망을 갖고 있었음을 알 수

9 조선은행사연구회(1987), p. 630.

[표 13-11] 동양척식회사의 사업투자액(1935~1941)

(단위: 천 원)

연도	회사 수	주식 보유	직영사업	대출금	부동산양도	합계
1935	9	7,178		853		8,032
1936	12	15,069		407	1,347	16,825
1937	17	28,074		2,942	1,347	32,365
1938	19	46,388		7,783	997	55,166
1939	26	77,389		13,316	5,923	96,629
1940	28	106,782	3,646	22,286	7,410	140,125
1941	29	132,364	4,412	61,941	10,020	208,738

자료: 「동척의 조선에 있어서 사업투자개요」(1942년).

있다. 조선 내 지배회사만 보면, 1938년 20사이고 그중에 광업 3사, 공업 5사, 전력 6사, 철도·운수 3사이다. 그리고 1945년 6월 현재 조선 내 지배회사는 39사인데 광업 3사, 공업 14사, 전력 2사, 철도·운수 3사로 군수 관련 산업이 그 중심을 이루고 있었다. 이와 같이 동척은 다른 금융기관이 군수 관련 산업자금을 대출함으로써 회사를 육성한 것과 달리 직접적으로 주식과 회사채를 매입함으로써 군수 관련 회사를 지배하면서 조선 내 군수생산력 증강을 위한 산업의 재편성에 참가하고 있었던 것이다.

이상에서 살펴본바, 전시 금융통제의 진전에 따라 자금공급을 전담하게 된 중추 금융기관은 광업, 중화학공업, 전력, 철도 등과 같이 군수에 관련된 분야에 대출을 집중하거나 주식과 사채를 인수함으로써 이 부분에 설립 확장을 촉진하였던 것이다. 이에 따라 이 금융기관은 농업 및 상업 중심의 금융에서 광공업 중심의 금융으로 전환할 수밖에 없었던 것이다. 즉, [표 13-8]에서 보았듯이 상업금융을 주로 담당하였던 조선은행과 일반은행은 광공업 금융기관으로 변하였고, 농업금융을 주로 담당하였던 식산은행도 광공업 금융기관으로 변하였다.

각 금융기관이 군수 관련 사업체로 대출을 집중시켜 감에 따라 대출 형태도 큰 변화를 보인다. [표 13-12]에서 담보별 대출을 보면, 1936년 말부터 1942년 말까지 유가증권 담보대출과 신용대출은 4배 정도 증가하였던 반면, 부동산담보 대출은 1.7배, 상품

[표 13-12] 일제 말 전 금융기관[1]의 담보별 대출액 변화(1936~1942)

(단위: 천 원)

연도	보증 및 신용		유가증권		상품		부동산	
	금액	지수	금액	지수	금액	지수	금액	지수
1936	383,785	100	69,513	100	91,368	100	462,147	100
1938	532,254	139	114,688	165	120,349	132	501,914	109
1940	1,036,594	270	594,798	377	159,573	175	701,479	152
1942	1,497,627	390	300,798	433	141,401	155	796,909	172

주: 1) 해당 금융기관은 은행 및 금융조합임.
자료: 『조선금융사항참고서』, 『조선금융사정개관』(1942년).

담보 대출은 1.5배 증가하는 데 그쳤다. 이와 같이 전시하에서는 사업체를 대상으로 대출이 증가함에 따라 사업유가증권 담보대출과 신용보증 대출이 급증하였던 반면, 상품 및 부동산 담보대출은 점진적으로 증가하였다.

당시의 자금공급은 국가권력의 명령대출인 경우가 적지 않았고, 또한 이로써 발생한 부실대출로 인한 손실을 보상하는 방편으로 정부의 보증제도가 확대됨에 따라 금융기관은 군수 관련 사업체에 무담보, 즉 신용이나 보증으로 대량의 자금을 공급하는 경우가 늘어났다. 그리고 금융기관이 주로 군수 관련 기업인 대기업을 대상으로 대출을 확대함에 따라 부동산보다는 회사의 채권 및 주식 등의 유가증권을 담보로 대출을 확대해 갔던 것이다. 특히, [표 13-13]에서 보듯이 대기업을 대상으로 군수 관련 자금공급에 주력하였던 조선은행의 유가증권 대출 비중이 매우 높으나, 식산은행은 그렇지 않다.

반면에 군수 관련 기업 대출이 중심을 차지함에 따라 종래와 같은 부동산과 상품의 담보에 의존하는 대출 비중은 급속히 감소하였다. 특히, 전쟁인플레이션 압력으로 토지투기와 상품투기가 가열된 후, 이를 적극적으로 규제함으로써 이 추세는 더욱 강화되었던 것으로 보인다. 이러한 변화는 전시 경제통제라는 특수한 상황의 귀결이었지만, 조선 내 광공업의 성장으로 인한 기업금융의 비중이 높아진 결과이기도 하다. 과거와 마찬가지로 농업금융을 주로 담당하던 금융조합 대출은 부동산담보 대출 및

[표 13-13] 일제 말 각 금융기관의 담보별 대출액과 그 비중(1936~1944)

(단위: 천 원, ( ): %)

		1936		1938		1940		1942		1944	
		금액	비율	금액	비율	금액	비율	금액	비율	금액	비율
신용과 보증	조선은행	57,868	(37.0)	102,712	(43.5)	269,169	(52.4)	337,384	(60.2)	7,085,573	(91.8)
	식산은행	212,923	(43.6)	275,211	(47.4)	520,592	(54.9)	790,225	(63.2)	1,024,679	(69.4)
	저축은행	6,424	(24.6)	6,473	(24.0)	10,675	(23.4)	15,689	(24.4)	75,250	(96.7)
	일반은행	55,945	(34.3)	68,389	(32.5)	142,769	(36.4)	231,581	(24.4)	217,803	(40.5)
	금 보증	50,383	(34.3)	77,129	(29.9)	88,672	(24.4)	107,349	(34.4)		
	조 신용	242	(0.2)	2,340	(0.9)	4,717	(1.3)	15,399	(3.1)		
부동산	조선은행	29,215	(18.8)	26,233	(11.1)	34,117	(6.6)	30,802	(5.5)	103,164	(1.3)
	식산은행	211,773	(43.3)	226,772	(39.1)	282,091	(29.8)	281,222	(22.5)	255,204	(17.3)
	저축은행	2,676	(10.2)	3,526	(13.1)	3,526	(13.1)	3,134	(6.9)	2,067	(2.7)
	일반은행	76,290	(43.6)	80,337	(39.2)	124,813	(31.9)	140,591	(24.6)	187,899	(31.0)
	금융조합	142,283	(62.3)	165,056	(64.0)	256,932	(70.6)	341,160	(68.4)		
	동척[2]	37,795	(40.0)	38,051	(34.6)	51,508	(33.0)	42,763	(20.7)		
유가증권	조선은행	31,399	(50.4)	59,281	(25.2)	137,153	(26.7)	133,083	(23.2)	270,109	(3.5)
	식산은행	20,479	(4.1)	28,865	(5.0)	68,745	(7.3)	82,904	(6.6)	178,948	(12.2)
	저축은행	1,476	(5.8)	1,613	(6.0)	1,753	(3.7)	980	(1.5)	473	(1.5)
	일반은행	15,496	(8.6)	22,518	(10.7)	45,218	(11.2)	56,217	(9.8)	89,294	(12.9)
	금융조합	995	(0.4)	2,411	(0.9)	8,921	(2.4)	28,265	(5.7)		
상품	조선은행	28,519	(18.2)	39,123	(16.6)	660,666	(11.8)	50,545	(9.0)	156,148	(2.0)
	식산은행	38,010	(7.9)	43,315	(7.5)	61,085	(6.4)	45,665	(3.6)	13,847	(1.0)
	일반은행	15,494	(8.9)	22,518	(10.7)	45,218	(11.2)	56,217	(9.8)	89,294	(14.9)
	금융조합	6,192	(2.7)	10,979	(4.3)	4,898	(1.3)	6,588	(1.3)		

자료: 1) 『조선금융사항참고서』, 『조선금융사정개관』(1942년); 1944년 값은 『조선경제연보』(1948년).
2) 동척은 「시국하조선농업금융의 동향」, 『식은월보』, 1942. 1.

보증대출에 여전히 편중되어 있었음을 [표 13-13]에서 확인할 수 있다.

3. 일제 말 금융기관의 유가증권 보유

1) 전시 재정의 팽창과 금융기관의 국채 인수

중일전쟁이 발발한 이후 일본은 7월에 「지나군사비 긴급지출」을 결정하였고, 8월에는 증세안을 결정하였고, 이에 따른 「북지사건특별세법」을 공포·시행하였다. 그해 9월 제72회 제국의회에서 「지나사변에 관한 임시군사비 지급을 위한 공채 발행에 관한 법률」을 공포하였고, 곧이어 「임시군사비특별회계법」을 공포하여 중일전쟁을 위한 전비조달 방안을 계속 강구하였다.

일반회계 공채수입액은 절대액은 물론 그 의존도도 증가하였다. 즉, 1937년 6.1억 엔 21%, 1938년 6.9억 엔 19%, 1939년 13.0억 엔 26%, 1940년 12.8억 엔 20%, 1941년 24.1억 엔 28%이었고, 임시군사비 특별회계에서 공채수입 의존도는 1937년 14.4억 엔 95%, 1938년 36.7억 엔 95%, 1939년 39.0억 엔 98%, 1940년 50.0억 엔 96%, 1941년 68.6억 엔 96%이었다.[10] 이와 같이 일본 정부는 증가하는 군사비의 대부분을 국공채 발행으로 충당하였다.

특히, 「임시군사비특별회계」에 의한 군사비는 거의 국채 발행에 의존하여 지출되었다. 그리고 전시 채권은 일본권업은행이 발행하고 대장성 예금부가 운용을 담당하였다. 대표적인 것이 1937년 12월부터 발행한 '저축채권'과 1940년 5월부터 발행한 '보국채권'이었다. 이 전시 공채의 소화를 위해 할증금이라는 당첨금을 포함시켰고, 할증금은 '저축채권'의 경우 150~200배 정도로 책정하였지만 '보국채권'의 경우는 1,000배 정도까지 책정하였다.[11]

[표 13-14]를 보면, 전체적으로도 세입의 국공채 발행 의존도(B/A)가 30~40%에 이르

10 일본은행(1970), 『일본금융사자료: 소화편』, 제27권, 전시금융관계자료(일), p. 107.
11 전시 공채의 발행에 대해서는 조명근(2009), 「일제 말 (1937-45) 조선 내 민간인을 대상으로 하는 전시 공채의 발행 실태」, 『대동문화연구』, 65, pp. 425~431 참조할 것.

[표 13-14] 일제 말 일본과 조선의 세입, 국공채 발행 및 군사비 지출(1937~1944)

(단위: 백만 엔(원), ( ): %)

		1937	1938	1939	1940	1941	1942	1943	1944
일본	세입총액(A)	9,190	11,423	13,382	17,304	28,067	48,186	69,103	90,866
	신규공채(B)	2,230	4,530	5,517	6,885	10,191	13,719	20,471	30,810
	군사공채(C)	1,551	3,807	4,371	5,228	7,100	12,564	17,738	23,809
	세입보전(D)	355	579	940	1,265	2,433	308	1,866	5,870
	B/A	(24.3)	(39.7)	(41.9)	(38.6)	(36.3)	(28.5)	(29.3)	(33.9)
	C/B	(78.5)	(84.0)	(79.2)	(75.9)	(69.7)	(91.6)	(85.7)	(77.3)
	D/B	(15.9)	(12.8)	(17.0)	(18.4)	(24.0)	(2.2)	(9.1)	(19.0)
조선	세입총액(E)	347	397	561	685	722	969	1,332	1,648
	군사비	60	66	69	41	223	239	231	605
	공채차입(F)	60	63	89	120	181	153	157	n.a.
	E/A	(3.8)	(3.5)	(4.3)	(4.6)	(2.6)	(2.0)	(1.9)	(1.8)
	F/E	(10.8)	(14.6)	(16.7)	(15.8)	(14.1)	(14.8)	(8.4)	n.a.

자료: 대장성(1961), 『소화재정사』 Ⅲ, pp. 243, 374~375, 549~550; Ⅳ, pp. 216~217; Ⅴ, pp. 109, 114; Ⅵ, pp. 292, 389.

렀고 국공채 발행 중 전비조달과 관련된 발행 비중(C/B)은 80~90% 수준에 이르렀다. 일본은행이 전비조달을 위해 국공채의 상당 부분을 인수하였다. 즉, 중일전쟁 이후 국채 발행액 중 일본은행이 직접 인수한 비율을 보면, 1937년(7월 이후) 79.8%, 1938년 82.8%, 1939년 72.8%, 1940년 72.5%, 1941년 78.9%, 1942년 78.6%, 1943년 72.1%, 1944년 65.7%이었다.[12] 나머지는 주로 일본과 식민지 금융기관 보유자금에 의해 소화되어 국공채 발행이 곧바로 통화증발을 초래하였다고는 할 수 없다. 하지만 이 때문에 국공채를 인수한 일본과 일본 식민지의 모든 금융기관은 전비조달기관으로 변모하지 않을 수 없었다. 그런데 국채의 일부분은 조선은행 등 조선의 금융기관이 소화함에 따라, 조선이 일본의 전비를 부담하게 되었다.

[표 13-15]에서 보듯이, 조선 내 금융기관의 국채보유액은 계속 급격히 증가하고 있

12 加藤俊彦 外(1958), 『일본에 있어서 자본주의의 발달(전)』, 동경대출판회, p. 316.

[표 13-15] 일제 말 각 금융기관의 국채 보유액(1937~1945)

(단위: 백만 엔(원), ( ): %)

연도	조선 은행	식산 은행	저축 은행	일반 은행	금융조합 연합회	신탁 회사	무진 회사	조선 (A)	일본 (B)	A/B
1937	162.0	34.2	11.4	1.8	1.0	0.2		209	13,270	(1.6)
1938	220.0	59.0	13.9	6.6	3.9	1.3	0.0	305	17,837	(1.7)
1939	429.3	57.4	16.5	14.3	9.0	2.8	0.0	529	23,481	(2.3)
1940	508.3	66.8	26.0	30.2	9.5	4.8	0.1	645	30,894	(2.1)
1941	899.8	115.4	36.8	41.7	9.5	6.5	0.2	1,110	41,476	(2.7)
1942	1,378.0	233.5	55.3	69.4	39.9	7.6	0.2	1,778	56,997	(3.1)
1943	1,499.5	233.6	68.9	103.2	113.5	9.5	1.4	3,039	n.a.	
1944	2,697.6	470.0	127.3	258.9	283.4	19.3	n.a.	4,915	n.a.	
1945	5,883.0	477.0	155.0	310.0	176.0	16.0	5.0	7,105	143,971	(4.9)

주: 1943년 값 중 은행은 6월 말 값이고 나머지는 연도 말 값임.
자료: 조선 내 1942년까지 『조선금융연보』; 1943년은 『조선금융사정개관』; 1945년 6월은 『일본인의 해외활동에 관한 역사적 조사』, 조선편, 칠분책, p. 113; 1945년 9월은 『조선경제연보』(1948년판); 무진회사와 신탁회사는 『한일은행40년사』, p. 44.

었다. 그리고 일본 국채 중 조선의 금융기관이 소화한 비율도 계속 증가하고 있었다. 이와 같이 조선 내 금융기관 국채 보유는 절대액으로 급증하고 일본에 비해서도 그 비율이 높아지고 있었다. 따라서 조선의 금융기관은 일본보다 국채 보유를 더 빨리 증가시킴으로써 일본의 금융기관에 비해 전비조달에 더 적극적인 활동을 하고 있었다고 할 수 있다.

조선 금융기관의 국채 잔액을 [표 13-15]에서 보면, 초기에는 조선은행이 대부분을 인수하였지만 점차 다른 금융기관도 대량으로 인수하였음을 알 수 있다. 즉, [표 13-15]에 의거해 환산해 보면, 조선은행이 조선 내 금융기관 국채보유액 중 70~80%를 소화하였지만, 1943년 이후에는 다른 금융기관의 국채 인수가 급증하여 비율이 50% 수준으로 낮아진다.

조선은행이 소화한 국채는, [표 13-16]에서 보듯이, 1938년까지는 일반국채를 주로 인수하였지만, 이후에는 전쟁 관련 국채를 주로 인수하였다. 조선은행은 출범부터 조

[표 13-16] 일제 말 조선은행 보유 국채 구성의 변화(1937~1945)

(단위: 천 원, ( ): %)

연도	일반 국채	미곡 증권	지방사변 국채	대동아 전쟁채	식량 증권	조선양곡 증권	국채 소계	보유증권 합계
1937	(68.2)	(4.2)					(73.1)	221,528
1938	(74.5)	(2.9)					(77.4)	282,489
1939	(57.3)		(27.9)				(85.4)	502,430
1940	(47.6)		(37.7)				(85.5)	594,662
1942	(36.1)	(4.8)	(44.2)	(17.8)			(85.2)	1,056,305
1943	(34.5)		(39.0)	(27.8)			(87.2)	1,573,051
1945	(17.8)		(13.1)	(56.7)	(0.0)	(2.2)	(87.3)	3,417,990

자료: 조선은행사연구회(1987), 『조선은행사』, pp. 554~555, 630.

선총독부의 재정적자를 보전하기 위해 조선총독부 공채를 인수하였고, 중일전쟁을 계기로 일본은행과 마찬가지로 조선총독부보다는 일본 정부의 재정적자를 보전하기 위해 거액의 국채를 인수하였다. 조선은행도 전쟁이 확산되어 감에 따라 전비조달을 위해 발행된 전쟁 관련 국채를 대량으로 인수하여 일본은행과 같이 전비조달의 중심에 서게 되었던 것이다.

조선은행 다음으로 거액의 국채를 보유한 조선 내 금융기관은 식산은행이다. 1937년 말에는 3,724만 원에 불과하였던 국채보유액이 1945년 6월에는 4억 7,005만 원에 이르게 되었다. 이와 같이 전시 금융통제가 실시되고 조선금융단이 결성된 이후, 전비조달 및 군수생산력 확충을 위한 자금조달이 조선금융단에도 부여됨에 따라 식산은행도 조선은행과 같이 국채 인수를 확대해 갔던 것이다.

조선의 금융기관은 당시 국채의 수익성이 높아서가 아니라 강제로 배분되었기 때문에 거액의 국채를 보유하게 되었다. [표 13-17]을 보면, 국채수익률은 3.7%로 고정되어 있는데, 이것은 위험프리미엄을 고려하더라도 대출이자율 6.9~10.2%, 채권수익률 4.0~4.3%, 주식수익률 5.5~6.5%보다 매우 낮은 수준에 있다. 조선은행을 제외하면 이 수준은 예금이자율 수준에도 못 미치고 있다. 이것은 국채가 강권적으로 배분되었음

[표 13-17] 일제 말 공사채, 주식의 수익률과 대출 및 예금 이자율 추이(1936~1942)

(단위: 연리 %)

연도	일본 내		공사채[1]		조선 내[3]		정기예금 이자율[3]				일반대출 이자율[3]			
	국채	지방채	금융채	사업채	식은채	주식[2] 수익률	조선 은행	식산 은행	일반 은행	금융 조합	조선 은행	식산 은행	일반 은행	금융 조합
1936	3.7	4.3	4.0	4.4	4.1	6.5	3.6	3.8	4.3	4.2	6.9	8.1	10.2	10.2
1937	3.7	4.3	4.0	4.5	4.0	6.4	3.6	3.8	4.2	4.0	6.6	7.7	7.7	9.9
1938	3.7	4.2	4.2	4.3	4.2	6.3	3.6	3.9	4.2	4.0	6.6	7.7	7.7	9.0
1939	3.7	4.2	4.2	4.3	4.2	6.3	3.6	3.9	4.1	3.7	3.9	7.7	8.1	8.8
1940	3.7	4.3	4.2	4.3	4.2	5.2	3.6	3.6	3.9	3.6	6.2	6.2	7.3	8.8
1941	3.7	4.3	4.2	4.3	4.1	3.9	3.5	3.5	3.9	3.6	5.9	5.9	6.9	8.8
1942	3.7	4.3	4.2	4.3	3.6	5.5	3.4	3.4	4.7	3.5	5.5	5.5	6.6	8.4

자료: 1) 志村嘉一 편(1980), 『일본공사채시장사』, 공사채 통계편, p. 34.
2) 『식은월보』 1942. 1, 「시국하조선농업금융의 동향」.
3) 『조선금융사항참고서』(1938년판), 『조선금융연보』(1943년판).

을 단적으로 말해 주고 있다. 일제가 1938년 말 조선금융단을 통해 금리평준화에 의한 예금금리 인하를 도모해 오던 것은 국채 소화의 장애인 고금리를 제거하여 국공채를 높은 가격으로 판매하기 위해서였다. 조선금융단은 국채 인수와 함께 높은 가격으로의 판매를 통해 전비조달이라는 임무를 충실히 수행하고 있었던 것이다.

[표 13-15]에서 보았듯이, 조선금융단이 결성된 1938년 말 이후, 즉 1939년부터 조선 내 금융기관의 국채 보유가 급증하였던 것은 조선금융단이 바로 국채 소화 기관이 되었기 때문이라 할 수 있다. 조선금융단의 주요 업무 중 하나가 국채 소화이었고, 조선금융단에 가입된 금융조합연합회와 일반은행, 저축은행, 신탁회사는 1940년이면 모두 예금초과에 있었기 때문에 조선 내 금융기관의 국채 인수는 순조롭게 진행되었다고 할 수 있다.

이와 같이 조선 내 모든 금융기관이 국채보유액을 점차로 증가시켰지만, 특히 금융조합연합회와 일반은행이 가장 빠른 속도로 국채 보유를 증가시켰다. 이것은 이 금융기관은 금융통제의 결과로 대출 확대가 어려웠지만 '저축장려운동' 등으로 예금이 급증하여 여유자금을 점차 더 많이 가지게 되었기 때문이다. 앞 장의 [표 12-7]에서 보

[표 13-18] 일반소화 국공채의 구성(1939~1944)

(단위: 천 원, ( ): %)

	1939	1940	1941	1942	1943	1944(4~6)
국채	9,459	11,887	15,656	37,402	44,866	11,367
저축채권	4,855	4,603	7,391	16,303	37,007	7,223
보국채권		7,360	6,581	12,961	10,921	2,371
특별보국증권			4,061	3,701	4,500	
소화액 합계(A)	14,314	23,850	33,635	70,166	87,294	20,138
배포액 합계(B)	13,309	21,400	30,965	68,200	84,500	23,138
일본회사 매출[1]	n.a.	5,354	2,467	3,680	4,362	2,293
A/B(%)	(107.6)	(109.2)	(108.6)	(102.9)	(103.3)	(110.4)
C/B(%)		(25.0)	(8.0)	(5.4)	(5.2)	(9.9)

주: 1) 일본회사 매출액은 일본 내 본점을 둔 증권회사가 조선 내에서 금융기관 외에 매출한 액수를 말함.
2) 1939년부터 1942년까지는 액면가를, 그 이후는 판매가를 말함.
자료: 近藤釼一 편(1964), 『태평양전하의 조선』(5), pp. 110~112.

왔듯이, 당시 본점 일반은행의 예금초과액은 1940년 4,521만 원에서 1944년 4억 7,817만 원으로 급증하였고, 금융조합연합회 산하 금융조합의 예금초과액도 1940년 6,800만 원에서 1944년 12억 638만 원으로 급증하였다.

이러한 국채의 대부분은 조선 내 금융기관이 소화하였지만, 이 국채의 일반매출도 진행되지 않은 것은 아니었다. 즉, 국채의 경우 일본은행 인수분 중 일부가 우편국을 통해서 일반인에게 매출되었다. [표 13-18]에 국채의 일반매출 현황이 정리되어 있다. [표 13-18]을 보면, 소화액은 1939년 1,431만 원, 1940년 2,385만 원, 1941년 3,363만 원, 1942년 7,016만 원, 1943년 8,729만 원으로 일제 말에 이르면 거의 한 해 동안 추가된 소화액이 1억 원에 근접하였다.

중일전쟁 이후 발행된 국공채는 세 가지 경로에 의해 소화되었다. 첫째는 일본은행의 국채 매각 방식이다. 일본은행이 인수한 국채 중 일부는 각종 금융기관에게 매각되었고, 금융기관은 보유자금의 일정 비율 이상을 국채 구입에 사용하였다. 둘째는 대장성 예금부가 운용하는 우편저금을 활용하거나 간이생명보험, 우편연금적립금, 금자금, 기타 특별회계자금, 정부관계 공제조합자금 등을 활용하는 방식이다. 셋째는 우

[표 13-19] 일제 말 우편국 국채 매출액의 민족별 구성(1940~1944)

(단위: 천 원, ( ): %)

연도	한국인 매입(A)	일본인 매입	합계(B)	전 매출액(C)	A/B	B/C
1940	1,404	10,470	11,887	23,850	(11.8)	(49.8)
1941	2,901	12,756	15,657	33,635	(18.5)	(46.5)
1942	7,862	29,540	37,402	70,166	(21.0)	(53.3)
1943	10,078	34,788	44,866	87,284	(22.5)	(51.4)
1944(4~5)	1,287	3,706	4,993	n.a.	(25.8)	

주: 우편국 조사에 의함. 일본인 법인에 대한 매출액은 일본인 매입액으로 계산.
자료: [표 3-18].

편국 창구를 통한 일반인의 공채 소화 방식이다. 이 방식은 액수는 적지만 강제저축과 마찬가지로 일반인에 직접 판매하여 일반대중의 소비를 억제하는 방식이다. 이 국공채 소화는 조선총독부가 나중에 설명할 저축강권정책의 일환으로 도별 목표액을 할당하는 등 하부 기관으로 할당액을 정해 하달하고 부와 군 말단 행정기관에서 소득을 기준으로 각 호에 배분하여 구매를 강요하는 방식으로 이루어졌다.[13]

그런데 [표 13-19]를 보면, 일본의 지점 증권회사를 통해 일부가 매각되었지만, 일반매각의 50% 정도는 우편국을 통해 이루어졌음을 [표 13-19]에서 확인할 수 있다. 이 중에 70% 이상은 일본인이 매입하였고 그 나머지를 한국인이 매입하였다. 특기할 것은 한국인의 국채 매입 비중이 점차 높아지고 있었다는 점이다. 이것은 국채 소화 대상이 보다 소득이 낮은 계층으로 확장됨으로써 한국인의 매입 비중이 자연적으로 높아진 결과로 해석된다.

2) 금융기관의 주식 및 회사채 인수

중일전쟁 이전에 조선은행은 은행권 발행을 위한 정화준비와 일본 및 만주에서

13 조명근(2012), 「일제 말(1937-45) 조선에서의 전시공채 소화실태와 성격」, 『한국사학보』, 47, pp. 207~214.

대출을 위해 엔자금을 일본 금융기관으로부터 차입하였고, 식산은행과 동척도 주요 자금원인 회사채를 주로 일본에서 소화하였기 때문에 자금원천에서 일본으로부터의 자금유입이 높은 비중을 차지할 수밖에 없었다.[14] 그런데 조선은행은 중일전쟁을 계기로 일본 군사비 송금을 취급하고 연합준비은행과의 「예금협정」을 맺음으로써 거액의 엔자금을 확보하여 자금조달에서 큰 문제가 없었으나, 식산은행과 동척은 회사채 소화를 확대하지 않고서는 대출을 계속 확대하기가 어려웠다.

1937년 말 현재 식산은행의 회사채(사채) 현황을 보면, 지역별로는 조선이 1,290만 원 전체의 3.7%만 소화하고 있었고, 주체별로는 대장성 예금부가 1억 55만 원(29.2%), 일본 내 은행의 인수단 특수인수가 4,070만 원(11.8%), 일반공모가 2억 340만 원(59.0%)이었다. 당시 조선총독부가 소화한 잔액이 1,250만 원이었으므로 조선 내 일반소화액은 20만 원(0.1%)에 불과하였다.[15] 이와 같이 식산은행은 중일전쟁 직후까지도 회사채를 조선에서 거의 소화하지 못하고 있었다.

당시 금융조합연합회가 발행한 조선금융채권도 1936년 6월 및 9월에 식산은행이 2차례 700만 원과 500만 원을 소화한 것을 제외하면 전액 대장성 예금부가 소화하였다.[16] 이 자금은 1936년 12월부터 대장성 예금부 자금의 일부를 구성하는 간이생명보험 적립금으로 전액 충당하였다.[17] 따라서 식산은행과 예금부가 금융조합연합회의 조선금융채권을 인수해 소화하고 있었다고 할 수 있다.

식산은행은 중일전쟁이 본격화되자 일본에서 전비조달을 위한 국채 발행의 확대와 군수 관련 회사의 회사채 및 주식 발행 증가로 식산은행 채권을 일본에서 소화하는 것이 어려워졌다.

14 "조선금융의 척식적 외지적 특색으로 자금은 자급자족되지 못하고 대단히 외지의존적인 것으로 일컬어지고 있다. 예를 들어, 조선에서 자금형성과 그 공급 상태를 보아도 그것은 분명하다. 즉, 채권 발행에 의한 자금을 도외시하면 예금의 집적으로서 대출을 늘릴 수는 없다"(鈴木武雄(1940), 『조선금융론십강』, pp. 142~143).

15 조선식산은행(1938), 『조선식산은행이십년지』, pp. 237~247.

16 조선금융조합연합회(1944), 『조선금융조합연합회십년사』, p. 102.

17 『식은월보』, 1941. 7, 「조선금융의 신단계(하)」.

> "37년 7월 중일전쟁의 발발에 의해 재정팽창, 정부살포 자금의 증대도 있었지만, 반면 생산력 확충 자금수요의 증가, 국채 소화 자금수요의 증가에 의해 금융시장은 심한 경색에 빠졌다. 식은 채권의 발행도 말뿐이고 37년 중에는 발행된 채권이 겨우 242만 원에 불과하였다. 그 후 기채시장이 일진일퇴를 계속하다가 단기 자금시장 완화에도 불구하고 장기 자본시장은 기본적으로 호전되지 않고"[18]

이와 같이 일본의 전시 경제 체제 전환의 여파가 일본 내 자본시장을 통해 조선에 곧바로 파급되었다. 즉, 일본의 자본시장에 종속된 상황 속에서 조선 내 산업금융을 담당하던 식산은행이 곧바로 자금난에 부딪치게 되었다. 전시 금융통제가 실시된 후 조선에서 군수산업금융의 중추 역할을 담당하게 된 식산은행은 어떠한 형태로든 회사채 소화를 도모하지 않으면 안 되었다. 마침 조선총독부가 1938년부터 저축강권정책인 '저축장려운동'의 결과로 일반은행과 금융조합의 예금이 증가하고 있는 반면에 「임시자금조정법」에 의거한 금융통제로 이 금융기관의 자금운용이 어려워졌다. 그 결과 1938년부터 금융기관의 예금 의존 비중이 높아졌고, 금융기관은 예금 증가분을 대출보다는 유가증권 투자로 자금운용을 하게 되었다. 그래서 식산은행과 동척은 회사채를 조선의 금융기관에 인수시키는 것이 가능해졌다.

그런데 1938년부터 조선에서 시행된 저축강권정책의 결과로 조선 내 금융기관 중 만성적인 대출초과 상태에 있던 일반은행과 금융조합은 1940년부터 예금초과 상태로 이행하게 되었다. 금융기관은 전시 금융통제와 강권적 저축 증가로 이러한 상태가 지속되었으므로 이 자금을 처리할 방도를 강구하지 않으면 안 되었다. 더욱이 국채 등 전쟁 관련 유가증권의 발행이 증대함에 따라, [표 13-20]에서 보듯이, 각 금융기관이 유가증권을 대량 인수할 수밖에 없게 되었다. 조선총독부는 조선금융단을 통해 조선은

18 鈴木武雄(1940), 『조선금융론십강』, p. 152.

[표 13-20] 일제 말 각 금융기관의 유가증권 비중(1937~1944)

(단위: 백만 원, ( ): %)

	1937	1938	1939	1940	1941	1942	1943	1944
조선은행	(66.1)	(60.6)	(68.8)	(63.6)	(68.1)	(64.5)	(64.8)	(60.2)
식산은행	(12.8)	(14.7)	(9.6)	(9.1)	(8.7)	(10.8)	(10.7)	(9.0)
저축은행	(9.2)	(8.4)	(4.9)	(8.9)	(7.1)	(5.7)	(5.9)	(4.7)
일반은행	(6.3)	(9.3)	(8.7)	(9.1)	(6.7)	(5.1)	(6.7)	(8.4)
금조련	(2.2)	(2.1)	(3.1)	(5.3)	(6.1)	(11.5)	(8.5)	(15.8)
신탁회사	(3.4)	(4.9)	(4.8)	(3.9)	(3.1)	(2.4)	(2.1)	(1.8)
무진회사	(0.0)	(0.0)	(0.0)	(0.1)	(0.1)	(0.2)	(0.2)	(0.1)
합계	335	466	729	935	1,550	2,425	3,258	5,571

자료: 『조선금융사항참고서』(1938년), 『조선금융연보』(1942년), 『조선경제연보』(1948년).

행, 금융조합연합회, 일반은행 등과 같이 발권력의 확장 또는 강권저축의 확산으로 여유자금을 많이 갖게 된 금융기관에 유가증권을 할당하여 이들의 유가증권 보유 비중이 급증하게 되었다.

그런데 앞서 제시되었던 [표 13-17]을 보면, 1939년까지도 일반은행과 금융조합의 예금금리가 연 4.0~4.3% 수준에 있었고, 국채수익률은 연 3.7%, 일본의 지방채, 금융채, 회사채 등의 수익률은 연 4.2~4.3% 수준에 있었다. 다만 주식의 수익률만 연 6% 이상 되었다. 일반은행과 금융조합은 일부는 조선은행과 식산은행에 예치할 수도 있었지만 그렇게 되면 역마진을 기록하게 되어 그보다 나은 방법인 채권이나 주식의 인수를 선택할 수밖에 없었다. 따라서 이와 같은 금융자산의 수익률 구조로는 예금초과액의 순조로운 처리가 어려운 것이 당시의 현실이었다. 다만 금융조합만은 1939년에 이르러 예금금리가 크게 저하하여 금융조합연합회를 통해 식산은행 회사채 투자가 가능하였다. 당시의 보도에 의하면,

> "금융조합연합회는 현재 5,200만 원의 여유금을 갖게 되어 식은에 연 4분(4%)으로 예금하였으나, 그 일부는 4분 3리(4.3%)의 식은 사채를 매입하여 채산

에 유리하게끔 하였다. 금후 실제로 이 5,000만 원은 조선의 생산력 확충에 큰 힘이 될 것이고 …"[19]

이와 마찬가지로 예금초과 상태에 있었던 일반은행도 이 여유자금을 제대로 처리하지 못해 일단 조선은행에 예금하고 있었다. 그런데 [표 13-17]에서 보았듯이, 1940년 말 조선은행 정기예금 이자율은 연 3.6%이었고, 일반은행의 예금금리는 연 3.9%이었다. 이것은 조선은행이 일반은행의 자금을 흡수할 수 없는 상황에 있었음을 말해 준다. 당시의 상황을 설명하는 보도에 따르면,

"조선 내 저축의 권장과 자금의 운용제한으로 각 금융기관의 수중에 여유자금이 생기게 되었다. 작년 저축은행과 금융조합이 식은 사채를 인수한 것이 이의 하나로 나타났고, 최근 금융조합연합회가 약 6,000만 원이라는 거액의 여유금을 식은에 예치하여 식은관계 생산력 확충 자금의 운용이 현저히 완화된 것을 간과할 수 없다. 거기에다 이제까지 자금 부족에 있던 을종은행(일반은행)의 자금도 윤택해져 예금·대출 숫자가 동시에 팽창하면서 균형을 이루게 되어 조선상업은행과 같은 경우에는 예금이 초과하기에 이르렀다. 이 을종은행의 예금은 선은에 예치되어 있지만 그것을 생산력 확충 자금이 충당하는 것을 관계방면에서 연구 중이다."[20]

1940년에 접어들면서 일반은행의 예금금리도 인하됨에 따라 식은 사채의 인수도 가능하게 되었다. 특히, 1938년 12월부터 조선금융단이 결성되면서 금리평준화를 통한 예금금리 인하와 함께 국채 및 회사채를 주요 물건으로 한 유가증권 매입이 점진적으로 추진되었다. 특히, 소화된 유가증권의 대부분은, [표 13-17]에서 보았듯이, 수익률

19 금조연합회가 식은 사채를 인수(『경성일보』, 1940. 5).
20 『조선신문』, 1941. 1. 25.

[표 13-21] 일제 말 전 금융기관[1]의 유가증권 구성(1937~1943)

(단위: 백만 원, ( ): %)

	1937	1938	1939	1940	1941	1942	1943[2]
국채	(60.5)	(65.1)	(70.9)	(69.9)	(71.3)	(71.9)	(80.3)
지방채	(7.3)	(5.9)	(6.0)	(5.4)	(4.0)	(3.0)	(2.3)
회사채	(14.6)	(14.3)	(11.8)	(14.9)	(14.2)	(17.0)	(11.0)
주식	(15.7)	(13.0)	(9.6)	(9.5)	(6.5)	(5.8)	(4.0)
기타	(1.8)	(1.7)	(1.7)	(1.1)	(3.4)	(2.2)	(2.4)
합계	346	468	747	936	1,543	2,472	2,371

주: 1) 금융조합연합회, 신탁회사 및 무진회사의 보유증권은 포함.
2) 1943년도 값은 6월 말 값이며, 은행 보유 유가증권만을 대상으로 함.
자료: 『조선금융사정개관』(1943년), 『조선금융연보』(1941년, 1942년).

이 상대적으로 낮은 국채·회사채 등이었다. 이것은 유가증권의 소화가 강제할당에 크게 의존한 것임을 말해 준다. 조선 내 각 금융기관이 회사채 매입을 증가시켰던 것은 저축은행의 경우는 1940년, 금융조합의 경우도 1940년, 일반은행과 신탁회사는 1941년부터이었지만, 식은계인 저축은행과 금융조합이 가장 빨리 증가시켰다.

일제 말 금융통제가 전개되는 상황에서 식산은행 회사채(사채)의 소화 결과를 시사하는 자료를 보면, 1938~1945년간 식은 사채 발행액 9억 3,360만 원 중 예금부 인수가 15.6%, 일본 내 특수 인수(일본 내 공동융자단 인수) 17.3%, 소계 32.9%가 일본에서 소화되었고, 조선금융단이 43.5%인 4억 660만 원을 인수하였고, 나머지는 소액 채권 형태로 조선에서 소화되었다. 조선금융단이 인수한 43.5% 중 금융조합연합회가 24.9%, 저축은행이 16.0%, 일반은행이 1.9%, 조선은행 0.5%를 인수하였다.[21]

그리고 당시에 조선 내 우편국 예금은 예금부 자금으로 처리되고 있으므로 예금부 자금도 사실상 조선 내에서 주달한 것이나 마찬가지로 볼 수 있다.[22] 결국 전시하 식은 회사채의 40.9%를 그 계열하에 있는 저축은행과 금융조합의 예금 및 우편국 예금으로 처리함으로써 일본 내 자금시장의 경색으로 인한 식은 회사채 소화 부진을 타개

21 堀和生(1983), 「식민지 산업금융과 경제구조 - 식은의 분석을 통하여」, 『조선사연구회논문집』, 20.

22 1945년 9월 현재 대장성 예금부에서 조선으로 유출된 잔액은 684,156천 원이고, 조선에서 우편국 예금·연금 및 보험금 형태로 유입된 잔액은 1,019,415천 원이다(『일본인의 해외활동에 관한 역사적조사』, 조선편, 칠분책, pp. 115~116).

[표 13-22] 일제 말 일본과 조선의 금융기관의 회사채 발행액(1937~1944)

(단위: 백만 원, ( ): %)

연도	일본(E)[1)]	식산 채권	동척 채권	금연 채권	소계(F)[2)]	E/F
1937	5,739	344	246	24	616	(10.7)
1938	6,426	389	317	26	733	(11.4)
1939	7,523	440	376	28	844	(11.2)
1940	9,331	577	424	31	1,032	(11.1)
1941	12,163	645	511	36	1,194	(9.8)
1942	15,662	765	593	40	1,399	(8.9)
1943	19,537	867	616	37	1,520	(7.8)
1944	26,551	926	650	36	1,612	(6.0)

자료: 1) 『일본공사채시장사』 중 공사채기본통계편, pp. 21~29.
2) 『조선금융사정개관』(1942년), 『조선은행통계월보』.

할 수 있게 되었던 것이다. 그 결과, 식은 채권은 [표 13-22]에서 보듯이 순조롭게 증가하고 있다.

금융통제하에서 군수산업자금 공급기관이었던 동양척식회사는 식은과 마찬가지로 군수 관련 사업체의 주식 및 회사채의 매입을 통해 방대한 기업군을 거느린 투자기관으로 부상하였다. 그런데 동척도 중일전쟁 직후 식은과 마찬가지로 일본 자본시장에 크게 의존하면서 소요자금을 조달하였다. 1938년 현재 소요자금의 64.0%를 회사채 발행을 통해 조달하였고,[23] 동양척식회사 회사채 소화액은 예금부 14.2%, 일본 내 은행단 40.1%, 외채 21.6%, 자기발행 16.0%로 구성되었다.[24] 그런데 예금부는 1941년 말 동척 회사채 중 8.6%를 인수하였고, 폐점 시 11.2%를 인수하였다.[25] 또한 동척은 일본 내 공동융자단의 융자 대상 기업으로 지정되어 있어 12개 은행과 6개 신탁회사가 이 금융기관의 자금을 담당하였다.[26] 전시하에서도 이와 같은 동척의 자금융통 사정과 함께, 이 회사가 일본 정부가 직접 지배하고 본점도 일본 내에 있었던 것을 고려하면, 동척

23 동양척식회사(1938), 『동양척식회사삼십년지』, pp. 262~265.
24 우방협회 편(1976), 『자료선집, 동양척식회사』, 극비 당사 자금구성의 현황, pp. 405~407.
25 대장성(1946), 『일본인의 해외활동에 관한 역사적 조사』, 조선편, 칠분책, p. 96.
26 동경은행집회소 편(1942), 『전시금융하의 제문제』, pp. 81~82, 97.

[표 13-23] 일제 말 각 금융기관의 회사채 보유액(1937~1945)

(단위: 천 원)

연도	조선은행[1]	식산은행[1]	저축은행[1]	일반은행[1]	금융조합연합회[2]	신탁회사[3]	무진회사[3]	합계
1937	23,030	8,450	6,444	16,601	2,157	n.a.	n.a.	56,682
1938	25,181	4,400	9,384	26,010	2,040	n.a.	n.a.	67,015
1939	34,710	4,350	11,232	30,378	3,638	3,686	193	88,187
1940	40,068	10,002	31,393	32,393	24,360	2,729	301	141,246
1941	63,039	10,702	47,012	43,482	61,931	7,931	183	234,280
1942	106,853	11,051	49,574	52,239	189,659	11,921	153	421,449
1943	129,013	1,721				16,023	237	
1945	228,865	1,598			389,315	26,644		

자료: 1) 1942년까지는 『조선금융연보』; 1943년 이후는 『해당영업보고서』.
2) 『조선금융연보』(1942년); 『한국농업금융사』, p. 101.
3) 『한일은행40년사』, pp. 44, 74.

[표 13-24] 일제 말 각 금융기관의 주식 보유액(1937~1945)

(단위: 천 원)

연도	조선은행[1]	식산은행[1]	동양척식[2]	저축은행[1]	일반은행[1]	금융조합연합회[3]	신탁회사[4]	무진회사[4]	합계
1937	27,770	8,818	28,074	7,137	6,667	150	4,938		83,554
1938	27,810	9,575	46,388	7,820	7,703	187	7,981	3	107,467
1939	24,453	12,970	77,389	8,929	11,164	187	17,069	140	151,301
1940	34,453	17,899	106,782	10,293	11,476	225	14,511	410	196,049
1941	36,074	19,635	132,364	11,455	12,286	1,634	17,327	1,650	232,425
1942	37,964	27,915		14,406	15,680	23,290	21,964	3,774	
1943	42,676	27,915					27,418	4,173	
1945	47,809	12,779				29,934	47,766		

자료: [표 13-23]. 단, 동척은 「동척의 조선에 있어서 사업투자개요」(1942).

은 식산은행과 달리 대부분의 소요자금을 일본 내에서 조달하였던 것으로 보아도 큰 무리는 없을 것이다.

각 금융기관 주식과 회사채 인수는 [표 13-23]과 [표 13-24]에서 보듯이, 상당량에 이르렀고 그 규모도 증가하였다. 일반은행이 식산은행 회사채의 일부를 소화한 것 외에는 현재 밝혀진 바 없다. 일반은행, 저축은행, 금융조합연합회, 신탁회사 및 무진회사도 조선금융단을 매개로 회사채를 인수함으로써 상급 금융기관에 자금을 공급하거나 군수사업체에 직접 소요자금을 공급하였던 것이다.

군수사업체의 주식과 회사채를 인수하였던 조선은행, 식산은행, 동척뿐 아니라 자금운용에 크게 제한을 받았던 일반은행, 금융조합연합회, 저축은행, 신탁회사, 무진회사 등도 [표 13-24]에서 보듯이 주식 보유를 증가시키고 있었다. 당시 주식의 수익률이 대출이자율보다는 낮았지만 공사채보다는 높았고 또한 예금초과 상태에서도 대출이 제약되었던 점을 고려할 때, 금융통제하에서는 그래도 유리한 투자물건인 주식의 인수는 불가피한 선택이었다.

4. 전시 금융통제하의 농업금융 및 중소상공업금융

1) 전시 금융통제하의 농업금융

전시 금융통제에서 농업은 비군수산업으로 분류되어 추가적인 자금공급이 차단되고 있었음은 농업대출의 금액과 비중 감소를 통해 알 수 있다. 즉, [표 13-25]에서 보

[표 13-25] 일제 말 각 금융기관 농림어업 대출액과 비중(1936~1944)

(단위: 천 원, ( ): %)

연도	조선은행[1]		식산은행		일반은행		저축은행		금융조합	
	금액	비중	금액	비중	금액	비중	금액	비중	금액	비중
1936	659	(0.5)	219,662	(48.0)	24,147	(12.6)			150,564	(65.9)
1938	6,017	(2.6)	165,875	(28.6)	24,647	(11.7)	901	(3.3)	169,046	(65.5)
1940	12,245	(2.4)	219,235	(23.1)	38,897	(9.9)	1,464	(3.2)	224,957	(61.8)
1942	11,330	(2.0)	237,128	(19.0)	40,165	(7.0)	1,728	(3.2)	297,388	(59.8)
1944	56,273	(0.7)	163,815	(11.1)	69,975	(11.5)	12,548	(16.2)		

자료: 『조선금융연보』, 1944년 값은 『조선경제연보』(1948년판).

[표 13-26] 일제 말 토지의 매매 및 저당등기 건수와 개수, 제수익률(1935~1942)

(단위: 천 원, ( ): %)

연도	매매등기		저당등기		토지수익률		식은 예금	주식 수익률	식은 대출	대금업 이자율	
	건수	개수	건수	개수	답	전				한국인	일본인
1935	632,686	1,298,321	200,977	1,095,307	8.5	9.2	3.8	6.4	8.1	30.0	24.0
1936	679,321	1,397,374	230,390	1,217,334	8.2	8.8	3.8	6.5	7.7	30.0	22.8
1937	616,734	1,227,248	221,024	1,060,942	8.0	8.5	3.8	6.4	7.7	30.0	24.8
1938	569,738	1,101,170	157,009	781,628	8.0	8.6	3.6	6.3	7.7	28.8	24.0
1939	612,429	1,256,645	236,547	1,332,465	7.7	8.3	3.5	6.3	7.7	28.8	24.0
1940	560,534	1,148,950	193,374	1,009,856	7.4	8.1	3.5	5.2	6.2	28.8	24.0
1941	364,922	717,564	112,159	544,289	n.a.	n.a.	3.5	5.0	6.2	27.0	24.0
1942	376,602	756,708	122,594	586,332	n.a.	n.a.	3.4	5.7	5.5	30.0	26.0

자료: 『조선총독부통계연보』, 『조선금융사항참고서』(1938년판), 『조선금융연보』(1942년판), 「시국하조선농업금융의 동향」(『식은월보』, 1942. 1).

듯이, 농업금융의 중심에 있었던 식산은행과 금융조합의 농업대출을 보면, 식산은행은 금융통제가 시작됨에 따라 줄어들었고, 금융조합은 정체 상태에 들어갔다가 1940년부터 「신증미계획」이 재개되면서 농업대출이 다시 늘어나고 있지만 그 비중은 계속 줄어들고 있었다.

금융통제기에 농업대출 비중의 하락은 농업의 수익률이나 농지가격의 하락 등과 같은 농업 여건의 약화에서 비롯된 것이라기보다 조선총독부가 금융통제에서 농업을 비군수산업으로 분류함에 따라 농업대출이 계획적으로 억제된 결과이었다. [표 13-26]에서 보듯이, 농업대출의 담보가 되는 토지가격은 전시 체제 초기에도 상승하였고, 거래도 1939년 말까지 활발하였고, 토지수익률도 1938년까지 크게 하락하지 않았다.

이러한 지가 상승은 1940년 중반까지도 지속되고 토지투기 자체도 줄어들지 않아 조선총독부가 「임시농지가격통제령」을 공포하여 지가를 동결하자, 비로소 토지거래는 물론 토지저당도 격감하게 되었다.

"경지가격은 1916년부터 1919년에 걸쳐 폭등일로에 있다가 약 3년간 등귀를 보이다가 그 후 '재계반동'으로 일시 전락하여 그 후 순조로운 추이를 보이다가 1930년, 1931년 세계 농업공황과 농산물가격의 폭락으로 경지가격도 폭락하였으나 1934년부터 대폭 상승하였고, 1937년 사변 이후는 특히 심하였다. 그것은 저금리 보편화에 의한 토지매매열에 박차를 가하였던 것, 일반재계의 호황에 자극된 것, 노임수입 확대 등에 의한 농촌경제에 다소 활기가 생긴 것 등에 기인한 것으로 생각된다. 사변 이래 광공업 발달, 철도공사, 기타 목적에 농경지의 편입이 많고, 그에 따라 농경지가 농지 이외의 목적으로 매매되는 경우가 많아졌다. 특히, 그 등귀는 1939년 하반기부터 시작되어 1940년 상반기에 극심하였다."[27]

이와 같이 중일전쟁 후 토지투기는 농업 외 여건, 특히 농경지의 전용 확대가 주요 원인이 되어 발생하였다. [표 13-26]에서 보면, 농경지 수익률은 1935년 이후 계속 하락하는 추세를 보이고 있었다. 그러나 이와 동시에 주식수익률, 예금이자율도 하락하였기 때문에 농지는 여전히 유리한 투자 대상이었다. 그리고 식은 대출금리도 농지수익률보다 낮아 대출에 의한 토지매입 유인까지 남아 있었다. 1940년 말 「택지건축가격통제령」, 1941년 초 「임시농지가격통제령」이 발효됨에 따라 농업의 투기적 대출이 더 이상 어렵게 되었다. 그렇지만 전쟁과 공업화로 식량의 매집과 증산의 필요성이 재차 강조되면서 농업대출이 재개됨으로써 1940년도 접어들어 절대액으로는 증가하였다. 특히, 1940년부터 「신증미계획」이 실시됨에 따라 정책적으로도 농업대출을 확대시키지 않을 수 없었다.

[표 13-25]에서 보았듯이, 전시 금융통제 후 식산은행의 농업대출이 급속히 감소하였다가 1940년경 다시 증가하였던 것도 이러한 맥락에서 이해될 수 있다. 상업금융을 주로 담당하던 조선은행과 일반은행이 농업대출을 확대하였던 것은 식량배급기구의

27 『식은월보』, 1942. 1, 「시국하조선농업금융의 동향」.

[표 13-27] 일제 말 금융조합원 토지구입자금 차입과 구입 토지(1937~1942)

(단위: 평)

연도	대출인원 (인)	보유인원	1인당 구입 토지				대출 (원)	1인당 보유 토지			토지처분 비율
			답	전	대지	소계		답	전	대지	
1937	392,394	n.a.	383	587	18	987	179				
1938	523,014	440,539	359	502	15	877	192	352	524	24	(15.8)
1939	881,333	660,187	372	477	16	865	228	390	529	18	(25.1)
1940	1,094,128	689,016	360	484	15	858	234	374	489	16	(36.2)
1941	1,225,008	770,686	351	469	15	839	241	379	499	16	(37.1)
1942	1,301,670	852,849	354	442	15	811	264	375	459	17	(34.5)

자료: 조선금융조합연합회(1944), 『조선금융조합연합회십년사』, p. 73.

확장에 따라 농산물 매집자금의 방출을 담당한 결과로 보인다. 금융조합은 금융통제 속에서도 여전히 농업금융에 주력하고 있었음을 [표 13-25]에서 확인할 수 있다. 여하튼 1940년 이후 농업대출은 금융조합을 제외하면 상대적으로 정체 상태로 접어들었음을 농업대출액 비율을 통해 알 수 있다.

전시 체제하의 농업대출 중 특히 조선은행의 대출이 증가하였던 것은 양곡배급기구에 대한 거액 대출이 있었기 때문이다. 또한 식산은행의 대출 감소는, 광공업대출을 위한 농업자금 회수의 결과였지만, 농경지 매입에 대한 철저한 규제로 농업금융이 극도로 침체된 이래, 부동산거래가 위축되었고 그에 따라 식산은행의 부동산대출도 자연적으로 위축되었다.

그럼에도 불구하고 전시 금융통제하에서도 금융조합의 농업대출이 여전히 확장되고 있었던 것은 금융조합이 전시하 농촌조직화 사업과 관련하여 농촌에 고리채정리자금과 토지매입자금을 계속 방출한 결과이었다. 즉, 농업대출액 중 1938년 3월에는 토지구입자금이 35.5%, 부채정리자금이 32.6%를 차지하였고, 1941년 3월에는 토지구입자금이 43.3%, 부채정리자금이 33.4%를 차지하였던 것이다.[28]

28 『금융조합연감』, 각 연도판.

[표 13-28] 일제 말 금융조합 고리채 정리자금 대출(1937~1942)

연도	대상인원(인)	정리부채(천 원)		조합대출(천 원)		자기조달(천 원)		건당 금액(원)		
		건수(A)	금액(B)	건수(C)	금액(D)	건수(E)	금액(F)	B/A	D/C	F/E
1937	n.a.	492,008	41,430	301,881	30,879	90,469	3,382	84	102	37
1938	240,066	612,452	51,134	386,504	38,243	114,838	4,339	84	99	38
1939	431,163	699,270	61,000	429,924	45,749	161,436	5,465	87	106	34
1940	182,546	782,587	68,897	459,964	51,863		6,478	88	112	
1941	517,659	788,955	77,930	490,798	58,959	172,299	7,857	99	120	45
1942	585,541	854,533	86,141	538,083	64,289	191,688	9,274	101	120	48

자료: [표 13-27].

금융조합이 전시하에서도 토지구입자금과 부채정리자금을 계속 방출하여 [표 13-27]과 [표 13-28]에서 보듯이, 1942년 말 그 대상 인원이 부채정리자금의 경우 585,541명에 이르렀고, 토지구입자금의 경우 1,301,670명에 이르렀다. 그렇지만 건당 대출은 점차 증가하여 부채정리자금의 경우 120원, 토지구입자금의 경우 260원에 이르렀다. 그런데 이러한 금융조합의 대출이 농촌의 부채경감 및 자작농 창설에 효과를 제대로 거두지 못함에 따라 계속 이와 관련된 대출이 확대되어 토지매입자금으로 구입한 토지 처분 비율도 증가하고 건당 정리부채액도 증가하고 있었다.

전시 경제통제기구로서 군수용 식량의 조달을 위해 식량배급기구가 필요하였기 때문에, 금융조합도 그 말단에서 식량공출을 담당하였다. 조선총독부는 비조합원이 이 통제로부터 벗어날 수 있기 때문에 모든 주민이 참여하는 전국적이고 일원화된 통제조직을 구축하고자 하였다. 그래서 금융조합은 일차적으로 조합원 수를 늘리고, 이차적으로 식산계를 통해 조선 내 농촌과 농민의 말단 조직을 더욱 강화하는 정책의 일환으로 부채정리자금과 토지구입자금을 계속 방출하였던 것이다.[29]

29 『금융조합』, 136호, 1940. 1, 「전시하에 있어서 식산계의 사명을 논한다」; 『금융조합』, 168호, 1942. 10, 「금융조합의 동향」.

2) 전시 금융통제하의 중소상공업금융

전시 금융통제에 따라 대자본 영역인 광업, 중화학공업, 전력 등에 대한 자금공급이 급격히 확대되었던 반면, 중소자본 영역인 경공업과 상업에 대한 자금공급은 억제되었다. 중소상공업에 대한 자금공급이 당시 금융통제하에서 통제된 만큼, 군수 관련 부문이 아닌 한 금융사정은 상대적으로 악화될 수밖에 없었다. 중소상공업 파탄이 확산됨에 따라 1938년 12월 조선상공회의소가 이의 적극적 구제를 조선총독부에 요구하였던 문건인 「중소상공업 긴급구제에 관한 건」을 보면,

> "물자사용의 제한 및 금지로 인한 중소상공업자의 고경은 점차 심각화하여 이 업자들은 극히 시국의 중대성을 인식하여 이 난국을 타개할 것을 결의하고 자각하여 극력 거래의 개선, 경영의 합리화를 실천하는 것은 물론 일면 당국의 절대적인 지도와 보조가 없으면 그 목적을 달성할 수 없으므로 …"[30]

여기에서 당시 중소상공업 파탄의 원인에는 여러 가지가 있었지만, 주요 요인은 금융통제 그 자체라기보다는 전시 배급기구의 물자통제에 따른 물자난으로 지적되고 있다. 이를 업종별로 구체화해 보면, 금속업에서는 원료·자재의 사용제한, 가격통제, 사치품금지령의 영향, 물자 부족 등이었고, 미곡업에서는 배급기구의 확립, 가격통제, 물자 부족 등이었고, 섬유 및 잡화 관계 업종에서는 자재 부족, 가격통제, 사치품금지령의 영향 등이었고, 기타 판매제조업에서는 주로 물자 부족 등이었다.[31]

당시의 수입규제 및 물자동원에 따른 물자난, 가격통제, 수요규제로 중소상공업의 소재와 시장의 확보가 극히 곤란하게 됨에 따라 상당수가 폐업 상태에까지 이르게 되었다.[32] 이와 같이 조선 내 중소상공업의 전업과 폐업이 증가하는 상황에 대한 대책

30 조선경제조사기관연합회 편(1941), 『조선경제연보』(1940년판), p. 554.
31 『조선신문』, 1940. 12. 27.

[표 13-29] 각 금융기관의 중소상공업 유통 손실보상규칙에 의한 대출

(단위: 천 원)

	39. 4~40. 3			40. 4~41. 3			41. 4~42. 10
	자기자금	예금부	소계	자기자금	예금부	소계	소계
금융조합	0	761	761	0	1,836	1,806	618
식산은행	25	0	25	25	0	25	55
조선상업은행	246	0	245	386	0	386	1,105
한성은행	12	0	12	572	444	1,016	1,977
동일은행	153	0	153	306	0	306	14
호남은행	0	0	0	12	0	12	
무진회사	35	25	60	81	916	996	154
합계	471	785	1,236	867	3,167	4,035	3,887
건수			581			1,516	742

자료: 『경성일보』, 1940. 4. 5; 『식은월보』, 1941. 7, 1943. 4.

중 하나로 조선총독부에서는 1938년 4월부터 매년 200만 원, 이 중 100만 원은 예금부 자금, 나머지는 은행의 자기자금으로 조달해 5년간 공급하기로 하였다.[33] 이에 따라 공급한 자금은 상업자의 경우 1939년 433건 790,700원, 1940년 876건 3,472,540원이었고 공업자의 경우 1939년 184건 465,280원, 1940년 1,018건 3,467,940원이었다.[34]

중소상공업 대출은 모든 금융기관이 취급하였으나, 주로 금융조합, 일반은행, 무진회사가 전담하였음은 [표 13-29]에서 알 수 있다. 이것은 조선 내 금융기관의 대출자가 금융기관별로 분화되어 있었음을 시사하는 한 예다. 더욱이 조선 내 금융기관은 소자본인 중소상공업자에 대한 대출 일부가 보상되었기 때문에 대출을 확장하고 있었다는 점을 고려하면, 중소상공업자에 대한 대출은 상대적으로 부진하였다고 할 수밖에 없다.

32 조선상공회의소 1940년 11월의 조사에서는 경성, 전주, 부산, 평양, 청진 등 주요 도시를 제외한 곳에서만 궁핍 상공업자가 4,705명에 이르고 그중 곡물상은 561명, 식료가공업은 300명, 피혁제조업은 238명, 금속가공업은 191명에 이른다(『조선신문』, 1940. 12. 27). 그리고 경성에서 폐업자가 총 2,000명에 이르고 곡물상 162개, 곡물중개업 62개, 주물업 18개, 인쇄업 3개, 진유제조업 40개, 진유판매업 10개, 지함제조업 30개, 금은세공업 98인, 기타 상업 889인에 이른다(『조사휘보』, 1941. 4, 「조선에 있어서 중소상공업과 그 금융」).

33 『경성일보』, 1942. 1. 21.

34 『조사휘보』, 1941. 4, 「조선에 있어서 중소상공업과 그 금융」.

[표 13-30] 일제 말 금융조합 중소상공업 자금대출(1939~1942)

(단위: 인원: 인, 금액: 천 원)

연도	영업자금		전환설비자금		전환운전자금		합계		일인당 대출액(원)
	인원	금액	인원	금액	인원	금액	인원	금액	
1939	480	621	2	4	2	2	484	626	1,293
1940	1,241	1,676	7	23	5	11	1,253	1,710	1,363
1941	1,572	1,940	15	50	2	70	1,589	2,061	1,282
1942	1,848	2,140	27	69	1	86	1,876	2,296	1,196

자료: 조선금융조합연합회(1944), 『조선금융조합연합회십년사』, p. 74.

1942년 10월 「중소상공업 손실보상규칙」에 의한 중소상공업 대출 상황을 보면 상업 579건에 257만 원이었고, 공업 163건에 139만 원이었고, 1940년 말 상업 876건에 347만 원, 공업 1,108건 347만 원이었으므로 건수나 융통금액에 있어서 도리어 감소하였던 것이다. 이와 같이 조선총독부는 전시 경제하에서 중소상공업자가 경영난에 빠짐에 따라 상대적으로 저리인 대장성 예금부 자금을 동원하여 금융기관의 중소기업 대출에 따른 손실을 보상하는 수준에 그치고 있었지만 그 폭은 점차로 줄어들고 있었던 것이다.

조선총독부의 중소상공업자에 대한 구제금융은 중소상공업자의 손실을 직접 보전하는 것이 아니라 금융기관을 대상으로 대출에 따른 손실을 보상하는 것이었다. 전시 체제의 진전에 따른 전·폐업을 추진하는 금융기관, 특히 일반은행, 금융조합과 무진회사가 중소상공업자의 휴업·폐업·잔업을 촉진할 수 있도록 하는 것에 목표를 두고 실시된 정책이었다.[35]

그런데 중소상공업자를 대상으로 하는 금융조합에서도 구제금융 확내조치의 하나로 1939년 8월 「중소상공업 융통을 위한 손실보상규칙」을 공포하였다. 도시금융조합은 담보대출 한도를 3,000원에서 6,000원으로 인상시켰고, 1942년 말에 8,000원으로

35 당시 정무총감은 "이러한 폐업자 또는 전업자의 매입 무용설비, 자산의 관리 및 처분을 일정 금융기관으로 하여금 담당하게 하고, … 인수한 설비자산을 담보로 한 폐업 또는 전업에 요한 자금융통의 길을 열기 위한 조치"라는 이 정책의 배경을 설명하고 있다(『경성일보』, 1942. 1. 21).

[표 13-31] 경성 중소기업의 금융실태(1942. 9)

<table>
<tr><th colspan="3">조직별</th><th colspan="2">개인 경영</th><th colspan="2">회사 경영</th></tr>
<tr><th colspan="3">민족별</th><th>한국인</th><th>일본인</th><th>한국인</th><th>일본인</th></tr>
<tr><td colspan="3">차입자 수 비율</td><td>65%</td><td>47%</td><td>62%</td><td>65%</td></tr>
<tr><td colspan="3">평균차입액</td><td>7,469원</td><td>7,351원</td><td>148,000원</td><td>176,000원</td></tr>
<tr><td colspan="3">차입액/자기자본</td><td colspan="2">39%</td><td colspan="2">77%</td></tr>
<tr><td rowspan="6">차입선</td><td rowspan="3">은행/신탁/보험</td><td>건수</td><td colspan="2">25%</td><td colspan="2">64%</td></tr>
<tr><td>금액</td><td colspan="2">53%</td><td colspan="2">88%</td></tr>
<tr><td>금리</td><td colspan="4">일보(日步) 1.8~1.9전(연 6.6~6.9%)</td></tr>
<tr><td rowspan="3">개인 차입</td><td>건수</td><td colspan="2">38%</td><td colspan="2">23%</td></tr>
<tr><td>금액</td><td colspan="2">30%</td><td colspan="2">6%</td></tr>
<tr><td>금리</td><td colspan="4">일보(日步) 2.0~3.0전(연 7.3~10.1%)</td></tr>
</table>

주: 일보(日步)에 365를 곱하면 연리로 전환된다.
자료: 『식은월보』, 1943. 8.

다시 인상하였고, 무담보 대출도 한도를 1,000원에서 2,000원으로 인상시켰다. 촌락금융조합에서는 담보대출 한도를 1938년 1,000원에서 2,000원으로 인상시켰고 1942년에는 4,000원으로 인상시켰고 무담보 대출 한도를 200원에서 500원으로 인상시켰다.[36] 이와 같은 대출 한도의 증액에도 불구하고, [표 13-30]에서 보았듯이, 당시 중소상공업자의 주요 자금공급처였던 금융조합의 1인당 대출은 1,200원 수준에 그쳤고, 전업자금의 공급은 부진하였다. 그러나 적어도 금융조합을 통한 영업자금의 공급은 전체 액수나 건수에서 증가하고 있었다.

전시 체제가 전개되기 직전인 1936년 12월 조선 내 60만 명의 상공업자 총부채는 1억 2,411만 원인데 그중에 개인대금업자 부채가 2,874만 원이었다.[37] 그리고 1942년 9월 경성상공회의소가 경성 내 공장 1,700개소를 대상으로 실시한 조사에 의하면, [표 13-31]에서 보듯이, 개인사업체는 공장당 7,500원 내의 차입을, 회사는 15,000~17,000원 내

36 조선금융조합연합회(1944), pp. 72~74.
37 조선경제조사기관연합회 편(1941), p. 572.

의 차입을 하고 있었다. 차입금 대 자본금은 개인 경영의 경우는 39%이었고, 회사 경영의 경우는 77%이었다. 이와 같이 개인 경영의 경우 자기자금에 크게 의존하고 있었지만, 회사 경영의 경우 외부 자금에 크게 의존하였다. 1936년 12월 개인대금업자 차입에 의존한 비중이 23%이었음에 반하여, 1942년 9월에 개인 경영은 30%, 회사 경영은 6%이었다. 물론 후자는 근대적 금융기관이 집중된 서울을 대상으로 한 조사이기 때문에 직접적인 비교는 어렵다. 그렇지만 개인 경영의 경우는 도리어 악화되었고, 회사 경영의 경우는 다소 나아졌으나 이것도 대출 확대의 결과에 지나지 않다고 할 수 있다. 왜냐하면 건수로는 회사 경영의 경우도 개인대금업 의존도가 23%나 되었기 때문이다. 전시 금융통제 이전에도 중소상공업자의 상당수는 개인대금업에 의존하고 있었지만, 금융통제로 개인대금업 의존도는 더 높아졌던 것으로 보인다.

3) 전시 산업금융정책의 영향과 그 한계

일제는 중일전쟁 이후 「임시자금조정법」에 근거하여 군수 관련 산업의 생산력 확충을 위한 산업자본의 재편을 도모하는데, 전기·가스·금속·화학 등 중화학공업과 광업을 육성함으로써 군수공업화를 본격화한다. 일제는 회사의 신설 및 합병, 주식의 공모 및 증자, 회사채 발행, 금융기관 대출 등을 「사업조정표준」에 의거 규제함으로써 자금의 계획적 배분을 도모하였다. 그에 따라 회사채 발행과 대출은 군수 관련 산업에 집중되고 한국인이 주로 진출하고 있었던 광공업·상업 분야는 과잉설비 분야로 규정되어 정체를 면치 못하게 되었다.

식민지 특수금융기관 중에서 조선은행, 식산은행, 동척은 군수 관련 사업제에 대한 자금공급에 주력하게 되는데, 주로 광공업 부문, 특히 중화학공업과 광업에 자금을 집중적으로 공급하게 된다. 조선은행은 중일전쟁 직후 군수 관련 산업인 중화학공업을 지원하였지만 1941년부터는 전시 물자통제기구에 대한 대출을 확대하여 군수생산력 증강과 함께 전쟁물자 수탈을 금융적으로 지원하였다. 식산은행은 조선총독부 명령을 수행하는 수명은행으로 조선의 군수사업체에 대한 대출을 수행하는데, 이 과정에서 식산은행 계열회사의 지원을 강화하였다. 「임시자금조정법」에 의거한 대출은 이 금융기관이 대부분 담당하였다. 조선은행, 식산은행, 동척은 대출뿐 아니라 주식 및 회사채의 인수를 통해서 자금공급을 하였는데, 그에 따라 많은 계열회사를 가지게 되었다. 특수금융기관이 주로 군수 관련 대기업를 대상으로 대출하게 됨에 따라 대출 방식도 달라졌는데, 과거와 같이 부동산담보 대출보다는 융자명령에 따라 신용 또는 보증에 의한 대출을 확대하였다.

식민지 조선의 금융기관은 일본의 금융기관과 마찬가지로 일본 정부의 국채 인수를 통해 전비조달을 담당하였다. 특히, 조선은행은 발권 한도의 확장과 군사비 송금을 담당함으로써 자금동원력이 커짐에 따라 대량으로 국채를 인수하고, 다른 금융기관도 조선금융단을 통해 배정된 국채를 인수함으로써 전비조달에 참여하게 되고, 일반인도 우편국 등을 통해 국채를 매입하게 되었다. 이러한 국채 인수는 조선이 일본에 비해 더 빠르게 증가하였다. 일반은행, 금융조합 및 기타 금융기관은 「임시자금조정법」에 따라 대출이 제한되고 '저축장려운동'으로 예금이 증가하자 증대된 여유자금으로 국채는 물론이고 자금공급기관인 식은 채권 등의 회사채를 인수하고 수익성을 높이기 위해 주식투자도 확대하였다. 그 결과, 금융기관은 금융통제로 인해 전례 없이 유가증권 투자를 확대하게 되었고, 일본 정부는 국채, 식산은행은 회사채, 군수사업체는 주식을 금융기관을 통해 조선에서 쉽게 소화할 수 있었던 것이다.

전시하 군수생산력 증강을 위한 산업재편성이 금융통제에 의해 주도된 결과로, 농공 간 자금공급상의 불균형과 중소기업 및 대기업 간 자금공급상의 불균형이 심화되었다. 식산은행은 중일전쟁을 계기로 이루어진 금융통제로 농업금융기관에서 광공업금융기관으로 전화되었고, 또한 조선총독부가 중일전쟁 이후 나타난 토지투기를 막기 위해 가격통제를 가함에 따라 농업대출이 위축되었다. 1940년 전쟁에 필요한 식량증산의 필요성이 제시됨에 따라 「신증미계획」이 실시되자 농업대출은 다시 증가하였다. 금융조합은 농촌조직화를 위해 시행하였던 부채정리자금과 토지매입자금의 공급을 지속함으로써 이전의 역할을 지속하고 있었다. 그리고 조선총독부의 전시 경제하에서 물자난 등으로 폐업 위기에 몰린 중소상공업자는 금융기관의 대출이 더 어려워짐에 따라 조선총독부에 금융지원을 요구하였지만, 직접 대출보다는 금융기관의 대출에 따른 손실보상정책을 시행하였다. 그러나 지원 규모도 작고 그마저도 줄어 명맥만 유지되고 있었다.

제 14 장

일제 말 저축강권정책 및 통화남발과 그 귀결

1. 저축강권정책에 의한 자금동원

일제가 전쟁을 수행하기 위해 1938년부터 「국가총동원법」을 제정하고 국가총동원 체제를 가동하는데, 이에 앞서 실시한 「임시자금조정법」과 「은행 등 자금운용령」에 근거한 금융통제는 비군수 부문으로의 자금배분을 차단하고 군수 관련 부문으로의 자금배분을 강제하는 것이었다. 따라서 일제는 군수 관련 부문으로 더 많은 자원이 배분되기 위해서는, 다시 말해 더 많은 자원을 전쟁에 동원하기 위해 민간 소비를 최대한 억제하여야 하는데 이러한 정책을 '저축장려운동'이란 이름으로 추진하였다. 이러한 '저축장려운동'은 초저금리하에 이루어진 저축강권정책으로 전쟁을 위한 금융적 수탈을 대표하는 것이었다.

중일전쟁 이후 일본 정부는 일본과 조선에서 금융통제를 실시하면서 한편으로는 이 자금을 군수 관련 부문에 집중시키고, 다른 한편으로는 저축 증대와 통화증발을 통해 소요자금을 조달하고자 하였다. 일제가 저축 증대를 강권적으로 추진하게 된 배경을 보면,

> "정부는 1938년 4월 전비 및 생산력 확충 자금을 조달하고, 그와 함께 인플레이션을 방지하기 위해 종래 정도의 저축 외에 전시에 있어서 정부자금의 살포로 인한 증가소득의 전부를 저축시킨다는 방침을 결정하고, 이에 기초한 1938년도 저축목표를 설정하여 그 목표를 달성하기 위해 1938년 5월 국민저축장려국을 설치하고 6월 국민저축장려위원회를 설치하면서 국민정신 총동원운동의 일부로 저축운동을 보급하고"[1]

이와 같이 실시된 이른바 '저축장려운동'은 조선에서도 거의 동일한 이유로 실시

1 일본은행(1970), 『일본금융사자료: 소화편』, 제27권, 전시금융관계자료(일), p. 411.

되었다. 이에 관한 설명을 보면,

> "지나사변(중일전쟁) 항구화에 따라, 생산자금의 공급을 윤택히 하고, 공채 소화를 원활히 하면서, 다른 면에서 국비 팽창에 의해 생기는 물가 등귀를 억제함으로써 군수자재 공급의 확보와 함께 국민생활 안정을 도모하고자, 중앙정부에서도 국민저축장려운동을 일으키게 되었다. 조선에서도 이 저축장려가 긴요한 것을 인정하고 일본에 순응하여 장려방책의 확충·강화를 기도하고 농촌진흥운동, 국민정신 총동원 등과 밀접한 연계하에 국민저축의 증강·권장을 도모하기로 하였다."[2]

조선총독부는 1938년 4월 조선총독부 정무총감을 위원장으로 한 저축장려위원회 규정을 제정하고 이 위원회를 통해 저축장려 방침을 결정하였다. 저축장려 방침을 보면, ① 수입의 급증 부분을 저축으로 흡수하고, ② 물자의 소비전략에 의해 생긴 여유자금을 극력 저축으로 흡수하고, ③ 농촌진흥운동과 병행하면서 근로에 의한 생산 또는 소득의 증가액을 저축으로 전향하고, ④ 저축방법을 구체적으로 제시하는 것이었다.[3]

이와 같이 저축추진기구가 조선총독부 내에서 설치된 것으로 끝난 것이 아니라 1938년부터 저축조합이 임의단체로 각 부문의 말단에 설치됨으로써 조직적인 강권저축이 추진되기 시작하였다. 즉, 1941년 10월 「국민저축조합령」에 의해 이 기구가 법적 근거를 확보하기 이전에도, ① 관청, 학교, 군대 등 공공단체, ② 군수 관련 회사 및 상점, ③ 일반회사 및 상점, ④ 정(町), 리, 동 등 부락단위로 저축조합이 조직됨으로써 금융기관이 아닌 많은 행정 및 민간의 말단 조직까지도 이미 저축추진기관으로 이용되었다.

2 조선총독부 편(1940), 『시정삼십년사』, p. 726.
3 앞의 책, pp. 728~729.

그 결과, 조직 수는 1939년 3월 86,681개, 1940년 3월 90,458개, 1941년 3월 93,889개로 점차 증가하였다. 그리고 조합원 수를 보면 1939년 3월 3,829,282명, 1940년 3월 4,047,741명, 1941년 3월 4,466,016명으로 되었고, 저축액은 1939년 3월 4,643만 원, 1940년 1억 2,469만 원, 1941년 3월 2억 3,188만 원으로 되었다.[4] 이와 같이 저축조합이 광범위하게 조직된 결과 조합원 수는 곧바로 400만 명에 이르고, 강권적인 저축 추진에 따라 저축액도 급증하게 되었다. 이와 같이 저축액이 급증하는 것은 조직적인 강권저축의 결과임에 유의할 필요가 있다.

> "조선총독부는 저축장려위원회를 설치하는 것을 출발로, 관민의 실행기관으로서 관공서, 은행 등에 저축조합을 신설하고, 기설단체를 저축기관으로 이용하여 저축기관의 조직망이 충실하게 되었고, 그리고 그 조직 분야는 대단히 착실히 저축의 실행을 기하였다. 당초에 저축예정액을 각 도에 할당하였기 때문에, 말단에서는 차입금을 갖고 예금하였다는 악폐도 있었지만 …"[5]

「국민저축조합령」 시행 이전의 저축조합에 의한 저축 상황은 [표 14-1]에 제시되어 있다. 첫째, 저축조합은 정, 리, 동 등 부락단위에 75% 이상 집중되었고 그 다음으로 관청, 학교, 군대 등 공공기관에 11% 정도 집중되었으나, 사업체의 저축조합 비중은 1%도 되지 않았다. 이것은 저축조합이 행정기구가 동원되어 조직되었던 것임을 말해 준다. 둘째, 저축조합 조직의 당연한 귀결로 조합원 수도 조합 수와 비슷한 분포를 보였다. 셋째, 저축액은 사업체 저축조합원의 저축 수준이 다른 저축조합원의 수준보다 높고 1인당 저축액은 1939년 3월 말에 비해 1941년 3월 말에는 2배 이상 증가하였다. 이에 따라 저축액도 2년간 4배 정도 증가하였다. 넷째, 지역적으로는 군 단위 이하에서의 저축의 비중이 압도적이었으나 점차로 군 단위 이상 조직에서의 저축 비중이 증가하

4 『식은월보』, 1941. 5, 「조선에 있어서 국민저축에 대하여」.
5 조신경제조사기관연합회 편, 『조신경제연보』(1940년판), p. 396.

[표 14-1] '국민저축조합'의 조직 현황과 저축실적(1939~1941)

(단위: 천 원, ( ): %)

조합단위별	1939년 3월			1인당 저축(원)	1941년 3월			1인당 저축(원)
	조합 수	조합원 수	저축액		조합 수	조합원 수	저축액	
관청, 학교, 군대 단위	9,525 (11.0)	321,202 (8.4)	7,570 (16.3)	23.6	10,843 (11.5)	532,351 (11.9)	41,100 (17.7)	77.2
군수 관련 회사 공장, 상점 단위	283 (0.3)	60,245 (1.6)	961 (2.1)	16.0	616 (0.7)	97,062 (2.2)	14,289 (6.2)	147.2
상기 외 회사, 공장, 상점 단위	2,430 (2.8)	120,954 (3.2)	4,345 (9.4)	35.9	3,546 (3.8)	209,040 (4.7)	27,993 (12.1)	133.9
정, 리, 동 또는 부락 단위	67,713 (78.1)	3,053,230 (79.7)	31,725 (68.3)	10.4	71,967 (76.7)	3,285,113 (73.6)	138,226 (59.6)	42.1
기타	5,730 (6.6)	273,654 (7.1)	1,832 (3.9)	6.8	6,917 (7.4)	342,450 (7.7)	10,276 (4.4)	30.0
합계(A)	86,681	3,829,285	46,436	12.1	93,889	4,466,016	231,886	51.9
그중 군 이하(B)	84,166	3,550,654	42,499	12.0	97,843	4,003,481	173,885	43.4
B/A	(97.1)	(92.7)	(91.4)		(95.1)	(89.6)	(75.0)	

자료: 『식은월보』, 36, 1941. 5, 「조선에 있어서 국민저축에 대하여」.

였다. 그렇지만 1941년 3월까지도 전체 저축의 75%가 군 이하 단위에서 이루어졌다. 이것은 저축조합의 활동이 행정 말단조직을 통해 강화되었고 그 수가 군 단위 이하에서 압도적이었기 때문인 것으로 생각된다.

이상과 같이 「국민저축조합령」이 실시되기 이전부터 조선총독부를 정점으로 하는 관변조직에 의해 저축강권정책이 적극적으로 추진되었고, 그 결과 저축액은 조합원 증강은 물론 1인당 저축액의 증가에도 힘입어 급증하였다.

1941년 10월 「국민저축조합령」의 일본 내 실시와 동시에 「조선국민저축조합령」이 제정되어 실시됨에 따라 기존 저축조합이 법적 단체가 됨으로써 조선총독부가 저축정책을 집행하는 최상위기관으로 변모하게 되었다. 이 영에 따라 조합원으로 지역조합원, 직능조합원, 산업단체조합원, 청년단, 소년단, 부인회 소속원, 학생, 종교단체원까지 포섭되었다. 그런데 이 저축조합은, ① 우편저금, 간이생명보험금의 납입, ②

은행 및 금융조합에 대한 적금 또는 예금, ③ 무진회사 무진부금 납입, ④ 국채, 저축채권, 보국채권의 매입, ⑤ 기타 조선총독부 지정 업무 등을 맡게 되어 사실상 금융기관의 저축 관련 업무까지 수행하게 되었다.[6]

「조선국민저축조합령」 실시 직전인 1941년 3월에는 조합 수 93,889개, 조합원 수 446만 6,000명, 저축액 2억 3,188만 원이었으나 1942년 9월에는 조합 수 94,239개, 조합원 수 592만 9,000명, 저축액 4억 2,263만 원, 1944년 10월에는 조합 수 117,429개, 조합원 수 823만 8,000명, 저축액 9억 7,549만 원이었다.[7] 그동안 조합 수가 1.3배, 조합원은 1.8배, 저축액은 4.2배나 증가하였다. 이와 같은 저축액의 급증은 1인당 저축액이 51.9원에서 118.3원으로 2.3배 증가한 것과 조합원 수가 1.8배 증가한 것에서 알 수 있듯이, 강권적인 저축조합원의 확대와 개인적 수준에서의 강권저축 증가에 의해 달성되었던 것이다.

이와 같이 일제 말 저축 증가는 관변조직을 통한 저축 할당, 저축기관의 확장 및 저축조직의 강화 등에서 시작되었지만, 실질적으로는 농수산물 수매 과정, 즉 농수산물 공출 과정에서 조세징수와 같은 방식으로 일정액 이상을 원천공제하거나 임금 지급 과정에서 소득의 일정액 이상을 원천공제하는, 이른바 '천인(天引)저축' 방식으로 진행되었다. 이러한 저축은 당시의 강권저축[8]의 대표적 형태라고 할 수 있다.

농수산물 수매 과정에 적용된 천인저축률, 즉 강권저축률은 [표 14-2]를 보면, 대체로 1940년 8월부터 10% 이상이었으나 1943년 6월부터는 15%로 되었고, 1944년 5월부터는 부분적이기는 하지만 33%까지 인상되었다. 금융조합의 경우 천인저축은 1941년에 7,356만 원이고 1942년에는 6,601만 원인데, 이를 당시 공판액 1941년 5억 9,754만 원, 1942년 5억 2,000만 원과 비교해 보면 1942년 12.3%, 1943년 12.7% 정도가 되었다.[9] 이와

6 금융조합연합회 편(1941. 11), 『조선국민저축조합령에 관한 자료』, pp. 11~13, 21~26.

7 금융조합연합회 편(1944. 9), 「조선국민저축조합령에 관한 자료」, pp. 72~75; 近藤 釼 一 편(1962), 『태평양전하의 조선(5)』, pp. 101~102.

8 일반적으로 강제저축(forced savings)이라고 하면 재정적자의 화폐화 등으로 현실화된 인플레이션에 의해 실질소득이 감소되고 그 감소분만큼 통화당국 또는 정부가 차지하는 것, 이른바 인플레이션 조세(inflation tax)를 말한다. 이 당시에는 물론 이러한 의미에서의 강제저축 메커니즘도 작동하고 있었다. 여기서는 통화증발에 의한 강제저축이 아니라 정부가 전비조달을 위해 저축을 강요하였기 때문에 '강권저축'이라고 할 수 있다.

9 조선금융조합연합회(1944), 『조선금융조합연합회십년사』, p. 68.

[표 14-2] 농림수산물 판매액에 대한 '천인저축'률의 변화(1940~1944)

종류		1940년 8월	1943년 6월		1944년 5월	
농산물	평균	10% 이상	15% 이상	(가마니당 1.7원)	33% 이상	(가마니당 3.7원)
	대맥	10%	15%	(가마니당 1.3원)	33%	(가마니당 2.9원)
	소맥	10%	15%	(가마니당 2.3원)	33%	(가마니당 5.7원)
	나맥	10%	15%	(가마니당 2.0원)	33%	(가마니당 4.9원)
	라이맥	10%	15%		33%	(가마니당 3.4원)
	면화	10%	15%		10%	
	기타	10%	15%		15%	
수산물		10%	15%		15%	
(그중 해태)		10%	15%		15%	
임산물		10%	15%		15%	
축산물		10%	5%		–	
부업생산물		10%	15%		15%	

자료: 금융조합연합회 편, 『국민저축운동에 관한 자료』, 제5집, 1944; 近藤釼一 편(1964), 『태평양전하의 조선(5)』, pp. 112~113; 『식은월보』, 1943. 8, pp. 28~29, 「농산물의 천인저축」.

같이 농림수산물의 공출과 관련한 천인저축은 예정대로 시행되어 공출액의 12%를 넘고 있었던 것이다.

농촌의 현물저축 강권수단이었던 조선총독부에 의한 농산물 강제수매, 이른바 공출제도는 전시 체제가 정비되면서 강화되었다. 예를 들어, 식량의 경우 1939년부터 식량배급기관이 조직되었고, 이 단체는 농회와 금융조합과도 협력하여 식량공출을 담당하였다. 강권적 저축은 초금리하의 화폐로 이루어지는 저축이었던 반면에 현물 공출제도는 현물을 저축하고 이후에 시가 이하 화폐로 보상하는 일종의 강권적 저축 형태의 금융적 수탈이었다.

1941년 조선양곡중앙조합이 결성되고 전국적인 통제가 실시되었다. 1943년에는 「조선식량관리령」에 의거 조선양곡영단까지 설립되어 양곡유통의 전면적인 통제기구가 확립되었다. 그동안 예를 들어, 미맥 생산액 중 1940년 42.8%, 1941년 45.2%, 1942년 55.8%, 1943년 63.9%, 1944년 60.0%가 공출되어 갔다.[10] 이와 같이 한편으로 공출 비중이 증가하였고, 이로 인해 강권적인 저축에 의한 수탈도 강화될 수 있었던 것이다. 일제는 공출제도를 통해 저가로 농민의 생산물을 수탈하는 동시에 천인저축에 의해 저금리로 농민의 금융자산을 수탈하고 있었는데, 그 수탈의 강도는 일제 말에 이를수록 더욱 강화되었던 것이다.

이러한 농산물 유통 과정에 강권적인 천인저축의 실시를 통한 대농민 수탈과 함께 강권저축을 통한 노동자의 수탈도 강화되었다.[11] 노동자에 대한 강권적 저축은, ① 광산과 공장 내 저축조합 조직 강화, ② 자유노동자를 대상으로 한 노무보국회 내 저축조합 결성을 통한 노임의 10% 이상 저축, ③ 기타 노동자 10% 이상 천인저축의 시행 등을 통해 진행되었다.[12]

이 방식에 의한 노동자 저축은 이미 설립된 저축조합을 통해 강화되었다. [표 14-1]에서 보는 바와 같이 군수와 관련된 회사 및 상점의 조합원 일인당 저축액은 1939년 16.0원에서 1941년 147.2원으로 증가하였고, 이와 무관한 회사 및 상점의 1인당 저축액도 1939년 35.9원에서 1941년 133.9원으로 증가하였다. 이에 속한 전체 회사 및 상점의 조합원 수가 1939년 181,199명에서 1941년 306,102명으로 증가하였음은 물론 이 조합원의 저축액이 17~36원에서 134~147원으로 증가한 것에서 알 수 있듯이, 저축조합을 이용한 노동자의 강권저축도 마찬가지로 강화되었던 것이다. 그리고 사행심을 이용한 극소수 당첨자에 저축액 몇백 배의 할증금(당첨금)을 제공하는 저축채권, 보국채권, 또는 할증부 정기예금 등도 도입하여 저축 증가에 활용하였고, 그 밖에도 각종 명목, 예를 들어 학생의 입학 등의 이유로도 저축을 강요하는 제도도 도입하였다.

그러면 조선총독부가 저축목표를 어떻게 설정하였는가를 보자. 당시 조선총독부가 설정한 예상국민소득은 1941년 30.0억 원, 1942년 35.0억 원, 1943년 40.0억 원, 1944년 55.0억 원이었고, 이에 따라 설정된 소비기금은 1941년 19.0억 원, 1942년 20.0억 원, 1943

10 농업협동조합중앙회(1964), 『한국농업금융사』, p. 90.

11 "농촌부면에 있어서의 공판에서 천인저축은 방대하고 기타 공출농산물 천인제도 실시에 의해 상당량의 구매력을 흡수하고 있어 그 점은 성공을 거두었다고 할 수 있다. 그리고 도시부면에 있어서 노무자 및 시국산업에 관련된 부문에서도 흡수의 여지는 존재한다"(『식은월보』 1944. 3, 「구매력흡수의 강화」).

12 近藤 釰一 편(1964), 『태평양전하의 조선(5)』, p. 99.

년 20.9억 원, 1944년 21.8억 원이다.[13] 그런데 이와 같이 소비기금은 20억 원 수준에 고정되어 있었는데, 당시의 물가상승률이 1940년 10.2%, 1941년 3.4%, 1942년 4.7%, 1943년 7.7%임을 감안하면 저축목표 자체가 획기적인 실질소비 수준의 저하를 전제로 한 계획이었던 것이다.[14]

조선총독부 스스로 무리하다고 인정할 정도로 높게 설정된 저축목표임에도, [표 14-3]에서 보듯이, 저축목표는 초과 달성되었다. 즉, 목표초과 비중이 1938년 34.0%, 1939년 30.0%, 1940년 15.2%, 1941년 25.7%, 1942년 10.7%, 1943년 27.0%이었다. 이와 같이 저축실적이 목표를 계속 상회하였던 것은 조선총독부가 각 도에 할당된 목표를 달성하기 위해 조직적이고 강권적으로 저축을 강요하였던 결과였음은 물론이다.[15]

이와 같이 동원된 자금은 저축조합을 통해 조선 내 해당 금융기관에 예금되었거나, 국공채 및 기타 유가증권 매입에 이용되었다. [표 14-3]을 보면, 예·저금이 70~85% 정도 된다. 그리고 예·저금은 은행, 금융조합의 예금, 우편예금, 간이보험자금, 생명보험자금 순으로 처리되고 있다. 이와 같이 조선 내 금융기관은 금리저하 추세 속에서도 예금 증가를 실현하였고, 이를 전쟁비용과 군수 관련 자금으로 제공하여 전비조달을 강화할 수 있었던 것이다.

조선총독부가 중일전쟁을 계기로 자금수요가 급증함에 따라 저축장려위원회를 설치하고 강권적이고 조직적으로 민간의 저축을 증대시킴에 따라 조선의 금융기관은 전례 없이 예금을 증대시킬 수 있었다. 조선총독부가 '저축장려운동'을 시작한 1938년부터 50% 이상의 저축 증가를 목표를 세웠음에도 불구하고 1943년까지 목표를 초과

13 『식은월보』, 1946년 제1권 제1호, 일제하 자금계획.

14 예를 들어, 1943년 4월 조선총독부 이재국장 미즈타(水田直昌)의 설명을 보면, "조선의 실정으로 말하면, 생활을 절하할 수 없는 계급이 상당하기 때문에 보통 이상의 민중은 20~30% 대담히 절하해야 한다. 이것은 미나미(南) 총독의 결재를 거쳐 직접 각 도에 내시하면서 유흥세, 물품세, 주·연초세 등의 조세와 전매익금을 최고로 증수하는 것과 소비의 대절약, 극단적으로 말하면 수입이 영이 된 것과 비교하여 생각해야 한다. -- 반도의 소득은 35억 원에서 40억 원으로 증가하겠지만 그 생활은 평균 30% 이상 절하를 요하는 것이 되어야 한다"(『경성일보』 1943. 4. 6; 『식은월보』, 1943. 6, 「조선경제개황」).

15 "본점 이재과를 중심으로 작성된 할당안을 조선저축장려위원회에서 결정하여 미나미 총독의 결재를 거처 직접 각 도에 내시하면서 정무총감 통첩을 발해 그에 기초하여 각 도가 목표달성 구체책을 결정하여 도시는 무겁게 농촌은 가볍게 하여 철저히 강제적 저축을 달성한 것이다"(조선은행(1939. 1), 『선만지재계휘보』).

[표 14-3] 일제 말 저축목표와 저축원천별 저축실적(1938~1944)

(단위: 백만 원, ( ): %)

연도		1938	1939	1940	1941	1942	1943	1944
일본	실적[1](A)	7,333	10,202	12,817	16,020	23,457	30,989	34,500
조선	목표[1](B)	200	300	500	600	900	1,200	2,300
	실적[2](C)	268	390	576	754	995	1,524	1,688
(C/A)		(3.7)	(3.8)	(4.5)	(4.7)	(4.2)	(4.9)	(4.9)
(C/B)		(134.0)	(130.0)	(115.2)	(125.7)	(110.7)	(127.0)	(73.4)
저축원천별[2]		1938	1939	1940	1941	1942	1943	1944(4~10)
은행예금		110.7	150.1	231.1	258.5	345.5	510.7	373.7
금조예금		48.2	74.0	124.4	146.6	165.7	367.7	280.8
동척예금		−0.8	6.6	−0.3	−3.7	1.8	−0.4	0.7
금전신탁		13.5	12.3	6.3	14.8	17.3	20.0	17.5
무진자금		6.5	9.4	8.9	9.4	9.7	11.8	5.9
우편예금		17.1	22.1	31.6	34.3	55.4	108.8	116.6
우편연금							4.2	5.1
간이보험		13.5	17.0	19.2	37.8	55.8	78.1	57.6
생명보험		18.1	18.9	27.3	76.1	73.8	95.0	64.8
소계(D)		229.3	310.8	448.8	575.8	725.5	1,195.2	925.3
국채		8.7	14.3	29.2	36.0	72.5	96.0	60.0
유가증권		34.0	64.8	98.3	142.9	197.1	232.8	n.a.
합계(E)		272.1	390.0	576.3	754.8	995.2	1,524.1	n.a.
(D/E)		(84.2)	(79.7)	(77.9)	(76.3)	(72.9)	(78.4)	n.a.

자료: 1) 『식은조사월보』, 1946, 제1권 제1호, p. 65.
2) 近藤釼一 편(1964), 『태평양전하의 조선(5)』, pp. 93~94.

달성하였고, 그로 인해 1938년부터 금융기관 예금이 급격한 증가하고 있었음을 [그림 14-1]에서 확인할 수 있다.

조선 내의 저축 증가에 따라 금융기관의 예금도 증가하였는데, 특히 금융조합, 일반은행, 식산은행의 예금 증가가 두드러졌다. [표 14-4]에서 금융기관별 예금을 보면, 일제 말 각 금융기관의 예금 비중은 금융조합, 일반은행, 식산은행, 조선은행, 우편국, 저축은행 순으로 그 순위는 변하지 않으나 금융조합, 일반은행의 비중은 더욱 높아지

[표 14-4] 일제 말 주요 금융기관의 예금액 비중(1936~1944)

(단위: 천 원, ( ): %)

연도	조선은행	식산은행	일반은행	금융조합	저축은행	우편국	전체
1936	(11.3)	(20.4)	(24.8)	(25.4)	(8.6)	(9.5)	638,307
1937	(13.9)	(18.3)	(24.1)	(26.3)	(8.2)	(9.2)	716,341
1938	(14.7)	(20.4)	(24.4)	(24.5)	(7.3)	(8.8)	935,311
1939	(14.4)	(19.9)	(26.5)	(24.1)	(7.0)	(8.3)	1,282,604
1940	(14.1)	(19.5)	(26.1)	(25.2)	(7.5)	(7.7)	1,713,400
1941	(12.3)	(19.2)	(26.0)	(27.4)	(7.7)	(7.5)	2,143,142
1942	(11.0)	(20.0)	(26.6)	(26.8)	(7.6)	(7.9)	2,808,091
1943	(12.6)	(20.1)	(23.6)	(28.5)	(7.4)	(7.8)	4,021,817
1944	(10.0)	(20.8)	(27.3)	(34.6)	(7.2)		5,065,232

자료: 『조선금융사항참고서』, 『조선금융사정개관』, 『조선은행 통계월보』.

[그림 14-1] 일제 말 각 금융기관의 예금액 추이(1936~1944)

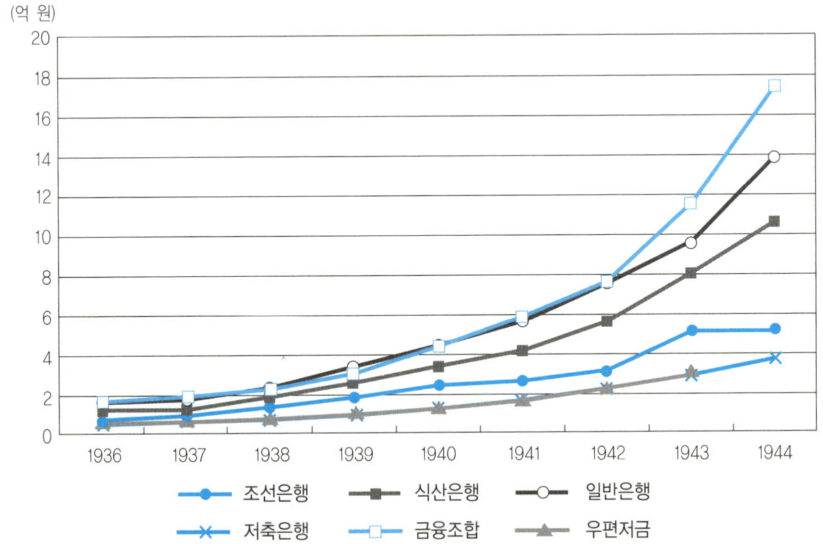

자료: [표 14-4]와 같음.

고 있다. 그것은 증가된 저축의 대부분이 이 금융기관으로 집중되고 있었음을 말해 주고 있다.

2. 군수 관련 사업체의 확장과 자금조달

조선총독부가 식민지 조선에서 강권적이고 조직적으로 저축장려운동을 전개한 결과로 저축액이 급증하게 되었고, 이러한 저축 증가분의 대부분은 각 금융기관으로 유입되어 예금의 증가로 나타났고 일부는 민간 증권투자의 증가, 연금보험 등의 증가로 나타났다. 각 금융기관은 금융통제에 따라 조선총독부 또는 일본 정부가 지정하는 군수 관련 사업체나 정부에 이 자금을 대출 또는 유가증권 인수를 통해 공급해야만 하였다.

당시 기업은 주로 금융기관 대출을 통해 자금조달을 하고 있었지만 대기업은 증권시장을 통해서도 상당한 자금을 조달하고 있었다. 그러면 금융통제하에서 기업이 어떻게 자금을 동원하였는지 검토해 볼 필요가 있다. 당시 기준으로도 자금통제에서 벗어날 수 있는 군수 관련 생산물 비중이 일본은 13.4%이었으나, 조선은 8.7%에 불과하였던 것[16]을 고려할 때, 이러한 전시 금융통제는 금융기관의 자금운용뿐 아니라 기업의 자금조달에도 영향을 줄 수밖에 없었다.

식민지 조선의 군수공업화는 만주사변 전후, 1930년대 초반 일본 독점자본의 진출과 함께 시작되었고, 전시 체제가 확립되는 중일전쟁 직후부터 본격화되었다. 이러한 연유로 조선에서 군수생산력 증강을 위한 산업재편성은 일본 독점자본의 조선 진출이라는 문제와 분리할 수 없다. 그러면 일본 독점자본의 진출이 조선 내에 군수생산력 증강과 어떻게 관련되고 있었는가를 살펴보자.

1941년 말 군수 관련 산업, 이른바 '생산력 확충 산업'으로 분류된 사업체의 설립연도, 자본 규모, 자본계통을 산업별로 분류해 본 것이 [표 14-5]이다.

'생산력 확충' 사업체로 지정된 본·지점 회사의 산업별 분포를 보면, 소재기초산업인 전기업 12사, 광업 34사이었고, 중공업인 금속 8사, 기계 11사, 화학 20사, 시멘트

16 『식은월보』, 1938. 6, 7, 8, 「임시자금조정법과 조선경제」.

[표 14-5] 조선 내 '생산력 확충' 회사의 설립연도, 자본 규모 및 자본계통

(단위: 조선 내 본점 회사 수, [ ] 안은 일본 내 본점 회사 수)

부문		소재 부문		중화학 부문				경공업 부문			농림수산업	유통 부문			합계
산업		전기가스	광업	금속공업	기계공업	화학공업	시멘트업	섬유공업	식품가공	인쇄		철도건설	운수창고	상업	
전체 회사 수		12	26[8]	6[1]	8[3]	19[1]	4	7[6]	9[1]	2	7	11	4	4[2]	119[22]
설립연도	~19년	4	1[1]	0	1	1	0	4[1]	1[1]	2	3	1	1	0	19[3]
	20~25년	1	0	0	0	1	1	0[2]	1	0	1	1	0	1[1]	7[3]
	26~31년	0	3[2]	0	1	0[1]	0	0[1]	1	0	0	2	2	2[1]	11[5]
	32~37년	4	13[3]	2[1]	3[1]	8	3	2[2]	6	0	1	5	0	0	47[7]
	38~41년	3	9[2]	4[0]	3[2]	9	0	1	0	0	2	2	1	1	35[4]
자본 규모 (원)	1억 이상	2	0[2]	0[1]	0[2]	0[1]	0	0[2]	0	0	0	0	0	0	2[8]
	5천~1억	0	1[2]	1	1	0	0	0[3]	0[1]	0	0	1	0	0	4[6]
	1천~5천	10	9[1]	4	1[1]	7	1	2[1]	1	1	2	5	2	0	45[4]
	1천~1백	0	16[2]	1	6	10	3	5	8	1	5	5	2	4[2]	66[4]
	1백 미만	0	0	0	0	2	0	0	0	0	0	0	0	0	2
자본계통	조선은행		2								1	1	1		5
	식산은행	1	6	1	3	1				1	3	2	4		22
	조선신탁	1	1		1	1				1		3			8
	동양척식	6	6	1	1	2					2	2			20
	日窒계	4	1	1		4						2			12
	三菱계		3			1			1		1	1			7
	三井계		3	1	1	2	1	1			1	2			11
	日産계		2	2	2	6									12
	親和계		2	1	1	1	5								10
	中外계			2	1	4									7
	日電계		2									1			3
	理研계			1		1									2
	日鐵계		1	1											2
	鐘淵계		1					1							2
	日紡계							2							2
	東棉계							2							2

주: 1) 지점회사의 경우는 조선 내 지점 또는 공장 설립연도를 기준으로 분류.
2) 자본 규모는 납입자본의 규모에 의거하여 분류.
3) 자본통계는 대주주(3명) 명단 중에 이 통계회사 수록 여부를 기준. 회사가 두 개 이상 자본통계인 경우도 가능. 금융기관을 제외한 '생산력 확충을 담당한 기업'에 의거 작성.

자료: 동양경제신문사 편(1942), 『연간조선』, pp. 78~169.

등 기타 4사였고, 경공업인 섬유 13사, 식품 10사, 인쇄 2사, 유통 부문인 철도 11사, 운수창고 4사, 상업 6사였다. 이와 같이 생산력 확충 담당 기업은 소재산업, 중공업 및 철도 등에 집중되었지만 경공업 및 유통 관련업이 완전히 배제된 것은 아니었다.

본·지점 회사 설립연도 분포를 보면, 1919년 이전이 본점 19사, 지점 3사, 1920~1925년간에는 본점 7사, 지점 3사, 1926~1931년간에는 본점 11사, 지점 5사, 1932~1937년간에는 본점 47사, 지점 7사, 1938~1941년간에는 본점 35사, 지점 4사가 있다. 특히 광업, 전기 등 소재 부문과 금속, 기계, 화학, 시멘트 등 중화학 부문에서의 회사 설립은 만주사변 전반부터 본격화되어 1941년 말까지 지속되고 있다. 따라서 식민지 조선의 공업화는 1930년대 중반부터 본격화되었다고 할 수 있다.

'생산력 확충' 사업체의 자본계통을 [표 14-5]에서 보면, 주로 조선 내 특수회사, 즉 국가자본 계통과 일본 독점자본 계통의 자회사가 중심을 이루었다. 이 '생산력 확충' 사업체뿐 아니라 조선 내 주요 사업체는 이와 같은 자본에 의해 설립된 회사였다. 당시 조선 내 설비자금 중 일질 36.0%, 일산 12.0%, 삼릉 6.1%, 종방 6.0%, 일전 12.0%, 일철 4.0%, 주우 2.0%, 일방 2.0%, 동방 2.0% 등 일본 내 독점자본이 74.0%를, 조선 내 특수회사인 동척이 11.0%, 식은이 5.2%를 차지하고 있었다.[17] 또한 생산력 확충 회사의 자본계통은 이 자본계통의 회사가 압도적이었음을 확인할 수 있다.

특히 동척, 식은, 선은, 조선신탁 등 조선 내 금융기관과 관련된 회사가 많은 것은 이 금융기관이 '생산력 확충' 사업체와 주로 관련을 맺으면서 이 사업체에 투자하거나 사업의 확장을 지원하였다는 것을 말해 주고 있다. 이와 같이 '생산력 확충' 사업체가 일본 독점자본 또는 일본 국가자본의 계통이었기 때문에 전시 금융통제의 확대는 결과적으로는 일본의 독점자본 또는 국가자본의 형성을 뒷받침하게 되었던 것이다. '생산력 확충' 회사의 납입자본 규모를 보면, 1억 원 이상은 본점 2사, 지점 8사, 1억 원 미만 5,000만 원 이상은 본점 4사, 지점 6사, 5,000만 원 미만 1,000만 원 이상은 본점 45

17 동양경제신문사 편(1942), 『연간조선』(1942년판), pp. 28~32.

사, 지점 4사, 1,000만 원 미만 100만 원 이상은 본점 66사, 지점 4사, 50만 원 이상은 본점 2사이었다. 「임시자금조정법」에 의한 규제 대상 회사가 수권자본 50만 원 이상이었는데, 이 생산력 확충 산업에 속한 사업체 중 납입자본이 50만 원 이하 사업체는 없었다. 따라서 군수 관련 회사는 「임시자금조정법」 시행 당시부터 조선총독부의 통제와 지원을 받던 대규모 사업체였다고 할 수 있다.

앞 장의 [표 13-1]에서 보았듯이, 1936년 말 현재 수권자본 50만 원 이상인 회사가 지배하던 자본이 전체 자본의 79.4%를 지배하고 있었고, 이 회사가 광업 94.7%, 금속·기계 85.1%, 화학 85.1%, 전기 79.4%의 자본을 지배하고 있었다. 이와 같이 식민지 조선의 중화학공업은 이미 이런 대자본이 주도하고 있었고, 이 대자본의 계열기업이 지원 대상인 '생산력 확충' 사업체로 지정되었던 것이다. 여기서 군수생산력 확충을 위한 전시 금융통제의 전개는 결과적으로는 일본인 대자본의 자본 형성과 확장을 촉진하였음을 알 수 있다.

이와 같이 군수생산력 확충과 관련된 사업체는 독점적 지위를 가진 대자본으로서 일본 독점자본과 일본 국가자본인 특수금융기관 산하에 있었던 기업이었다. 이들 자본에 의해 설립·확장된 사업체는 대자본으로 모두 조선총독부의 금융통제권 내로도 포섭되었다. 특히, 이 자본 중에는 조선 내 중추 금융기관인 식산은행과 동척이 직·간접적으로 지배하는 자본이 가장 많은 수를 차지하였다. 그런데 식산은행과 동척이 바로 군수생산력 확충과 관련된 사업의 자금공급을 직접 담당하고, 조선 내 자본축적은 아직 군수생산력 확충을 급속히 도모할 정도까지는 못 미쳤기 때문에, 조선 내 군수생산력 확충자금이 군수 관련 사업체로 집중되었음에도 특수회사가 아닌 일반회사는 부족자금을 충족하려는 그 모기업이 있는 일본 자본 유입에 의존할 수밖에 없었다. 이러한 점을 보여 주는 1940년 기록에 의하면,

> "그리하여 이러한 신흥공업의 대부분은 내지자본(일본 자본)에 의존한 내지 사업회사, 혹은 개인공장의 진출이고 이들이 상당 규모에 달한 공장이었으나

선내자본(조선 자본)에 의한 것은 극히 적고, 더구나 지방자본에 의한 것은 주로 중소기업에 속해 있다. 그리고 이들의 융자관계를 개관해 보면 내지자본에 의존하는 것은 융자를 내지에서 구하고 선내자본에 의존하는 것은 그것을 선내에서 구하는 것이 상식처럼 생각된다."[18]

그러면 조선의 기업체의 자금조달에 관한 자료인 1943년 말 자료를 검토해 보자. 이 자료는 전시 금융 체제가 본격적으로 전개된 이래 누적된 산업자금 형성에 관한 자료로서 앞의 기술과 비교는 물론 1940년대 초반의 기업 자금조달까지도 어느 정도는 나타내고 있다고 할 수 있다.

우선 산업자금은 [표 14-6]에서 보듯이, 금융기관으로부터 44.6%, 주식납입에 의해 25.4%, 내부 저축자금으로 17.0%가 조달되었다. 이러한 자금조달 방식은 '생산력 확충', 즉 군수 관련 산업이나 비계획적 산업, 즉 비군수산업에서나 비중이 비슷한 것으로 나타난다. 군수 관련 산업의 확장은 일차적으로 금융기관의 자금동원, 이차적으로 증권시장에서의 자금동원에 의존하고 있었다.

그런데 금융기관 차입의 54.2%, 주식납입의 62.7%, 회사채 소화의 85.7%가 조선 외, 대부분은 일본에서 이루어졌다. 이 중에서 생산력 확충 산업의 조선 외 자금의존도는 전체로는 62.6%가 되었다. 그중에서 납입자금은 20.1%, 외부 자금은 62.8%, 외부 자금에서 주식납입은 68.9%, 회사채 모집은 85.9%, 금융기관 차입은 88%가 되었다. 그런데 전체 자금 중에 외부 자금 의존도가 84.6%, 그중에서 주식납입이 26.1%, 회사채 6.3%, 금융기관 차입 44.3%, 계 76.7%가 되었고 이 자금의 조선 외 조달 비중이 70~90%가 되었으므로 생산력 확충 산업은 일본 내 주식납입, 금융기관 차입, 회사채 모집을 통해 소요자금의 상당 부분을 일본 내에서 조달하였다고 할 수 있다. 군수산업의 경우는 70%를 일본에서 조달하되, 특히 일본 내 금융기관으로부터 차입에 크게 의존하였

18 高杉東峰(1940), 『조선금융기관발달사』, pp. 678~679.

[표 14-6] 1943년 말 조선 내 산업자금의 원천과 일본 자금의 유입

(단위: 천 원, ( ): 구성 비율, 〈 〉: 조선 외 자금 비율)

원천별	조달 방법	생산력 확충자금		군수산업자금		비계획산업자금		합계	
		소계	조선 외	소계	조선 외	소계	조선 외	소계	조선 외
내부 자금	보유 자금	79,518	7,952	380	0	45,113	0	125,011	7,952
		(7.2)	〈10.0〉	(1.2)	〈0.0〉	(9.7)	〈0.0〉	(8.0)	〈6.4〉
	유보 자금	90,563	26,264	7,034	7,034	44,254	0	141,851	33,298
		(8.2)	〈29.0〉	(21.4)	〈100.0〉	(9.6)	〈0.0〉	(9.1)	〈23.5〉
	소계	170,081	34,216	7,414	7,034	89,637	0	266,862	41,250
		(15.4)	〈20.1〉	(22.6)	〈99.4〉	(19.3)	〈0.0〉	(17.0)	〈15.5〉
외부 자금	주식 납입	289,183	198,531			109,471	51,494	398,744	250,025
		(26.1)	〈68.9〉			(23.7)	〈47.0〉	(25.4)	〈62.7〉
	회사채	70,000	60,000					70,000	60,000
		(6.3)	〈85.9〉					(4.5)	〈85.7〉
	금융기관 차입	488,996	322,737	25,000	25,000	185,629	18,561	696,605	366,298
		(44.3)	〈88.0〉	(76.0)	〈100.0〉	(40.1)	〈10.0〉	(44.6)	〈54.2〉
	기타 차입	86,169	75,828	474	0	45,104	12,181	131,717	88,009
		(7.8)	〈88.0〉	(1.4)	〈0.0〉	(9.8)	〈27.0〉	(8.4)	〈66.8〉
	소계	934,258	657,006	25,474	25,000	340,284	82,236	1,300,106	764,332
		(84.6)	〈70.3〉	(77.4)	〈98.1〉	(73.6)	〈24.2〉	(82.9)	〈58.8〉
합계		1,104,529	691,312	32,888	32,304	429,651	82,236	1,566,968	805,582
		(100.0)	〈62.6〉	(100.0)	〈70.0〉	(100.0)	〈19.1〉	(100.0)	〈51.4〉

자료: 대장성(1946), 『일본인의 해외활동에 관한 역사적 조사』, 조선편, 칠분책, p. 55.

다. 반면에 비계획산업이 일본에서 조달한 자금은 전체 자금의 19.1% 정도에 그쳤고, 이 산업의 자금조달은 주식납입과 금융기관 차입에 각각 23.7%, 40.1% 의존하였다. 여기에서 군수 관련 산업은 주로 일본에서의 증자 또는 차입에 의존해 성장하였고, 비계획산업은 조선에서의 증자 또는 차입에 의존해 성장하였음을 알 수 있다.

1941년 말 조선 내 설비자본 중 동척까지 포함하면 일본 독점자본의 설비자본 비율이 85% 수준에 이르렀다. 이 자본이 일본 내 본점이나 모회사를 통해 소요자금의 상당 부분을 조달하였다고 한다면, 조선 내 주요 회사 자금의 51.4%가 일본에서 조달되었고, 특히 이들이 집중적으로 진출하고 있던 군수산업 내 자금의 70.0%, 또한 생산력 확충 산업 내 자금의 62.6%가 일본에서 조달되었던 것은 당연시된다.

이와 같이 식민지 조선에서 병참기지 역할을 담당하고 있었던 군수사업체로는 식민지 조선의 특수금융기관 산하 사업체와 조선에 진출한 일본 독점자본 계열 사업체가 대부분이었는데, 조선에서 자금공급을 담당하였던 특수금융기관은 앞 절에서 설명하였듯이 주로 자사의 계열기업을 우선적으로 지원하였고, 일본 독점자본은 이 특수금융기관의 지원을 받았지만 모기업이 있는 일본에서 대부분의 자금을 동원하였다. 따라서 식민지 조선의 군수공업화를 위한 일본 독점자본의 조선 진출은 일본으로부터 자본유입을 촉진하였던 것이다.

3. 일제 말 전시 통화정책과 통화남발

일제는 식민지 조선을 전쟁의 배후지로 삼고 군수 관련 산업을 배치하여 육성하였기 때문에 식민지 조선의 금융기관은 예금과 채권 발행을 통해 조성한 자금을 군수 관련 산업체에 대출 또는 채권 및 주식의 인수를 통해 공급하는 동시에 일본 정부가 전비조달을 위해 발행한 국채를 인수함으로써 전쟁을 금융적으로 지원하고 있었다. 일제가 전쟁의 격화에 따라 전쟁비용과 군수 관련 자금수요는 증대하지만 이를 뒷받침할 재원이 한계에 직면하게 됨에 따라 발권은행인 일본의 일본은행, 조선의 조선은행이 통화 발행을 통해 대출이나 증권 인수를 확대하였다. 특히, 식민지 조선에서의 통화 발행은 식민지 조선에서의 자금 수급 불균형뿐 아니라 만주에서의 통화유입과 관련되어 일제 말에는 급격히 확대되었지만, 인플레이션은 통화팽창보다는 매우 완만히 진행되었다.

1) 일제의 식민지 통화권 확장과 조선은행

일제는 이미 1905년부터 시행한 화폐정리사업을 통해 일본 통화를 조선 내에 유통시킴으로써 조선을 일본통화권 내로 포섭하였다. 이 과정에서 일본 내 일반은행에 식민지 중앙은행의 임무를 부여하여 이 금융기관으로 하여금 조선 내에서 임의로 은행권을 발행하고 나아가 이 은행권을 조선 내 법화로 삼아 대한제국의 통화를 완전히 식민지 통화로 교체하였다. 이와 같이 시작된 일제의 이른바 '통화공작'은 조선 내에 그친 것이 아니라, 중국에서도 엔 블록의 확장을 위해서 전개되었다.

조선은행은 1918년 만주 내 일제의 중앙은행으로서 조선은행권을 유통시켰고, 북만주와 시베리아에도 일본군 출병에 따라 조선은행권을 군표로서 유통시켰다. 만주사변 이후에는 만주국 내 중앙은행인 만주중앙은행의 설립에 참여하였으며, 중일전쟁이 일어나자 군표의 대용전으로 조선은행권을 유통시켰고, 연이어 식민지 중앙은행인 중국연합준비은행의 설립에도 참여하였다.[19] 이와 같이 조선은행이 일제의 점령지 엔 블록의 구축, 이른바 '통화공작'에서 핵심 역할을 담당하게 되었다. 그런데 이 과정에 조선은행권이 점령지 중앙은행의 준비자산이 되어 조선 내 통화 문제는 조선 외 통화 문제와도 직·간접으로 연계될 수밖에 없게 되었다.

조선은행권은 식민지 통화로서 금은과 일본은행권 준비를 갖추고 있음에도 불구하고 일본 내에서는 유통이 인정되지 않았다. 이러한 이유로 조선은행의 일본 내 진출은 일반은행으로서 영업의 확장에 불과하였다. 그러나 일본의 다른 점령지나 식민지에서는 일본의 특수금융기관의 하나로, 일본 정부의 결정에 따라서는 일반은행의 업무 영역을 벗어난 업무까지도 할 수 있었다. 조선은행권의 조선 외 유통은 일본군의 시베리아 출병에서부터 시작되었으나 곧 회수되었고, 본격화된 것은 남만주철도 부속지를 중심으로 한 남만주지역이었다.

19 松原純一(1939), 『조선은행삼십년의 회고』.

조선은행이 한국은행을 거쳐 제일은행 지점을 인수하면서 조선 외 지점으로 안동현 지점을 인수한 바 있지만, 개점한 이후에는 일본에 지점부터 설치하였다. 즉, 1910년 오사카, 1913년 도쿄, 1916년 고베에 지점 또는 출장소를 설치하였다. 이것은 조선은행이 식민지 발권은행이라는 것과 상관없는 것으로 조선과 일본과의 무역과 환거래를 원활히 하기 위한 것이었다.[20]

조선은행은 1912년부터 당시의 역외수지의 만성적인 적자를 이유로 조선은행의 발행준비를 강화하는 방편으로 만주지역의 조선은행권 발행 및 유통을 전제로 한 만주 진출을 일본 정부 측에 요구하기 시작하였다.[21] 이러한 요구는 만주지역에서 표면화된 중국은행 측의 은태환 불이행과 연계된 일본인 측 엔 블록의 만주 확장에 대한 요구와 결합되면서 조선은행의 만주 진출 시도는 점차 동조세력을 확산하게 되었다.[22] 이와 같이 조선은행의 만주 진출은 일제의 만주 내 엔 블록의 구축에서 조선은행이 적극적으로 대응하는 것에서 비롯되었다. 1912년 조선은행의 만주 진출 청원서라고 할 수 있는 「조선은행의 과거 및 장래」라는 문건에서도

> 당행도 한번 만주에 진출하여 양 지역 간의 무역의 진척 및 우리 상민(商民)의 발전을 후원하며, 우리가 경제적 세력의 부식과 공히 당행권을 일본은행권과 함께는 어렵지만 그에 대신하여 남만주 일원에 유포하여, 만약 남만주 경제계가 일반적으로 우리 은행권을 사용하게 되는 것은 우리 경제적 세력이 남만주 정복을 의미하므로[23]

조선은행의 만주 진출은 이와 같이 만주 내 엔 블록의 구축이라는 맥락에서 전개된 것이고, 일본 외 지역으로 조선은행의 진출은 계속 이와 같은 맥락에서 엔 블록 확

20 조선은행(1934), 『조선은행이십오년사』(1934), pp. 172~174.
21 앞의 책, p. 156.
22 金子文夫(1979), 「제1차대전기에 있어서 식민지은행체계의 재편성」, 『토지제도사학』, 82.
23 조선은행사연구회(1987), p. 927.

장이라는 역할이 부여된다. 그런데 조선은행이 이와 같은 식민지 통화권 구축에 중추적인 역할을 담당하기에는 자본력이 취약하고, 또한 이로 인해 조선 내 자금난이 가중될 것이라는 우려가 있었지만, 그것은 계속적인 증자와 조선식산은행의 조선 내 신설로 대응하기로 하였다.[24]

이와 같은 조선은행의 만주 진출로 인해 그와 경쟁하던 요코하마정금은행은 금권(金券) 발행을 중지하고 은권(銀券) 발행만 실시되었다. 1917년 12월 1일부터 조선은행권은 관동주와 남만주 철도부속지에서 법화가 됨으로써 만주지역에서의 주요 통화가 되었다.[25]

조선은행권은 이 지역에서뿐 아니라 만몽(滿蒙)지역, 시베리아, 산동성, 기타 중국 북부에서도 일본인 간에 유통되어 중국 일부 지역에서 엔계 중심통화로 부상하고 있었다.[26] 당시 조선 외 유통액, 실제로는 조선 외 지점의 조선은행권 인출액은 1917년 645만 원, 1918년 2,235만 원, 1919년 4,213만 원, 1920년 2,884만 원, 1921년 3,508만 원으로 점증하고 있었다. 이와 같이 만주지역을 중심으로 유통되던 조선은행권은 만주중앙은행 설립 이후 만주국폐가 발행되면서 회수되었으나 관동주 내에서는 계속 발행되어 유통되었다.

한편, 조선은행의 중국 진출은 1917년 청도지점이 설치되면서 시작되었다. 조선은행의 중국 진출도 이 은행의 만주 진출과 마찬가지로 중국 내 엔 블록의 확장과 이권획득을 위한 대중국 차관과 관련하여 실현되었다. 그러나 이 지점에서는 잠정적으로 직접적인 발권 업무는 제외하고 예금, 대출, 환 업무 등 일반은행 업무만 담당하였다. 중국 지점이 조선은행권을 직접 유통시키는 것은 중일전쟁과 함께 조선은행권을 군용통화로 이용하면서부터이다.

조선은행의 조선 외 진출은 지역에 따라 그 맥락이 다소 다르지만 일본지역을 제

24 金子文夫(1979), 앞의 논문 참조.
25 조선은행(1934), pp. 3~4.
26 일본은행(1957), 『일본금융사자료: 명치대정편』, 제15권, 제국의회속기록, p. 1357.

[표 14-7] 일제의 중국지역 점령지 통화 및 통화권

은행권	발행주체	발행기관	설립연월	교환 비율	유통지역
만은권	만주국 정부	만주중앙은행	1937. 07	엔과 등가	만주국
군표	일본 육군	일본 육군	1937. 11	엔과 등가	중국 중남부
저비권	국민정부	중국저비은행	1941. 01	백 원: 18엔	중국 북부
화은권	중국 유신정부	화흥상업은행	1939. 05		중국 중부
연은권	화북정무위원회	중국연합 준비은행	1938. 03	엔과 등가	화북, 산동, 산서, 하동, 강소
몽은권	몽고 자치정부	몽강은행	1937. 11	엔과 등가	산서, 만몽 일대

자료: 일본은행 편(1970), 『일본금융사자료: 소화편』, 제27권, 전시금융관계자료(일), p. 456.

외하면 대체로 일제의 식민지 통화권 확장을 통한 엔 블록의 확장에 기본 목표를 두고 있었던 것으로 보인다. 여기서 조선은행 유통지역의 확장이란 조선은행이 엔과 동액으로 결제 가능한 조선은행권으로 결제하므로 엔결제기구의 확장을 의미하였다. 이와 같은 엔결제기구의 확장을 조선은행이 맡게 되면 새로운 통화증발 여파는 일본이 아닌 조선이 일차적으로 감당하기 때문이었다.

일제는 중일전쟁이 발발하는 것을 계기로 전선을 급격히 확장하고 각 점령지에 해당하는 식민지 통화를 통용시킴으로써 대만, 조선에 이어 [표 14-7]에서 보는 바와 같은 방대한 식민지 통화권, 즉 엔 블록을 구축하였다. 일제의 엔 블록은 일제가 점령지에 괴뢰정부를 세운 다음, 이 정부가 신설한 식민지 중앙은행을 통해 식민지 통화를 발행하여 강권적으로 통용시킴으로써 구축되어 갔다.[27]

중국 북부의 점령지 통화는 화은권(華銀券)을 제외하면 엔과 교환 가능한 통화이었다. 그러나 이 통화는 일본은행의 엔, 즉 일은권(日銀券)과 직접 교환되는 것이 아니라 연은권(連銀券)이나 만은권(만주국폐)만으로 교환되는 통화였고, 만은권은 조선은행

27 엔의 대외진출은 명치기 조선 반도에서 시작하여 노일전쟁 이후 관동주와 만철부속지, 다시 화북으로 통용범위를 확대시켰다. 1932년 만주국 건국과 함께 참모본부는 천진 및 북경을 점령하고 북지에 친일정권을 수립하는 화북자치 구상을 목표로 하여 1935년에는 중국국민정부가 폐제개혁을 감행하고 일본 측으로는 그에 대응하여 화북성에 이동방공자치위원회를 발족시켜 화북성을 중심으로 하는 화북통화공작을 전개한다. 그리하여 1937년 7월 노구교 사건으로 시작된 중일전쟁 시에는 화북에 중국연합준비은행을 설립하고, 화중에는 군표를 사용하여 장개석 정권의 법폐와 치열한 통화전을 연출하였다(多田井喜 외 편(1983), 『점령지통화공작』, pp. vii~viii).

[표 14-8] 엔 블록 지역의 은행권 발행액과 물가지수(1937~1945)

(단위: 백만 원(圓))

연도	은행권 발행액						물가지수(1937년 말 기준)				
	일본	조선	중국				일본	조선	중국		
	일은권	선은권	선은권	만은권	연은권	저비권	동경	경성	신경	북경	상해
1937	2,350	160	119	279			100	100	100	100	100
1938	2,754	213	109	322	162		106	118	125	n.a.	118
1939	3,679	486	65	444	458		130	145	159	261	263
1940	4,777	621	94	581	715		131	151	198	409	436
1941	5,978	771	121	742	954	237	144	158	208	518	1,269
1942	7,418	1,262	137	909	1,581	3,477	149	166	232	817	2,615
1943	10,266	2,741	206	1,467	3,762	19,150	161	186	254	1,382	8,512
1944[9]	17,745	3,842	391	3,136	15,841	139,699	183	209	336	4,632	72,438
1945[6]	30,282	3,662	477	7,839	132,603	2,669,23	226	272	n.a.	n.a.	n.a.

주: 보통 연말(12월)의 잔액이나 1944년은 9월 말, 1945년은 6월 말 잔액임.
자료: 일본은행(1973), 『일본금융사자료: 소화편』, 제27권, 전시금융관계자료(일), pp. 161, 384~385, 455, 495; 조선은행권 발행액은 『소화재정사』, 제16권, p. 458.

의 원(圓), 즉 선은권과 교환되고 선은권은 다시 일은권과 교환되는 단계적 결제망을 거치도록 하였다.

점령지 통화기관은 중국연합준비은행, 만주중앙은행이었지만 그 은행을 지원하는 통화기관은 조선은행이었고, 단계적 결제를 거쳐야만 하기 때문에 증발된 점령지 통화는 연은권의 남발→만은권 남발→ 선은권 남발→ 일은권 증발의 단계로 파급될 수밖에 없었다. 그에 따라 통화남발로 나타난 인플레이션도 단계적으로 파급될 수밖에 없었다. [표 14-8]은 점령지 엔 블록의 은행권 발행액과 물가 수준이 큰 차이를 보이는 것은 이러한 엔 블록의 특징을 잘 보여 주고 있다.

은행권 발행액을 보면, 저비권, 연은권, 만은권, 선은권, 일은권 순으로 발행액 증가 폭이 크고, 물가지수를 보면, 상해, 북경, 신경(장춘), 서울, 동경 순으로 물가지수가 높다. 이것은 일차적으로 각 지역의 은행권 발행고 차이에서 보듯이 각 지역의 통화증발 속도(통화증가율 차이)에서 비롯되었다. 그런데 다른 점령지에서 통화남발은 그 지역의 물가폭등으로 그치는 것이 아니라 다른 지역으로 파급되고 있었다. 그것은 중국 중

[표 14-9] 조선은행권 지역별 발행액 증감(1937~1944)

(단위: 천 원, ( ): %)

연도	전 지역 증감액	조선 내 발행 증감액		조선 외 발행 증감액					(B)/(A)
		선은권 증감(A)	만은권 회수(B)	관동주	만은권 회수액	만주국	중국	일본	
1937	68,858	75,579	13,221	16,762	10,494	-49,990	32,051	-5,654	(17.5)
1938	42,473	62,289	22,816	34,351	15,162	-42,395	-3,358	-9,591	(47.5)
1939	122,010	118,721	56,454	63,044	23,965	-33,841	-19,223	-6,681	(47.5)
1940	136,547	111,933	59,604	88,369	48,893	-37,133	-18,212	-8,411	(53.2)
1941	161,074	134,923	43,846	101,292	58,954	-29,096	-38,515	-6,830	(32.4)
1942	167,039	150,374	45,368	103,019	58,709	-30,008	-48,105	-8,211	(30.2)
1943	88,303	52,374	39,531	85,821	33,772	-27,548	-16,941	-6,997	(75.5)
1944	1,260,103	1,073,688	116,530	213,306	78,843	-10,084	-9,516	-7,393	(10.9)

주: 1944년의 값은 9월 값.
자료: 조선은행사연구회(1987), 『조선은행사』, pp. 552~553.

부지역에서 통화남발이 엔계 통화결제망을 통해 중국 북부→만주→조선→일본의 통화팽창으로 단계적으로 파급되고 있었던 것이다. 즉, 한 점령지 통화남발은 일차적으로 그 지역의 물가폭등을 유발하고 다른 지역의 물가상승에도 영향을 주었던 것이다. 일제의 식민지 또는 점령지 통화공작의 중심에 조선은행이 있었기 때문에 조선은 일제의 점령지 통화남발의 영향을 직접적으로 받고 있었던 반면에 일본은 조선을 방파제로 활용하였던 것이다.

조선은행은 1935년 말에 만주중앙은행과 조선은행권과 만주국폐의 등가교환 협정을 맺고, 만철부속지 및 관동주에서 조선은행권 회수 방침이 정해져 일시적으로 만주지역에 유통되는 조선은행권을 회수하였다. 중일전쟁이 발발한 후 일본 정부가 조선은행권을 화북지역의 군용통화로 지정하여 중국에서 발행액이 증가하였으나 만주에서 만은권, 이른바 만주국폐가 법화로 지정되고 중국연합은행의 은행권이 화북지역에서 법화로 지정됨에 따라 [표 14-9]에서와 같이 중국과 만주에서 조선은행권은 회수된다. 그러나 관동주에서는 여전히 조선은행권이 법화이었기 때문에 만주국폐와의 교환 과정에서 다시 증가하고 있었다.

조선은행의 은행권 발행에 직접 영향을 미쳤던 것은 만주국폐와 교환이었다. 조선총독부는 조선은행의 만주 철수 당시부터 만주국폐의 조선 유입을 우려하였으나 조선은행권은 관동주 등 만주지역의 법화이었기 때문에 이 문제에 대해 거의 주목하지 않았다. 조선은행은 조선과 관동주에서 만주국폐를 조선은행권으로 교환하면서 회수하였는데, 이 회수에 따른 조선은행권 발행액 증가가 조선 내 화폐발행액 증가의 주요 요인이 되고 있었다.

특히, 만주국폐가 국경을 넘어 조선으로 유입되었던 것은 만주국폐가 조선은행권과 교환되면 더 높은 구매력을 가질 수 있었기 때문이다. [표 14-8]에서 보았듯이 만은권은 선은권에 비해 빠르게 증가하고 있었고, 그에 따라 물가 수준은 신경(長春)이 경성(서울)보다 더 높았다. 일본 식민지의 엔계 통화는 기본적으로 등가를 유지하고 있기 때문에 구매력이 높은 지역인 조선으로 흘러들어 온 것이다. 그중에서 가장 많은 것이 만주중앙은행이 발행한 만주국폐였다. 만주국폐가 조선으로 유입됨으로써 조선에서 통화과다로 인한 인플레이션 우려가 제기된 지역은 중국과 접경지역이었고, 그 시기는 대략 1939년부터였다.

> "조선에 있어 국폐의 유통은 선만일여(鮮滿一如)의 견지와 엔계 통화의 유통에 차별을 두지 않는다는 정신으로부터 함북, 평북 지방의 국폐의 유통을 저지할 수는 없지만 국폐의 선내 유입은 점차로 왕성하여 조선은행의 통화조정을 감소시키는 바가 있고, 그렇게 되면 조선의 국경지방에 국폐에 의한 악성 인플레가 초래될 것이 염려되므로 국폐의 유통을 금지시켜야 한다."[28]

조선총독부는 1939년 12월 한 달 동안의 유예기간을 거친 후 1940년 1월 1일부터는 조선 내에서의 만주국폐 유통을 전면 금지한 방침에 따라 조선으로 유입되는 만주국

28 『평양신보』, 1939. 10. 6, 「국폐 선내유입으로 북방지방 인플레 현염」.

폐는 금융조합에서 교환금액의 2%를 수수료로 징수하여 교환하도록 하였다. 그리고 1940년 1월 이후부터는 만주국에서 조선으로 물건을 구입하려 할 경우, 조선 측 상인이 만주국폐로 대금을 받을 수 없어 조선의 금융조합 등에서 조선은행권으로 교환한 후 구입해야 하였다.[29]

조선총독부가 1944년부터는 만주국폐의 조선 내 유통을 금지하되 국경지역 거주자에게 한 달에 300원에 한정하여 교환하는 조치를 강구한 바 있다.[30] 그러나 엔 블록 간에서 등가의 결제기구가 존재하고 있었기 때문에 일본 점령지에서 나타난 통화증발이 조선으로 파급되는 메커니즘은 계속 작동하고 있었다.

2) 중일전쟁 이후 조선은행 은행권 발행제도의 변화

조선총독부는 중일전쟁 발발을 계기로 전시 재정의 전개에 따른 세출이 확대됨에 따라 당시 균형에 거의 근접하였던 재정이 다시 적자로 전환되었다. 특히, 지금까지 일본 정부 일반회계에서 부담하고 있던 군사비를 중일전쟁을 계기로 조선총독부가 직접 부담하게 됨으로써 재정적자 폭이 대폭 확대되었음은 [표 14-10]에서 확인할 수 있다. 조선총독부의 재정적자는 지금까지 공채를 발행하거나 조선은행 차입 등에 의해 보전되어 왔는데 그 규모가 [표 14-10]에서 보듯이 크게 확대되고 있다. 조선은행은 조선총독부의 재정적자가 늘어남에 따라 조선총독부의 대출을 확대하거나 공채를 인수하는 과정에 은행권 발행이 늘어날 수 있었다.

조선은행권은 중일전쟁이 발발한 1937년 7월 중국 북부 지방의 군용통화로 지정되었다. 그러나 일본이 이 지역에 중국연합준비은행을 설립하고 이 연은권을 군용통

29 금융조합에서 환전을 취급한 이유는 국경지역에 조선은행 지점이 거의 없었기 때문이다. 당시 청진지점(1920년 3월 개설), 나진지점(1935년 8월), 신의주지점(1937년 2월), 함흥지점(1939년 9월), 웅기출장소(1933년 8월 개설, 1941년 9월 폐쇄)만으로는 제대로 된 환전을 실시할 수 없었다. 따라서 전국적으로 가장 많은 지점망을 가지고 있던 금융조합에서 이를 대행한 것이다. 당시 조선은행은 조선에서 발권과 함께 상업금융도 겸영하였기 때문에 일반은행과 경쟁관계에 있었고, 따라서 이들의 반대로 인해 지점 증설이 여의치 않았다(『매일신보』 1939. 11. 16).

30 조선은행사연구회(1987), pp. 634~635.

[표 14-10] 일제 말 조선총독부 재정의 변화(1937~1944)

(단위: 백만 원)

	1937	1938	1939	1940	1941	1942	1943	1944
세출(A)	360	436	600	719	785	934	1,260	1,935
세입(B)	347	397	561	685	722	969	1,332	1,648
군사비(C)	60	66	69	41	223	239	231	605
A+C-B	73	105	108	75	286	204	159	892
공채차입	60	63	89	120	181	153	157	n.a.
조선은행 국채 인수	162	220	429	508	899	1,378	1,499	2,697

자료: 대장성(1961), 『소화재정사』, 제16권, 구외지재정, p. 114, 제4권, 임시군사비, pp. 216~217; 조선은행사연구회(1987), 『조선은행사』, pp. 554~555, 630.

[표 14-11] 조선은행 일본 지점으로 국고송금 수취초과액과 그 운용(1937~1944)

(단위: 백만 원)

연도	국고송금으로 인한 수취초과액(A)				유가증권 증가분(B)		대출 증가분[1] (C)
	소계	조선	관동주	북중국	소계	국채	
1937	-31,240	-27,500	-3,740	0	-4,461	-2,110	-41,942
1938	64,872	-9,500	23,330	51,042	60,961	57,987	97,271
1939	183,798	18,700	-10,970	176,068	283,155	272,255	124,750
1940	282,866	43,100	23,350	216,416	29,231	16,012	177,973
1941	642,291	378,350	65,800	198,141	461,644	391,547	51,759
1942	432,793	188,600	34,400	209,793	516,546	472,042	107,487
1943	463,210	25,800	-43,800	481,210	221,381	193,876	519,221
1944	n.a.	280,990	-166,420	n.a.	1,110,019	900,723	3,109,946

주: 본부, 조선, 관동주, 일본 각 지점 대출을 합계.
자료: 조선은행사편찬위원회(1960), 『조선은행약사』, pp. 526, 552, 554~555; 조선은행사연구회(1987), 『조선은행사』, pp. 573, 581~582, 590~591, 628, 641, 646.

화로 지정함에 따라 [표 14-9]에서 보았듯이 조선은행권은 다시 회수되었다. 그러나 조선은행은 중일전쟁을 계기로 중국으로의 군사비 송금을 담당하게 되면서 [표 14-11]에서 보는 바와 같이 거액의 수취초과를 기록하여 일본 정부의 군사비를 이용할 수 있게 된다. 조선은행은 신설된 중국연합은행과 이른바 「예금협정」[31]을 체결하여 연은의 엔

31 제1조 '연은의 엔자금은 주로 선은에 예입하고 그것을 당좌예금으로 한다. 단, 연은의 자본납입금 관계자금은 본 계약서에서 제외한다'(조선은행사연구회(1987), p. 542).

자금을 조선은행에 예치하도록 되어 거액의 엔자금을 일본은행 예치금으로 확보하게 된다.

조선은행은 은행권을 정화준비, 보증준비 2가지 방식으로 발행하는데, 정화준비 발행은 조선으로의 엔자금의 유출입에 의해 결정되므로 국제수지에 제한되고, 보증준비 발행에서 한도 외 발행은 대장대신의 허가로만 가능하였다.

조선은행의 발권제도는 「임시자금조정법」의 시행에 앞서 전쟁에 따라 불가피한 통화증발에 대비하기 위한 조치의 일환으로 전시 체제로 돌입하는 중일전쟁 이후 몇 차례 개정을 거쳤다. 즉, 조선은행 발권제도는 1937년 8월 조선은행권이 화북에서 군용통화로 지정됨에 따라 보증 발행 한도가 5,000만 원에서 1억 원으로 인상되었다. 또한 1939년 5월 일본 내 국채 인수를 위한 발권제도의 개정과 함께 보증 발행 한도가 다시 1억 6,000만 원으로 인상되었다.

일본 정부는 1941년 3월 1일에 「내환은행권소례의 임시특례에 관한 법률」을 공포하여 4월 1일 실시하면서 은행권 발행준비제도에서 보증준비와 정화준비 간의 구별을 철폐하고 대장대신이 정한 금액에 한하여 은행권을 발행할 수 있도록 하였다. 이러한 최고발행한도제(최고발행액간접제한제도)라는 새로운 통화관리 방식, 즉 관리통화제가 실시되었다. 그럼에도 일본이 관리통화제의 이행을 법제상으로 확인하는, 즉 일본태환은행권을 일본은행권으로 개정한 것은 1942년 4월 1일에 공포된 법률 제67호 「일본은행법」 개정안이었다.

일본이 1931년 12월부터 금태환을 정지한 후 사실상 관리통화제로 이행한 이후에도 통화관리 방식은 과거와 같은 굴신제한제(屈伸制限制)를 고수하여, 통화관리상으로는 금한본위제의 법칙에 따랐다고 할 수 있으나, 금태환은 이때부터 사실상 정지되었기 때문에 현실적으로는 관리통화제로의 이행은 진행되고 있었다. 이와는 다른 사정이 있던 조선과 대만도 일본은행권의 발행규칙에서 정화준비 포기를 공식화한 1941년 4월 최고발행한도제가 「조선은행법 및 대만은행법의 임시특례에 관한 법률」에 따라 시행되었다.

"제1조 조선은행 및 대만은행은 대장대신이 정하는 금액에 관하여 은행권을 발행할 수 있다. 조선은행 및 대만은행은 필요하다고 인정될 때는 대장대신의 인가를 받아 전항의 금액을 초월하는 은행권을 발행할 수 있다. 이 경우에 조선은행 및 대만은행은 전항의 금액을 초과하는 발행고에 대하여 대장대신이 인정하는 비율로써 발행세를 납부한다. 단, 그 비율은 연 3%를 밑돌 수 없다. 대장대신이 제1항의 금액을 정할 때 공시한다.

제2조 조선은행 및 대만은행은 은행권 발행고에 대한 보증으로서 동액의 금화, 지금은, 태환은행권, 일본은행에 대한 예금, 국채증권, 기타 확실한 증권 또는 상업어음을 보유할 것을 요한다. 대장대신이 필요하다고 인정할 때에는 조선은행 및 대만은행에 대한 전항의 규정에 의해 보유한 금화, 지금은, 태환은행권 및 일본은행에 대한 당좌예금 총액의 은행권 발행고에 대한 비율에 또한 필요한 명령을 할 수 있다."

이 제도의 도입으로 나타난 변화는 다음과 같다. 첫째, 보증준비에 대한 발행 한도가 전체 발행고에 대한 발행 한도로 변경되어 관리통화제적 성격이 강화되면서 은행권 발행에 대한 제약이 줄어들었다. 둘째, 일본은행 예치금이 정화준비에 포함됨으로써 정화준비는 일본은행권보다 일본은행 예치금의 비중이 높아질 가능성이 더 커졌다. 이러한 조치는 엔의 일본 외 지역으로 직접적인 유출을 저지하려는 조치로 파악된다. 이 법률이 시행되기 시작한 1941년부터 보증준비 발행도 급증하였고, 주요 정화준비가 일본은행권에서 일본은행 예치금으로 전환되었음을 [표 14-12]에서 확인할 수 있다.

조선은행 발권제도의 개정 당시 조선은행의 군사비 송금 및 중국연합준비은행과의 「예금협정」에 힘입어 조선은행의 은행권 발행액은 전례 없이 급증할 수 있었다. 이 시기의 전체 증가액을 [표 14-9]에서 보면, 1938년 4,247만 원, 1939년 1억 2,201만 원, 1940년 1억 3,654만 원, 1941년 1억 6,107만 원, 1942년 1억 6,709만 원, 1943년 8,830만 원,

[표 14-12] 일제 말 조선은행권 발행준비(1937~1944)

(단위: 천 원)

연도	정화준비					보증준비	
	합계	금지금	은화, 은지금	일본 은행권	일은 예치금	합계	한도 초과액
1937	168,786	2,551	3,949	162,286		110,716	10,716
1938	200,299	1,131	3,360	195,808		121,679	21,679
1939	235,176	2,760	3,080	229,336		208,811	48,811
1940	290,454	8,971	2,772	278,711		290,134	130,134
1941	255,755	4,748	2,436	36,871	211,700	485,852	규정 없음
1942	311,079	3,097	2,100	51,382	254,500	597,567	
1943	231,476	2,019	1,764	53,993	173,100	1,235,301	
1944	16,000	550	1,400	14,050	n.a.	3,119,692	

자료: 조선은행(1949), 『경제연감』.

1944년 12억 6,010만 원으로 특히 일세 말에 급승하고 있고, 그 대부분이 조선에서 발행되었음을 알 수 있다.

조선은행이 중일전쟁 이후 군사비 송금을 계기로 은행권 발행을 대폭적으로 확대하였다. [표 14-11]을 보면, 조선은행은 군사비 송금 중에서 북중국으로의 군사비 송금으로 인해 1938년부터 막대한 수취초과를 기록한다. 조선은행은 이로 인해 취득한 거액의 엔자금을 일본은행에 유치하고 이를 가지고 국채를 매입하여 [표 14-10]에서 보는 바와 같이, 거액의 국채를 보유하게 되었을 뿐 아니라 이 국채를 보증준비로 이용하여 은행권 발행을 확대할 수 있었고,[32] 이 송금을 계기로 대출도 크게 증가시킬 수 있게 되었다.

일본은 중국 점령지 물가등귀가 극심해지자 점령지로부터 일본으로의 송금 압력

32 "임시군사비 지불사무는 조선은행 동경지점이 그 산하에 재 화북 국고사무 취급점을 편성하고 지불의 칙재를 얻은 군사비는 조선은행 동경지점이 수입하여 조선은행 재 화북 점포에 송금, 현지 군은 필요에 따라 그것을 각지 일은 대리점이 있는 조선은행 점포 등에 배포하고 개별비용을 결정하면 조선은행 각 점이 「예금협정」을 통해 연은 예금이 쌓이면 소요 연은권을 조달하고 그것을 현지 군에 공급하는 수순으로 행해졌다. … 이 과정에서 생긴 엔자금 중 군사관계분은 그것을 경성본부에 대한 북경지점의 대계정으로 되기 때문에 경성본부는 그것을 가지고 국채를 매입하여 조선은행권 발행준비에 충당하였다"(조선은행사연구회(1987), pp. 551~552).

이 증대함에 따라 엔등가를 기초로 하는 고정환율제를 더 이상 유지할 수 없었다. 예를 들어, 연은권 100원을 일은권 50엔으로 환시세를 변경시켜야 하는데 일본엔 절상은 일본군의 엔계 통화에 의한 자원조달을 어렵게 하므로 육군의 반대로 끝내 시행하지 못하였다. 결국 일본 정부는 임시군사비와 점령지 군비지출을 분리하는 것으로 대처하였다. 조선은행은 연은권을, 요코하마정금은행은 저비권을 현지 정부에 대출하여 일본의 국공채 발행에 의한 조달은 현지정부의 점령지 통화 차입으로 대체되었다.[33] 점령지의 통화남발과 인플레이션은 1943년 3월 점령지 군사비 차입제도의 도입으로 더욱 극심하게 되었음을 [표 14-8]에서 확인할 수 있다.

조선은행이 점령지 군사비 현지차입제도의 시행으로 중국연합준비은행과의 「예금협정」에 의해 획득할 수 있는 엔자금이 사라지게 되었다. 이전 임시군사비 자금이 조선은행 도쿄지점에 예치되면서 연은권이 인출되었으나 이제는 일본 정부가 지출할 연은권을 조선은행에서 차입하였기 때문이다. 이제 조선은행이 가진 것은 일본 정부의 차입 담보로 제시된 정부대상금 증서뿐이었다. 그 결과로 조선은행 경성본부 대출이 크게 증가하였고 중국 지점 예금도 크게 증가하였다.

일본은행 예치금도 조선은행의 주요 정화준비가 되었다. 그런데 조선은행이 일본은행 예치금의 대부분은 국채 구입에 운용됨으로써 늘어난 것은 엔자금이 아니라 엔채권이었다. 조선은행의 발행에 필요한 주요 정화준비는 [표 14-12]에서 보듯이 1941년부터 일본은행권에서 일본은행 예치금으로 급변하였고, 나아가 일본은행 예치금의 국채 전환으로 국채가 주로 늘어나 보유 국채 등 채권이 의존하는 보증준비에 의해 은행권 발행만 빠르게 늘어 났음을 [표 14-12]에서 확인할 수 있다. 결국 조선은행 은행권 발행에 대한 제약은 사실상 사라지고[34] 식민지 조선의 엔 블록화의 기초가 되었던 엔 정화준비는 일본은행이 예금으로 회수하였고, 그것마저도 일본 국채로 전환되어 엔 준비가 사라짐으로써 식민지 조선은 일본 엔 블록으로부터 자동적으로 이탈되고 식

33 조선은행사연구회(1987), pp. 651~665.

34 1941년 4월 공포된 「조선은행법 및 대만은행법의 임시특례에 관한 법률」에 따라 조선은행은 일본 대장대신의 인가만 있으면 은행권을 얼마든지 발행할 수 있게 되었다.

민지 조선에서의 엔 블록도 신기루처럼 사라져버리고 말았다.

4. 일제 말 통화남발과 인플레이션

1) 조선 내 금융기관별 자금수급 불균형과 은행권 발행

일제는 중일전쟁을 계기로 금융통제를 실시하면서 저축강권정책을 통해 식민지 조선에서 자금동원을 극대화하였고 그에 따라 금융기관의 예금이 비약적으로 증가하였다. 그러나 일본이 전선을 확대함에 따라 재정자금 수요뿐 아니라 산업자금 수요도 폭발적으로 증가하였다. 일반은행과 금융조합은 자금운용에 대한 통제로 인해 예금초과에 있었으나 여유자금으로 전쟁 관련 국채나 중추 금융기관의 회사채, 군수 관련 사업체의 주식이나 회사채를 구입하였다. 반면에 군수 관련 사업체에 대한 자금공급을 담당하고 있던 식산은행은 자금 부족 상태에 빠졌다. 조선은행은 앞서 설명한 바와 같이 군사비 송금으로 많은 여유자금을 가지고 있었으나 국채 등 유가증권 투자에 소진하였고, 식산은행은 회사채를 일반은행이나 금융조합연합회에 소화함으로써 부족한 자금을 조달하고 있었으나 자금 부족 현상은 지속되고 있었다.

일제 말 조선의 금융기관, 즉 은행, 동척, 금융조합, 우편국 등을 망라하여 전체적인 자금조달 형태의 변화를 알아보기 위해 금융기관의 자금원천과 관련되는 주요 부채 항목을 집계한 것이 [표 14-13]이고, 주요 항목을 그림으로 제시한 것이 [그림 14-2]이다. 일제 말 저축강권정책 등으로 저축이 급증하자 각 금융기관 예금이 계속 증가하여 예금의 자금조달 비중이 계속 높아지고 있다. 그러나 금융기관이 이 예금에 의존하여 자금을 조달하는 비중은 50%를 밑돌았다. 식산은행과 동척은 회사채를 발행하여 자금을 조달하고 있었는데, 일반은행이나 금융조합 인수에 힘입어 금액은 계속 증가하였으나 비중은 낮아지고 있었다. 그리고 은행은 단기 자금 부족을 차입으로 해결하고

[표 14-13] 일제 말 전 금융기관의 자금원천 변화(1936~1944)

(단위: 백만 원, ( ): %)

	1936	1937	1938	1939	1940	1941	1942	1943	1944
은행권 발행	160	212	374	486	621	771	1,261	2,740	3,861
	(8.9)	(10.1)	(15.4)	(15.8)	(16.1)	(17.0)	(21.4)	(31.8)	(33.5)
예금	638	716	935	1,282	1,713	2,143	2,808	4,021	5,065
	(35.4)	(34.0)	(38.4)	(41.8)	(44.5)	(47.2)	(47.7)	(46.6)	(44.0)
차용금	310	444	265	372	384	280	265	192	820
	(17.2)	(21.0)	(10.9)	(12.1)	(10.0)	(6.2)	(4.5)	(2.2)	(7.1)
회사채 발행	576	616	733	790	985	1,194	1,399	1,516	1,613
	(32.0)	(29.3)	(30.1)	(25.7)	(25.6)	(26.3)	(23.8)	(17.6)	(14.0)
납입자본	118	117	128	138	147	155	155	155	158
	(6.5)	(5.6)	(5.3)	(4.5)	(3.8)	(3.4)	(2.6)	(1.8)	(1.4)
합계	1,802	2,105	2,435	3,068	3,850	4,543	5,888	8,624	11,517

주: 예금은 은행, 금융조합, 우편국을 대상으로 함. 차용금은 은행 및 금융조합에 한함.
자료: 『조선금융사항참고서』(1938년); 『조선금융연보』(1942년); 『조선경제연보』(1948년), 「조선은행약사」; 『소화재정사』, 외지재정(하), p. 458.

[그림 14-2] 일제 말 조선의 주요 금융기관 자금조달액(1936~1944)

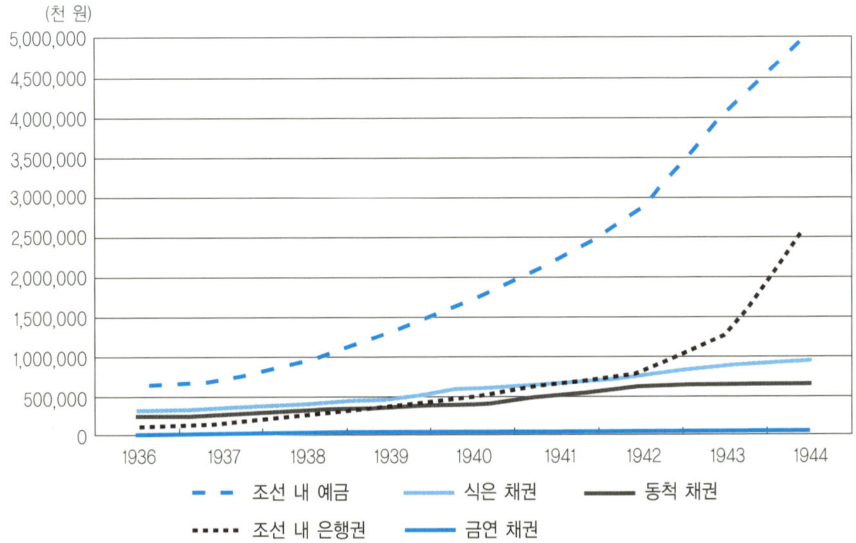

주: 조선 내 예금은 조선은행, 식산은행, 저축은행, 금융조합, 보통은행, 동척, 우편저금.
자료: 조선금융사항참고서(1939), 『조선은행통계월보』, 『경제연감』(1949).

[표 14-14] 일제 말 금융기관의 조선 내 자금의 운용, 조달 및 부족액(1936~1944)

(단위: 백만 원, ( ): %)

연도	주요 자금운용			주요 자금조달			부족액 (A-B)	조선 내 은행권 발행(C)	발권 보전율 (C/(A-B))
	대출	유가 증권	소계(A)	예금	채권	소계(B)			
1936	1,168	329	1,497	638	576	1,214	283	117	(41.3)
1937	1,289	323	1,612	716	616	1,332	280	193	(68.3)
1938	1,419	443	1,862	935	733	1,668	194	255	(131.4)
1939	1,942	694	2,636	1,282	790	2,072	564	374	(66.3)
1940	2,474	908	3,382	1,713	985	2,698	684	486	(71.1)
1941	2,746	1,502	4,248	2,143	1,194	3,337	911	621	(68.2)
1942	3,125	2,363	5,488	2,808	1,399	4,207	1,281	771	(60.2)
1943	3,742	3,505	7,247	4,021	1,516	5,537	1,710	1,255	(73.4)
1944	4,325	5,861	10,186	5,065	1,613	6,678	3,508	2,626	(75.8)

자료: [표 14-13]과 같음.

있었지만 그 금액과 비중 모두 줄어들고 있었다.

그러면 조선의 자금 부족은 어느 정도이며 어떻게 해결되고 있었는가를 [표 14-14]를 통해 살펴보자. 조선의 금융기관이 자금을 운용하는 주요 수단은 대출과 유가증권 투자이었는데, 그 규모가 전시 금융통제하에서 급속히 팽창하고 있었다. 특히, 대출의 증가보다 유가증권 투자의 증가가 더 빠르게 진행되고 있었다. 금융기관이 대출과 유가증권 투자에 필요한 소요자금은 예금에 의존(식산은행과 동척의 경우 회사채 발행에도 의존)하는데, 채권 발행보다 예금이 더 빠르게 증가하고 있었다. 전시 재정하에서 국채가 대량 발행됨에 따라 채권시장이 경색되어 채권 소화도 한계가 있었기 때문이다. 그런데 1944년에 이르면 예금의 증가도 한계를 보이고 있었다. 결과적으로 금융기관의 자금 부족은 전시 경제가 진전될수록 심화되고 있었다. 이러한 만성적인 자금 부족은 발권력을 가지고 있는 조선은행이 해결할 수밖에 없었다.

조선은행은 1938년부터는 군사비 송금으로 거액의 엔화준비와 함께 국채를 보유하여 발권준비로부터 해방되었을 뿐 아니라 보증준비 한도도 계속 확장되었고, 1941년부터 최고발행한도제로 이행함에 따라 발권력에 대한 제한이 사라지게 되었다. 조

[표 14-15] 일제 말 조선은행의 점포별 대출초과(예금초과)(1937~1944)

(단위: 백만 원)

	1937	1938	1939	1940	1941	1942	1943	1944
본부	+34	+37	+32	+54	+52	+49	+466	+2,958
조선	+108	+99	+177	+282	+266	+268	+276	+196
일본	+101	+54	+32	+3	+71	+4	+63	+326
관동주	−49	+9	+50	+80	+27	+101	+34	+86
중국	−33	−184	−494	−638	−1,119	−1,705	−2,561	−7,253
합계	+161	+13	−204	−218	−705	−1,283	−1,721	−3,668

주: +는 대출초과액이고 −는 예금초과액.
자료: 조선은행사연구회(1987), 『조선은행사』, pp. 573, 581~582, 590~591, 628, 641, 646.

선은행은 1941년부터는 본격적으로 발권력을 이용하여 식민지 조선 금융기관의 자금 부족을 해결하게 되었고, 1943년에 이르면 통화남발이라고 할 만큼 조선에서의 은행권 발행이 급증하게 되었음을 [표 14-14]를 통해 알 수 있다. 그에 따라 발권력에 의한 자금 부족 해소가 전시 체제하에서 더욱 높아지게 되었다.

조선은행이 군사비 송금을 담당함으로써 발권력에 대한 제한이 사라졌을 뿐 아니라 군사비 송금으로 거액의 예금을 확보함에 따라 [표 14-15]에서 보듯이, 1939년부터 전체적으로 예금이 대출보다 많은 예금초과 상태에 직면하게 된다. 조선은행은 중국 지점을 제외한 다른 지역에서는 과거와 같이 대출초과이었지만 중국 지점에서만은 대출이 거의 없는 상태에서 엄청난 예금으로 막대한 유휴자금을 확보하게 된다. 조선은행은 이 유휴자금의 대부분을 일본 정부 국채 인수에 이용하였다. 특히, 조선은행 중국 지점에서 이루어진 대출의 상당 부분이 일본 정부 대상금이었고, 이것이 경성본부 계정에 기록되어 본부의 대출초과액이 크게 늘었다. 그럼에도 일제 말기로 갈수록 은행권 발행에 대한 제약은 줄어들고 군사비 송금과 그로 인한 중국 지점의 예금 증가로 대출여력이 늘어났다. 이러한 일단의 결과가 [표 14-14]에서 보는 것과 같은 대출과 유가증권 구입자금에 소요하는 자금의 상당 부분이 조선은행 은행권 발행으로 조달되었던 것이다.

2) 일제 말 통화남발과 인플레이션

조선은행이 은행권 발행, 특히 조선에서 발행을 증가시킨 원인을 검토하면서 유의해야 할 것은 조선에 직접 영향을 미치는 은행권 발행은 전체 발행고가 아니라 조선 내의 발행고라는 점이다. 당시의 조선 내 화폐발행고는 중일전쟁 이후 만주에서 발행된 만주국폐가 조선에서 유입되고 조선은행의 급격한 예금 증가에 따른 현금수요 증가로 조선은행의 전 지역 은행권 발행고보다 빠르게 증가하고 있다. [표 14-16]을 보면 조선에서의 은행권 발행고 증가는 중일전쟁 직후에 60%에 이르렀지만 점차 증가율이 낮아져 1942년에는 25% 수준이었다가 1943년부터 다시 화폐발행고가 급증하여 1943년에는 60%를 넘어서고 1944년에는 100%를 넘어섰다. 이와 같이 조선 내 화폐발행고는 일제 말에 이르러 급격히 확대되었다.

그런데 인플레이션에 영향을 주는 것은 조선 내 은행권 발행뿐 아니라 예금통화를 포함한 통화량이 될 것이다. 결제가 가능한 요구불예금까지 포함한 통화, 즉 M1 기준으로 보면, 통화는 화폐발행고보다는 낮은 수준이면 거의 비슷한 수준에서 증가하

[표 14-16] 조선의 주요 통화지표 증가율과 물가상승률(1937~1944)

(단위: %)

연도	조선은행 전체 발행고	조선 내 화폐 발행고(B1)[1]	조선 내 M1 증가율[2]	조선 내 M2 증가율[3]	서울 소비자 물가지수	서울 도매물가 지수
1937	32.7	60.1	58.0	24.0	11.6	9.3
1938	15.2	31.3	88.0	51.3	24.8	19.5
1939	37.9	45.3	47.0	37.1	17.3	17.0
1940	30.8	29.7	30.6	30.3	10.2	10.3
1941	27.7	27.7	24.1	25.9	3.7	3.5
1942	22.5	24.2	20.8	30.1	4.5	5.1
1943	61.4	60.8	29.5	46.8	10.3	12.0
1944	113.8	105.4	76.4	43.3	12.1	17.0

주: 1) B1: 조선 내 조선은행권 발행고+보조화폐 유통액.
2) M1: B1-금융기관과 현금보유고+금융기관(금융조합 포함) 당좌예금과 특별당좌예금.
3) M2: M1+금융기관(금융조합 포함) 정기예금 및 기타 예금.
자료: 조선은행, 『조선경제연보』(1948년).

[그림 14-3] 일제 말 통화증가율과 서울 소비자물가 상승률(1937~1944)

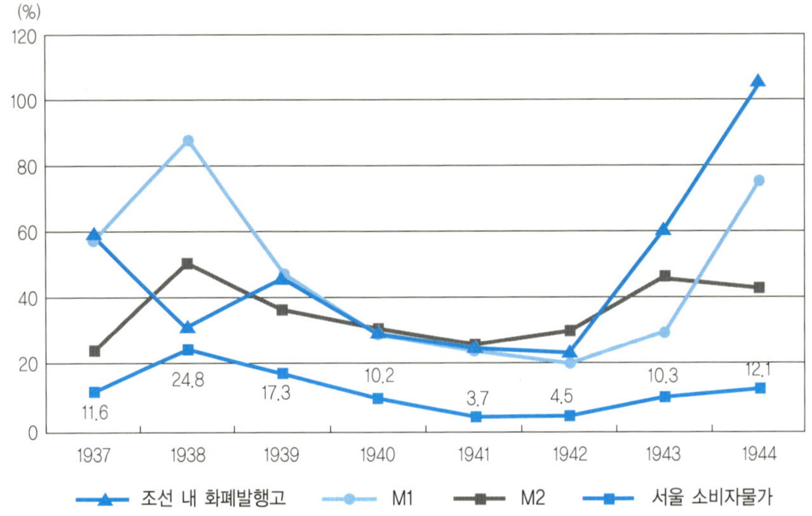

자료: 조선은행(1949), 『경제연감』.

고 있음을 [표 14-16]과 [그림 14-2]에서 확인할 수 있다. 특히, 1938년에 통화증가율이 높은 것은 '저축장려운동'의 개시로 예금이 1938년부터 급증하였기 때문이다. 그리고 일제의 패망 직전인 1944년에는 저축성예금 증가 둔화로 화폐발행고, 통화증가율이 총통화의 증가율에 비해 매우 높다. 1938년과 1944년을 예외로 하면 조선 내 화폐발행고(B1), 통화(M1), 총통화(M2)의 증가율 차이는 있지만 세 통화지표의 추이가 거의 비슷함을 [그림 14-3]에서 확인할 수 있다.

그런데 일제 말 통화증가율과 물가상승률의 관계를 보면, 물가상승률이 통화증가율에 따라 변하고 있지만 통화증가율보다 매우 낮다는 특징을 보이고 있다. 물가상승률이 통화증가율에 비해 매우 낮았던 것은 무엇보다 일제 말의 물가통제정책으로 물가지수 환산 기준이 된 공정가격의 상승이 억제되었기 때문이다. 이러한 점에서 일제 말 인플레이션은 일제의 강력한 물가안정책으로 급격한 통화팽창에도 불구하고 물가상승이 억제되어 있는 억압인플레이션(suppressed inflation)이었던 것이다.

조선총독부는 국민생활의 안정을 내세웠지만 실제로는 재정의 안정과 군수물자의 저렴한 조달을 위해 강력한 물가통제정책을 지속적으로 전개하였다. 조선총독부는 1937년 5월 「폭리취체령」을 제정하여 매점매석 방지를 통해 물가상승을 저지하려 하였다. 1938년에는 조선총독부 산하 물가위원회에서 제정한 「물가판매가격취체규칙」에 따라 가격상승 가능성이 있는 상품의 공정가격을 설정하여 그 가격상승을 억제하였다. 1939년 8월에는 「임금통제령」을 공포하여 임금통제를 실시하고, 9월에는 「가격정지령」을 정해 제품의 가격뿐 아니라 서비스 가격도 함께 동결하는 가격동결조치를 강행하였다. 이와 같이 가격동결에 따라 물자배급이 불가피하게 시행되었는데, 1939년 9월부터 공업원료 배급을 시작으로 하여 12월에는 식량, 1941년부터는 생활필수품으로까지 그 배급 범위가 확대되었다. 따라서 [그림 14-3]에서 보는 바와 같이 1939년 이후의 물가상승률 하락은 강력한 물가통제와 함께 실시된 배급제도의 결과이지 인플레이션 압력이 해소된 것은 아니었다.

조선총독부가 공정가격을 설정하고 가격을 통제하자 물자 부족 현상이 더욱 심각해짐에 따라 단계적인 공정가격 인상을 허용하지 않을 수 없었다. [표 14-17]에서 보듯이, 일제 말인 1936년부터 1945년 6월까지 공정가격의 물가 수준은 평균 2.7배 상승하였고, 「가격정지령」을 실시한 1939년 이후에도 둔화되었지만 물가 수준은 평균적으로 상승하고 있었다. 전쟁 말기에는 상승 폭이 더 커지고 있다. 이러한 물가상승은 품목별로 불균등한 양상을 보이고 있었음을 [표 14-17]에서 확인할 수 있다.

조선총독부가 전시하 식량수요가 증대하고 1939년의 쌀 흉작을 계기로 식량 부족 문제가 노출되자, 1939년 말에 「조선미곡배급조정령」을 제정하여 미곡배급기구를 조정하여 배급을 확대하고 미곡가격을 적극적으로 통제해 갔고,[35] 1940년에는 「신증미계획」을 실시하여 식량증산을 도모하면서 비료가격의 안정을 도모하였다. 일제는 이와 같이 미곡을 중심으로 한 식량배급제를 실시하면서 곡가의 상승을 막았고 또한 농

35 『식은월보』, 20, 1940. 1, p. 83.

[표 14-17] 서울도매물가 상품별 지수(1936~1945)

연도	평균	곡물	식료품	직물 원료	직물	건축 자재	금속	연료	비료	공업 재료	잡품
1936	100	100	100	100	100	100	100	100	100	100	100
1939	163	140	137	160	175	165	249	147	139	221	202
1941	186	163	173	159	195	240	161	156	156	277	239
1943	215	172	217	186	215	226	247	189	152	300	302
1945(6)	272	192	318	261	261	293	870	289	152	424	380

자료: 조선은행(1949), 『경제연감』.

업생산의 증대를 위해 비료배급제를 통해 비료가격을 통제하였기 때문에 [표 14-17]에서 보듯이 곡물 및 비료의 가격상승은 다른 물가상승에 비해 둔화되었다.

그러나 조선총독부 배급의 대상이 아니었던 식료품, 건축자재, 잡화품 등은 물자부족 현상에 따라 가격이 점차 인상되었고, 전쟁 말에는 배급에도 불구하고 품귀현상을 보였던 금속, 공업원료 등의 가격이 급격히 상승하였다. 조선총독부가 실시한 가격통제 초과수요의 확대로 이른바 구매력 과잉과 제품품귀 현상이 더욱 심화되어 암시장가격이 더욱 상승함으로써 공정가격과 암시장가격 간의 차이를 더욱 확대시키고 있었다.

[표 14-18]에서 해방 직전, 1945년 6월에 생필품을 대상으로 공정가격과 암시장가격을 조사한 결과를 보면, 그 가격차가 매우 크고, 특히 그 가격상승이 가장 억제되었던 곡물가격의 차이가 다른 생필품가격의 차이에 비해 더 크다. 조선총독부가 일부 품목에 대해 배급제를 통한 가격통제를 실시함에 따라 가격구조가 이와 같이 왜곡되어 있었을 뿐 아니라 과잉구매력도 폭발적으로 증가하고 있었다. 이러한 물자배급기구가 사라지면 가격통제는 효력을 곧바로 상실하게 되고 그에 따라 물가는 폭등할 수밖에 없었다. 하지만 일제 말까지 배급기구가 존속하고 있었기 때문에 물가폭등은 나타나지 않았던 것이다.

[표 14-18] 일제 말 생필품 공정가격과 암시장가격(1945. 6)

(단위: 원)

	쌀	콩	밀가루	설탕	쇠고기	청주	광목	연탄	비누	양말	구두
단위	1말	1말	22kg	1근	1근	1되	1마	1개	1개	1켤레	1켤레
공정가격(A)	5.09	4.30	10.78	0.46	3.52	5.30	0.60	60.0	0.1	0.44	26.14
암시장가격(B)	500	200	200	80	30	120	25	750	8	15	200
(B)/(A)	98.2	46.5	18.6	173.9	8.5	22.6	41.7	12.5	80.0	34.1	7.7

수: 광목은 1945년 3월 가격임.
자료: 조선은행(1949), 『경제연감』. p. I-113.

3) 일제 말 통화·금융적 수탈

일제는 전비조달을 위해 식민지 조선에서 세금을 늘렸던 것은 물론이고 민간소비를 줄이고 저축을 늘리는 정책을 강력하게 추진하였다. 조선총독부는 1938년부터 전개한 '저축장려운동'은 각 기관에 저축조합을 조직하여 일본인과 한국인을 강권적으로 가입시키고 저축목표를 계속 높이면서 이 목표를 달성하는 방식, 말하자면 강권적인 저축을 통해 자금동원을 극대화하였다. 조선총독부는 행정 말단조직을 동원하여 저축을 강요하였고, 농민에 대해서는 공출을 실시하면서 이 대금의 일정 부분을, 노동자에 대해서는 임금의 일부를 원천 공제하여 강권적 저축을 증가시켜 나갔다. 초저금리하, 또한 음(-)의 실질금리하에서 강권적 저축은 금융적 수탈의 대표적인 예이었다.

일제는 만주사변에서부터 중일전쟁을 거쳐 태평양전쟁에 이르기까지 진전된 군수생산력 증강을 위해 전개된 산업의 재편성은 금융통제뿐 아니라 일본 독점자본의 조선 진출과 일본 국가자본의 군수관계 회사의 설립과 확장에 크게 의존하고 있었다. 이에 따라 군수 관련 사업체 소요자금의 50% 이상을 일본 내 모회사가 일본에서 금융기관과 증권시장을 통해 직접 조달하였다. 따라서 일제 말 식민지 조선의 군수공업화는 강권저축에 근거한 조선 금융기관의 자금공급뿐 아니라 일본의 모기업과 금융기관의 자금공급에도 크게 의존하고 있었다.

일제는 중일전쟁을 계기로 중국 북부 및 중남부에서 식민지 통화권의 확장을 시도하였는데, 조선은행은 이러한 식민지 통화권 확장에서 중심적인 역할을 담당하였다. 그런데 중국 식민지 통화권 내에서 남발된 통화가 엔계 통화 간의 단계적 결제망을 통해 상대적으로 저물가 지역인 조선으로 유입되어 조선은행은 조선에서 화폐 발행을 늘리지 않을 수 없었다. 특히, 만주에서 남발된 만주국폐가 조선의 국경지방을 거쳐 조선에 유입되기 시작하여 일제 말 통화팽창의 주요한 요인이 되었다. 그리고 일제는 중일전쟁 이후 조선은행이 점령지 통화공작에 나섬에 따라, 이를 지원하기 위해 발행 한도를 확대해 주었다. 동시에 군사비 송금을 취급하게 하여 이 자금으로 일본정부 국채를 매입하면서 이를 준비자산으로 하여 통화 발행을 확대할 수 있게 되어 조선은행은 통화팽창에 따른 발행준비 부담이 줄어들게 되었다. 더욱이 1941년부터는 대장대신이 임의로 은행권 발행 한도를 결정할 수 있는 최고발행한도제가 채택됨에 따라 조선은행은 일제의 통화적 수탈의 도구로 전락하였다.

조선은행은 일제 말에 실제로 통화를 계속 급증시키고 있었는데, 이러한 통화팽창은 여러 요인이 복합적으로 작용하여 나타나고 있었다. 첫째, 조선의 금융기관은 강권저축에 의해 금융기관 예금이 급증함에 따라 은행권 발행도 증가하지 않을 수 없었다. 조선의 금융기관은 전체적으로 예금 증가 이상으로 대출을 계속 증가시키고 있었기 때문에 조선은행이 은행권 발행을 통해 이 자금 부족을 해결해 주고 있었던 것이다. 둘째, 조선은행은 만주에서 유입된 만주국폐의 교환을 위해 은행권 발행 또는 예금을 증가시켰다. 셋째, 조선은행은 조선총독부의 군사비 부담 증가에 따라 늘어나는 재정적자를 공채 및 대출을 통해 보전하여 은행권 발행 또는 예금이 증가하지 않을 수 없게 되었다. 그렇지만 조선의 대외수지 요인이 통화에 어떤 영향을 미쳤는가는 정확히 알 수 없다. 다만 무역수지 적자로 인해 통화는 줄어들고, 일본 독점자본의 자본유입으로 인한 통화팽창은 조선은행의 국채 인수로 상당한 자금이 일본에 유출되면서 통화수축이 있었던 것으로 추정되나 자본수지의 종합적인 결과는 자료 부족으로 파악할 수 없다.

일제 말 통화증발은 조선은행의 조선 내 은행권 발행 증가로 알 수 있지만, 통화증발은 통화(M1), 총통화(M2)의 증가율에서 비슷한 추이를 보이므로 어느 기준으로 보더라도 결과는 마찬가지라고 할 수 있다. 전쟁 말기에는 조선에 현금이나 요구불예금의 증가에 비해 저축성예금의 증가가 둔화되어 총통화의 증가는 화폐발행고의 증가나 통화의 증가에 비해 작았다. 그러나 전체적으로는 전쟁 말기에 이를수록 통화팽창이 극심하였고, 이 통화팽창은 구매력으로 잠재되어 있었지만 가격통제와 배급기구로 인해 억제되었다. 그 결과로 통화증가율은 매우 높았던 반면에 물가상승률은 상대적으로 매우 낮은 수준에 있었다. 조선총독부가 공정가격을 설정하여 강력한 가격안정책을 강구하고 그에 따른 물자배급기구를 활용하고 있었기 때문에 과잉구매력이 존재하는 상태에서도 물가상승률은 낮은, 이른바 억압인플레이션이 일제 말에 존재하였던 것이다. 이러한 가격통제는 완전하지 못해 품목별로 그 상승률이 불균등하였다. 이러한 불균등한 품목별 가격상승률은 배급제도에 의해 가격구조가 왜곡된 결과이었다. 배급에 의존하여 공정가격의 상승률이 낮은 품목일수록 암시장가격은 더 높았다. 이러한 억압인플레이션은 가격통제를 가능하게 하였던 물자배급기구가 광복 이후 붕괴됨에 따라 광복 이후 일본인의 철수 과정에 나타난 통화남발 등이 복합되어 폭발적인 물가상승으로 귀결되었다. 이러한 물가폭등은 광복 전후에 진행된 통화남발에 의한 통화적 수탈(화폐적 수탈)이 드러나는 과정이었다.

찾아보기